U0928697

山东省“十二五”特色重点学科
人口、资源与环境经济学资助

山东省经济、社会与生态环境协调发展丛书(1-5册)

丛书主编　任建兰

山东省
社会进步与可持续发展 3

SHANDONGSHENG SHEHUIJINBU YU KECHIXUFAZHAN

程钰　编著

山东人民出版社
国家一级出版社 全国百佳图书出版单位

《山东省经济、社会与生态环境协调发展》丛书

编　委　会

总　序 General introduction

经过近两年的辛勤劳作，从立意构思、收集资料、讨论提纲、撰写初稿以至到修改成文，《山东省经济、社会与（生态）环境协调发展》系列丛书（5本）（以下简称《山东丛书》）终于在我们的期待中，迎着蛇年的瑞雪面世了。

想组织力量撰写一套有关山东发展丛书的夙愿由来已久。这个夙愿缘起三点：一是改革开放以来山东30多年的快速发展带来的鼓舞和激励；二是学科服务社会、让社会了解学科精髓的使命感；三是弘扬进行区域综合研究地缘优势的责任感。

山东省是中国东部沿海的一个重要省份，也是一个人口大省，2011年总人口9637万人，居全国第二位。改革开放30年以来，山东省经济以年均11.65%的速度增长，经济、社会和生态环境都发生了翻天覆地的变化。2011年，全省实现生产总值45361.85亿元，仅次于广东53210.28亿元、江苏49110.27亿元，人均生产总值达到7317美元；资源开发利用的广度深度不断加大，生态环境和环境质量不断改善，生态山东建设取得了明显成效。改革开放30多年的快速发展，山东省已经成为一个经济文化大省，物质基础坚实雄厚，产业体系比较完备，经济社会发展站在了新的起点上。回顾过去，30多年的发展业绩是山东人民艰苦奋斗、努力拼搏的结果。30多年的发展历程每一步都凝聚着山东人民解放思想、改革开放的胆识和气魄，每一步都在谱写各级政府转变发展观念，实施科学发展观的新篇章；每一步都在勾画着山东大地空间格局的辉煌蓝图。亲历30多年山东发展的变革和业绩，作为理论工作者和科研工作者，我们充满了欣喜和鼓舞，情不自禁想把我们的所看所见所思所想写出来，留给世人，传给后代，铭记改革的艰难和发展的艰辛。展望未来，我国仍处于可以大有作为的重要战略机遇期，山东正处在由大到强战略性转变的关键时期，经济社会发展呈现出新的重要阶段性特征。面对未来的挑战和机遇，对过去发展历程的全面总结，就像我们攀登山峰高点途中的驻足和加油，回望过去之激励，远眺未来之奋进，让全省人民保持清醒的头脑和百倍的信心，继往开来，勇往直前，用山东人民的智慧和齐鲁大地的沃土谱写幸福生活新篇章。

山东师范大学人口·资源与环境学院（前身地理系）是1950年山师大建校伊始即设立的六个系科之一。多年来，老、中、青薪火相传，几代人开拓耕耘，构筑了地理学科在山东省的龙头地位，已发展成为发挥地理科学优势，与环境科学、经济学相交叉，集理学、经济学、环境科学于一体，教学与科研相长，师范教育与专门人才培养并重，具有综合性、区域性、复合型鲜明特色的学院。近年来，随着我国经济高速增长带来的资源环境问题日渐突出，可持续发展观的全面实践，给这样一个学科平台提供了服务社会前所未有的机遇。地理科学、环境科学，人口、资源与环境经济学在研究人口问题、资源问题、环境问题与社会经济发展的协调方面具有独特的学科优势，尤其是以人类环境、人地关系和空间相互作用为主要研究对象的地理科学，已成为一门包容自然科学、人文社会科学和工程技术科学的综合学科，建立了相当完整而独特的学科体系。地理学以人类环境、人地关系和空间联系为核心，发展出一系列重要概念，而这些概念的不断延伸和扩展进一步帮助我们不断改变地理学认识世界、改造世界的方式，从不同空间、时间、地方（和区域）、尺度、系统、景观来分析和了解人与自然、人与社会的关系和经济全球化背景下的区域问题。地理学科的发展为服务社会提供了坚实的学科理论和方法，而服务社会的实践又让社会认识了地理学科的优势和精髓。以地理学科独到的研究视角，从时间上探索传统发展观和新发展观演化的轨迹，从经济、社会和生态环境三个子系统全面分析山东可持续发展的实践，从不同尺度空间分析山东发展格局，正是作为一个地理科学工作者的光荣使命。

山东师范大学的地理学科扎根于山东大地的沃土中，长期以来致力于山东的区域研究，在进行区域综合研究方面具有明显的地缘优势，有一支具有扎实专业基础、献身科学研究的科研队伍，有深厚的山东区域研究的成果积累，有丰富的科研统计和实证案例素材。多少年来关于山东发展的书大多来自这个平台。20世纪80年代初，我刚刚毕业留校，就阅读了我的老师们撰写的有关山东地理方面的书，如由陈龙飞、郭永盛、林育真等著的《可爱的山东丛书——富饶的山东》（山东科学技术出版社，1984）；孙庆基、吴玉麟著的《山东省地理》（山东教育出版社，1987）；陈龙飞主编的《山东省经济地理》（新华出版社，1992）；金荣兴主编的《山东省乡土地理》（青岛海洋大学出版社，1993）；郭永盛主编的《山东省志·自然地理志》（山东人民出版社，1996）。进入21世纪初我们也开始参与其中一些书的撰写或独立撰写，如参加吴玉麟等编著的《山东可持续发展战略研究》（山东人民出版社，2000）；王有邦编写的《山东省地理》（山东省地图出版社，2000）。上述这些著作都全面介绍了山东发展的自然环境条件、人口分布和可持续发展战略的实施，为后人对山东区域发展的研究奠定了扎实的基础，为乡土地理知识的普及与传播提供了范式教材。所幸我们这一代人正值壮年赶上了国家改革开放的盛世，亲历了山东改革开放30年尤其是进入新世纪以来的经济快速发展阶段和发展观的大变革时期，学术薪火也传递到了我们手上，多年的区域综合研究的地缘优势和老一辈地理学家学术精神的继承和弘扬，赋予我们担当起撰写《山东丛书》的责任。

《山东丛书》由相对独立的5册组成：第1册《山东省可持续发展战略—从高速增长向可持续发展跨越（副标题，以下同）》、第2册《山东省经济的可持续发展—从经济大省向经济强省跨越》、第3册《山东省社会进步与可持续发展—从温饱型向小康社会迈进》、第4册《山东省资源环境与可持续发展—从资源消耗型向集约可持续利用转变》、第5册《山东省发展格局及展望—从不平衡向区域统筹发展》。整套书的构思是按照区域可持续发展框架安排的。区域可持续发展是指一个由经济、社会、生态环境三个子系统组成的，以人的活动为主体的复合系统。在人地相互作用的过程中，经济子系统、社会子系统、生态环境子系统三个子系统之间不断进行着物质、能量、信息等的流动转换，最终实现经济效益、社会效益和生态环境效益三个效益的最大化。可持续发展是贯穿该丛书的主线，第1分册统领《山东丛书》，从总体上分析了山东省可持续发展战略的实践过程，第2~4分册分别对山东经济子系统、社会子系统、生态环境子系统的可持续发展进行分析和评价，第5分册阐述了山东由经济要素为主导的发展格局向统筹经济社会发展格局再向可持续发展格局的演变过程。

纵览全书有以下特点：(1) 全面性与系统性相结合。该丛书全面展示了山东省在不断变革的发展观引领下经济、社会和生态环境以及发展格局变动特点。回顾和评价了山东省从高速增长向可持续发展跨越的发展历程以及可持续发展整体水平，系统分析了从经济大省向经济文化强省跨越、从温饱型向小康社会迈进、从资源消耗型向集约可持续利用转变、从不平衡向区域统筹发展的业绩以及存在的问题；(2) 时间性与空间性相结合。该丛书从时间和空间两个交叉视角深入揭示了山东发展过程的阶段特点和空间变化。从时间上通过分析不同发展阶段的推进，了解山东省由单一追求经济增长目标逐步转向关注民生，推动社会进步；关爱自然，保护生态，全面、协调、可持续的科学发展观的探索历程；从空间上通过分析地域发展时序和区域格局变动，了解山东省从17个地市的行政管理格局到改革开放之后的东中西三大板块一直到今天的“一黄一蓝一圈一带”区域格局的跋涉足迹，为山东未来发展的梦想铺就了五彩缤纷的时空通道。(3) 定性与定量相结合。该丛书在占有大量理论文献综合分析的基础上，同时也收集整理了从改革开放初期到2011年的系统统计数据资料，坚持定性和定量相结合、理论和实践相结合的分析方法，观点明确、事实客观，符合山东发展的实际。(4) 学术性和普适性相结合。该丛书是一套反映省域发展的区域综合研究著作，其构思设计思路一方面坚持学术视角，通过省域发展案例解析区域可持续发展的一般路径和规律，一方面兼顾普适大众化需求，通过全面研究一个省域的发展全貌，让各级政府、不同行业和领域、教学科研人员和公众都能从其中发现各自关心的内容。该丛书的出版填补了在全国全面、系统、综合研究山东可持续发展的空白，展示了我们进行区域综合研究、服务社会实践的学科优势，对山东省深入贯彻落实科学发展观，富民强省，提前实现全面建成小康社会的奋斗目标，开启基本实现现代化建设新征程也贡献了我们一份力量。

《山东丛书》的出版是团队集体力量互相合作、共同努力的结果。该书能在较短的时间内顺利出版，得益于大家的辛勤劳作和汗水。首先要感谢分册主编（按分册次序）张晓青、程钰、张伟和陈培安老师。张晓青负责第2册、程钰负责第3册、张伟负责第4册、陈培安负责第5册的撰写。我负责整套丛书撰写提纲的设计修改和全书的统稿以及第1册书的撰写。大家不辞辛苦，投入了大量精力和时间，在繁忙的教学科研之余，团队成员经常聚在一起切磋提纲、调整思路、修改内容，这是团队智慧和心血的结晶。同时还要感谢山东人民出版社的大力支持。我们的研究生也参与了部分书稿的撰写和资料的收集整理。

相信《山东丛书》对于从事区域可持续发展、区域经济社会发展、资源利用与环境保护等相关领域研究的专家、学者以及有关部门的决策者具有重要的参考价值。限于我们的知识水平，该丛书尚有诸多不足和疏漏之处，敬请广大读者多提宝贵意见，以臻我们进一步深化研究。

任建兰

2015年12月17日于泉城

前言 Foreword

区域社会可持续发展，既是区域可持续发展过程所追求，又是区域可持续发展的最终目的。社会可持续性问题的核心是“以人为本”的发展，它强调人的全面发展，人类物质、精神生活多种需要的满足，生存与生活质量的不断提高和社会公正的实现。我国近期发展目标是到2020年全面建成小康社会，远期目标是到2049年建成富强、民主、文明、和谐的社会主义现代化国家，即实现中华民族伟大复兴的中国梦。十八届五中全会鲜明提出“创新、协调、绿色、开放、共享”的五大发展理念，对实现全面建成小康社会这一宏伟目标具有重大的现实意义和深远的历史意义。2014年山东省委成立全面深化改革领导小组，截至2015年11月底，已召开了17次会议，改革创新“教育、就业、收入分配、社会保障、医疗健康、社会治理”等六大领域民生问题体制难题，为山东省全面建设小康社会走在前列提供体制保障。

我国和山东省“第十三个五年规划”提出区域可持续发展新要求，其中社会进步是推进区域可持续发展的重要内容，为山东省全面建成小康社会指明了方向。《中共中央关于制定国民经济和社会发展第十三个五年规划的建议》中提出“全面建成小康社会新的目标要求”，主要包括：努力实现经济保持中高速增长、人民生活水平和质量普遍提高、国民素质和社会文明程度显著提高、各方面制度更加成熟更加定型。《中共山东省委关于制定山东省国民经济和社会发展第十三个五年规划的建议》中提出“‘十三五’时期应围绕提前实现两个翻番，在全面建设小康社会中走在前列，把山东建设成具有较强核心竞争力、文化软实力和生态承载力的省份”整体目标，主要包括综合实力迈上新台阶、人民生活水平和质量普遍提高、国民素质和社会文明水平显著提高、发展协调性全面增强、生态环境质量全面改善、文化软实力显著提升、体制机制创新取得新突破。

《山东省经济、社会与生态环境协调发展》丛书（1~5册）（以下简称《山东丛书》）第3册《山东省社会进步与可持续发展——从温饱型向小康社会迈进》是该丛书的第三册，从总体上分析了山东省社会进步与可持续发展的实践过程，全书由7章组成。第一章，山东省社会发展的机遇与挑战。该章立足于我国社会发展阶段的划分和转型期基本特征，梳理山东省社会发展的优势基础以及面临的主要挑战问题，为后续章节研究奠定基础；第二章，山东人口大省与可持续发展。系统分析了山东省人口数量、人口素质和人口结构与社会可持续发展的关系，提出人口管理创新的对策建议；第三章，山东省居民收入与分配。分析了山东省改革开放以来城乡收入时序差异、空间格局以及行业收入等异质性特点，提出应对城乡、区域以及行业收入差距的建设性对策；第四章，山东省居民社会保障体系建设与完善。系统分析了山东省基本医疗卫生制度、住房保障和供应体系、社会养老保障建设的优势与不足，提出了医疗制度的建设与完善、保障住房建设与优抚安置、社会养老体系的健全与完善的对策建议；第五章，山东省科教兴鲁战略与现代公共文化服务体系建设。梳理分析了山东省科技创新与发展、教育结构与均衡、现代公共文化服务体系等存在的优势与劣势，系统提出了山东省建设创新强省、科教兴鲁和提升现代公共文化水平的战略对策和实施路径；第六章，山东省公共安全体系建设与社会治理创新。围绕食品药品安全、安全生产、防灾减灾救灾、社会治安防控等为基本内容的公共安全问题展开，梳理山东省公共安全体系构建机制问题，提出平安山东建设的针对性措施。针对当前社会治理中出现的问题，梳理社会治理机制滞后性难题，提出山东省社会治理创新的主要对策；第七章，山东省全面小康社会建设与展望。在梳理山东省全面小康社会建设的基本标准和特征的基础上，凝练山东省全面小康社会建设的方向和基本内容，从社会民生服务体系逐步确立、居民生活质量持续不断提高、社会体制改革继续深化推进、社会治理能力建设不断提高等视角展望全面小康社会建设未来架构。该分册全面总结与梳理了改革开放以来山东省社会发展成就与不足，展示了山东省可持续发展系统——社会子系统的基本框架，对于山东省可持续发展具有重要推动作用。

在书稿编写过程中，王有邦、李淑卿、赵明华、包玉香等老师以及部分研究生参与了前期的资料汇总、框架构建等工作，在此一并致谢。但由于各种原因，对该册丛书编写人员做出调整，由程钰老师整体负责该分册编写工作，具体分工如下：程钰负责第一章，任梅、程钰负责第二章，吴新颖、张存鹏、程钰负责第三章，杨淑伟、穆学英、程钰负责第四章，侯纯光、程钰负责第五章，刘凯、孙晓月、张存鹏、邹荟霞负责第六章，张玉泽、王泽楠负责第七章。程钰最后对全书作了通稿。在此感谢大家的努力。

目 录 CONTENTS

第一章　山东省社会发展的机遇与挑战

第一节　我国社会发展进入新的转型期

一、我国社会发展阶段划分

以 1978 年党的十一届三中全会为标志，我国进入了改革开放的历史新时期。30 多年来，我国政府坚定不移地推进体制改革，毫不动摇地促进对外开放，取得了社会主义现代化建设的举世瞩目的辉煌成就，实现了人民生活由温饱不足向总体小康的历史性跨越，赢得了我国在国际经济社会影响力和地位的空前提高，中国经济社会的面貌从此发生了历史性的变化。概括而言，改革开放以来我国社会发展大致可以分为以下 3 个阶段。

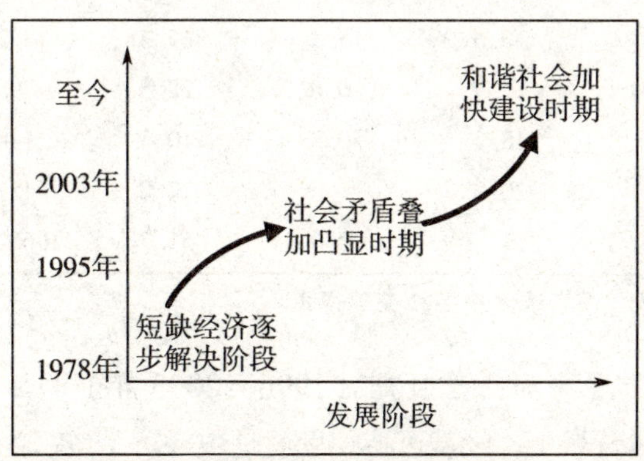

图 1.1　我国社会发展阶段的划分

（一）短缺经济逐步解决阶段（1978～1995 年）

改革开放初期，绝大部分工业品供不应求，产量不能满足人民生活需要，大规模扩展经济，提供人民群众需要的基本生活用品。1978 年，我国国内生产总值只有3645亿元，在世界主要国家中位居第10位。人均国民总收入仅190美元，位居全世界最不发达的低收入国家行列。改革开放的推进，使得我国经济迅速走上快速发展的轨道，1987年提前3年实现国民生产总值比1980年翻一番的第一步战略目标，1995年实现再翻一番的第二步战略目标，提前5年进入实现第三步战略目标的新发展阶段。工业体制和发展机制从计划经济向市场经济转变，实现了持续高速的工业增长，不仅满足了国内需求，也成为世界市场的重要供应者，商品市场由卖方市场转变为买方市场，企业之间的竞争已经从简单的价格或质量竞争，进入以品牌为综合实力集中表现的竞争深化阶段，主要工业产品数量位居全球前列，困扰我国多年的商品和服务短缺问题得到大大缓解，实现了从短缺到总体基本平衡的根本性转折，不断满足居民需求数量与质量。

表1.1　　中国主要年份工业产品产量统计

产品名称	单位	1949年	1957年	1978年	1985年	1995年
钢	万吨	15.8	535.0	3178.0	4679.0	10124.6
原煤	亿吨	0.3	1.3	6.2	8.7	14.0
原油	万吨	12.0	146.0	10405.0	12490.0	15733.4
发电量	亿千瓦时	43.0	193.0	2566.0	4107.0	10813.1
水泥	万吨	66.0	686.0	6524.0	14595.0	49118.9
化肥	万吨	0.6	15.1	869.3	1322.2	2809.0
化学纤维	万吨		0.0	28.5	95.8	375.5
布	亿米	18.9	50.5	110.3	146.7	209.1
糖	万吨	20.0		227.0	451.0	640.2
电视机	万台		0.0	51.7	16667.7	3541.8

资料来源：根据《山东统计年鉴》整理得出。

（二）社会矛盾叠加凸显时期（1996～2003年）

在可持续发展背景下，区域可持续发展是由经济系统、社会系统和生态环境系统共同构成的一个有机整体，区域发展就是寻求一种最优组合，但我国在相当长时间内过多的强调经济增长为目标的传统发展观，忽视社会进步与生态环境质量提高，以至于随着经济总量的高速增长和政治、经济、文化体制改革的滞后，我国进入了社会转型的矛盾期，各种社会冲突和社会矛盾也日益凸显。在社会转型不断加速和改革开放不断深化的过程中，由利益分化而导致的利益矛盾日益突出。并呈现出利益主体多元化、利益差距扩大化、利益矛盾凸现化、利益冲突群体化等显著特点。山东省社会转型期各种利益矛盾的实质，集中地表现为社会各阶层之间未能合理地共享改革发展的成果。尽管1996～2003年时期内，社会保障、交通通信、医疗卫生等取得了一定的发展，但与经济增长速度以及公众需求结构的变化相比较，我国公众需求与社会建设的矛盾呈现叠加凸显特征，例如城乡发展差距的不断扩大，2003年我国城镇人均可支配收入是农村人均纯收入的3.23倍，高于改革开放之初的2.57倍，远高于学术界1.5的统一标准，同时区域发展差距问题严重。另外，由于片面的不可持续发展观、经济发展方式不集约、区域发展布局不合理和经济规模地不断扩大、产业结构不合理等因素，生态环境质量不断恶化，影响了居民生活质量的提高。

（三）小康社会加快建设时期（2004年至今）

1979年邓小平同志在会见来访的日本首相大平正芳时提出，中国现代化所要达到的是小康状态，到20世纪末在中国建立一个小康社会，这是中国第一次明确提出小康社会。2002年江泽民同志在十六大报告中从中国的基本国情出发，阐述了巩固和提高小康水平的长期性和艰巨性，进而提出了在21世纪头20年全面建设小康社会的奋斗目标。2003年，中国的人均国内生产总值首次突破1000美元，未来发展可能进入“黄金发展时期”，也可能进入“矛盾凸现时期”，2004年，十六届中央委员会第四次全体会议上正式提出了“构建社会主义和谐社会”的概念，自此我国社会建设进入了崭新的阶段。2012年胡锦涛同志在十八大报告中提出，要在十六大、十七大确立的全面建设小康社会目标的基础上努力实现新的要求，全面建成小康社会。

党的十八大以来，习近平总书记围绕“全面建成小康社会”提出了一系列新思想、新论断、新要求，准确把握当代中国实际，科学回答了全面建成小康社会面临的诸多重大问题。习总书记一再强调，“最艰巨最繁重的任务在农村，特别是在贫困地区”“一个民族都不能少”“不能丢了农村这一头”等系列论断，充分体现了把13亿多人全部带入全面小康的坚定决心。2015年十八届五中全会提出“按照人人参与、人人尽力、人人享有的要求，坚守底线、突出重点、完善制度、引导预期，注重机会公平，保障基本民生”，明确“十三五”时期民生建设的原则、目标、重点和手段，强调改善民生重在“坚守底线”，改善民生仍需“完善制度”，改善民生急需“引导预期”，提出“创新、协调、绿色、开放、共享”的五大发展理念，创新发展是“十三五”时期经济结构实现战略性调整的关键驱动因素，协调发展是全面建成小康社会之全面的重要保证，绿色发展是实现生产发展、生活富裕、生态良好的文明发展道路的历史选择，开放发展是中国基于改革开放成功经验的历史总结，共享发展是实现社会公平的本质要求，和谐社会建设进入加快推进阶段。

“十一五”规划时期、“十二五”规划时期在改善民生、构建和谐社会方面做出积极努力，提出解决教育、就业、收入、社保、医疗这五个与人民群众关系最直接、最密切的现实问题，着力强调“努力办好人民满意的教育”“推动实现更高质量的就业”“千方百计增加居民收入”“统筹推进城乡社会保障体系建设”“提高人民健康水平”。“十三五”规划时期是全面建成小康社会决胜阶段，指出经过30多年的快速发展，我国经济总量持续扩张、社会面貌日新月异的同时，民生改进、生态补偿已成为影响经济社会可持续发展的两大待解之题，一定程度上生态也属于民生的范畴，必须全面解决好人民群众关心的教育、就业、收入、社保、医疗卫生、食品安全等问题，让改革发展成果更多、更公平、更实在地惠及广大人民群众，因此民生发展是经济建设、政治建设、文化建设、社会建设、生态文明建设“五位一体”的集中体现，也是中国民生发展的总布局。

二、我国社会发展转型期特点

（一）经济实力增强与社会矛盾凸显并存

1.“重经济，轻社会”的局面有所缓解，但问题依然严峻

经过改革开放30多年的发展，我国人均GDP从1978年不足400元，提升至2014年的近5万元，2014年有8个地区人均GDP超过1万美元，综合国力得到较大提升，成为世界第二大经济体。在经济建设取得成效的同时，社会建设也取得了一系列成绩，特别是近年来各级政府在科学发展观、和谐社会、美丽中国等发展理念的引导下，将保障民生、改善民生放在重要的突出地位，“重经济，轻社会”的局面有所缓解，但在住房、教育、医疗、养老等民生问题依然较为严峻。近年来，中国居民收入增速与经济发展增速不同步，

1979 年~2011 年，中国人均 GDP 年均增长 8.8%，城镇居民人均可支配收入和农村居民人均纯收入年均增长为 7.4%，比人均 GDP 增速低 1.4 个百分点。同时，劳动者报酬占 GDP 的比重由 2004 年的 50.7% 下降到 2011 年的 44.9%。2014 年我国城乡收入比多达 2.97，基尼系数为 0.469，城乡、区域之间的空间不均衡现象依然较为严峻。2014 年老年抚养比相比较 2000 年提高 3.8 个百分点，达到 13.7%，未来人口老龄化问题将会更加突出。

2. 面临“中等收入陷阱”问题挑战，保障与改善民生问题任重道远

“中等收入陷阱”是指当一个国家的人均收入达到中等水平后，由于不能顺利实现经济发展方式的转变，导致经济增长动力不足，最终出现经济停滞的一种状态。按照世界银行的标准，2014 年我国人均 GDP 达到 7485 美元，财政部部长楼继伟指出我国在未来的 5 年或 10 年有 50% 以上的可能性会滑入中等收入陷阱，因此过去我国在经济建设取得辉煌成绩的同时，也积累了诸多经济社会矛盾，未来一段时间还有可能面临居民消费率持续走低、区域差距不断拉大、基本公共服务不到位、社会矛盾和社会风险不到位等“中等收入陷阱”问题的挑战。因此，摆脱当前的旧的经济发展模式束缚、突出经济社会领域体制性改革是未来重点突破的难题，把保障和改善民生放在突出位置，注重社会政策的托底作用，不断加大对“三农”、教育、医疗、养老等重点民生领域的投入力度，为困难群体织起一张密实的民生“安全网”。然而，国家财政虽然不断加大对民生方面的支出，但是与民生事业发展的需要相比尚有差距，未来保障和改善民生依然任重而道远。

（二）新型城乡关系面临转型重塑新机遇

1. 城乡协调成为构建小康社会的重要突破口之一

相对于经济的快速发展，民生保障和公共服务建设滞后成为全面建成小康社会的主要短板，城乡差距较大等问题也将制约全国同步建成小康社会的进程。城乡协调发展是社会各界关注的焦点问题与发展难题，以人为核心的城镇化，亟需统筹城乡、创新城乡管理体制机制。城乡关系通常经历城乡分化、城乡分离、城乡对立、城乡融合、城乡一体等几个阶段，不同阶段的城乡协调状况有所不同。城乡协调发展不仅是城镇系统与乡村系统间的关系特征，也包涵城乡发展转型过程中要素、结构、功能、政策等的协调。由于我国长期以来的城乡分割管理，城乡产业格局、公共政策和治理制度都有不同，随着改革开放

和社会主义市场经济体制的发展，城乡不协调成为影响小康社会构建的重要障碍性因素。

当前我国城乡协调发展还存在以下问题：（1）农村经济发展水平落后，城乡居民收入差距仍呈扩大趋势。农业生产力水平偏低、经营规模普遍偏小、农业比较效益下降、市场化程度不高、产业化不强的特征并未根本改变。农民收入水平与城市居民的差距呈扩大趋势；（2）城乡公共服务水平不均衡，农村社会事业发展滞后。农村教育、文化、医疗等社会事业的发展还相对滞后，特别是农村社会保障体系建设刚刚起步，无论是覆盖面还是保障水平，都与城市存在较大差距；（3）农业基础比较薄弱，农村生产生活条件落后。农村特别是中西部地区水利、交通、电力、通信条件较差；（4）农民的民主权利和财产权利尚未得到切实保护，侵犯农民权益问题时有发生。农民土地权益尚未得到有效保护，农民工的权益保障还不到位，最低生活保障、工伤保险、子女教育、廉租住房等权利缺乏有力的制度保护；（5）以工促农、以城带乡的长效机制尚未建立，相关政策和体制有待进一步完善，统筹城乡发展的能力还有待于进一步提高，特别需要下更大决心来调整国民收入分配结构，切实向农村特别是中西部地区农村倾斜。

2. 新型城镇化发展战略为实现城乡协调提供机遇

城镇化是我国经济和社会发展的必由之路。随着传统经济增长方式难以为继，城镇化不仅能扩大内需，推动中国经济增长方式的转型，而且通过城乡资源的共享，可以消除城乡二元结构带来的矛盾，促进地方产业创新与产业多元化，推动地方产业结构升级与地区经济持续发展。《国家新型城镇化规划（2014~2020年）》指出：城镇化是解决农业农村农民问题的重要途径。我国农村人口过多、农业水土资源紧缺，在城乡二元体制下，土地规模经营难以推行，传统生产方式难以改变，这是“三农”问题的根源。我国人均耕地仅0.1公顷，农户户均土地经营规模约0.6公顷，远远达不到农业规模化经营的门槛。城镇化总体上有利于集约节约利用土地，为发展现代农业腾出宝贵空间。随着农村人口逐步向城镇转移，农民人均资源占有量相应增加，可以促进农业生产规模化和机械化，提高农业现代化水平和农民生活水平。城镇经济实力提升，会进一步增强以工促农、以城带乡能力，加快农村经济社会发展。《国家新型城镇化规划（2014~2020年）》明确提出：推进符合条件农业转移人口落户城镇，推进农业转移人口享有城镇基本公共服务，建立健全农业转移人口市民化推进机制，改善城乡接合部环境，完善城乡发展一体化体制机制，加快农业现代化进程，建设社会主义新农村，改革完善城镇化发展体制机制等一系列提升农村发展水平、促进城乡发展协调的重要途径。因此，国家新型城镇化发展战略为实现新常态下中国新型城乡协调发展提供了机遇。

（三）公共服务需求层次进入战略调整期

1. 收入水平提高促使公众需求结构转变

需求属性是人的基本属性之一，人的基本需求是内在的，是支配人的社会行为的内在动因，是自我成长的基础，决定着人的自我发展方向。人的需求是客观存在的，美国著名的心理学家马斯洛认为人的需求由低到高可以分为5个层次，后来马斯洛又将其简化为生存需求、交往需求和发展需求，人类的需求结构是一个由低到高的过程，也就是人的需求层次是由低级向高级逐级递升的，当需求结构向更高层次递进时，低层次的需求并没有可以完全忽略或者消失，而是指的是低层次的需要不再对人类的行为起到重要的作用，也就是说不再是人类激励的影响因素。人的需求结构并非一成不变的，而是随着社会经济发展阶段和经济收入水平的变化而变化，会随着已经满足的需求而向新的需求发展，而人类就是在这种需求中不断的产生与存在和发展的。当前，随着我国经济发展水平的提高，城乡居民收入、消费支出水平继续增加。2014 年中国城镇居民人均可支配收入达 28844 元，实际增长 6.8%；农村居民人均可支配

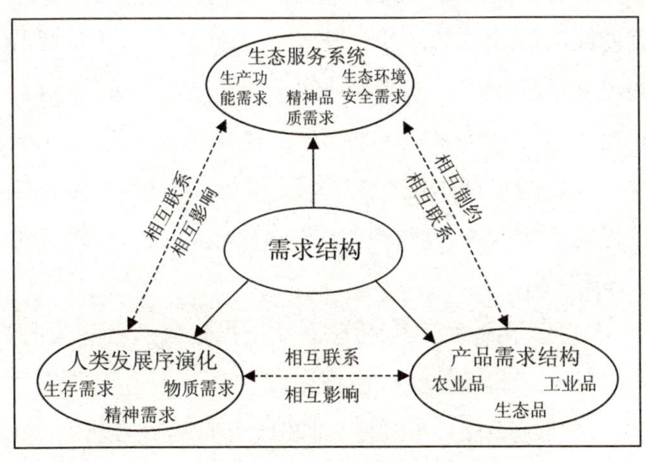

图 1.2　需求结构的内涵理解

收入10489元，实际增长9.2%；城镇居民人均消费支出19968元，实际增长5.8%；农村居民人均消费支出8383元，实际增长10.0%。随居民可支配收入的不断增加，公众需求结构也向更高层次迈进。

从经济发展水平、消费结构、产业结构、就业结构、城镇化率等五个方面来看，我国已经开始由生存型社会向发展型社会过渡。在发展型阶段，社会需求结构将全面升级，必将推动社会体制的全面创新。随着我国由生存型向发展型转变，社会全面进入战略需求期，主要体现在由生存需求时期向发展需求时期转变，从物质需求向精神文化需求转变，农业产品、工业产品需求向生态产品需求转变，外部驱动向以个体发展的内在需求为动力转变。公众向着更高的生活质量迈进，社会需求由私人产品向公共产品迈进，公众对个性化、专业化和潮流化的非基本公共服务提出高要求，同时也对基本的公共服务保持旺盛的需求，义务教育、公共卫生和基本医疗、基本社会保障、公共就业服务、环境基础设施，是广大城乡居民最关心、最迫切的公共服务，是建立社会安全网、保障全体社会成员基本生存权和发展权必须提供的公共服务，成为现阶段我国基本公共服务的主要内容。

2. 基本公共服务供需失衡问题依然严峻

基本公共服务是由政府主导提供，旨在构筑保障全体公民生存和发展基本需求的民生基线，具有广覆盖、促公平、普惠及等特点。2012年7月出台的《国家基本公共服务体系“十二五”规划》从实践操作层面制定了基本公共服务国家基本标准，指出基本公共服务是指建立在一定社会共识基础上，根据一国经济社会发展阶段和总体水平，保护个人最基本的生存权和发展权，为实现人的全面发展所需要的基本社会条件。它包括三个基本点：一是保障人类的基本生存权（或生存的基本需要），二是满足基本尊严（或体面）和基本能力的需要，三是满足基本健康的需要，明确了四个主要目标：供给有效扩大、发展较为均衡、服务方便可及、群众比较满意，最终实现基本公共服务均等化。

《规划》首次明确了基本公共服务覆盖公共教育、就业服务、社会保险、社会服务、医疗卫生、人口计生、住房保障、公共卫生等八大领域，确定了44类80个基本公共服务项目，并提出到2015年覆盖城乡居民的基本公共服务体系逐步完善。到2020年，城乡区域间基本公共服务的差距明显缩小，争取基本实现基本公共服务均等化。近年来，各级政府在加大基本公共服务投入、完善基本公共服务体系、促进基本公共服务均等化等方面取得明显成效。但是，一些社会调查和第三方评估报告显示，目前一些人对政府基本公共服务的满意度仍然不高，存在包括总量不足、区域发展不平衡、城乡区域差距明显等。由于政府长期采用“单向投入型”基本公共服务供给模式，过多依赖投入任务指标、规模效应、责任考核等驱动各级政府履行供给责任，忽略了政策制定中的公众需求调查和政策执行中的公众需求回应，以及政策执行后的公众满意程度分析等，从而导致有些基本公共服务供给与公众需求错位，出现供需失衡的问题。社会需求的快速增加必然要求社会发展全面转向民生需求导向，注重建立国家基本公共服务制度，逐步提高基本公共服务水平。

（四）社会管理体制亟待大力改革与创新

在市场经济条件下，社会利益分化、价值多元、矛盾复杂、风险加大，社会整合和社会控制的任务非常繁重，改革计划经济体制下形成的社会管理体制，创新适合社会主义小康社会需要的新体制，已经十分迫切。当前社会管理体制改革的难题主要体现在：一是作为社会管理主体和基础的公民社会很不发达，公民社会对社会管理的参与程度很低，这极大地限制了更多的社会公共事务管理在公民社会自我组织和自我管理的自我治理中实现；二是有限政府的理念尚未确立，市场经济制度有待健全，这些相配套的制度条件已成为政府充分履行社会管理职责的瓶颈和制约因素；三是现行社会管理体制很不科学和很不健全，“党委领导、政府负责、社会协同、公众参与”的社会管理格局还远未形成。从“十一五”规划时期，我国政府不失时机地提出“社会建设和管理”的概念，提出社会管理体制改革和创新的任务，极富韬略地展开了经济体制改革、政治体制改革、文化体制改革和社会体制改革四位一体的大布局，具有极为重大的战略意义。

社会管理体制改革要认真梳理复杂利益关系，以坚持公民社会理念、坚持治理理念、坚持有限政府和服务政府理念、坚持市场手段与法治手段的结合，着力解决一些影响社会发展的体制难题，主要集中在以下五个方面：如何建立健全城乡一体化进程中的社会管理和公共服务体制和实现它们的创新问题，收入分配体制改革中效率和公平的协调问题；混合所有制社会格局下政府的有效社会管理和调控问题；社会事业（文教卫生文化体育等）、收入分配、社会保障、统一劳动力市场等领域的体制性障碍问题。这四个问题在相当长一个时期内会制约我国社会发展和社会运行效率的提高，这些关键领域的社会管理体制改革必须从体制机制上实现新的突破。最后，还有一个管理社会发展的有关政府部门之间的利益协调问题。从中央政府确定的改革目标和方向说，这些社会发展管理部门之间需要本着建设公共服务型政府的基本目标，以提高基本公共服务水平为任务来制定政策和配置公共资源，而不是各自为政，为实现部门利益最大化来配置公共资源。

第二节　转型期山东社会发展面临的机遇

一、经济强省为社会建设提供良好保障基础

（一）经济发展是社会进步存在和发展的基础与手段

经济发展是促使社会发展的直接动因之一。没有经济的发展，人类社会的教育、文化、卫生、健康以及社会福利的发展就失去了物质的基础，成为无水之源，无本之木，经济发展对社会生活的支撑作用主要体现在以下几个方面。

1. 科教文卫水平的提高

经济的发展有助于科技进步和教育、文化、卫生事业的发展，为其水平的进一步提高提供动力与资金支持。同时经济的快速增长需要有更高的技术水平、科技力量、文化氛围及医疗水平作为保障，因此对这些领域提出了更高的要求，促使其不断革新与进步，持续推动科教文卫水平的改善与提高。

2. 城镇化水平稳步推进

城镇化是转移农村剩余劳动力、促进经济发展、提高人民生活水平、全面建设小康社会的一个重要途径。随着经济的发展，第二、三产业比重越来越高，城市中加工工业与新兴产业的快速发展，吸引了大量的农村剩余劳动力向城市转移，人口在地域和产业间均出现大规模流动，工业化和城市化程度不断提高。

3. 就业结构不断的改善

经济发展带动产业结构的调整，三大产业比重及发展速度的变动，导致其

对劳动力的吸引力发生改变，产业结构和所有制结构的变化直接影响着社会的就业结构构成特点，三大产业从业人员比重得以改善。经济结构的调整和升级而产生的就业机会的转移，不仅意味着新的经济活动部门在国民经济中地位的上升，同时也意味着其中雇员成份、经济、社会地位的变化。产业结构从以第二产业为主向第三产业为主的转变过程，带动了从业人口从工业向服务业的转移。就我国而言，就业结构中第一产业从业人员比重不断下降，二三产业就业人员比重上升，就业结构日趋均衡，不断优化。

4. 需求结构得到不断优化

需求属性是人的基本属性之一，需求结构是指按照人的需要等级先后次序排列的有机构成。需求结构的阶段性是指随着社会经济发展阶段和经济收入水平的变化而不断变化，需求层次是由低级向高级逐级递升，公众从满足较低层次的生存需求（农业产品）发展到较高层次的物质需求（工业产品），同时在物质需求（工业产品）满足了之后还会向精神需求（生态产品）需求的方向发展，随着经济发展水平的变化，公众需求结构的变化反过来又会直接或者间接促进基本公共服务、社会治理、区域创新的改善。

5. 人力资本水平不断提高

人是社会子系统中重要而特殊的因素，因而经济发展对人口素质的影响具有极为重要的意义，人均收入的提高和人们生活方式的改变，有助于提高科教水平，提高人口素质，增加劳动力技能，改善人口质量。人力资本具有创新性、创造性，具有有效配置资源、调整企业发展战略等市场应变能力，经济发展水平的提升能够显著提升人力资本水平，反过来也能够对区域 GDP 的增长具有更高的贡献率。

6. 社会文明的提升与稳定

经济增长是社会稳定的一个必要条件，只有在实现温饱，基本需求得到满足的条件下，人们才能够安定的生活。经济增长使人们的素质得以提高，生活方式得以改善，在现代化社会中，人们会形成新的社会文明，利于社会的稳定。此外，片面追求经济发展的速度，可能导致社会系统不稳定或者崩溃，引起社会失序，从而产生各种社会问题，如就业问题、犯罪问题、吸毒问题、离婚问题、饥荒问题等。

（二）经济实力和财政投入为山东省社会建设提供有力支撑

1. 经济发展态势总体保持良好

自改革开放以来，山东省在对外开放政策以及良好的区位优势、优越的FDI以及优越的资源环境要素推动下，实现了经济规模的迅速扩张，其中2014年GDP总量为59426.59亿元，为1978年的263.59倍，仅次于广东省位居全国第2位，2003年以来，山东省经济规模增速明显，多数年份保持在10%以上。人均GDP在2000年达到1000美元，2014年人均GDP为60879.00元，增长8.1%，按年均汇率折算为9911美元，为1978年人均GDP的192.66倍，据估计2015年山东省人均GDP达到1万美元。2014年产业结构调整优化，其中第一产业增加值4798.4亿元，增长3.8%；第二产业增加值28788.1亿元，增长9.2%；第三产业增加值25840.1亿元，增长8.9%。三次产业比例调整为8.1：48.4：43.5。县域经济实力不断壮大，2014年公共财政预算收入过10亿元的县（市、区）达到119个。其中，过30亿元、50亿元、100亿元的县（市、区）分别达到44个、24个和4个。综上所述，近年来山东省经济保持平稳发展态势，经济实力不断增强，结构调整步伐加快，为山东省社会建设提供强有力的支撑。

2. 社会建设财政投入稳步提高

财政投入在构建小康社会建设方面起着重要作用，为发挥好财政资金在稳增长、调结构、惠民生中的积极作用，山东省近年来牢牢把握涵养财源税源，调整财政支出结构，在推进新农村建设、实施积极就业投入、促进教育公平、加强医疗卫生服务、加快发展文化事业和产业以及环境治理和保护等方面，不断增加财政投入，建立覆盖城乡社会保障体系，完善规范收入分配秩序、实现基本公共服务均等发展。2010～2014年山东省基本公共财政预算支出持续增长，2014年公共财政预算支出7177.31亿元，相比较2010年4145.03亿元增加73.15%，占山东省总预算支出的比例也较2010年有较大的提高。从公共财政预算支出的内部组成来看，一般公共服务、公共安全、教育、科学技术、社会保障和就业、医疗卫生、城乡社区事务等社会建设的投入也得到了稳步提升。

表 1.2　　2010～2014 年山东省社会建设主要财政支出

类别	2010 年	2011 年	2012 年	2013 年	2014 年
公共财政预算支出	4145.03	5002.07	5904.52	6688.80	7177.31
一般公共服务	544.31	618.48	705.51	749.96	725.33
公共安全	244.03	274.69	317.38	341.83	380.57
教育	770.45	1047.90	1311.80	1399.67	1461.05
科学技术	84.36	108.62	124.98	149.14	147.06
文化体育与传媒	74.03	91.57	114.27	127.53	127.75
社会保障和就业	416.77	501.54	596.48	681.98	763.53
医疗卫生	250.77	360.36	422.91	485.86	605.67
城乡社区事务	388.40	401.70	468.09	618.50	777.92

资料来源：《山东统计年鉴（2011～2015）》。

在教育投入方面，2011 年至 2014 年，全省公共财政教育支出 5215.52 亿元，年均增长 17.25%。2014 年财政性教育经费占教育总经费的 83.89%，比 2010 年增长 6.65 个百分点。2014 年，全省教育经费总投入 1884.78 亿元，比 2010 年增长 81%，公共财政教育支出占公共财政预算支出的比例为 20.35%，比 2010 年提高了 1.69 个百分点。2011 年山东省财政教育投入状况分析评价结果为 A 级，获得中央奖励资金 2.5 亿元。

在养老保障方面，“十二五”以来山东省财政累计投入社会养老服务体系建设资金 30 多亿元，其中 2015 年投入资金多达 9.1 亿元，将用于继续对养老服务设施、信息平台、人才建设等予以重点支持。2015 年根据山东省政府《关于运用财政政策措施进一步推动全省经济转方式调结构稳增长的意见》精神，结合省级财政存量资金调整和中央财政资金安排，山东省财政再筹措 5 亿元农村基础设施建设财政奖补资金，按因素法分配下达各设区市及省财政直接管理县或市。

在医疗改革方面，山东省通过大力筹集资金，调整支出结构，全力支持医改五项重点工作深入推进，2011～2014 年，山东省财政累计投入 461 亿元，年均增长 30%。山东省筹集 290 亿元建立全民医保体系，支持新型农村合作医疗、城镇居民基本医保和城乡医疗救助等制度实施；筹集 28 亿元建立经常性对下补助机制，支持基层全面推行基本药物制度，推动基层医疗卫生机构实施绩效工资，深化综合改革；筹集28亿元完善基层医疗卫生服务体系，加强基层人才队伍培养等，提升基层医疗卫生机构服务能力。

在社会救助方面，2014省财政筹集安排资金47.18亿元，支持创新完善救助制度，进一步提高保障水平。一是投入37.58亿元，进一步提高最低生活保障标准，推进管理体制创新，实现城乡低保统筹发展。二是投入2.14亿元，全面建立临时救助制度，加大困难群众突发性、应急性救助，让群众求助有门、受助及时。三是投入4.43亿元，推进城乡一体的医疗救助制度建设，进一步提高医疗救助水平。四是投入1.16亿元，在加大孤儿基本生活保障基础上，建立困境儿童救助制度，将重残儿童、患重病或罕见病儿童、失依儿童等纳入保障范围。五是投入1.17亿元，对各地农村五保供养对象按每人每年500元标准增加补助，提高农村五保供养水平。六是投入0.7亿元，支持各地开展流浪乞讨人员救助，特别是流浪未成年人救助保护。

在文化传承方面，“十二五”以来，省财政结合中央资金累计投入1.7亿元，在代表性传承人和代表性名录制度日趋完善、保护方式不断创新、加强交流力促传承发展等方面支持全省非物质文化遗产保护传承。

综上所述，依托山东省经济强省的优势，山东省近年来积极调整财政支出结构，基本公共服务财政支出稳步提高，有力支持山东省社会建设和发展。

二、社会建设体制已进入全面深化改革时期

从区域发展的经验来看，成功实现从中等收入阶段向高收入阶段跨越的关键，要实现两个方面的创新和转变，一是增长动力的创新，即从低成本要素投入推动的增长转变为创新驱动的增长，实现比较优势的动态转换和提升，二是社会治理模式的创新，即从传统的国家、治理模式向现代治理模式转变，以有效协调利益相关关系，保持社会的和谐稳定，而体制的改革是上述两个发展和转变的关键。党的十八大报告中指出：“加强社会建设，必须加快推进社会体制改革。要围绕构建中国特色社会主义管理体系，加快形成党委领导、政府负责、社会协同、公众参与、法治保障的社会治理体制，加快形成政府主导、覆盖城乡、可持续的基本公共服务体系，加快形成政社分开、权责明确、依法自治的现代社会组织体制，加快形成源头治理、动态管理、应急处置相结合的社会治理机制。”为深化社会治理体制改革确立了指导思想，明确了目标任务，

指明了发展方向。

1. 山东省进入全面深化体制改革时期

2014 年成立山东省委全面深化改革领导小组，负责全省改革的总体设计、统筹协调、整体推进、督促落实，审议通过了《中共山东省委全面深化改革领导小组工作规则》《中共山东省委全面深化改革领导小组专项小组工作规则》《中共山东省委全面深化改革领导小组办公室工作细则》。审议通过了省委全面深化改革领导小组下设的经济体制和生态文明体制改革、民主法制领域改革、文化体制改革、社会体制改革、党的建设制度改革、纪律检查体制改革等专项小组，建议从政府职能、市场化、金融体制、国有企业、经济发展体制、城乡一体化机制、社会事业、社会管理体制、生态文明制度、文化体制等方面提出相应的改革措施，在重要领域和关键环节改革上取得决定性成果，形成系统完备、科学规范、运行有效的制度体系，使各方面制度体系更加成型。全面深化改革的重点是经济体制改革，核心问题是处理好政府和市场的关系，使市场在在资源配置中起决定性作用和更好的发挥政府作用，山东省各领域全面深化改革为保障经济社会的有序稳定发展提供支撑，从而进一步为实现全省社会和谐提供强有力的基础和保障。

2. 山东省深化社会体制改革有序进行

当前山东省正处于社会体制全面深化改革攻坚时期，2014 年 2 月山东省省委全面深化改革领导小组社会体制改革专项小组第一次会议，为深化社会体制和司法体制改革，提高社会治理水平指明了方向。依据党委领导与发挥各方积极性相结合的原则、维护中央权威与保证地方自主性相结合的原则、服务和监管相结合的原则、控制与引导相结合的原则、技术创新与制度创新相结合原则、循序渐进与适时突破相结合的原则，树立深化社会管理体制改革是通过加强和创新社会管理建立美好社会的价值理想，确立深化社会管理体制改革的人在社会服务和管理中的主体地位，明确深化社会管理体制改革中法治相对于人治的特殊优势，加强深化社会管理体制改革中社会各个方面的合作管理，充分发挥好深化社会管理体制改革中各类社会组织和公民个人的协同作用，适应深化社会管理体制改革中的科学化和信息化要求，切实把老百姓最期盼的领域、制约司法公正的严重问题和社会治理最薄弱的环节优先作为改革重点，研究制定实施方案，明确路线图和时间表，尽快启动和全力推进改革工作开展。加强组织领导、统筹协调和督促指导，健全组织机构，强化工作措施，落实工作责任，发挥积极性、主动性、创造性，有步骤、有秩序地推进社会体制改革工作。

2013年《关于2013年深化经济社会体制改革重点工作的意见》突出突出民生问题，在社会保障、收入分配、社会事业、食品药品安全等领域，提出加快改革，织就覆盖全民的保障基本民生“安全网”。计划整体推进城乡居民大病保险，整合城乡基本医疗保险管理职能，健全全民医保体系。健全保障性住房分配制度，有序推进公租房、廉租房并轨。健全最低生活保障、就业困难群体就业援助、重特大疾病救助等制度，健全并落实社会救助和保障标准与物价上涨挂钩联动机制。2014年山东省重点改革实现突破，农业转移人口市民化进程加快，收入分配制度改革全面展开，基础教育综合改革走在全国前列，城乡居民基本医疗保险并轨，率先建立覆盖全省的大病保险制度，积极探索社保基金委托运营和保值增值。

3. 公众对改善民生充满期待

据中国社会科学院在北京发布公共服务蓝皮书《中国城市基本公共服务力评价（2010～2011）》称，我国公众关注度最高的是住房保障、社会保障和就业、医疗卫生，公众最不满意社保与就业，北京、上海等特大城市居民对公共交通、住房满意度较低。在公共服务满意度评价排行榜上，北京位居第二。2014年随经济社会不断发展，我国进一步深化考试招生制度改革、以创业带动就业、加强乡村医生队伍建设、养老“并轨”改革落地等举措不断推进我国民生建设。2015年全国两会召开前的网络民意调查显示，上学、看病、买房等民生问题是人们关注的焦点。事实证明，社会发展进步越快，公众对教育、收入、就业、医疗服务、住房保障、养老保障等民生问题的期待程度也越高。

2015年全国两会召开，明确提出统筹做好保障和改善民生工作，坚持建机制、补短板、兜底线，保障群众基本生活，不断提高人民生活水平和质量的基本原则，在促进就业、增加收入、保障住房等方面提出明确要求。坚持实施就业优先战略和更加积极的就业政策，加大对城镇就业困难人员帮扶力度；深化收入分配体制改革，努力缩小收入差距；重点推进社会救助制度改革，提高城乡低保水平，建立统一的城乡居民基本养老保险制度；完善住房保障机制，加大保障性安居工程建设力度，推进公租房和廉租房并轨运行；严格执行安全生产法律法规，大力整顿和规范市场秩序，严厉打击制售假冒伪劣行为。但据调查显示公众对基本公共服务满意度总体评价处于较低水平，但还处于可以承受的范围内。这一方面表明，我国政府提供的公共服务总体水平还是基本满足了广大人民群众的需求的，得到了广大人民群众的基本认可；另一方面，公共服务还有发展的潜力，还存在比较大的提升空间，公众对改善民生充满期待。

第三节　转型期山东社会发展面临的挑战

一、人口劳动力结构不合理，老龄化问题较突出

山东省人口众多，2014 年末常住人口达 9789.43 万人。其中，15~64 岁劳动力人口数为 7084.39 万人，占总人口比重 72.00%，就业人员总数为 6606.50 万人，占总人口比重为 67.49%。近年来，随着山东省国民经济发展的逐步加快，农村剩余劳动力逐年增加，农村劳动力转移的规模逐年增大，速度逐步加快。2014 年山东省城镇新增就业 118.5 万人，农村劳动力转移就业 131.2 万人。山东省大量农村剩余劳动力转移面临农村劳动力数量庞大、素质相对较低、转移服务机制不完善、拉力不足等一系列问题，如何改革阻碍农村劳动力转移的制度、创造更多非农就业岗位、建立和完善劳动力市场机制、积极推进城市化进程是我们当前解决劳动力合理就业的关键。

依据国际上对老龄化社会的判断标准，1994 年山东省 60 岁及以上老年人口达到 899 万，占全省总人口的 10.37%，是全国第六个进入老龄化的省份，比全国早 5 年进入人口老龄化社会。经过 20 年快速增长，到 2014 年底，全省 65 岁以上人口已经达 1135.6 万，占总人口的 11.6%，远高于全国老龄化状况。持续的人口低生育率水平造成山东省人口发展的不均衡，集中表现为“未富先老”的人口老龄化及其相关影响。山东省人口老龄化表现出老年人口基数大、老年人口增速快、农村老龄化程度高于城市、空巢老人数量多、老龄化先于工业化、老龄化与家庭小型化伴随、老年抚养比快速攀升等特点。人口老龄化对山东省劳动力供给、资本积累、国民储蓄、国民收入分配、经济增长潜力与方式、经济社会负担乃至金融稳定等诸多方面都有着深刻的、系统的影

响，人口老龄化已经成为制约我省经济社会可持续发展的重要因素。现阶段山东省经济社会发展水平与发达地区相比相对较低，以及“倒金字塔”式的家庭人口结构条件下，从物质赡养、生活照料和精神慰藉等方面实际应对养老挑战，任务十分紧迫。

二、收入水平不断提高，收入差距持续扩大

21世纪以来山东省居民收入持续增加，2000~2014年山东省城镇居民人均可支配收入由6489.97元增长到29221.94元，增长约3.5倍，年均增幅达11.40%。2000~2014年山东省农村居民人均纯收入由2659.20元上涨到11809.38元，增长约3.44倍，年均增幅11.30%。伴随经济发展的不断提高，山东省居民收入不断增加，与此同时山东省居民收入差距也在不断扩大。主要表现在城乡差距、区域差距和行业差距三个方面。

随着山东省居民收入与支出连续增加，城乡之间差异逐渐增大，城乡收入分配差距拉大，2000~2014年山东省城镇居民人均可支配收入增加值高于农村居民人均纯收入增加值，贫富分化问题严峻；与此同时，山东省居民收入区域差异明显，城镇居民人均可支配收入呈东部沿海地区高于中西部地区的空间格局、农村居民人均纯收入呈东部沿海地区“高—高”集聚，鲁西地区“低—低”集聚的空间分布格局；此外，山东省居民收入存在明显的行业差距。受行业垄断、劳动生产率差异、行业人力资本差异以及市场经济体制不完善等障碍因素影响，行业收入差距持续加大，2014年山东省最低行业工资与最高行业工资差距达到51716元。高新技术行业收入稳居较高水平，农村劳动生产率较低行业收入较低。17地市的平均工资水平差异显著，青岛市、东营市、济南市和烟台市工资较高高，德州市、聊城市和菏泽市等大部分地区工资偏低，2014年最低收入地市平均工资仅为最高收入地市的63.76%。城乡、区域和行业之间的不均衡严重制约了山东省全面小康社会建设进程。

三、社会保障不断完善，公共服务体系缺位

近年来，山东省坚持以科学发展观为统领，社会保障体系不断完善，从无到有，范围和领域不断扩大，基本实现了制度全覆盖。基本医疗卫生制度日益完善，医药卫生体制改革进一步深化。住房保障和供应体系方面，基本形成以

租赁型保障性住房和出售型保障性住房为主的住房保障体系，住房保障制度初步建立。社会养老保障方面在全省范围内建立起由职工、企业和国家三方共同负担的社会基本养老制度，实现城乡居民基本养老保险的并轨整合。在保障和改善民生、促进经济社会发展、维护社会稳定等方面的功能更加显著。但仍存在很多问题，医疗卫生事业方面出现了医疗卫生资源布局不合理，群众就医负担仍然较重，医疗卫生服务能力不足，多重疾病负担重，医学人才队伍不协调，医疗体制不顺等问题；住房保障和供应体系方面出现供需矛盾突出，住房保障水平与经济发展、市场需求发展不协调，住房保障资金投入不足，住房保障对象的确定和保障标准不统一，住房保障机制不健全等方面的问题；社会养老保障方面，原有的养老保险仍需完善，“未富先老”使养老保险制度面临双重挑战，养老金并轨存在困难，城乡居民养老保险发展受阻，多支柱的养老保险制度发展不协调。

享受公共服务能力属于公民的权利，提供基本公共服务是政府的职责，其服务范围一般包括保障基本民生需求的医疗卫生、住房保障、社会养老等领域的服务。山东省一直坚持把推进公共服务均等化作为推动科学发展、构建和谐社会的重要内容。然而随着社会的进一步发展，一些深层次的问题逐步显现。一是医疗卫生服务能力不足，卫生资源相对分散，与老龄化社会需求不适应，城乡卫生资源差距明显；二是针对中低等收入者的住房保障服务能力不足，保障性住房的供求不能满足日益增大的需求量；三是社会养老服务体系不健全，统的养老模式受到冲击，养老服务机构水平低，养老服务发展城乡差距不断扩大，社会养老服务水平不高，投资主体单一。四是城乡居民公共服务差距依然较大，成为可持续发展的制约因素。

四、社会发展稳定，公共安全体系和治理体制滞后

整体而言，山东省经济发展、社会进步、文化繁荣，公共安全的总体形势很好。但是，由于当前山东省正处于工业化、城镇化快速发展时期，由于安全发展理念不牢、企业安全生产意识淡薄、安全监管科学实效程度低等突出问题以及山东省自身的地理环境特点，各种传统的和非传统的、自然的和社会的风险、矛盾交织并存，公共安全面临的形势更趋严峻。一是随着全球气候变化以及中国经济快速发展和城市化进程的不断推进，区域资源、环境和生态压力持

续加大，自然灾害防范应对形势更加严峻复杂；二是由于当前山东省正处于工业化、城镇化快速发展进程中，处于生产安全事故易发多发的高峰期，安全基础仍然比较薄弱，部分高危行业产业布局和结构不尽合理，安全生产监管监察及应急救援能力亟待提升；三是公共卫生事件频频发生，食品药品安全风险隐患依然较多，生态环境、生产生活方式变化以及职业伤害、饮用水安全和环境问题等对人民群众健康的影响更加突出。四是在经济全球化、社会信息化的时代背景下，影响社会安全的不确定因素明显增多，难以预料的挑战和风险明显加大。

新的社会需求、社会矛盾、社会现象，使得社会系统性的风险不断增加。社会的一些不稳定因素正处于从潜在风险向公共危机转化的临界点上，诸如贫富差距扩大、通货膨胀、社会分配不公、社会治安形势严峻等，进一步加强和深化社会治理体制改革与创新，是当前缓和社会矛盾、消解社会危机、维护社会稳定、构建小康社会的重要路径。然而，当前山东省社会治理体制还存在一系列问题，突出体现在：一是政府缺乏多元参与的治理理念，公众参与社会治理的意识薄弱，参与渠道不通畅，相关保障制度不健全；二是缺乏社会治理体制的顶层设计，统一考虑全局性、宏观性和战略性问题，没有理清政府、市场与社会的层级关系，打破现有利益分割和权利分割，重构创新现有的社会治理体制。三是有限政府的理念尚未确立，市场经济制度有待健全，这些相配套的制度条件已成为政府充分履行社会治理职责的“瓶颈”和制约因素。

五、文化强省资源不足，公共文化发展不平衡

当今世界正处在大发展大变革大调整时期，文化在国家发展和人类进步中的作用日益凸显，迫切需要从文化的高度审视传统发展理论和发展道路。所以认识文化不仅要从人的精神需求方面认识文化，而且要从经济社会可持续发展和综合国力提高的社会要求上认识文化。2008 年山东省深入实施经济文化强省战略以来，山东省的公共文化体系逐步完善，但随着经济社会的发展进步，人民群众精神文化需求呈现出多样性、多层次的特点，给山东省公共文化供给提出了更高的要求。目前山东省的公共文化供给能力仍然不强，提供的公共文化服务存在精致度不够、适应性不强、吸引力不足等问题，难以较好满足群众日益多样化的文化需求。送书下乡、农村免费电影放映等文化惠民工程部分书

籍、剧目对群众的吸引力不够，造成文化服务趋多同群众文化生活单调并存的局面。乡镇文化服务中心和村（社区）文化活动中心设施简陋、设备不全、图书陈旧、活动单调，不能吸引群众参与，有的对社会宣传不够，不能按规定时间开放，阵地作用没有充分发挥。

由于山东省东西部经济社会发展水平差距较大，城乡经济社会发展水平差距也较为明显，再加上各地对公共文化服务建设重视程度有较大的差异，导致山东省公共文化建设的区域差距和城乡差距较大，公共文化区域发展不平衡等问题。东部经济社会较为发达的地区公共文化体系较为完善，公共文化服务内容丰富，形式多样，而西部经济社会落后地区图书馆、文化馆、博物馆、文艺表演场馆等公共文化设施落后，公共文化体系有待进一步完善，公共文化经费投入也需要加大。山东省城乡公共文化建设差距也较为明显，城市地区集中了全省大部分公共文化资源，公共文化服务体系也较为完善，经费投入也大于农村地区，公共文化服务方式多样，而农村地区公共文化资源较为匮乏，公共文化服务方式单一，不能满足广大农村地区人民的文化需求。

六、经济转型加速，就业结构性问题不容忽视

近年来，山东省“招工难”与“就业难”两难并存的现象日益突出，山东省就业市场存在明显的结构性问题。总体来看，山东省就业结构性矛盾主要表现在三个方面：一是大学毕业生就业压力较大。据山东省人力资源和社会保障厅介绍，“十二五”期间，山东省高校毕业生总量每年将维持在50万人左右。从供给上看，高校毕业生占适龄劳动人口的比例逐年加大，已经占到新成长劳动力的半数以上。从需求来看，山东省正处于经济结构调整和转型升级的关键时期，新兴产业发展所创造的适合高校毕业生的就业岗位与当前高等教育的发展还不协调、不匹配。而与此同时，山东省经济向新常态过渡，使得经济增长对就业的拉动效应有所减弱，加大了大学毕业生的就业压力。二是部分企业“招工难”问题突出。近年来，虽民营中小企业、二三线城市对高校毕业生需求明显上升，但毕业生对于就业的期望值与社会需求之间有着明显的差别，“招工难”问题一直是中小企业发展面临的主要困难之一。三是技能劳动者总量严重不足，技工短缺的现象非常突出。产业结构调整需要劳动力的供应能迅速做出响应，但现阶段劳动力结构却与经济结构不相适应，由此而产生

“结构性失业”。

山东省的劳动力供给已经从“无限供给”开始转变为“有限剩余”，劳动力短缺将会使社会失业率的上升、劳动生产率的降低，社会总产出下降，经济发展速度变慢。老年人口的增多将使劳动力数量和结构上发生老化，容易出现高技术岗位空缺的现象，导致人才的断层。人口生育政策的调整并不能在短时间内改变山东省适龄劳动人口下降趋势，由此将进一步加大就业结构性矛盾。如何协调好产业结构与劳动力供给、人口就业之间的关系，是今后一段时间努力的方向。山东省人口就业形式不容乐观，就业结构性问题不容忽视。

第二章　山东人口大省与可持续发展

第一节　山东省人口数量与发展

人口是社会子系统的核心，作为可持续发展的有机组成部分，它是区域可持续发展的原动力和终极受益者。适度数量的人口是可持续发展的必要条件，在一定条件下，人口数量的适度增加，使更广泛的劳动分工和结合成为可能，可以促进生产力发展，但过多或过少的人口都是可持续发展的限制因素。此外，人口素质、人口结构、人口分布等都深刻影响着区域可持续发展。人口数量同经济规模及资源、环境负载能力的协调发展是可持续发展的核心问题；人口质量同科技进步、经济增长模式的协调发展是可持续发展的必要前提；人口结构同产业结构、生产力配置的协调发展是可持续发展的重要内容；人口分布同资源配置、环境容量的协调发展是可持续发展的重要部分。

一、山东省人口总量增长态势分析

中华人民共和国成立以来，山东省人口总量保持较快的增长速度，到2014年山东省人口总数9579万人，居全国第二位，仅次于河南省。人口迅速增长给山东省经济发展带来大量的人力资本，但与此同时，也给资源环境造成了巨大的压力：包括土地资源、水资源、森林资源、能源的消耗，环境的污染，这已经成为制约山东省可持续发展的关键因素。如何促进人口均衡发展，协调人口数量与可持续发展的关系成为学者们研究的热点问题。

（一）山东省人口总量变动过程及阶段

1. 山东省人口总量变动分析

（1）人口总量不断增长，占全国人口比重不断下降

中华人民共和国成立以来，山东省人口总量不断增长，曲线呈明显的上升趋势，山东省人口占全国人口比重呈下降趋势。根据曲线变化趋势可以将山东省人口总量变化分为两个阶段：

①人口迅速增长阶段（1949～1990年）

该阶段是山东省加快发展经济的人口红利期，计划生育政策开始实施，山东省人口总量从1949年的4546万人，增长到1990年的8493万人，增幅86.7%。1949～1990年间，山东省人口年自然增长量在100万人左右，超过100万的年份有17个，占该时段的41.5%，1990年人口增量达333万人（图2.1、图2.2）。出生率在1949年至20世纪70年代前期，基本维持在30‰的高水平上，期间1958～1961年出现人口总量减少的现象，该阶段是三年困难时期，山东省人民生活水平下降，出生率下降明显，死亡率迅猛上升，进而影响山东省人口总量的增加。20世纪70年代后，随着计划生育政策的成功实施，人口出生率迅速下降到20‰以下。该时段内山东省人口总量占中国总人口比重下降趋势明显，由1949年的8.40%下降到2014年的7.43%，三年困难时期山东省人口总量占全国人口总量比重下降十分明显。由此可见，20世纪50年代山东省较全国其他省市以农业为主的经济结构尤为明显。

②人口增长减缓阶段（1990～2014年）

该阶段山东省人口总量增长速度放缓，从1991年8610万人增长到2014年的9789万人，增幅为14%。1991～2014年，山东省人口年自然增长量在50万人左右，超过50万的年份有11个，占该时段的39.3%，2000年、2010年人口增量达115万人、118万人。20世纪70年代以来，山东省开始实施计划生育政策，新生婴儿量明显减少，人口出生率迅速下降到20‰以下。该时段内山东省人口总量占全国人口总数比重呈先上升后下降的趋势，由1991年的7.40%变化到2014年的7.16%，该时间段山东省占全国人口总量比重出现小幅上升趋势，三年困难时期后出生的人群在此阶段进入生育高峰期，新生婴儿数量明显增多。总体来看，山东省计划生育政策成效显著，山东省人口总量增

长速度得到有效控制。

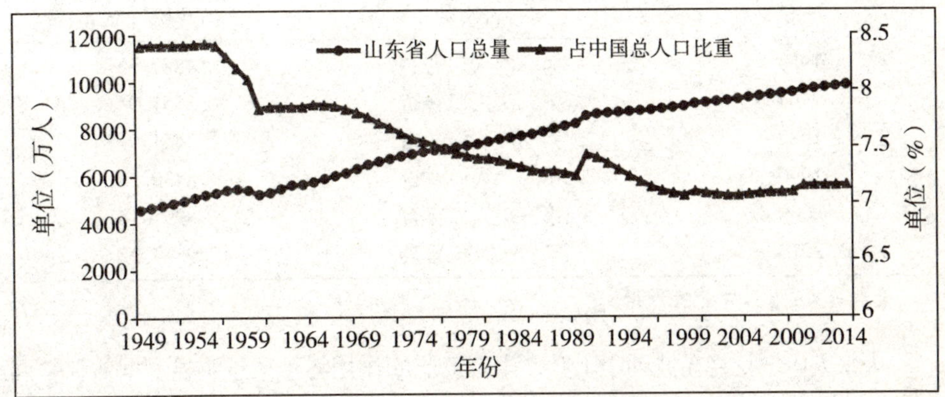

图 2.1　山东省人口数量变动及占中国总人口比重

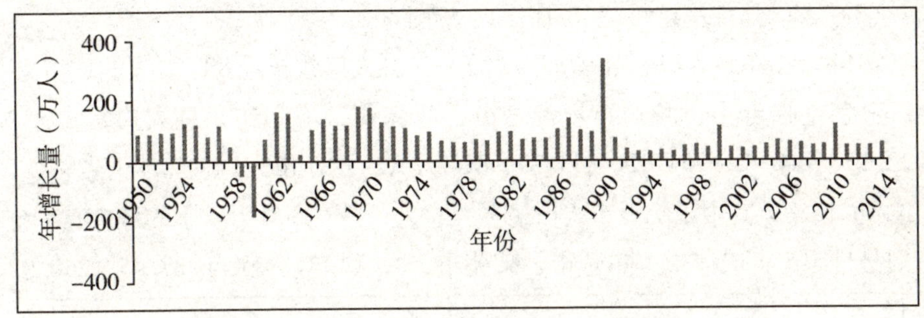

图 2.2　山东省人口总量增量变化图

（2）人口基数大，增长波动性明显

山东省人口总量由 1949 年末的 4549 万人，增长到 2014 年的 9579 万人，65 年人口净增加 5030 万人，是 1949 年人口数的 110.6%。人口密度由 1949 年的 290 人/平方公里，增加到 2014 年的 620 人/平方公里。从 6 次人口普查的数据来看，山东省人口总量增长迅速，人口增长波动性大，起伏明显（表 2.1）。1949 ~ 2014 年山东省人口出生率、死亡率、自然增长率表现出大的波动性，引起山东省人口总量的波动性。由于人口过程是一个连续不间断的过程，人口的生育与低谷经过一个生育周期后将导致另一次的出生率上升或下降，进而影响未来人口增长过程。

表 2.1　山东省六次普查人口数

年份	普查次数	人口数量（万人）
1953	第一次人口普查	4887.65
1964	第二次人口普查	5551.9
1982	第三次人口普查	7441.91
1990	第四次人口普查	8439.28
2000	第五次人口普查	8997.18
2010	第六次人口普查	9579.27

资料来源：《人口普查数据》。

未来人口增长将在波动中上升，生育意愿的作用将越来越明显。据估计全面放开“两孩”后，新生儿出生峰值可能在2017年到来，受养孩成本、生育观念等因素影响，育龄妇女生育意愿将大大减少，新增人口峰值将不会超过800万。

（3）人口分布差异大，空间格局不均衡

2014年山东省人口总数9789.43万人，总人口数超过800万人的城市有5个，分别是临沂市、潍坊市、青岛市、菏泽市、济宁市，总人口数分别为1022.10、924.72、904.62、843.79、824万人，这5市人口总和占全省总人口数的46.16%，其中以临沂市人口最多。总人口数在300万以下的城市有4个，分别是日照市、威海市、东营市、莱芜市，总人口数分别为287.05、280.92、

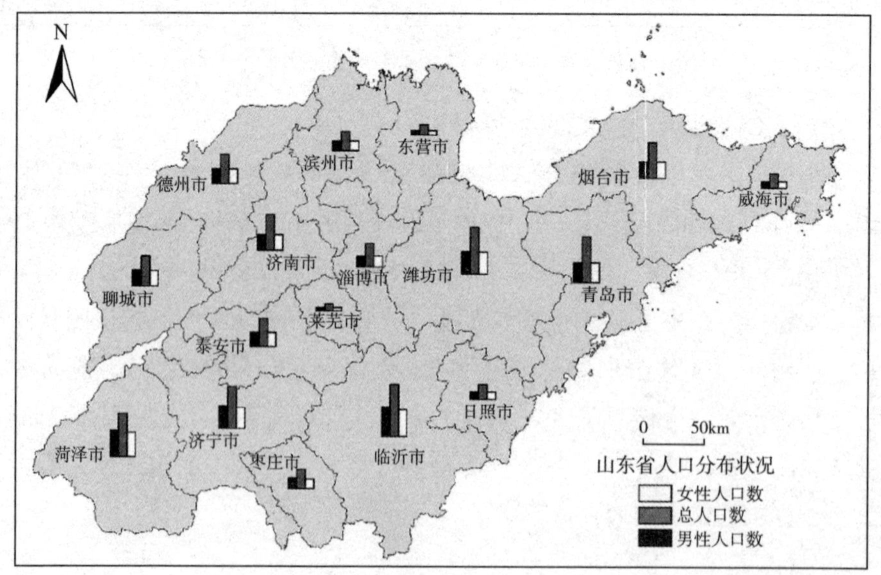

图 2.3　山东省人口数量分布图

209.91、134.53万人，以上4市占山东省总人口的比重为9.32%，其中莱芜市人口最少。由此可见，山东省17地市人口数量差异明显，人口最多的临沂市与人口最少的莱芜市人口相差887.57万人。2014年末，17地市占全省总人口比重表现为“6升6降5平”，从人口增速上来看，17地市中有10个地市增速快于全省平均水平，7个地市低于全省平均水平。山东省人口数量总体上呈鲁南多于鲁北，鲁西多于鲁东的空间格局。

2. 山东省人口数量增长阶段

中华人民共和国成立以来，山东省经历了人口基数最大、速度最快的人口增长阶段，人口增长类型实现了由中华人民共和国成立初期高出生、低死亡、高增长，到低出生、低死亡、低增长的转变。结合中华人民共和国成立以来山东省人口出生率和死亡率变动曲线，可以将山东省的人口总量增长类型划分为以下几个阶段：

（1）高出生率、高死亡率、人口高速增长阶段（1949～1957年）

该段时期出生率大体保持在35‰～40‰，死亡率大体在12‰左右波动，出生率、死亡率均处于较高水平，且出生率明显高于死亡率，人口自然增长率基本保持在15‰～25‰之间的高水平，人口增长迅速。该阶段山东省完成新旧社会的交替，从经济恢复转入大规模和平建设时期，生产力迅速恢复和发展，人民生活得到大大改善，同时医疗卫生事业得到较大水平的提高，高出生率、低死亡率，带来了人口增长的第一个高峰期（图2.4）。

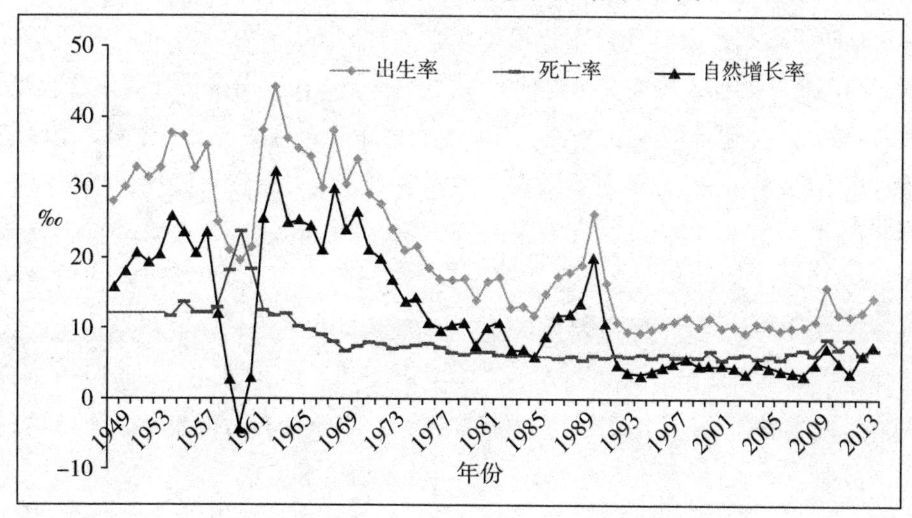

图2.4　山东省人口出生率、死亡率、自然增长率变化

（2）低出生率、高死亡率、人口负增长阶段（1958~1961年）

1961年山东省人口总量比1958年减少156.4万人，年均递减0.99‰，其中1959年人口总量比1958年人口总量减少49万人，而1960年比1959年减少达185万人。此阶段山东省人口出现负增长现象，人口自然增长率降至-4‰。这是由于山东省这一时期政治经济政策的失误和大范围的自然灾害，使国民经济陷入困境。经济衰退，粮食减产，人民生活水平下降，造成大量的非正常死亡和生育的推迟，死亡率猛升，出生率剧降，同时人口的迁出也加剧了人口的负增长。

（3）高出生率、低死亡率、人口高速增长阶段（1962~1972年）

经历了后，山东省人民全力以赴投入生产救灾，1963年山东省的人口出生率、死亡率和自然增长率低于中华人民共和国成立初期的水平，形成了人口增长的第二个小高峰。渡过困难期之后，人民生活明显改善，加之自然灾害时期的生育推迟，同时人口政策片面强调人多的优势，出生率在此阶段迅速反弹。在1963年达到了山东省出生率的最高峰44.2‰。该段时期，死亡率恢复中华人民共和国成立初的水平，并且逐渐下降，从1962年的12.4‰下降到1972年的7.66‰。总体上来说，该阶段是中华人民共和国成立后以来人口自然增长率最高的时期，山东省人口增长突出的特征为出生率保持较高水平，死亡率开始下降，人口迅速增长。

（4）低出生率、低死亡率、人口增长放缓阶段（1973~1994年）

该阶段山东省人口死亡率逐渐稳定，大体在6.5‰左右波动。1972年以后，山东省开始把人口增长指标列入经济发展计划，全面推行计划生育政策，人口开始走向有控制的稳步增长。计划生育政策的实施使人口出生率呈下降趋势。由于经济的不断发展以及医疗卫生保健事业的发展，人口死亡率保持在较低水平，由1973年的27.6‰下降到1994年的9.69‰，人口增长明显放缓。1990年山东省人口出生率出现小高峰，出生率增长到26.1‰，自然增长率达20.08‰，这主要是因为60年代中后期即第二次人口高峰期出生的人口陆续进入婚育年龄，人口自然增长率又有回升。总体来说，该阶段山东省人口的最明显的特征为出生率迅速下降，死亡率维持在较低水平，人口增长逐渐放缓。

（5）低出生率、低死亡率、人口低速增长阶段（1995 年至今）

在经历了 1973～1994 年的出生率迅速下降之后，在该阶段，山东省人口出生率和死亡率均趋于稳定，出生率大体维持在 11‰左右，死亡率大体维持在 6.3‰左右，人口自然增长率保持在 4‰左右。强化计划生育措施，严格控制人口增长是促使山东省人口出生率大幅度下降的主要原因。1995 年以来，山东省人口出生率、死亡率已处于较低生育水平，人口增长保持低速稳步增长态势，是建国以来山东省人口增长最慢时期。2013 年后山东省人口出生率出现小幅上升趋势，山东省为促进人口长期均衡发展，积极实行人口计划政策调整，相继实施单独二孩、修订全面二孩政策，预计山东省人口总量将会有小幅上升，受年轻一代生育意愿的影响，人口不会有大幅增长。总体来看，该阶段山东省出生率、死亡率均降至较低水平，人口增长相对较慢。

（二）人口总量未来发展趋势

科学预测未来山东省人口发展趋势，对今后人口控制的努力方向及制定相关人口政策有重要意义。山东省作为全国第二人口大省，现阶段人口增长趋向平稳状态。为推进人口与经济、社会、资源、环境的协调发展，有必要对人口进行科学的预测。根据山东省统计局编制的《未来山东人口研究》中提出的四个方案（表 2.2）。

表 2.2　　未来山东人口变化预测表　　（单位：万人）

方案	2020 年	2050 年	人口增长率（%）	高峰年人口数
第一方案	10023	9357	0.73	10105
第二方案	9681	8731	0.59	9690
第三方案	9475	8045	0.51	9475
第四方案	9421	7829	0.48	9418

资料来源：吴玉麟等．山东省可持续发展的战略研究，山东人民出版社，2000.

从上述四种方案来看，只有第一方案的人口总量突破 1 亿，其余方案人口总量均没有超过 1 亿，但人口增长的趋势毋庸置疑，过多的人口必定会对资源环境造成巨大的压力，影响经济、社会的可持续发展，能否实现人口不超过 1 亿的目标在于是否继续坚持有利于人口控制的大环境，使计划生育工作继续进行。现阶段山东省人口对生态环境的压力仍然很大，仍面临人口合理调控的问题，如何使人口数量长期均衡发展是现阶段重要任务。

《山东省人口发展“十二五”规划》中强调解决山东的人口问题，必须实施“三步走”战略：第一步，20 世纪 70 年代至 1991 年，解决人口增速过快问题，实现低生育水平；第二步，自 1992 年至 2025 年前后，解决人口增量过大问题，通过稳定低生育水平，逐步实现人口“零增长”；第三步，2025 年以后，解决人口总量过大问题，逐步实现人口总量回落（图 2. 5）。根据三步走规划，目前山东省人口增速过快的问题已经解决，但是人口对经济、社会、资源、环境的压力有仍未得到缓解，合理调控人口数量的任务仍然十分艰巨。到 2025 年人口增量过大问题将得到有效控制，人口增长将向可持续发展方向靠拢，2025 年后山东省人口数量将呈现均衡稳定状态。

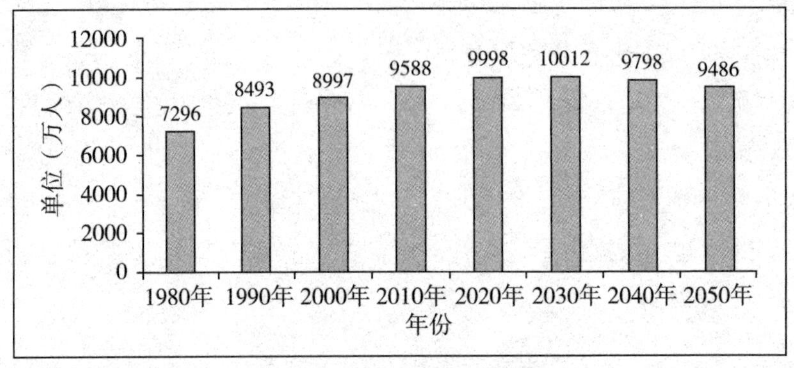

图 2. 5　山东省人口总量预测图

二、山东省人口增长与区域调控

（一）保持人口数量适度增长是解决人口问题的基本前提

1. 保持人口增量适度趋紧，形势不容乐观

中华人民共和国成立以来，山东省人口数量变动与区域调控密切相关，多年来山东省积极采取计划生育政策，人口总量得到很好的控制，但与此同时山东省面临老龄化、劳动力短缺等问题亟待解决。山东省人口总量、人口密度均位于全国第二，人口基数大，控制人口适度增长仍任重道远，形势不容乐观。“十二五”期间，受育龄妇女年龄结构变动的影响，山东省迎来第四次生育高峰。山东省年均出生 121 万人，年均人口出生率为 12. 5‰，年均自然

增长60万人左右，据预测，到2020年山东省总人口接近1亿，人口数量适度增长任务艰巨。单独二孩政策的实施，全面二孩政策的放开都将会对未来山东省人口数量增加带来一定影响，同时也会对未来劳动力得到补充，使人口老龄化问题得到缓解。实现未来人口数量与经济规模及资源、环境负载能力相互关系的协调发展，解决人口增量过大，保持人口数量适度增长是前提。

2. 山东省人口基数大，人均占有资源量少

山东省人口总量大，人均占有资源少、资源利用水平不高和环境污染严重的问题并存，人口问题成为制约山东省经济社会可持续发展的关键因素。2014年山东GDP总量居全国第3位，但人均GDP居第10位；居民人均可支配收入也仅排在全国第9位。山东省人均淡水资源占有量不足全国平均水平的1/6，为世界平均水平的4%。耕地总量为13亿亩，占全国的5.6%，而山东省总人口占全国的7.1%。随着人口总量的增加，经济建设和社会发展对资源的需求和消耗将进一步增加，给资源、环境带来更大压力。人口过多、增量过大仍是山东省经济社会发展的重要制约因素。要实现人口与经济社会、资源环境之间，人口内部数量、素质、结构之间两个层面的统筹，解决人口数量适量问题依然是关键。

（二）人口调控政策创新是促进人口均衡发展的重要保障

1. 践行控制人口政策，积极调整生育政策

控制人口数量，提高人口素质，是实现我国社会主义现代化建设目标和可持续发展的重大战略决策。20世纪70年代以来，为控制人口数量，提高人口素质，实现人口与经济、社会、资源、环境协调发展，维护公民的合法权益，促进家庭幸福、民族繁荣和社会进步，山东省结合本省实际人口、经济、资源环境状况，制定和完善《山东省人口与计划生育条例》。山东省人口调控政策在实现人口再生产类型转变之后，主要任务将转向稳定低生育生平，提高出生人口素质。人口计划生育政策的实施为山东营造了40年的“人口红利期”，为山东经济社会发展创造了良好的人口环境：加速资金积累、促进劳动力就业、优化资源配置、维持社会稳定（表2.3）。

表 2.3　山东省人口和计划生育调整和完善

年份	事件
1971	山东省开始把人口计划纳入国民经济“四五”计划
1980	山东省政府颁布《山东省关于计划生育若干问题的试行规划》
1988	山东省人大常委会审议通过《山东省计划生育条例》
2002	重新制定了《山东省人口与计划生育条例》
2014	《山东省人民代表大会常务委员会关于修改〈山东省人口与计划生育条例〉的决定》实施单独两孩政策
2015	山东省十八届五中全会《山东省人口与计划生育条例》进行修订全面放开二孩的政策

资料来源：山东省卫生和计划生育委员会网站公布资料整理。

除此之外，进入21世纪山东省积极编制人口计划，采取措施控制人口总量过快增长。“十一五”期间，山东省立足于本省发展状况，首次颁布了《山东省人口发展“十一五”规划》，并将人口自然增长率列为《山东省国民经济和社会发展第十一个五年规划纲要》的约束性指标。“十一五”时期的五年间，山东省低生育水平总体保持稳定，年均人口出生率为11.5‰，年均人口自然增长率为5.2‰，2010年末山东省总人口数为9588万人，顺利完成国家和山东省人口控制目标。针对“十二五”时期面临的人口形势和存在的突出问题，山东省将“十二五”人口发展规划目标设定为：要继续保持低生育水平稳定，年均人口自然增长率控制在6‰，确保实现2015年总人口控制在9880万人左右的目标，为实现到2020年总人口不过亿和逐步实现零增长并回落的目标奠定坚实基础。现阶段是山东省解决人口问题道路的重要拐点，人口和计划生育事业进入了一个重要发展机遇期，编制人口计划对稳定低生育水平、统筹解决人口问题、提高人口素质、促进人的全面发展具有战略性的重要意义。

2015年11月26日，山东省十八届五中全会通过的《中共中央关于制定国民经济和社会发展第十三个五年规划的建议》中，针对“十三五”时期我国人口发展将面临的人口结构失衡、劳动力供给下降、养老服务需求快速增长、城镇化转型等多方面的挑战，对山东省人口发展提出新要求。坚持计划生育基本国策，落实一对夫妇可生育两个孩子政策，改善出生人口性别比，提高出生人口素质，帮扶存在特殊困难的计划生育家庭，促进人口均衡发展。

2. 落实生育政策，优化人口调控措施

（1）完善人口发展战略

坚持计划生育基本国策，完善人口发展战略。全面实施一对夫妇可生育两个孩子政策，提高生育率，缓解人口老龄化进程，促进人口均衡发展，积极开展应对人口老龄化行动。完善人口计划管理，将人口增长计划纳入国民经济总体计划之中，完善与经济社会发展相协调的远期、中期和年度人口计划。在人口计划目标指导下合理调整人口增长，真正发挥人口发展战略对人口增长的宏观调控作用，以实现人口与经济、社会长期均衡发展。

（2）提高人口文化素质

普及教育，提高人们的文化水平，是促进公民尤其是农民传统生育观念转变的重要途径。提高教育质量，推动义务教育均衡发展，普及高中阶段教育，逐步分类推进中等职业教育免除学杂费，实现家庭经济困难学生资助全覆盖。加大政府资金投入，大力发展科学文化教育事业，吸引高层次人才前来就业，不断优化人口结构。坚持人口资源环境相均衡、经济社会生态效益相统一，合理调控人口规模，优化人口空间布局，提高全民素质，促进人口长期均衡发展。

（3）配套生育政策调整相应措施

针对人口发展现状，我国近年来开始调整人口政策，相继出台单独二孩、全面二孩政策，这有利于优化人口结构，增加劳动力供给，减缓人口老龄化压力。新生婴儿的增加将会对医疗、卫生、教育等事业提出更高的要求，要积极做好新政策的配套措施，逐步建立和完善社会保障制度，促进人口与经济社会、资源环境的协调发展。加快产科和儿科医师、助产士及护士人才培养，合理确定服务价格，在薪酬分配方面加大政策倾斜力度。保障女性就业休假权益，完善计划生育奖励假制度，依法保障女性生育后重返工作岗位，鼓励用人单位制定有利于职工平衡工作与家庭关系的措施。

第二节　山东省人口素质与人力资本提升

“控制人口数量，提高人口素质”是我国的一项基本国策，全面提升人口素质、大力培养人力资源对经济社会发展至关重要。人口素质是影响社会文明和谐、资源有效利用和国家综合竞争能力强弱的关键因素。人力资本数量和质量的提高，不仅是推动一个国家或地区经济增长方式转变的根本动力，也是推动区域创新的关键因素。人口素质、人力资本与社会经济发展关系是双向的：一方面，生产力发展水平和社会经济状况决定人口素质、人力资本水平；另一方面，人口素质、人力资本水平的状况影响社会生产力的发展。

一、人口素质与优化调控

人口素质受社会、经济、文化、教育和科学事业发展状况的制约，同时人口的科学文化水平和身体素质又对物质文明和精神文明建设有着深刻的影响。在知识经济时代，激烈的国际竞争实际上就是人才的竞争、科技的竞争。现代化建设要求有大量的具有较高科学素养的专门人才以及受过专业训练、具有一定文化水平的健康劳动者。谁拥有高素质人才，谁就能在激烈的国际竞争中胜出。

（一）人口素质基本内涵

1. 人口素质的概念

人口素质主要是指思想道德素质、科学文化素质和身体素质，其中人口的科学文化素质是核心内容。思想素质是指人在一定的社会环境和教育的影响下，通过个体自身的认识和社会实践，在政治倾向、理想信仰、思想观念、道德情操等方面养成的较稳定的品质，是支配人们行为的意识状态。科学文化素质是人们在科学知识、文化知识、艺术欣赏等方面自我教育、自我提高的过程，是人们认识和改造世界的能力，是衡量人口素质高低的关键。身体素质是衡量一个人体质状况的重要标志之一，是人口素质的自然条件，也是人类从事一切其他活动的基础（图2.6）。

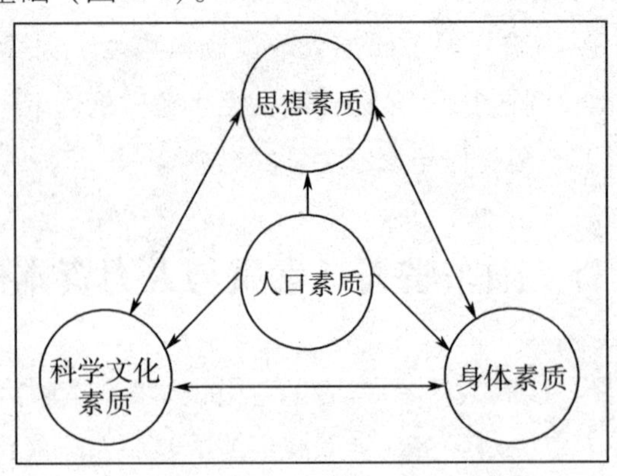

图2.6　人口素质内涵框架图

2. 人口素质的作用

人口素质是影响地区综合竞争力的关键因素，人口素质越高，人口认识和改造世界的条件和能力越强，人口素质越低，人口总体认识和改造世界的能力越弱。整体人口素质水平体现出社会的物质文明和精神文明的程度。可持续发展战略的实施，是一个由许多因素构成的社系统工程，涉及经济和社会发展的诸多方面，而人口素质的全面提高是社会发展的重要目的与内容，而且是实施可持续发展战略的关键因素与根本条件。

山东省正处于人口发展均衡化和经济发展方式战略性调整的关键时期，高水平的技术人才和高素质的劳动力是转变经济发展方式，促进产业结构转型升级的必要条件。同时，人口素质与环境保护密切相关，人口素质通过影响人们环保意识、绿色科技、环境容量等方面影响生态环境保护。此外，人口素质影响人力资本优势，人力资本的投资和积累又影响区域创新能力，区域创新能力已经越来越成为经济持续发展和保持区域竞争优势地位的重要因素。由此可见，人口素质是影响人口长期均衡发展的关键因素，同时也是制约经济社会可持续发展的重要前提。

（二）山东省人口素质现状分析

为对山东省人口素质进行定量评价，本文采用“两要素”论涵盖的内容进行量化和测算，主要对科学文化素质和身体素质两个方面进行分析。

1. 人口素质指标体系构建

立足于山东省实际状况，借鉴 PQLI 指数、HDI 指数以及 ASHA 指数，遵循科学性、综合性、可操作性的原则构建人口素质指标体系（表 2. 4）。

表 2. 4　　山东省人口素质指标体系

系统	准则	指标
人口素质	身体素质	平均预期寿命 X_1（年）
		婴儿死亡率‰X_2*
		每万人拥有医生人数 X_3
	科学文化素质	文盲率% X_4（15 岁及以上）*
		受高等教育人口比重 X_5%
		平均受教育年限 X_6

注：其中带 * 号的为负向指标，其余为正向指标。

2. 主成分分析法

主成分分析法是把原来众多的具有相关性的指标重新组合在一起，形成一个新的、综合性的指标来替代原来众多指标的一种统计方法，通常在数学上面的处理就是把原来的多指标线性组合成为新的指标。本文运用主成分分析法测算山东省1990~2014年人口素质发展水平以及对2014年17地市人口素质发展水平空间差异状况作出评估，以期对山东省人口素质提高起到作用。计算过程如下：

对原始数据进行标准化处理：

$$X = \begin{bmatrix} X_{11} & \cdots & X_{1P} \\ \vdots & \cdots & \vdots \\ X_{n1} & \cdots & X_{np} \end{bmatrix} (n=130,\ P=16) \qquad (2\text{-}1)$$

求相关矩阵：

$$R = \begin{bmatrix} r_{11} & \cdots & r_{1P} \\ \vdots & \cdots & \vdots \\ r_{n1} & \cdots & r_{np} \end{bmatrix} \quad (n=130,\ P=16) \qquad (2\text{-}2)$$

其中 r_{np}（$n=130$，$P=16$）的计算公式为：

$$r_{np} = \frac{\sum_{k=1}^{n}(X_{kn}-\overline{X_P})(X_{kp}-\overline{X_P})}{\sqrt{\sum_{k=1}^{n}(X_{kn}-\overline{X_P})^2(X_{kp}-\overline{X_P})^2}} (n=130,\ P=16) \qquad (2\text{-}3)$$

再计算出特征值与特征向量 λ 与 e，然后计算主成分载荷值矩阵，最后算出山东省人口素质各年份的综合得分 P。

3. 山东省人口素质评价

（1）山东省人口综合素质整体呈上升趋势

1990~2014年，山东省的人口素质的综合得分呈一条逐渐上升的曲线，山东省人口素质明显提高。从数值上看，相邻两年的数值差异较为明显，山东省人口素质的提高速度较快。山东省12周岁及以上文盲半文盲人口占总人口比率由1964年的42.8%下降到2014年的4.9%。每10万人中拥有的初中、高中、大学文化程度的人口年均增长率都超过10%，具有大学文化水平的人口增长速度最快，年均增长达14.7%。随着对妇幼保健工作的重视、妇幼卫生机构的建立，山东省婴儿死亡率由1949年的200‰，下降到1965年92.5‰，进而下降到2014年的10.0‰以下，下降趋势明显，速度较快（图2.7）。人口素质与经济发展水平相辅相成，人口素质提升推动经济发展水平提高，同时经济发展水平提高推动人口素质提升。山东省人口素质虽有一定程度的提高，但与我国发达省市相比，人口素质水平差距较大，人口素质成为影响山东省竞争力和新型工业化道路的重要因素。山东省人口健康素质、科学文化素质和道德素质亟待提高。

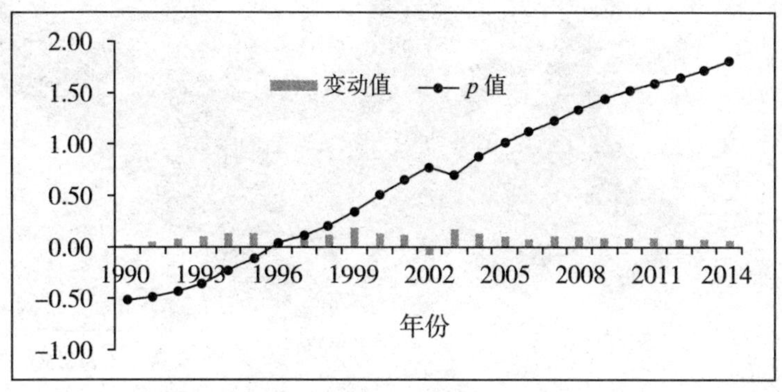

图2.7　山东省人口素质变动图

（2）山东省人口综合素质空间差异显著

根据2014年山东省17地市人口素质相关数据，将山东省人口素质水平划分为三种类型：人口素质高水平地区、人口素质中水平地区、人口素质低水平地区，比例为5∶4∶8。人口素质高水平地区有：济南市、淄博市、东营市、青岛市、威海市；人口素质中水平地区有：潍坊市、莱芜市、烟台市、泰安市，其他地区均为人口素质低水平地区。由此可见人口素质中水平、高水平地区主要集中在鲁中、鲁东地区，其他地区均为人口素质低水平地区（图2.8）。

山东省各市自然条件、社会条件及历史条件各有不同，社会经济发展水平、文化教育事业的发展相异，因而各地市人口素质表现出较大差异。鲁东、鲁中地区经济发展水平高，医疗卫生条件优越，集中分布有全省优良的医疗机构，市民就医便利，看病有保障。同时，经济发达地区高等院校集中分布，科技力量雄厚，吸引大量优秀人才，人口科学文化素质高。鲁东、鲁中地区无论是医疗水平还是教育水平都远高于鲁西地区，所以人口素质区域差异明显。可持续发展需要人们有较高的人口素质，不仅包括“保护环境、爱护自然，为子孙后代留下青山绿水”的可持续发展思想道德素质，也包括知识经济、绿色经济时代的研发创新性高科技产品科学文化素质，也包括为建设资源节约型、环境友好型可持续发展社会的健康的身体素质。

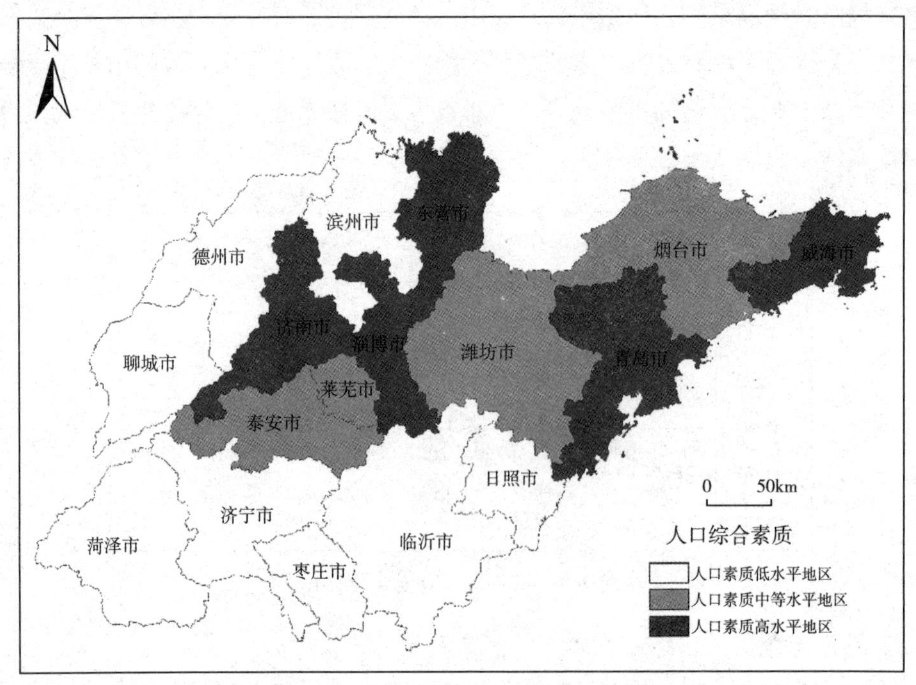

图 2.8　山东省 17 地市人口素质分布图

（3）山东省人口科学文化素质明显提高

根据山东省第六次人口普查数据显示：全省常住人口中，具有大学（指大专以上）受教育程度、高中（含中专）受教育程度、初中受教育程度、小学受教育程度的人分别为：832.87 万人、1332.26 万人、3846.82 万人、2391.24 万人。山东省常住人口中，文盲人口（15 岁及 15 岁以上不识字的人）为 475.73 万人，与 2000 年第五次全国人口普查相比，文盲人口减少 292.25 万人，文盲率由 10.69% 下降为 4.97%，下降了 5.72%。

2011 年山东省政府通过《山东省全民科学素质行动计划纲要实施方案（2011～2015 年）》，实施全民科学素质行动计划。采取“政府推动，全民参与，提升素质，促进和谐”的方针，使山东省公民科学文化素质有较大水平的提高。提高公民科学素质，对于增强公民获取和运用科技知识的能力、改善生活质量、实现全面发展，提高山东省自主创新能力、建设创新型城市、实现经济社会全面协调可持续发展、全面建设小康社会，都具有十分重要的意义。根据有关调查，山东省公民科学素质水平与发达省市相比差距很大。公民科学素质的城乡差距十分明显，劳动适龄人口科学素质不高；大多数公民对于基本科学知识了解程度较低，在科学精神、科学思想和科学方法等方面更为欠缺，一些不科学的观念和行为普遍存在，愚昧迷信在某些地区较为盛行。公民科学素质水平低下，已成为制约我省经济发展和社会进步的瓶颈之一，提高我省公民科学文化素质任重道远。

（4）医疗卫生事业助推身体素质提高

新中国成立以来，伴随着山东省经济、文化教育、医疗卫生事业的迅速发展，山东省人口科学文化素质、身体素质均有较大水平的提高。山东省积极开展疾病控制工作，不少疾病如：鼠疫、霍乱、天花等已经被消灭或得到控制。在传染病的防治工作中开展预防接种，实施计划免疫，提高人民群众的免疫水平。在疾病减少、体质增强的基础上，山东省人口平均预期寿命得以提高。人口普查数据显示，1982 年山东省平均预期寿命为 70. 2 岁，1990 年山东省平均预期寿命为 71. 9 岁，到 2010 年第六次人口普查数据显示山东省平均预期寿命达 77 岁。2013 年婴儿死亡率降至 5. 54‰，孕产妇死亡率降至 16. 77/10 万，新生儿疾病筛查率达到 98. 4%，产前筛查率达到 47. 3%，预计山东省人均期望寿命达到 77 岁。在山东省政府采取的一系列措施下，山东省人口素质整体呈上升趋势。但值得注意的是山东省人口素质与国内发达省市仍存在较大差距，山东省人口素质有待于进一步提高。

（三）人口素质优化提升的措施

1. 坚持教育优先发展的原则

（1）加大教育投入，注重改革培训体制

教育是提高劳动者素质的主要途径、是培育创新精神和创新人才的重要摇篮、是知识创新和应用的主要基地、是提高全民族思想文化素质，形成全民族文化认同的重要途径。要不断深化教育和培训体制改革，培养不同层次的人才，尤其是培养紧缺人才，使人才层次结构符合经济、科技发展的需要，把丰富的人力资源转化为人力资源优势。

（2）采取强有力的扶持措施，强化职业教育发展

针对教育资源的地区不均衡，争取实行免费教育，加大对贫困县或农业化

职业学校的硬件设施设备的投入力度，全面改善职业学校的办学条件，扩大办学规模。加强职业教育，强化教师配备，适当提高职业学校老师待遇，鼓励人才向职业学校倾斜，增加职业学校的平均公用经费，增加专业培训经费。人才作为经济和社会发展最宝贵的资源，是国家在国际竞争中立于不败之地的重要保障。

2. 全面推进全民健康工程

（1）加大卫生投入，扎实推进全民健康工程

推进全民健康教育是提高全民健康意识，自觉坚持健康的生活方式和行为，预防和控制疾病的发生，提高全民生存质量和健康水平的重要保证。现阶段，山东省卫生事业发展迅猛，规模不断扩大，服务能力空前提高。要进一步加大卫生经费投入，特别是对农村医疗卫生机构的财政投入，保证农村医疗卫生机构的正常运行，确保人民群众的身体健康和生命安全，扎实推进全民健康工程。

（2）构建全民健康保障制度，缩小城乡差距

强化政府责任，扩大全民健康保障制度覆盖范围，突破现行以城镇就业人员为主要参保对象的制度框架，逐渐向广大农村居民扩展，让更多的人获得基本医疗保障，从整体上提升人民群众的健康水平。把公共卫生和预防保健纳入到医疗保险中，使之成为健康保障制度的一部分，进一步构建完善的社区医疗服务网络，加大参保人员服务范围。坚持医疗保险制度、医疗卫生体制和药品生产流通体制改革并举，配套进行。

（3）强化政府责任，扩大覆盖范围

保障全民的基本医疗是全面建设小康社会的重要标志。政府部门要针对社会成员的城乡分布、就业状况、收入特点以及风险程度进行分类，有步骤、分阶段、先易后难地逐步扩大覆盖范围，直至全面建立覆盖山东省全体社会成员的基本医疗保障制度。构建全民健康保障制度是一项长期而艰巨的任务，要按照科学发展观和以人为本的要求，统筹规划、合理部署，循序渐进地推进，让更多人的健康得到保障。

二、人力资本培育状况

一个国家或地区的经济实力乃至综合国力的强弱，往往与人力资本状况密

切相关。人力资本数量和质量的提高，不仅是推动一个国家或地区经济增长方式转变的根本动力，也是推动区域创新的关键因素。现代世界进步依赖于技术进步和知识的力量，但不依赖于人的数量，而是依赖于高水平的人力资本。山东省人力资源非常丰富，但人力资本的投资和积累不足，人力资本配置和利用不尽合理。如何将人口压力转变为推动经济社会发展的人力资本，促进人口可持续发展成为学者们关注的焦点。

（一）人力资本内涵、构成要素和特征

1. 人力资本内涵

自从舒尔茨提出人力资本以来，人们对人力资本的概念和内涵不断进行补充（表2.5），综合国内外学者对人力资本的定义，本书将人力资本定义为特定行为主体为实现未来的增值，通过有意识地投资获得的，依附于人身上的健康、智力、精神等价值存量的总和。人力资本是相对于物质资本而言的，同物质资本相同，人力资本也是社会资本的组成部分，是带来经济增长与发展的内生性变量。同物质资本不同的是，人力资本来源于人类自身的再生产，而物质资本则来源于物质资料的社会再生产。人力资本既可作为经济过程中的一种生产投入，制造产品或增加服务的使用价值，又是经济过程的一种产出，即人们以各种方式对自身进行投资，以提高自身的知识、技能、情感、道德等素质，形成更高的能力。

表2.5　　人力资本理论的代表人物及观点

代表人物	观点
西奥多·舒尔茨	被誉为“人力资本之父”，观点有：人力资本即人口质量，它表现为人的知识、技能、经验以及技术熟练程度等能力和素质，人力资本是社会进步的决定性因素
加里·贝克尔	人力资本投资革命的起点，提出了人力资本理论框架，主要包括人力资本生产理论、人力资本收益分配理论和人力资本与职业选择问题三个方面的内容
雅各布·明瑟尔	提出了人力资本理论，开创并系统地发展了人力资本理论与分析方法，用人力资本理论研究劳动力供给问题
爱德华·丹尼森	对舒尔茨所计算的美国教育对经济增长贡献率做了修正，论证了1929至1957年间美国的经济增长中教育的贡献率应是23%，而不是舒尔茨所讲的33%

资料来源：周德禄．人力资本配置效益研究，山东人民出版社，2012.

2. 人力资本的构成要素

人力资本的构成要素主要有三个：健康、智力和经验。健康是人在躯体上、精神上和社会上的完满状态，根据健康的内涵将其划分为四个层次：生理健康、心理健康、道德健康及适应健康，健康因素是人的智力和经验赖以存在的基础；智力是由人的认识和改造客观事物的各种能力的组合，主要包括知识能力、思维能力、决断能力、创造能力、实践能力等。智力因素是人力资本的核心，是人力资本最基本的反映，智力的发展主要受环境和教育的影响；经验即人们在长期工作、生活、实践中得到的知识或技能。

健康、智力和经验要素之间存在内在统一关系，健康是基础，智力是核心，经验是延伸，三者相辅相成、相互作用，共同构成人力资本价值。保持健康状况良好、智力开发和经验积累是人力资本增值管理的主要任务。若用几何图形来表示三者，即综合人力资本是长方体，则智力、经验和健康分别是它的长、宽、高，三者相互影响，相互制约（图2.9）。此外，人力资本要素构成是动态的，不同时代其核心要素发生着变化，传统工业经济时代强调人的体力、技能、经验等，知识经济时代则强调知识、创新、合作等。

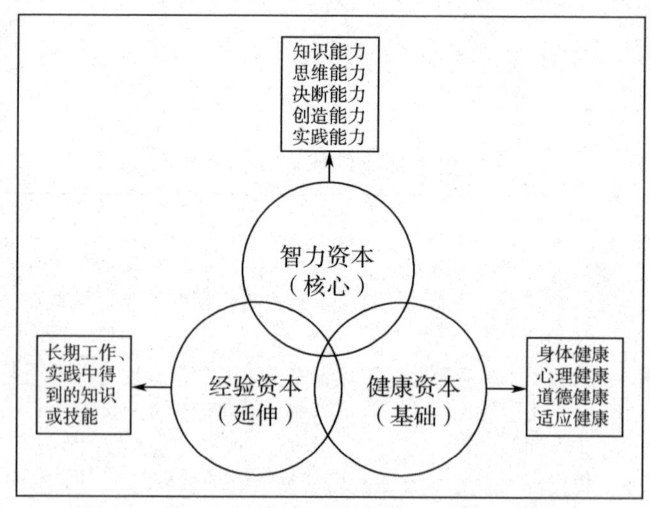

图2.9　人力资本要素构成示意图

（二）山东省人力资本培育状况

山东省人力资源开发和人才队伍建设虽已取得较大成就，但与先进地区相比，仍有较大差距。国际国内竞争的日益加剧，迫切要求山东省必须加大对人力资本投资，以增强自主创新能力和经济综合竞争力。

1. 山东省人力资本储量及教育投资状况

（1）人力资本储量不断增大，各层次教育均衡发展

改革开放以来，山东省大力发展教育，人力资本储量不断增加。从各层次教育的在校学生数量及其占总人口的比重状况来看：①小学生在校人数呈明显下降趋势，从 1978 年的 1041.84 万下降到 2014 年的 648.47 万，降幅达 37.8%，所占比重由 14.6% 下降到 6.62%。期间 1994～2000 年出现人数增加，这与 1986～1992 年阶段的生育小高峰有关。②中学在校生人数整体呈波浪状下降趋势，起伏较大。中学在校生人数从 1978 年的 478.22 万增加到 2014 年的 486.06 万，增加人数较少，所占总人口比重由 6.68% 下降到 4.97%。但在 1999～2005 年期出现在校人数小高峰，这与 1994～2000 年的小学生进入初中阶段有关。③中等专业教育在校生数整体呈上升趋势，在校生数从 1978 年的 4.95 万人增加到 2014 年的 27.02 万人，中等专业教育在校生占总人口比重由 1978 年的 0.07% 增长到 2014 年的 0.29%。④普通高等教育的人数从 1978 年的 3.84 万人增长到 2014 年的 179.67 万人，增幅达 4580%。所占总人口比重由 1978 年的 0.05% 上升至 2014 年的 1.84%。⑤技工学校在校生比例整体变动幅度比较小（图 2.10）。

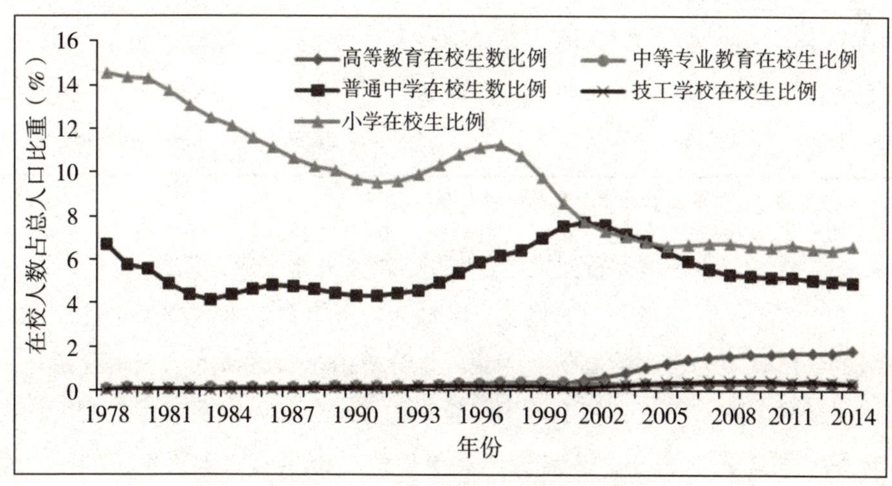

图 2.10　山东省各类学校在校生情况

（2）普通高等教育发展迅速，办学层次和类型多样

山东省教育事业发展迅速，特别是普通高等教育的发展，2000～2014年普通高等教育年均增长率为31.7%。从1990年到2006年山东省的人力资本教育投资结构发生了巨大的变化，教育投资的规模逐步扩大，人力资本质量逐步提高。2014年，山东省高等教育规模持续扩大，山东省共有研究生培养机构33处，普通高等学校142所，独立设置成人高等学校11所。普通高等学校中，共有中央部属高校3所，均为“211工程”院校，其中2所为“985工程”院校。山东省高等教育在校生（包括研究生、普通本专科和成人本专科）总规模为235.63万人，高等教育毛入学率为45.05%。研究生毕业2.34万人（其中博士生1532人），招生2.65万人（其中博士生1967人），在校研究生7.43万人（其中博士生8467人），在职人员攻读硕士学位人数为3.36万人。普通高校普通本专科在校生校均规模为12614人，其中本科院校为18129人，高职（专科）院校为7825人。研究生、本专科的招生比例为4.37∶95.63，在校生比例为3.97∶96.03，毕业生比例为4.80∶95.20（表2.6）。

表2.6　2014年普通高等教育招生、在校生和毕业生情况单位（单位：万人）

类别	合计	研究生	本科	专科	比例
招生	60.73	2.65	24.57	33.51	4.37∶40.45∶55.17
在校生	187.10	7.43	96.10	83.57	3.97∶51.36∶44.67
毕业生	48.75	2.34	21.55	24.86	4.80∶44.20∶51.00

资料来源：《山东省教育事业发展统计公报（2014年）》。

（3）人力资本区域配置差异显著，与经济发展水平成正相关

人力资本是区域竞争力的代表，区域人力资本存量很大程度上能反应该区域的经济竞争力水平的高低。为更好地分析山东省区域人力资本存量地区间水平差异，本文以人力资本的质与量来构建山东省人力资本综合测度的指标体系（表2.7），并引入人力资本竞争指数对山东省人力资本空间差异进行评价。

计算公式如下：

$$d_{ij} = \frac{H_{ij} - Min(H_{ij})}{Max(H_{ij}) - Min(H_{ij})} \times 100 \tag{2-4}$$

$$D_i = \sum_{j=1}^{n} d_{ij}/n \tag{2-5}$$

其中，d_{ij} 代表 i 地区人力资本 j 指标竞争指数，H_{ij} 代表 i 地区人力资本 j 指标世纪计算结果，D_i 代表 i 地区人力资本综合竞争指数，$i=1$，…，17，代表山东省 17 个地市，$j=1$，…，4，分别代表人口数量、教育水平、经验资本水平和健康资本水平。

表 2.7　　山东省人力资本综合测度指标体系

系统	目标	准则	指标
人力资本	人力资本的质	智力资本	教育年限
		经验资本	工作年限
		健康资本	预期存活寿命
	人力资本的量	人口数量	人口数量

根据 2013 年相关数据测度结果显示，山东省 17 地市人力资本综合指数差异明显，综合竞争水平最高的是青岛市，其次是烟台市、潍坊市、济南市，综合竞争指数均在 60 以上，综合人力资本竞争水平最低的区域是日照市、莱芜市和枣庄市，三者的综合竞争指数均在 40 分以下。山东省 17 地市人力资本质量指标来看，智力资本处于绝对优势的是济南市、威海市、烟台市、青岛市，竞争指数均在 80 以上；处于绝对劣势的是菏泽市，竞争指数在 10 以下。经验资本处于绝对优势是威海市，处于绝对劣势的是枣庄市。健康资本处于绝对优势的是枣庄市、菏泽市，处于较差水平的是威海市、烟台市、青岛市。由此可见，智力资本、经验资本呈鲁东、鲁中地区优于鲁西地区的空间格局，健康资本呈鲁西优于鲁中、鲁东的空间格局（图 2. 11）。鲁东、鲁中地区经济发展水平高，教育投资大，是山东省重点高校集中分布区，人才智力资本相对集中。同时，该地区工业发展起步早，二三产业比重高，劳动力工作经验丰富。相反鲁西地区经济发展落后，工业发展起步晚，所以教育投资少，劳动力经验少，但人口预期寿命明显长于经济发达地区。

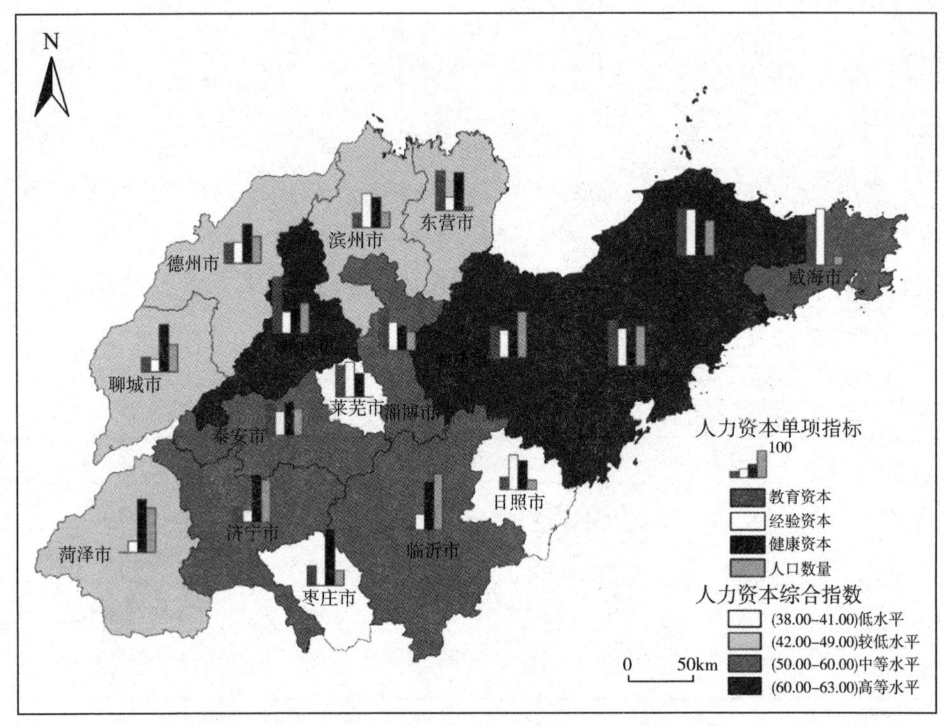

图 2.11　2013 年山东省人力资本空间分布图

（4）教育经费波动中上升，与全国平均水平有一定差距

政府财政教育支出是一个国家教育投资中最为重要的部分，教育支出作为国家和地方的公共财政的一种政策工具，能帮助政府履行公共财政的收入职能和分配职能。据最新统计数据显示，截止到 2011 年，山东省的国家财政性教育经费为 1122. 51 亿元，同比 2002 年的 209. 46 亿元增加了 913. 05 亿元。2011 年山东省教育经费支出占地区生产总值的 2. 47%，比 2002 的 1. 58% 上升了 0. 89%。从历史数据上看，山东省财政支出中的教育事业费占地区生产总值的比例不高，财政教育投资水平较低，比例最高的年份为 2011 年的 2. 47%，远达不到 4% 的水平。对照 2002 ~ 2011 年山东省与我国发达地区教育事业费占 GDP 的比重，山东省财政教育支出水平明显偏低，总体来看，全国发达地区教育经费占 GDP 的比重不断上升，北京、上海、全国总体增长水平较快，2011 年全国教育经费占 GDP 的比重达 4. 03%，首次超过 4%。山东省教育经费投入较其他发达地区历来差距明显，增幅缓慢，有待于进一步加大教育经费

投入（表2.8）。

表2.8　　全国及发达地区教育事业费占GDP的比重　　（单位：%）

年份	北京	上海	浙江	广州	全国	山东
2002	1.98	2.02	1.71	1.73	2.02	1.58
2003	1.97	1.96	1.69	1.67	1.99	1.48
2004	2.00	1.92	1.72	1.53	1.97	1.36
2005	2.12	2.00	1.72	1.47	2.03	1.34
2006	2.23	1.98	1.71	1.50	2.13	1.32
2007	3.23	2.61	2.35	2.08	3.08	1.58
2008	3.45	2.61	2.41	2.18	3.28	1.62
2009	3.57	2.54	2.59	2.30	3.54	1.88
2010	3.64	2.57	2.65	2.27	3.60	2.05
2011	3.86	3.04	2.70	2.55	4.03	2.47

资料来源：《中国统计年鉴（2011年）》及各地区的统计年鉴。

全国的财政教育支出水平在世界范围来看，也属于较低水平。目前世界财政教育支出水平约为7%，其中发达国家达到9%左右，经济欠发达国家是4%左右，我国在2011年首次超过4%，达到4.03%，这与我国的GDP总量在世界上排位不吻合。从人均教育支出角度来看，我国是人口大国，人均教育支出更低。山东省的财政教育支出在我国属于较低的行列，而且从2001年开始，山东省的财政教育支出水平呈现下降趋势，这对山东教育事业的发展具有较大的影响，进而对山东省的经济和社会的发展都会造成负面影响。2007年山东省的财政教育支出水平开始回升，目前财政性教育投入约占我国教育投入总量的80%左右。加大对教育事业的财政投资，成为山东教育事业亟需解决的问题。

（5）居民教育支出不断增加，向多元化趋势发展

教育支出已成为城镇居民家庭的一项重要支出。山东省居民家庭教育支出情况具有以下两个特点：

一是教育支出呈多元化趋势。居民家庭教育支出随全国教育制度的改革，由单一学费支出转向多元化的支出方式。在居民家庭教育支出中，除学费以外的教育支出比重达总教育支出的35.8%。越来越多的家庭开始重视孩子兴趣爱好的培养，更多的家庭会让子女参加补习班、兴趣班甚至请家教，这类教育

支出已占教育支出的8.6%；随着学生助学金制度的改革，住校生活费成为居民教育支出除学杂费以外的一个支出大项，占居民教育支出的13.3%；为了让子女接受更好的教育，便出现了择校现象，学校为了控制学生人数，产生了择校赞助费，这项支出占教育支出的比重达到12.0%。

二是居民教育投入意愿越来越强烈。随经济社会的不断发展，人们思想观念的不断提升，对知识的渴望越来越高，越来越多的家庭愿意为子女的教育投资，尤其是高等教育投资。据相关调查显示，在问及若子女自费上大学，居民家庭经济承受能力时，每学年能够承受5000元以下的教育支出家庭和5000元以上的家庭比例基本呈1∶1（表2.9）。在目前居民收入尚处于低水平的情况下，多数居民家庭仍愿意支付较多的教育经费。

表2.9　　家庭经济承受教育经费能力调查

能够承受的教育费用金额	家庭数比例（%）
5000元以下	56.3
5000~10000元	33.0
10000~20000元	8.4
20000~50000元	1.8
50000元以上	9.7

资料来源：葛文红. 山东省人力资本投资与经济增长研究，中国海洋大学，2008.

2. 人力资本培育措施

(1) 发挥政府主导作用，提高财政教育经费支出水平

教育是人力资本投资的重要途径，教育的发展直接决定人力资本的质量。以教育培训为主体的对人力开发而投入的费用，具有比物质资本投资高得多的投资收益率。因此首先要加大教育投资。教育属于公共事业，应以政府财政投入为主。政府财政投入应优先保证对教育事业的投入。财政支出向基础教育倾斜，强调义务教育优先地位。其次，对教育投入进行法律调控，从法律层次上保证、规范教育投入。

加强政府在教育财政投入上的主体地位和主导作用，稳定教育经费来源。提高教育经费占财政支出的比重，提高教育经费的人均占有水平，多渠道、多形式筹集教育经费，实行多元化投资：一方面，鼓励民办教育；另一方面，制订一定的措施吸引国有企业、外资企业进行教育投资，也可接受外商投资，鼓

励企业与科研机构建立合作交流平台。最后，改革教育教学质量评估机制，推动建立第三方教育质量评估机构建设，尤其要将高等教育质量评估纳入社会视野。加强财政调节功能，实现地区教育的均衡发展。

（2）大力发展职业教育与成人教育，鼓励企业建立培训创业基地

职业技能水平的高低是人力资本水平高低的重要体现，因此提高人力资本水平，加强员工职业技能培训，积极发展职业技术教育势在必行。要以中等职业教育为重点，保持中等职业教育与普通高中教育的比例大体相当，扩大高等职业教育的规模。从实际出发，因地制宜，分区规划，分类指导，把农村和西部地区作为工作重点。强化市（地）级人民政府在统筹职业教育发展方面的责任。深化职业教育办学体制改革，形成政府主导、依靠企业、充分发挥行业作用、社会力量积极参与的多元办学格局。

扩大职业学校的办学自主权，增强其自主办学和自主发展的能力。职业学校要加强职业指导工作，引导学生转变就业观念，开展创业教育，鼓励毕业生到中小企业、小城镇、农村就业或自主创业。加强企业和政府之间的合作，一方面企业应当加大对在职员工的技能培训力度，为整个社会人力资源素质的提升作出应有的贡献；另一方面，政府部门应当加大对企业的员工职业技能培训的扶持，对大力培养员工职业技能的企业实施税收或其他方面的优惠政策。人力资本的形成与发展是一个终身学习、不断积累的过程。成人教育是使劳动者能够不断学习，充实自己的重要途径，也是人力资本形成与发展的主要渠道之一。继续组织各类学校特别是高等学校、科研院所面向社会成员率先开放学习资源和精品课程。完善继续教育教师培训、考核、管理机制，大力开展城乡社区教育。

（3）加大财政对科技研发的投入，鼓励企业开展自主创新

虽然从长期看，随科技体制改革深入和科技投入体系的多元化发展，科技投入已由政府投入为主转变为非政府投入为主，呈现出多元化投入格局。强化财政投入的稳定增长机制的建立，加强科研成果转化工作，通过技术市场、专利、股份制、技术洽谈会等方式，加速科技成果迅速转化为生产力，提高科研经费投入产出率，改进科技奖励制度，激励广大科技工作者投身于创造更高价值和经济社会建设之中。

加强科研经费审计，增强企业自主创新能力，发挥政府统筹作用，加强

政府以及包括金融和科技等部门在内的社会服务体系支持力度。排除外部阻碍，妥善解决各种问题，营造有利于企业自主创新的制度和政策环境，加大企业的创新压力，促使企业将改进技术和自主创新作为赢得市场竞争的手段。

（4）积极营造良好环境吸引人才，促进人才合理配置

国际竞争不再是以自然资源为基础的各种生产活动的最终产品的竞争，而是凝聚智力资源的人才的竞争。建立吸引人才的“绿色通道”，积极引进高层次和紧缺人才就必须重视营造成一个“留得住人，引得进人”的良好社会、经济、政策环境。加大力度吸引海外优秀人才，吸引的海外留学人员创业活动，顺应市场经济和人才社会化发展的形势和要求，打破国界、地域、户籍、身份等人才流动中的刚性制约，鼓励海外人才到山东省从事科学研究、技术推广等。

各地市应加大财政支持力度，完善服务机构，为留学人员回国创业营造宽松的环境，吸引“海归”创业。应注重创造人才流动的宽松环境，逐步打破人才流动中的部门界限、身份界限和地域界限，变人才流动为智力流动，努力实现人才流动的柔性化。各地市要建立不同规模、不同类型的人才市场，配套完善的人才市场体系，充分发挥人才市场在人才资源配置中的基础性作用，通过市场机制对人才布局进行调整，促进人才合理流动，优化人才队伍结构，实现了人才资源的合理配置。

第三节　山东省人口结构变动与优化

人口结构是指总体人口中存在的组成部分及其比重或比例关系，或者更简单定义为各组成部分所占的比重。人口结构可以影响人口再生产模式，从而对人类可持续发展产生深刻影响。人口结构是多种多样的，改善人口结构尤其是人口年龄结构、就业结构、空间结构对实现人口、资源、环境可持续发展具有重要意义。

一、人口老龄化及应对措施

为控制人口过快增长，缓解人口与经济社会、资源环境的紧张关系，我国

开始全面推行计划生育政策。计划生育政策的实施有效缓解了人口对资源环境和社会就业的压力，对经济社会发展作出了重要贡献，有力促进了人民福祉的提高。与此同时，我国人口发展仍然存在着不均衡的特点，集中表现为人口加速老龄化及其相关影响，伴随着人口老龄化程度的不断提高，“未富先老”的特征愈益显现。2014 年我国 60 岁及以上人口达到 2.1 亿人，占总人口的比重为 15.5%，预计在“十三五”期间年均净增 600 万人，此后老年人口的总数将进一步加大，增速进一步加快。作为一个处于中等收入阶段的发展中国家，我国人口老龄化程度远高于其他发展中国家的平均水平。在我国经济社会发展水平仍然较低，以及逐渐形成倒金字塔形家庭人口结构的条件下，从物质赡养、生活照料和精神慰藉等方面实际应对养老挑战，既是十分紧迫的任务，又是长期的目标。

（一）人口老龄化概念及我国老龄化概况

人口老龄化是一个老年人口占总人口的比重不断上升的过程，总人口中因年轻人口数量减少、年长人口数量增加而导致的老年人口比例相应增长的动态过程。包含两个含义：一是指老年人口相对增多，在总人口中所占比例不断上升的过程；二是指社会人口结构呈现老年状态，进入老龄化社会。人口老龄化国际上通常看法是，当一个国家或地区 60 岁以上老年人口占人口总数的 10% 或 65 岁以上老年人口占人口总数的 7%，即意味着这个国家或地区的人口处于老龄化社会。

我国自 20 世纪 70 年代以来，人口老龄化趋势已十分明显，在 20 世纪末，我国已提前进入老龄社会。近几十年来，随着我国社会经济的迅速发展，人民生活水平的提高，医疗卫生条件的改善，生育率和死亡率的迅速下降，老年人口比重迅速上升。预计到 2015 年我国 60 岁以上老年人口将达到 2.16 亿，约占总人口的 16.7%，65 岁以上空巢老人达 5100 万人，约占老年人口的 25%，80 以上高龄老人将达到 2400 万，约占老年人口比重为 11.1%。

现阶段，我国人口老龄化表现出老年人口基数大、老年人口增速快、困难老人数量多、老龄化先于工业化、老龄化与家庭小型化伴随、老年抚养比快速攀升等特点。人口老龄化对我国劳动力供给、资本积累、国民储蓄、国民收入分配、经济增长潜力与方式、经济社会负担乃至金融稳定等诸多方面都有着深刻的、系统的影响，人口老龄化已经成为制约我国经济可持续发展的重要因素。

（二）山东省人口老龄化现状特征

1. 老年人口总量增长速度快于总人口增长速度

历次人口普查数据显示老年人口增长速度明显快于总人口增长速度，人口年龄结构趋于老化。2000 年人口普查数据显示，山东省 65 岁及以上老年人口比重为 8.03%，山东省已成为老年型社会（表 2.10）。改革开放以来，随经济发展水平的不断提高，人们的生活水平、医疗卫生水平不断提高，人口预期寿命不断延长，在计划生育政策引领下，育龄妇女生育意愿发生转变，致使人口老龄化成为当今社会人口发展不可逆转的趋势。依据国际上对老龄化社会的判断标准，1994 年山东省 60 岁及以上老年人口达到 899 万，占山东省总人口的 10.37%，是全国第六个进入老龄化的省份，比全国早 5 年进入人口老龄化社会。经过 20 年快速增长，到 2014 年底，山东省 65 岁以上人口已经达 1135.6 万，占总人口的 11.6%，并且呈加速发展态势。相对于已进入人口老龄化社会的发达国家和地区，“未富先老”“未备先老”是山东省人口年龄结构的突出特点。

表 2.10　改革开放以来山东省人口普查老年人口数量及比重

年份	65 岁及以上老年人口数量（万人）	65 岁及以上老年人口比重（%）
1982 年（人口第三次普查）	419.66	5.60
1990 年（人口第四次普查）	523.24	6.20
2000 年（人口第五次普查）	729.44	8.03
2010 年（人口第六次普查）	942.98	9.84

资料来源：《全国人口普查公报（1982、1990、2000、2010 年）》。

据山东省第六次全国人口普查公报数据显示，山东省常住人口中，0～14 岁的人口为 1507.43 万人，占总人口比重 15.74%，15～64 岁的人口为 7128.90 万人，占总人口比重 74.42%；65 岁及以上的人口为 942.98 万人，占总人口比重 9.84%。同 2000 年第五次全国人口普查相比，0～14 岁人口的比重下降了 5.11%，15～64 岁人口比重上升了 3.30%，65 岁及以上人口的比重上升了 1.81%。由此可见，山东省人口年龄结构越来越趋于老化。进入 21 世纪，山东省总人口增长速度基本维持在1%上下，而65岁及以上老年人口增长速度存在较大波动，这是老年人口占比与死亡率共同作用的结果。总的来看，山东省65岁及以上老年人口增长速度明显快于总人口增长速度（图2.12）。

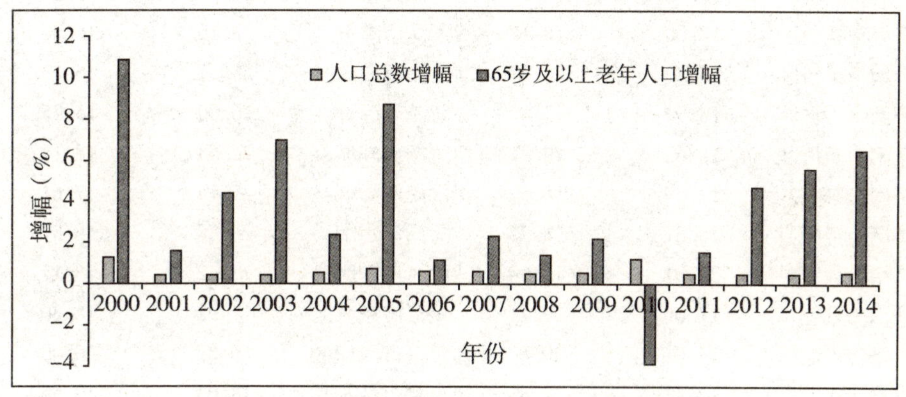

图2.12 山东省人口总数增幅、老年人口数增幅变化

2. 人口老龄化城乡差异明显

为反映山东省人口老龄化存在城乡差异，根据山东省独特的东、中、西空间格局，本文选取5个典型地级市：济南市、青岛市、菏泽市、东营市、滨州市，统计各区县18岁以下人数占总人口比重、60岁以上人数占总人口比重。数据显示，山东省城镇地区和农村地区人口年龄结构存在明显差异：县（市）人口中两者的比重与区人口中两者比重相比都要高，也就是说区人口中18～60岁人口比重要高于县（市）（表2.11）。由于农村向城镇的迁移人口存在明显的年龄选择性，即主要是年轻人口迁入城镇，因此不可避免地引起城镇和农村人口年龄结构、性别结构、抚养比等数据发生变化，因此大量农村地区出现留守儿童、空巢老人、农田荒废的现象。随着山东省新型城镇化战略的实施，城镇化已进入加速发展阶段，人口迁移会在一定程度上减少城镇人口老龄化问题，但同时也会加重农村地区老年人口的比重。山东省城镇地区经济发展水平高，医疗、卫生、教育条件优越，吸引大量来自农村地区的青壮年前来发展，落后的农村地区便会出现幼儿和老年人的“两极”人口结构，青壮劳力的大量流失是造成农村地区老龄化的重要原因。

表 2.11　　2014 年山东省典型城市区、县人口年龄构成

地区	18 岁以下人口比重（%）	60 岁以上人口比重（%）	地区	18 岁以下人口比重（%）	60 岁以上人口比重（%）
济南市历下区	17.34	17.10	菏泽市牡丹区	24.71	15.11
济南市市中区	17.71	17.74	菏泽市曹县	27.20	15.21
济南市槐荫区	17.00	18.17	菏泽市单县	22.10	16.76
济南市天桥区	15.22	20.37	菏泽市成武县	26.37	16.13
济南市历城区	18.91	17.82	菏泽市巨野县	26.00	15.95
济南市长清区	18.62	18.37	菏泽市郓城县	26.63	18.17
济南市平阴县	17.39	18.67	菏泽市鄄城县	25.75	17.61
济南市济阳县	20.37	18.77	菏泽市定陶县	24.98	16.57
济南市商河县	20.91	18.90	菏泽市东明县	28.42	15.17
济南市章丘市	17.66	20.41	东营市东营区	17.92	18.30
青岛市市南区	14.02	20.87	东营市河口区	16.21	20.00
青岛市市北区	12.41	22.83	东营市垦利县	18.03	19.55
青岛市黄岛区	17.73	18.02	东营市利津县	17.81	19.22
青岛市崂山区	16.46	16.52	东营市广饶县	18.84	12.59
青岛市李沧区	15.73	19.58	滨州市滨城区	19.78	17.89
青岛市城阳区	18.07	18.52	滨州市惠民县	19.07	19.40
青岛市胶州区	18.57	18.73	滨州市阳信县	21.02	18.05
青岛市即墨市	17.98	19.50	滨州市无棣县	21.24	17.62
青岛市平度市	17.60	20.00	滨州市沾化县	18.00	18.73
青岛市莱西市	16.42	20.03	滨州市博兴县	19.49	19.50
			滨州市邹平县	18.54	18.76

资料来源：《山东统计年鉴（2014 年）》及 17 地市统计年鉴。

3. 人口老龄化地区差异显著

2014 年山东省 17 地市均已进入人口老龄化阶段，山东省 60 岁以上人口数占总人口比重 18.27%，是全国老龄化程度较严重的地区之一。山东省人口老龄化地区差异十分明显，根据 2014 年山东省 17 地市 60 岁及以上人口数占总人口的比重，可以将山东省人口老龄化划分为三种类型：低老龄化地区、中老龄化地区、高老龄化地区。2014 年山东省 17 地市老龄化程度呈现东部地区严重于中部地区严重于西部地区的空间格局，鲁东地区处于高老龄化阶段，鲁中地区处于中老龄化阶段，鲁西地区处于低老龄化阶段（图 2.13）。山东省人口

老龄化地区差异主要受经济发展水平、生育意愿两方面的影响。①经济发展水平与人口老龄化呈正相关，经济发展水平越高，教育和健康的投入越大，人口平均预期寿命越长。鲁东、鲁中地区经济发展水平高，处于工业化后期，教育、医疗、卫生条件均优于鲁西地区，因此老年人平均预期寿命便高于鲁西地区。②随经济社会的发展，人们的生育意愿不断发生变化。鲁东、鲁中地区发展起步早，教育体系完善，年轻一代受教育程度高，生育意愿偏向于 2 个孩子以下。但鲁西地区受经济发展水平的影响，教育体系相对较差，受“养儿防老”传统观念的影响，部分地区仍有“多子多福”的生育意愿。

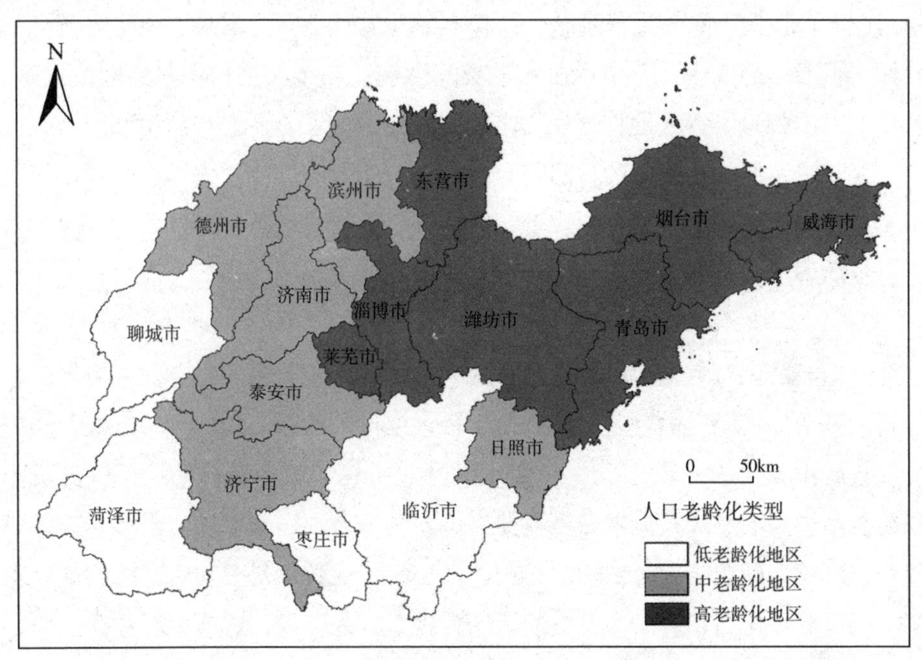

图 2.13　山东省人口老龄化类型分布图

（三）人口老龄化的社会经济效应

据相关专家预测显示，山东省老年人口总量的增长大致可以分为四个阶段：目前到 2020 年老年人口快速增长期；2021 ~ 2035 年老年人口加速增长期；2036 ~ 2045 年老年人口增长停滞期；2046 ~ 2050 年老年人口缓慢增长期。即 2036 年之前是山东省老龄化进程最快的时期，60 岁及以上老年人在 2036 年达到 3228 万人，2035 年之前老年人口持续增长的原因在于中华人民共和国成立后三次生育高峰期出生的人口将陆续进入老年阶段。按方案预测结果来看，山东省人口老龄化进程将不断加深，老年人口的高龄化即老年人口中80岁(或85岁)及以上的高龄老年人所占比重将逐步提高，且农村比城镇严重。人口老龄化、高龄化必定产生社会经济后果，其影响主要有以下几个方面：

1. 人口老龄化对经济发展的影响

一是对国民收入分配的影响。山东省人口快速进入老龄化阶段，国民收入中越来越大的部分将用于养老和社会福利，使消费基金增大，积累资金减少，进而影响了资本投资和经济效率的提高；二是对社会保障体制可持续性的影响。随着经济社会不断发展和老年化程度不断加深，传统的城乡二元社会保障模式已不再适应山东省发展现状，人口老龄化对社会医疗保险、卫生服务体制都提出了严峻的挑战；三是对技术进步的影响。老年人是知识和经验的象征，老年人口中积累了一大批科学和文化素质较高的人才，开发和利用好老年人力资源是经济发展的重要课题；四是对经济资源配置的影响。人口老龄化必然会引起多方面的资源配置关系的改变，老龄人口数量的增加将导致用于养老的资源总量的增加，进而影响到全社会各方面的利益关系。

2. 人口老龄化对劳动力供给的影响

人口老龄化对劳动力供给有两方面的影响，一是积极的影响。人口老龄化给新增劳动力资源提供就业空间，给年轻人提供新的就业岗位。一方面，随着人口老龄化派生的“银色产业”会引发产业结构和就业结构的调整，促进新的经济增长点的形成及提供更多就业岗位。另一方面，老龄人口退休、离休等将对缓解社会就业压力起到一定作用。二是人口老龄化对劳动力供给的消极影响。人口老龄化引起劳动力供给数量的减少，导致劳动力资源相对缩减，给经济发展带来负面影响。人口老龄化引起劳动力供给资源老化，中老年劳动力人口生产效率往往低于青年劳动力，不利于劳动生产率和工作效率的提高，对经济发展起阻碍作用（图2.14）。

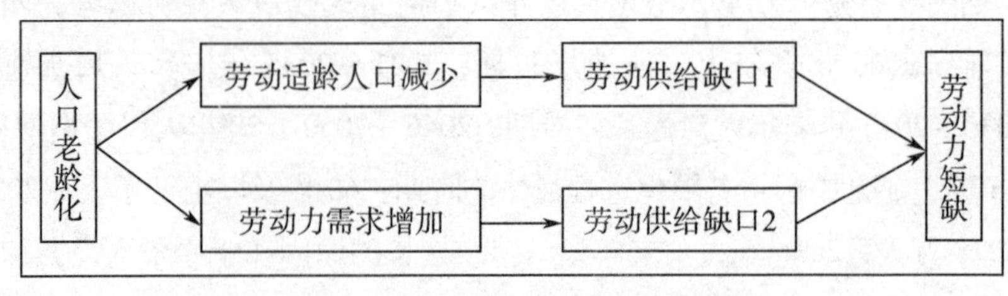

图2.14　人口老龄化对劳动力供给的影响

3. 人口老龄化对储蓄的影响

投资和资本积累是经济增长的重要手段，人口老龄化对储蓄率、储蓄规模都有一定的影响。人口老龄化对资本积累有着两方面的影响：一是老年人口支出的提高削弱了下一期的资本积累，二是老年人口因已基本退出生产领域而更多依靠以前的积蓄生活，因而减少了个人账户储蓄，从而削弱了下一期资本的积累。人口老化和老年人口的增多不但降低总的储蓄水平，而且会抑制储蓄率的提高，这势必会影响资本的积累和投资，从而对经济发展产生不利的影响。

4. 人口老龄化对消费的影响

人是消费活动的主体，老年人对所需商品和服务有着不同于其他年龄段人口的特殊需求，对消费需求产生的影响表现在以下几个方面：一是人口老龄化对家庭消费的影响。家庭人口老化会使家庭的收入水平降低，从而影响家庭人均消费水平，家庭人口老化还会增加对老年消费品的需求，改变家庭的消费结构。二是人口老龄化对政府消费的影响。老年人口数量的增加会导致社会对消费基金需求总量的上升，要求建设更多的养老设施，提供更多的养老资金，这些都需要从消费基金中支出，影响经济发展。三是人口老龄化对消费结构的影响。随着老年人口比重的上升，现有的市场结构和产业结构及老年社会服务不适应人口老龄化社会需求的状况日益突出，老年人口增多必定会促进老年医院、托老所、敬老院、居家老人的生活照料等为老年服务行业和专业服务人员队伍的发展。

5. 人口老龄化对社会保障的影响

2014 年，山东省居民基本养老保险参保人数 4539. 9 万人，比 2013 年增加 27. 1 万人。企业退休人员基本养老金月人均达到 2271 元，同比 2013 年增长 223 元。庞大的老年人口规模以及老年人口的高龄化，形成了巨大的服务需求。同时，独生子女家庭提议增多，“空巢”老人已占老年人总数的 50% 以上，家庭养老的实际能力明显下降，老年人的生活照料、疾病护理等事物逐步向社会转移，机构养老服务和居家养老服务等需求不断增多，对加快发展养老服务业提出了新的要求。

随着山东省人口老龄化的加剧、家庭户均人数减少、“空巢”家庭的日益增多以及独生子女政策造成的“四二一”家庭结构，导致照料老年人的

“资源”越来越少。与老年人相关的医疗护理、文体健身、照料慰藉服务等将不断增加，特别是全方位护理、照顾需求更为突出。1979 年以来，山东省卫生费用以每年 14. 25% 的速度递增，大大超过了同期国民收入的增长速度。人口老龄化对卫生费用的上涨作用明显：一是老年人口规模和比重膨胀，二是老年人口人均医疗费用较高。数量剧增且规模巨大的老年群体，最大的难题就在于医疗保障，人口老龄化对山东省医疗保险制度提出巨大挑战。

6. 人口老龄化对基础设施的影响

人口老龄化使社会负担加重，2014 年山东省老年人口抚养比为 16. 1%，比 2013 年上涨 1. 1%，随老龄人口、高龄人口的不断增多，老年人抚养比将会逐年上升（图 2. 15）。区域和城乡老龄事业发展不平衡，城市老年人的户外休闲娱乐更多的倾向于公园、老年活动中心等健身场所，这就对城市中基础设施提出了更大的压力。而且城市老年人对老年大学的需求更加迫切，这就要求教育资源向老年人倾斜，使得老年人有更多的学习机会，引领健康老龄化的发展。

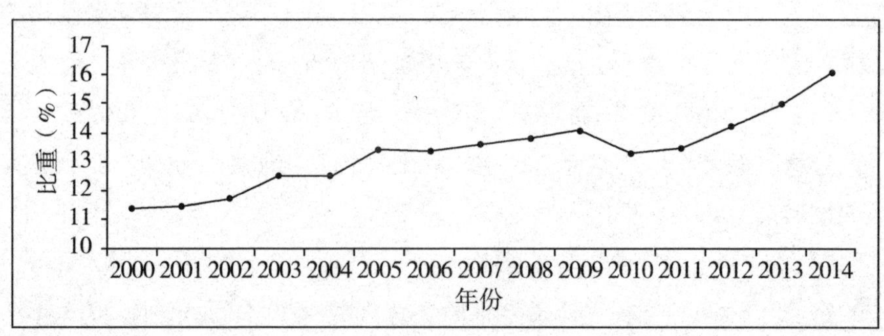

图 2. 15　山东省人口老年抚养比变化

（四）应对人口老龄化的对策建议

1. 加强政府领导，积极应对老龄化社会

日益严峻的老龄化问题是制约山东省经济社会可持续发展的战略性问题，要把应对老龄化挑战列入山东省未来发展战略，将解决老龄问题融入经济社会发展大局，进一步建立和完善“党政加强领导、老龄委组织协调、有关部门齐抓共管、全社会共同努力”的老龄工作机制，形成有利于老龄事业科学发展的工作格局。要加大政府在财政、政策、管理、服务等方面的投入，推动老龄事业健康发展。

2. 完善城乡养老保障制度体系，提高养老水平

进一步完善城镇职工基本养老保险制度建设，积极推进养老保险省级统筹，重视非正规部门就业人员和无业、失业城镇人员社会养老问题的保障制度建设。重视城乡统筹养老制度建设，完善老年医疗保障体系，进一步创新老年保障制度，扩大医疗保险覆盖面，充实医疗统筹账户资金，加大对参保职工的医疗保健投入。

3. 探索社会养老金筹措和管理机制，缓解养老债务危机

进一步提升城镇职工养老统筹账户的社会统筹水平，探索个人账户基金的保值增值渠道与管理机制，推动企业年金制度建设，提高退休职工待遇。加大财政向社会养老事务的转移支付力度，应对人口老龄化带来的养老债务危机。政府财政要充分发挥其公共职能，积极承担人口老龄化造成的社会养老债务。

4. 构建新型养老模式，形成多元化社会养老服务体系

积极开展应对人口老龄化行动，弘扬敬老、养老、助老社会风尚，建设以居家为基础，社区为依托，机构为补充的多层次养老服务体系。加大财政投入，普及发展社区老年服务基础设施，通过构建“助老”劳务储蓄制度，推动居家养老人力资源开发，通过政府买岗有效推动居家养老服务业发展，推动村民自治框架下的农村居家养老机制建设，推动城乡社会养老服务均等化发展，促进社会养老服务质量不断提高。

5. 调整产业结构，大力发展老龄产业

围绕老年人基本需求，以养老设施、生活照料、疾病护理、文化教育、体育健身、老年用品等方面为突破口，构建老龄产业体系基本框架，加大政策支持力度，激发企业发展老龄产业的积极性，积极培育老年消费市场，不断提高老年人的保障性收入，形成依靠养老需求有效拉动老年产业发展的老年产业发展格局。全面放开养老服务市场，通过购买服务、股权合作等方式支持各类市场主体增加养老服务和产品供给。

6. 利用多种形式，积极推动老龄科学研究和宣传工作

充分发挥科研机构、大专院校人才优势，加大科研经费投入，及时交流老龄工作经验和研究成果，加强学生经验交流。充分做好老龄化对经济社会发展

影响的宣传工作，凸显老龄工作的重大现实意义，积极应对人口老龄化。加大公共参与力度，大力发展养老产业，形成积极应对老龄化的工作合力，积极应对人口老龄化。

二、劳动力供给与就业形势分析

山东省现阶段正处于中等收入阶段，是经济结构转变、产业结构转型的关键时期，人口老龄化对劳动力供给关系变化产生重要影响，既给经济增长带来挑战，同时也使全要素生产率逐步提高。“十二五”期间，山东省劳动力供给将迎来拐点，劳动力供给不足、成本上升成为山东省劳动力市场的严峻问题。如何通过劳动力影响要素市场进而影响山东经济增长的速度、源泉和可持续性成为学者们关注的焦点。

（一）山东省劳动力变动特征

山东省劳动力供给总体呈上升趋势。劳动力可以分为潜在的劳动力和现实的劳动力，潜在的劳动力，是具有劳动能力的劳动年龄人口的总和。我国将劳动适龄人口规定为男性16～59岁，女性16～54岁。根据数据的可获得性，以下将15～64岁人口数量作为劳动力供给的体现。在之前山东省经济增长过程中，劳动力供给是相对充裕的，总体来看劳动力供给大于劳动力需求。就六次人口普查数据来看，山东省劳动力供给量不断增加，由1953年的57.3%上升到2010年的74.42%，平均每年增长0.36%。我国劳动力供给量呈上升趋势，由1953年的59.3%，上升至2010年的74.53%，平均每年增长0.27%。整体来看山东省劳动力供给能力要明显优于我国劳动力供给能力，尤其在20世纪80至90年代期间（表2.12）。该阶段，山东省处于改革开放初期，经济社会发展迅速，以粗放的劳动密集型产业为主的经济结构拉动对劳动力的需求，为较多的劳动力提供就业机会。

表2.12　　六次人口普查山东省人口年龄结构变化

年份	地区	0～14岁人口占总人口比重（%）	15～64岁人口占总人口比重（%）	65岁及以上人口占总人口比重（%）
1953	山东省	36.4	57.3	6.3
	全国	36.3	59.3	4.4

续表

年份	地区	0～14 岁人口占总人口比重（%）	15～64 岁人口占总人口比重（%）	65 岁及以上人口占总人口比重（%）
1964	山东省	40.9	54.6	4.5
	全国	40.7	55.7	3.6
1982	山东省	31.0	63.4	5.6
	全国	33.6	61.5	4.9
1990	山东省	22.6	71.2	6.2
	全国	27.3	67.1	5.6
2000	山东省	20.58	71.12	8.03
	全国	22.89	70.15	6.96
2010	山东省	15.74	74.42	9.84
	全国	16.60	74.53	8.87

资料来源：《全国人口普查主要数据公报》。

2000 年以后，劳动力人口总体呈增长趋势，劳动力人口占总人口的比重可以划分为两个阶段，2000～2010 年迅速增长阶段，山东省劳动力人口占总人口的比重由 2000 年的 71.1% 增长到 2010 年的 74.4%，平均每年增长 0.33%；2011～2014 年下降阶段，山东省劳动力人口占总人口的比重由 2011 年的 74.3% 下降到 2014 年的 72.0%。2010 年后，山东省劳动年龄人口开始进入减少阶段，山东省农村剩余劳动力的“无限供给”已经处于拐点。（表 2.13）。

表 2.13　山东省各年龄段人口所占比重

年份	0～14 岁人口占总人口比重（%）	15～64 岁人口占总人口比重（%）	65 岁及以上人口占总人口比重（%）
2000	20.8	71.1	8.1
2001	20.4	71.4	8.2
2002	18.8	72.7	8.5
2003	18.4	72.6	9.1
2004	17.1	73.7	9.2
2005	15.9	74.1	9.9
2006	15.3	74.7	10.0

续表

年份	0～14岁人口占总人口比重（%）	15～64岁人口占总人口比重（%）	65岁及以上人口占总人口比重（%）
2007	15.0	74.8	10.2
2008	15.6	74.1	10.3
2009	15.7	73.9	10.4
2010	15.7	74.4	9.9
2011	15.7	74.3	10.0
2012	16.1	73.5	10.4
2013	16.1	72.9	11.0
2014	16.4	72.0	11.6

资料来源：《山东统计年鉴》。

（二）劳动力就业状况分析

1. 就业人口数量逐年增加

改革开放以来，山东省就业人数逐年增加。就业人口总数由1978年的2969.8万人增长到2014年的6606.5万人，增长人数达3636.7万人。就业人口占人口总数的比重逐年上升，就业人口数占总人口比重由1978年的41.48%，上升至2014年的67.49%。改革开放以来，山东省经济社会发展迅速，工业化、城镇化进程不断推进，新兴产业创造大量的就业机会，更多人口实现就业。但从曲线的上升幅度可以看出，近些年来就业人数增速放缓，这表明部分就业岗位逐渐趋于饱和状态（图2.16）。

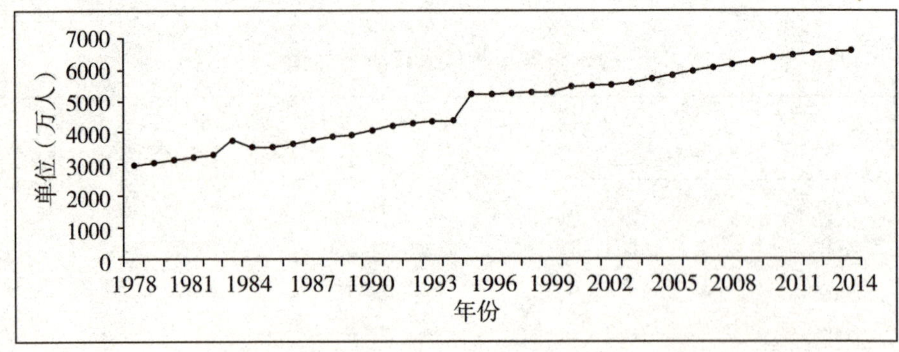

图2.16　山东省就业人口总数图

从三次产业结构就业比重来看，第一产就业人口比重逐年下降，第一产就业人数从1978年的2350.9万人下降至2014年的2023.2万人，第一产业就业人口比重由从1978年的79.2%下降至2014年的30.7%。第二产业就业人数、第三产业就业人数呈不断增长趋势，第二产业就业人数从1978年的366.6万人上升至2014年的2294.2万人，第二产业就业人数占总人口比重由1978年的12.3%上升至2014年的34.7%。第三产就业人数由1978年的252.3万人上升至2014年的2289.1万人，第三产业就业人口占总人口的比重由1978年的8.5%上升至2014年的34.6%。2014年，第一产业就业人口比重、第二产业就业人口比重、第三产业就业人口比重为30.7∶34.7∶34.6（图2.17）。改革开放以来，随着经济发展水平的不断提高，产业结构优化调整，第二、三产业所占比重不断升高，由此带来劳动力的转型升级，劳动生产率逐渐升高。现阶段正处于山东省加快工业化、城镇化转型的关键时期，人口劳动力数量和质量是影响产业结构升级的关键因素，人口就业问题也面临着产业转型的巨大挑战，如何协调好产业结构与劳动力供给、人口就业之间的关系，是今后一段时间努力的方向。

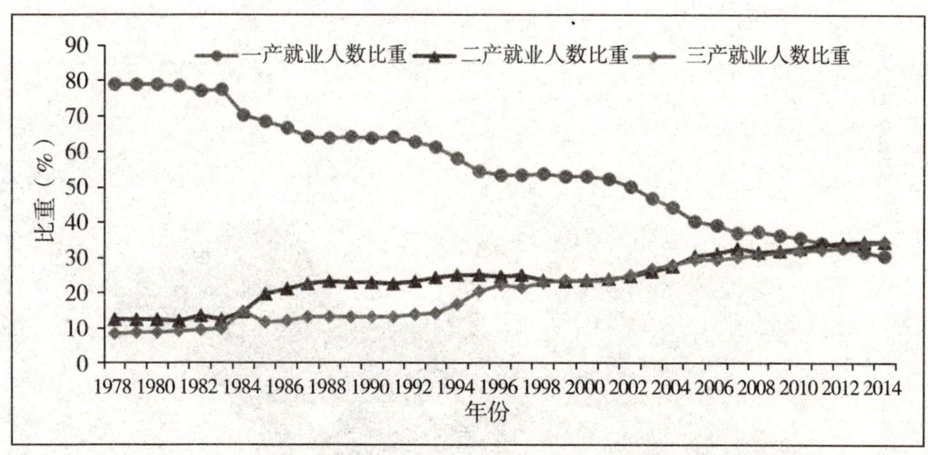

图2.17 山东省三次产业就人数比重

2. 人口就业区域差异明显

2014年，山东省就业人数存在明显的区域差异，就业人数最少的地区是莱芜市、威海市、东营市，其中莱芜市就业人口总数只有111.04万人，就业人口数较多的地区的临沂市、青岛市、潍坊市、济宁市、菏泽市，其中临沂市就业人口数最多有718.9万人。总的来看，山东省劳动力就业人口总数呈鲁西南多于鲁北的空间格局，鲁西南地区是山东省的人口较多的地市，人口总量大，就业人口数自然较多。从城镇人口、乡村人口就业状况来看，农村人口所占比重较大的区域主要集中在山东省鲁西南地区，菏泽市、临沂市、聊城市、济宁市、德州市、泰安市农村就业人口数占总人口比重较大，均超过 70%，其中菏泽市农村就业人口所占比重最大，所占比重为 80.35%，紧随其后的是临沂市所占比重为 80.05%。农村人口就业人口占总就业人口比重较低的是烟台市、淄博市、青岛市、济南市、威海市、东营市，其中东营市、威海市、济南市农村就业人口占总就业人口比重低于 50%，分别为 49.96%、49.75%、48.46%（图 2.18）。从就业人口数占总人口数的比重来看，比重较高的地市是莱芜市、滨州市、枣庄市，分别为 82.54%、74.88%、76.77%，就业人口比重占总人口比重较低的地市是德州市、潍坊市，分别为 62.24%、61.56%（图 2.19）。人口就业与经济发展状况、城镇化水平密切相关，经济发展水平高、城镇化水平高的地区城镇就业人口占总就业人口比重高，经济发展水平差、城镇化水平低的地区以农村就业人口为主。就业人口比重与当地经济发展水平、产业结构密切相关，经济发达地区能提供更多的就业岗位，吸引大量劳

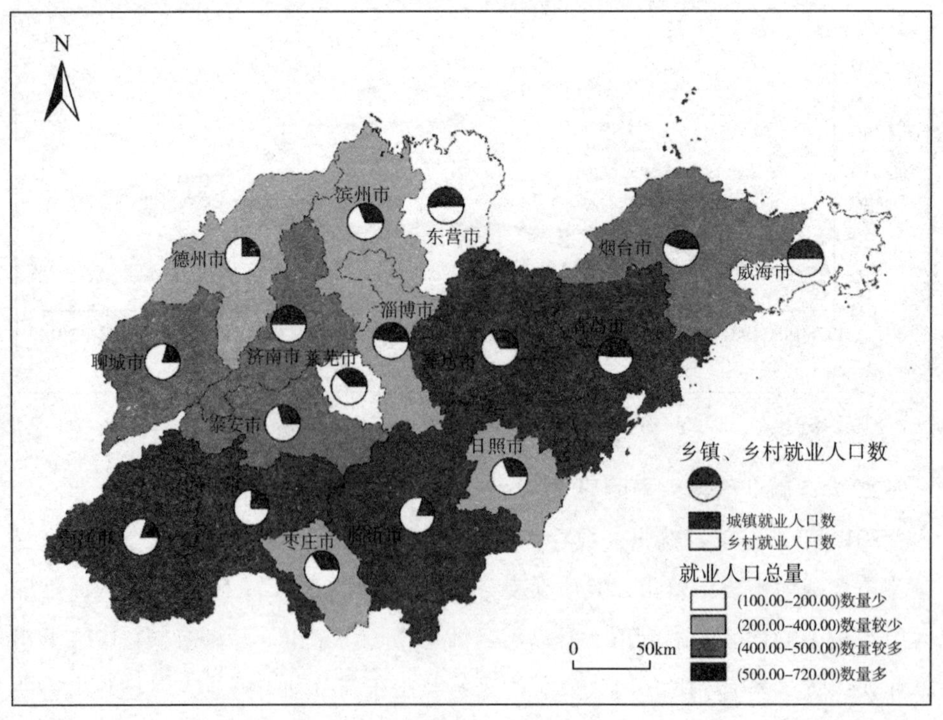

图 2.18　山东省就业人口数地区分布图

动力前来就业，以劳动密集型产业为主的地区需要大量的劳动力，能使更多人实现就业。

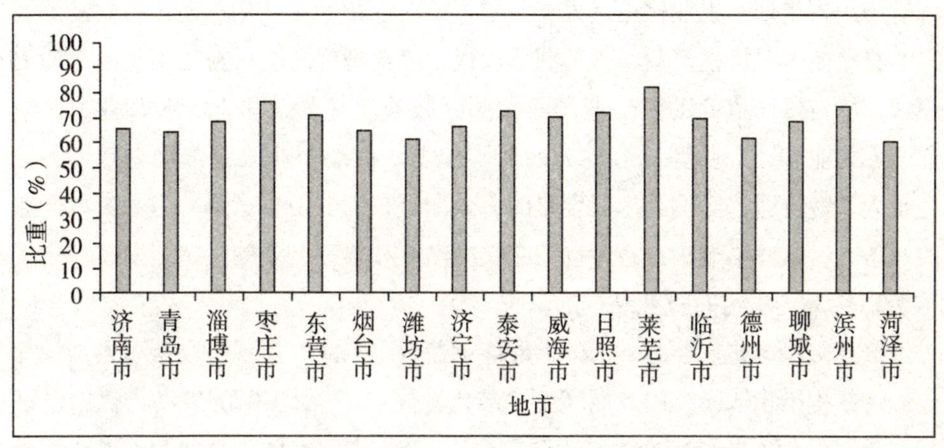

图2.19 山东省17地市就业人口数占地区总人口数的比重

3. 人口就业结构性矛盾更加突出

劳动供求关系的改变使劳动力市场面临越来越突出的结构性矛盾，表现为“短缺”与“过剩”并存。“短缺”体现为企业“招工难”，“过剩”表现为大学生“就业难”。随技术进步加快和产业结构优化升级，技能人才短缺问题将更加凸显，部分院校人才培养模式与社会需求脱节，高校毕业生供需结构失衡。以高校毕业生为重点的青年就业、农业富余劳动力转移就业、失业人员就业，以及就业困难群体实现就业难度依然很大。造成企业“招工难”，劳动者“就业难”的主要原因有以下几点：首先在企业方面，部分企业的岗位工作量大、劳动强度大、工资待遇相对较低，对劳动者缺乏吸引力。其次是劳动者自身因素，年青一代缺乏正确定位，当前教育方式培养出的学生进入社会后往往找不准自身定位，不愿从事较差工作。

经济社会环境变化对促进就业提出了新挑战。转变经济发展方式，推进产业升级、科技进步和管理创新对劳动者素质提出了更高的要求，推进城镇化对农业富余劳动力转移就业工作提出了新的任务。调整经济结构，节能减排、淘汰落后产能以及企业兼并重组将加大失业调控的压力。同时，经济社会转型过程中劳动者利益诉求发生新的变化，劳动关系协调难度不断加大。

（三）劳动力供给变动对社会经济发展的影响

山东省劳动力供给在2011年出现拐点，未来劳动力供给减少将对山东省国民经济的发展带来一系列消极的影响，主要表现为以下两个方面：

1. 劳动力供给变动对产业结构变化的影响

山东省正处于工业化迅速发展阶段，正在进行产业结构调整，污染密集型产业将被技术密集型产业、服务业所取代，以实现经济的可持续增长。劳动力短缺，将直接导致劳动密集型产业和部分服务业（如建筑业、装卸业、家政业、零售业和饮食业等）劳动力的供不应求，推动企业改善劳动力待遇，拉升工人工资待遇，影响其生产要素的有效配置，削弱山东省劳动力密集型产业的竞争力，从而影响山东省劳动力密集型产业和第三产业的可持续发展。

2. 劳动力供给对就业结构的影响

产业结构调整需要劳动力的供应能迅速做出响应，但现阶段劳动力结构却与经济结构不相适应，由此而产生“结构性失业”。山东省的劳动力供给已经从“无限供给”开始转变为“有限剩余”，老年人口的增多将使劳动力在数量和结构上发生老化，容易出现高技术岗位空缺的现象，导致人才的断层。现阶段，山东省高级技工年龄偏高，技师、高级技师面临断档，46 岁以上的占技师、高级技师总数的比例达到 40% 以上，青年高级技能人才严重短缺。随着技术进步加快和产业结构优化升级，技能人才短缺问题越来越明显，部分院校人才培养模式与社会需求脱节，高校毕业生供需结构失衡，造成企业“招工难”与劳动者“就业难”并存。以高校毕业生为重点的青年就业、农业富余劳动力转移就业、失业人员就业，以及就业困难群体实现就业难度依然很大。“民工荒”现象给依靠“人口红利”的人口密集型产业带来巨大挑战。劳动力短缺将会使社会失业率上升、劳动生产率降低，社会总产出下降，经济发展速度变慢。

（四）促进劳动力就业的对策建议

1. 实施积极的就业政策，完善劳动力管理制度建设

加大就业资金投入。加大对困难群体的扶持力度，适当向小型微型企业倾斜，继续加大就业专项资金转移支付力度；完善税收政策。落实有利于加快产业结构调整，特别是小型微型企业发展的税收政策，完善和落实促进大学生、农民工、就业困难人员等重点群体就业的税收政策，减轻企业税收负担，扶持劳动者自主创业，充分发挥微小企业在吸纳城乡劳动力就业、促进农业富余劳动力转移中的作用；完善支持促进就业的对外贸易政策体系。积极支持

有利于增加就业的行业和企业，优化出口贸易结构，推动加工贸易转型升级，鼓励开展对外劳务合作；切实维护劳动力的合法权益。改善劳动力的劳动和生产环境，加强进城务工劳动力社会保障工作，使其与城镇职工享有同等的待遇。

2. 调整产业结构，大力发展资金技术密集型产业

大力发展智力密集型、技术密集型产业。在结构调整中，加快实施有利于发挥劳动力比较优势的技术进步和产业升级技术战略，大力发展以现代服务业为重点的第三产业，加快服务贸易发展，着力提高服务业就业比重；重点扶持小型微型企业，特别是发展劳动密集型民营企业扩大就业，改善创业环境，鼓励高等学校和中等职业学校开设创业培训课程。注重发展现代农业，挖掘第一产业就业潜力，推进农业产业化经营，不断增加农村就业机会；深入推进创建创业型城市工作。广泛开展千户百强家庭服务企业创建活动，推动家庭服务业连锁化、规模化发展。

3. 提高劳动力自身素质，培养创新型人才

加强专业技术人才队伍建设。突出培养造就创新型人才，积极开展山东半岛蓝色经济区、黄河三角洲高效生态经济区等重点区域及欠发达地区引进高层次急需人才工作，大力引进海外高层次留学人才，开展大规模的专业技术人才继续教育；加快构建劳动者终身职业培训体系，统筹推动劳动预备制培训、就业技能培训、岗位技能培训和创业培训等各类培训，使劳动者都能得到有针对性的培训；加快培养产业发展急需的技能人才。重点支持急需紧缺行业高级技师培训，继续实施技工教育“十百千”工程和技工院校示范校建设，构建具有山东特色的现代职业教育体系和现代技工教育培养体系。完善职业道德和职业知识水平的技能人才评价体系，加大山东省首席技师、有突出贡献技师和山东省技术能手评选表彰活动。

三、人口空间结构变动特征

（一）人口空间分布现状与对策

1. 山东省人口空间分布的现状特征

（1）17 地市人口数量差异明显

2014 年，山东省人口总数分布状况呈现鲁东多于鲁南多于鲁北的空间格

局，人口总数较多的城市是临沂市、潍坊市、青岛市，其中临沂市总人口数最多为1022.1万人，人口数较少的地区是日照市、威海市、东营市和莱芜市，其中莱芜市人口总数最少为134.53万人（图2.20）。人口数量的空间差异与17地市行政单元的面积直接相关，土地面积大的地区人口承载能力相对较强。从山东省城镇人口、农村人口的分布情况来看，山东省17地市城镇人口比重较高的区域主要集中在鲁中、鲁东地区。其中青岛市、淄博市、济南市、东营市、威海市城镇人口比重远高于其他地区，是山东省城镇化率较高的地区。而城镇人口所占比重较低的地区主要集中在鲁西南地区，其中菏泽市、聊城市城镇化水平最低。由城镇人口比重分布的不平衡即可看出山东省城市化水平存在空间差异。鲁中、鲁东地区经济发展水平高、起步早，产业结构优化，经济发展助推人口结构变化。

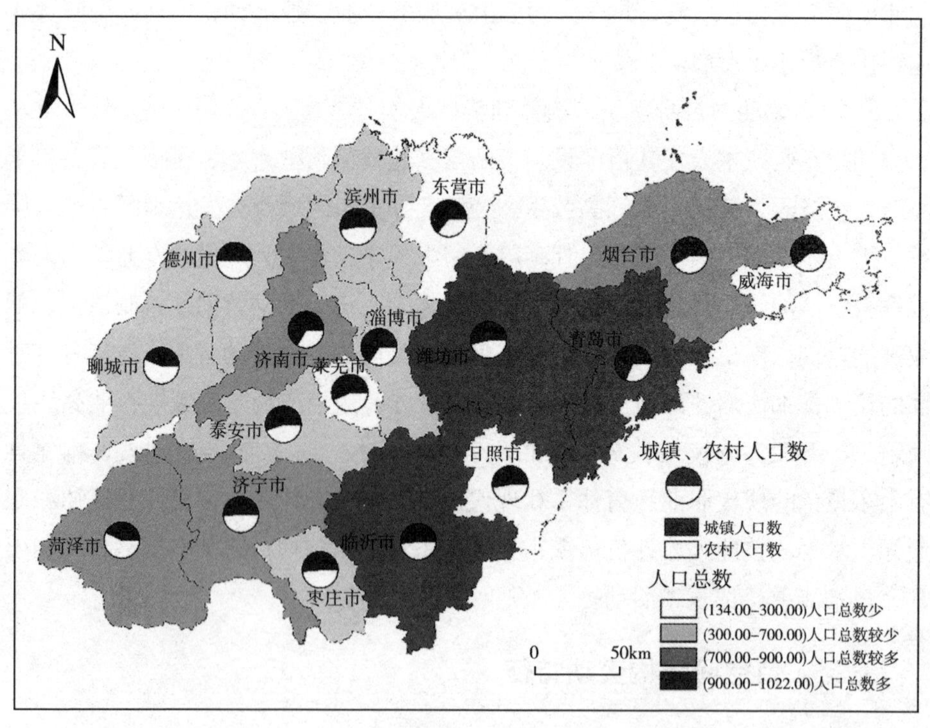

图2.20　山东省17地市人口数量分布图

（2）不同行政单元人口密度差异显著

2014年山东省17地市人口密度分布存在空间差异，根据人口密度大小可以将山东省17地市人口密度状况划分为三种类型：人口低密度地区、人口中密度地区、人口高密度地区。人口高密度区主要有：济南市、青岛市、枣庄市，其中济南市人口密度最高为859.11人/平方千米，比山东省人口密度高239.11人/平方千米。人口低密度区主要有：德州市、滨州市、东营市、烟台市、威海市、日照市，其中东营市人口密度最低，仅有264.94人/平方千米，比山东省人口密度低355.06人/平方千米。17地市人口密度高于山东省人口密度的地区有8个，主要分布在鲁中、鲁西地区及青岛。总体来看，山东省17地市人口密度差异大，呈鲁西、鲁中地区高于鲁东、鲁北地区的空间格局（图2.21）。

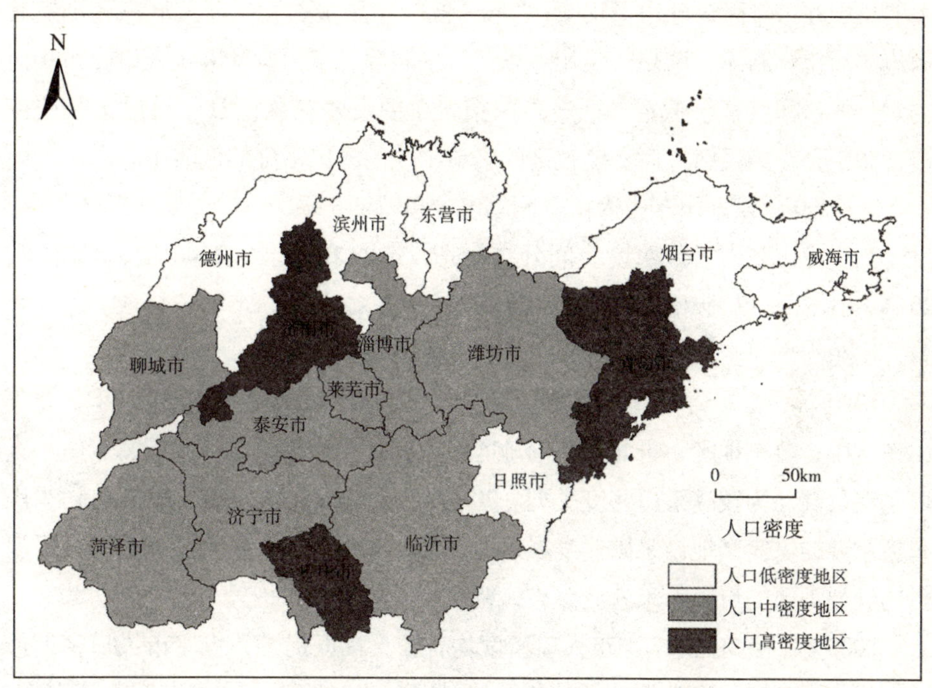

图2.21 山东省17地市人口密度空间分布图

（3）人口分布的空间集聚性显著

首先，在ARCGIS中利用Global Moran's I对山东省县域人口密度标准化数据进行全局空间自相关分析，以正态分布99%置信区间双侧检验临界值为Z=2.85为判断界限，计算得到2014县域数据的Moran's I及统计量Z=2.75>2.58。由此可知，山东省各县市人口密度存在明显的空间正相关，呈现空间集聚模式，即人口密度较高的区县多与周围人口密度较高的区县在空间上集聚，而人口密度较低的区县多与周围人口密度较低的区县在空间上集聚。对比已有研究，全局莫兰指数有所增加，说明人口分布的空间正相关性加强，同时表明有进一步研究局部自相关的必要性。

其次，通过局部自相关模型计算山东省人口分布的局部自相关指数，并结合山东省实际情况对空间单元人口密度的空间集聚类型进行划分："高—高"集聚主要发生在鲁西南部分地区，分布在济宁市、聊城市、菏泽市大部分地区，以及青岛市区，这些区域及其周围地区人口密度均较高且分布均匀；"高—低"集聚区主要发生在济南市区和潍坊市区，说明济南市和潍坊市人口主要集中在市辖区，分布不均衡；"低—低"集聚主要发生在黄河三角洲及其周边的沾化、利津、滨州、莱州、东营、垦利等县市，这些区域人口分布相对均匀且人口密度都较低；"低—高"集聚主要发生在微山县、昌邑市和胶南市，微山县在鲁西南人口密度较高的区域中成为人口密度的低值中心。

2. 1990 年以来山东省人口空间动态分布特征

为反应山东省人口密度空间分布状态，选取 1990 年、2000 年、2010 年、2014 年山东省 17 地市人口密度数据，研究山东省人口分布动态特征。整体来看，山东省人口密度不断上升，上升幅度不断加大。

1990 年，山东省人口密度空间差异明显，其中人口密度较高地区主要集中在鲁中、鲁东地区，鲁北、鲁南地区人口密度相对较小。济宁市、枣庄市人口密度最高，为较高人口密度类型。20 世纪 90 年代，济宁市、枣庄市作为山东省重要的煤炭产地，采矿业发展迅速，为山东省提供大量的就业岗位，吸引省内其他地区的市民前来就业，人口密度相对较高。

2000 年，山东省 17 地市人口密度均有较大幅度提升，枣庄市人口密度最大，成为高人口密度类型。紧随其后的是济宁市、菏泽市、泰安市、济南市、泰安市、淄博市，均属于较高人口密度区。该阶段人口密度的大幅上升，主要是因为该时段为第二次人口生育高峰阶段，新生婴儿数量急剧增多，尤其是日照市、临沂市、德州市、菏泽市、滨州市。

2010 年，山东省人口密度呈现鲁西南、鲁中地区多于鲁东、鲁北地区的空间格局，人口密度最大的地区是枣庄市、菏泽市、济宁市，人口密度最小的地区是东营市。鲁中、鲁东地区经济发展水平高，计划生育政策落实到位，人口出生率水平相对较低，而在鲁西南偏远农村地区，仍有部分计划生育政策落实不到位的现象，导致人口密度相对较大。

2014 年，山东省人口密度呈现相对均衡的空间分布状态，人口密度大的地区是济南市、淄博市、青岛市、枣庄市，人口密度最小的地区是东营市，其他地区均属于中等人口密度、较高人口密度区。鲁北地区人口密度较小，主要与自然条件有关，黄河三角洲地区属于典型的生态脆弱性地区，人地矛盾突出，人口容量相对较小。

结合四年的人口变化幅度图看，1990 ~ 2000 年，人口密度增幅最快，新生婴儿的增多是主要因素，2010 ~ 2014 年，鲁中地区人口密度出现较大增幅，而鲁西南地区人口密度出现减少状况，人口流动是其主要因素。鲁中、鲁东地区经济发展水平相对较高，该地区有较好的医疗、卫生、教育条件，第三产业比例高，服务业发展迅速，能提供大量的就业机会，吸引大量鲁西南劳动力流入，增加该地区人口密度，同时鲁西南地区青壮劳动力的流出使鲁西南地区人口密度增长放缓（图 2. 22，2. 23）。

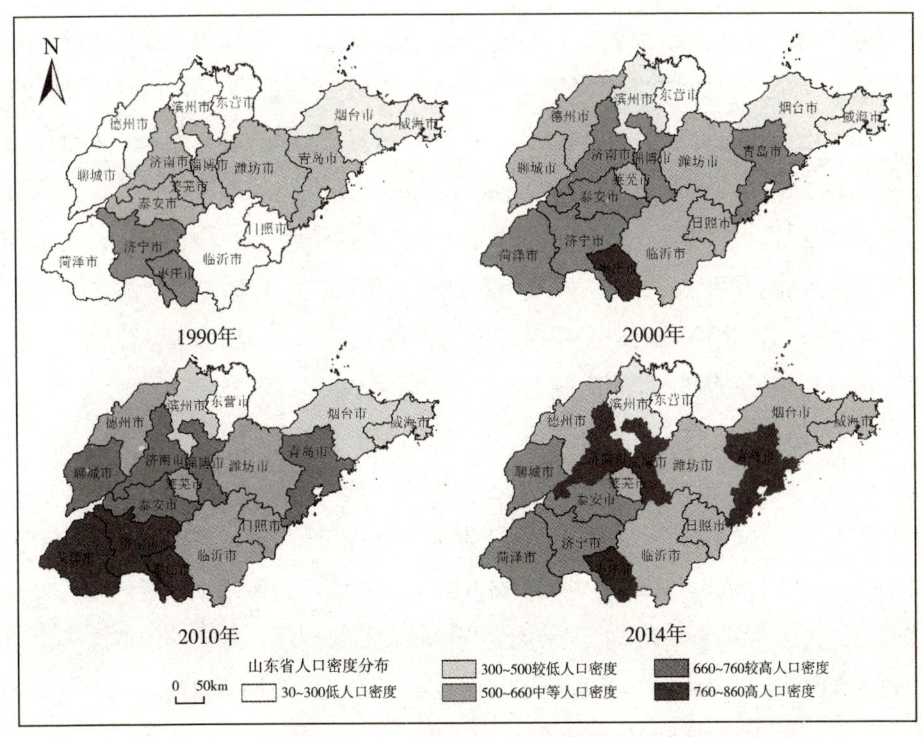

图 2. 22　山东省 1990 年、2000 年、2010 年、2014 年人口密度分布

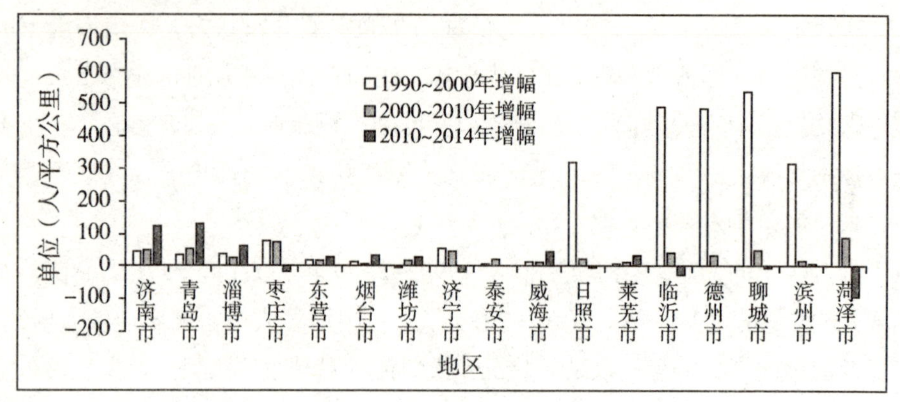

图 2.23　山东省人口密度增幅

3. 促进人口合理分布对策建议

（1）加快发展经济，实现人口分布与区域经济协调发展

现阶段人口分布与经济发展密切相关，要实现人口与经济的合理分布，首先要加快地区经济发展水平。加快转变经济发展方式，尤其是鲁西南地区，增强科技创新能力，大力发展高新技术产业。在发展制造业、化学化工业的同时，加大电子信息产业、生物技术药业、节能环保行业的资金投入。发挥区域比较优势，优化区域产业布局：鲁东沿海地区应逐步扩大对外贸易，扩大海外市场，中部地区加快济南都市圈的建设，充分发挥济南市的核心作用，带动周边地区发展，鲁西地区要加快发展特色产业，形成以具有比较优势的产业为主的核心竞争力。加快第三产业特别是现代服务业的发展，加快城镇化进程，推动人口分布与城市化进程的协调发展。

（2）破除区际间人口流动障碍，促进人口合理流动

山东省劳动力资源与劳动力需求状况不均衡，既有东西部地区间的不均衡，也有城乡之间的不均衡。西部地区经济发展水平相对较低，但劳动力资源丰富。东部地区经济发展水平高，劳动力资源相对较少，劳动力需求大。要鼓励人口合理流动，减少人口流动壁垒，完善流动人口各项社会保障，促进西部地区剩余劳动力合理就业，缩小地区差距，促进经济社会与人口长期均衡发展。

（二）人口流动特征与对策

随着新型工业化、城镇化的不断发展，出现大量农业剩余劳动力，剩余劳动力向非农业转移就出现了农村人口向城市流动的现象。大规模的人口流动有

两方面的影响，一方面人口流动促进人口迁入地经济发展，另一方面也给社会管理造成一定的压力。研究山东省流动人口的现状、问题，为山东省经济发展的重大问题提供决策依据，具有十分重要的意义。

1. 2000、2010 年山东省流动人口变动特征

山东省人口流动研究一直是学者们关注的焦点，根据典型性、数据可获得性原则对两次人口普查：2000 年第五次人口普查和 2010 年第六次人口普查资料进行流动人口对比研究，以期对山东省流动人口时间变动状态展开分析。山东省人口流动有以下特点：

（1）流动人口规模增长迅速，但人口流动程度较低

2010 年，山东省流动人口规模为 1369. 8 万人，比“五普”时的 718. 6 万人增加了 90. 6%；2010 年全国流动人口数由 14439. 1 万人上升到 26093. 8 万人，增幅达 80. 7%。山东省人口流动规模增长迅速但与沿海其他发达省份相比，山东省的人口迁移程度仍较低，2010 年山东省的流动人口占常住人口的比重为 14. 3%。人口跨省流动幅度相对较小，2010 年山东省省外流入人口为 211. 6 万人，占常住人口的 2. 2%；流出省外人口为 309. 6 万人，占常住人口的 3. 2%，远低于全国跨省流动人口的比重。

（2）流动人口向高等级城镇集聚趋势明显，与区域经济发展格局相吻合

根据山东省人口第五次普查和人口第六次普查数据，城、镇流动人口比重分别从 8. 7%、17. 5% 上升到了 71. 3%、29. 0%，流动人口向高等级城镇集聚趋势明显。城镇等级越高，资源优势越明显，公共服务、医疗、卫生条件更优越，能有更多就业机会，对人口的吸引能力越强，流动人口在区域上的集中程度也越来越高，进一步增大区域的吸引力。2010 年，济南、青岛、烟威三个地区吸纳了 621. 4 万流动人口，占山东省流动人口的 44. 5%，较 2000 年上升 1%；山东省吸纳省外流动人口 138. 3 万人，占山东省吸纳省外流动人口的 65. 4%，较 2000 年上升了 7. 4%。济南、青岛、淄博、东营、烟台、潍坊、威海七市是主要的人口净流入区，净流入规模都有所上升，总规模由 2000 年的 125. 4 万人增长到 2010 年的 343. 7 万人。枣庄、济宁、临沂、德州、聊城、菏泽六市是主要的人口净流出区，人口净流出规模由 2000 年的 84. 3 万人增长到 2010 年的 277. 7 万人，尤其是菏泽的净流出人口占户籍人口的比重由 2000 年的 4. 6% 上升到 2010 年的 13. 4%，净流出人口 128. 6 万人，占六市的 46. 3%

（表2.14）。这一特征与山东省区域经济发展格局相吻合，发达地区经济发展基础好、就业机会多，是流动人口的主要聚集地。近年来，欠发达地区虽发展加快，但与发达地区相比仍有较大差距，且欠发达地区中发展较快的地区基本以资源、资本密集型产业为主，对劳动力就业的吸纳能力较弱。这导致了山东省流动人口继续向山东省的核心地区集中。

表2.14　　2000年、2010年山东省流动人口城乡空间分布

年份	流动人口规模（万人）			占总流动人口的比重（%）		
	城市	镇	乡村	城市	镇	乡村
2000	479.2	125.8	113.6	66.7	17.5	15.8
2010	977.0	273.8	119.1	71.3	20	8.7

资料来源：《人口普查公报（2000、2010年）》。

（3）流动人口就近转移为主，但迁移距离明显上升

山东是儒家文化的发祥地，传统“父母在、不远游”的“安土重迁”观念深厚，人口就近、就地转移特征显著。2010年，山东省县内流动和省内县外流动人口比重分别为48.0%和36.6%，均高于全国平均水平34.6%和32.5%。但从迁移距离演变来看，流动人口的迁移距离增加明显。2000～2010年，县内流动人口比重由64.0%下降到48.0%，省内县外流动人口比重由22.1%上升到33.6%，省外流入人口比重也有上升。人口迁移由早期以县内流动占绝对优势，逐步转为县内流动和跨县流动并重阶段，“安土重迁”观念有了明显的改变。随着制约人口流动的障碍因素进一步消除，下一步将有可能出现更大尺度范围的人口迁移和集聚。从山东省17地市的情况来看，经济发展水平与流动人口迁移距离密切相关。经济发展水平越高，对流动人口的吸引力越大，流动人口的迁移距离也会加大，如济南、青岛、东营、威海等；反之，则对外地人口的吸引力较小，基本以本地人口的县内流动为主，如菏泽、聊城、德州等。枣庄和莱芜由于特殊的经济模式而有所不同，该两地区均属于转型阶段的资源型城市，对外来人口吸引力不大；但由于经济基础较好，就地解决就业能力较强，表现出人口低流入、流出特征。

（4）人口流动与经济发展水平紧密相关，地缘经济水平对其也有影响

从县市区人口流动情况来看，2010年山东省人口流入率为7.5%，流出率

为7.1%。以山东省平均水平为基准，根据人口流动性可把山东省分为四类地区，即高流入高流出地区（流入率>7.5%，流出率>7.1%）、高流入低流出地区（流入率>7.5%，流出率<7.1%）、低流入高流出地区（流入率<7.5%，流出率>7.1%）、低流入低流出地区（流入率<7.5%，流出率<7.1%）。一般来说，经济发展水平越高，人口流入率越高；经济欠发达地区，人口流出率较高。从山东省来看，济南、泰安市区、青岛市区及外围的即墨、胶州、胶南，烟台市区、威海市区及荣成、文登，潍坊市区、寿光、东营市区、垦利，以及日照、临沂、济宁、德州、滨州市区都属于人口高流入地区，而人口高流出地区主要集中在鲁南和滨州北部欠发达地区。其次，相邻地区的经济落差及联系程度也对人口流动具有影响。鲁南以外地区整体县域经济较为发达，但相对发展较为均衡，且受周边大城市影响，多表现为人口低流入低流出特征（表2.15）。

表2.15　　2000、2010年山东省流动人口分地区分布

地区	流动人口规模（万人）				占山东省比重（%）			
	2000年		2010年		2000年		2010年	
	全部	省外流入	全部	省外流入	全部	省外流入	全部	省外流入
山东省	718.6	103.3	1369.8	211.6	100	100	100	100
济南市	72.4	9	174.7	25.1	10.1	8.7	12.8	11.9
青岛市	120.2	21.4	247.7	59.4	16.7	20.7	18.1	28.1
淄博市	46.7	5.1	80.3	8.7	6.5	4.9	5.9	4.1
枣庄市	27.6	1.3	35.4	1.6	3.8	1.3	2.6	0.7
东营市	28.8	4	47.7	7.4	4	3.9	3.5	3.5
烟台市	83	15.4	136.5	30.7	11.6	14.9	10	14.5
潍坊市	61.6	7.9	124.1	15.6	8.6	7.7	9.1	7.4
济宁市	39.9	3.7	77.6	4.7	5.6	3.6	5.7	2.2
泰安市	30.6	2.4	63.9	3.3	4.3	2.4	4.7	1.6
威海市	43.9	14	62.5	23	6.1	13.6	4.6	10.9
日照市	18.9	3.4	42.2	6.7	2.6	3.2	3.1	3.2
莱芜市	9.7	0.5	19.1	0.8	1.3	0.5	1.4	0.4
临沂市	48.3	5.8	94.7	10	6.7	5.6	6.9	4.7
德州市	19.1	2.6	39	4.8	2.7	2.5	2.8	2.3
聊城市	23.2	2.4	43.2	2.9	3.2	2.3	3.2	1.4
滨州市	20.9	1.8	40.7	4	2.9	1.8	3	1.9
菏泽市	24.1	2.5	40.6	2.7	3.3	2.4	3	1.3

资料来源：《山东省人口普查公报（2000、2010年）》。

（5）人口流动区域差异明显，以省内和男性流动为主

2014年山东省迁移人口总数为1283297人，其中迁入人口652932人，迁出人口630365人，迁入人口较迁出人口多22567人，人口流动区域差异明显。根据2014年山东省人口流动数据，可以将山东省17地市人口流动划分为四种类型：人口流动少、人口流动较少、人口流动较多、人口流动多四种类型。2014年山东省人口流动呈现鲁东地区多于鲁西南地区的空间格局。其中，济南市、青岛市属于人口流动数多地区，人口流动数分别为2715016人、2035481人。人口流动数较多的地区有枣庄市、潍坊市、烟台市、威海市，人口流动数较少的地区有：德州市、滨州市、东营市、淄博市、济宁市和临沂市。人口流动数最少的地区有：聊城市、菏泽市、泰安市、莱芜市和日照市。其中莱芜市人口流动数最少，仅有32518人。从流动人口的来源来看，山东省人口流动以省内人口流动为主。从流动人口的性别来看，山东省人口流动以男性人口流动为主（图2.24）。

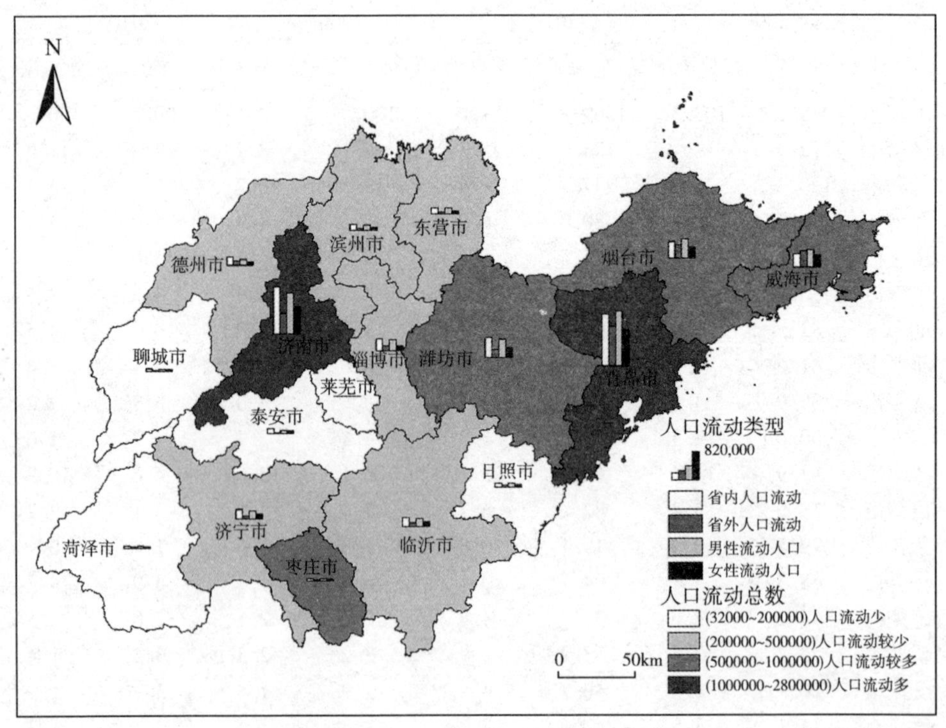

图2.24　山东省人口流动分布图

2. 人口流动的社会经济效应分析

（1）人口负重问题突出，城镇就业压力加大

流动人口大规模的流入，使流入地人口负重加大。不仅使流入地的管理难度加大，而且对流入地劳动力就业安排也形成了较大的压力。特别是在现阶段国有企业改革时期，大批下岗职工急需寻找新的就业岗位，且他们中多为高年龄、低文化的劳动者，对再就业有一定的障碍，面对年轻有文化的外来劳动力，无疑处于竞争的劣势。该问题能否得到解决关系到经济社会的稳定发展。

（2）流动人口大幅增加，影响社会治安秩序

外来流动人口群体往往比较复杂，良莠不齐，其中少数人处于心态失衡，犯罪倾向较为严重，并在社会上制造了一定数量的恶性案件。就全国而言，随着流动人口大幅增加，流动人口犯罪呈上升趋势。山东省近年来流动人口犯罪案件也呈一定的上升态势，抢劫案、盗窃案、诈骗案乃至凶案等屡屡发生，这在一定程度上影响了社会安定，这无疑会给城市管理部门提出巨大挑战。

（3）农村青壮年人口大量外出，影响山东省农村基础建设

目前大量的农村人口流动属于无节制外出流动，大量的农村青壮年人口无节制外出流动，一定程度上影响了山东省农村基础建设、制度建设及各项事业发展。从山东省近年农村经济发展的一些指标来看，近年来，一些农村发展滞缓，尤其是粮食、棉花作物出现较大幅度减产。由于外出的青年大部分都是文化程度较高的，这一部分人常年离开农村在外，这无疑削弱了农村的精神文明建设、文化建设和组织建设的力量。

3. 引导人口合理流动和促进人口均衡发展的对策

人口流动是社会改革开放的必然，随着社会主义市场经济的建立和完善，全国范围内的人口流动规模将加大，速度和频率也将加快。为积极引导流动人口的合理流动，推进市场经济的健康发展，提出以下建议：

（1）加强宏观指导和协调，实施引导式管理模式

人口的大规模流入，特别是面对汹涌的“民工潮”，城市管理部门往往处于被动应付的状况，许多管理还有很多不完善、不到位的地方。农村劳动力流入城市，为城市居民带来某些不便，也为政府有关部门的管理出来一些难题，但外来人口向城市的适量流入，对城市的建设与发展有着不可替代的作用。要端正态度，尤其要消除“排斥”“抵制”的旧观念，接收“吸纳”“消化”的

新观念。更要加强宏观的指导和协调，采取引导式的管理模式。引导式管理不仅是向流动人口宣传政策和制度，还应该尽量减少他们的各种不必要的负担，使他们在流入地合法生活，找到归属感，积极推进流动人口的良性发展。

（2）加强对流动人口的管理，解决后顾之忧

针对外来经商务工人员多以农业人口为主，受教育程度普遍不高，从事的职业大多是建筑、制造以及服务等简单体力劳动的职业，整体素质不高的具体情况，要积极采取多种办学形式，努力创造各种有利条件，加强对流动人口的管理。一是对流动人口进行法律观念和道德观念的教育，使其自觉遵守法律，做到人人守法。二是开展职业技术技能的学习和培训，提高文化素质和职业技术技能，增强其对社会的适应能力。同时，要重视流动人口的子女入学就读问题。切实解决好外来人口子女的义务教育，提高这部分人的文化素质，不但对外来人口的管理有利，而且有利于社会的稳定和发展。

（3）将流动人口纳入“常住”人口，创新流动人口管理模式

从理论上讲，流动人口这一概念，是在中国特定历史时期特定户籍制度下派生出来的一个概念，与市场经济的发展不相吻合。目前城市中的流动人口数量越来越多，“暂住”的时间越来越长。因此，流动人口管理应朝着常住人口管理的方向发展。首先，流动人口管理转化为常住人口管理有利于减少流动人口管理工作量。其次流动人口大多数是离土离乡的农民，背井离乡后最迫切地是需要入乡随俗，融入流入地。把他们看作常住人口，就意味着流入地政府能无障碍地接纳他们，他们也会更快地接受当地政府的管理。人口流动和迁徙自由是今后一段时期的重要发展趋势，创新流动人口的管理模式，需要在流动人口管理的问题上进一步解放思想，与时俱进，将人口管理工作提高到一个新水平。

第三章　山东省居民收入与分配

第一节　山东省居民收入与消费现状

居民人均收入与消费水平反映居民物质生活水平的高低，居民之间收入差距的大小影响社会总体消费水平。社会收入差距过大，总体消费水平会降低。本书主要探讨山东省城镇居民和农村居民收入与消费的特征。

一、居民收入水平特征

（一）居民收入时序变化特征

1. 居民收入持续增长，城乡差距依然很大

21 世纪以来，山东省城乡居民收入水平得到提高，生活水平得到明显改善（图 3.1）。2000 ~ 2014 年，山东省城镇居民人均可支配收入由 6489.97 元上涨到 29221.94 元，增加约 22731.97 元，增长约 3.50 倍，年均增长约 11.40%。2000 ~ 2014 年，山东省农村居民人均纯收入由 2659.20 元上涨到 11809.38 元，增加约 9051.18 元，增长约 3.44 倍，年均增长约 11.30%。十余年间，山东省城镇居民人均可支配收入和农村居民人均纯收入不断上升，城乡差异依然很大。2000 ~ 2014 年间，山东省城镇居民人均可支配收入的增加值高于农村居民人均纯收入的增加值；2009 年以前，城镇居民人均可支配收入的年均增长率大于农村居民人均可支配收入的年均增长率，然而 2009 年之后，尤其是 2011 年，农村居民收入增长率超过城镇增长率（图 3.2）。由此可以看出，山东省居民收入城乡差距近年来虽然不断缩小，但是由于城乡差距形成已久，农村居民收入难以在短时间内超过城镇居民，二者差距依然很大。

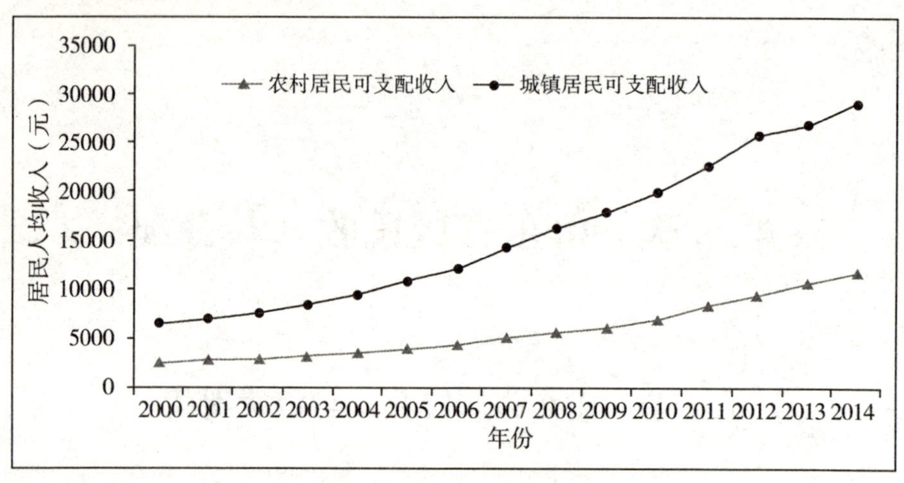

图 3.1 2000 ~2014 年山东省居民人均收入

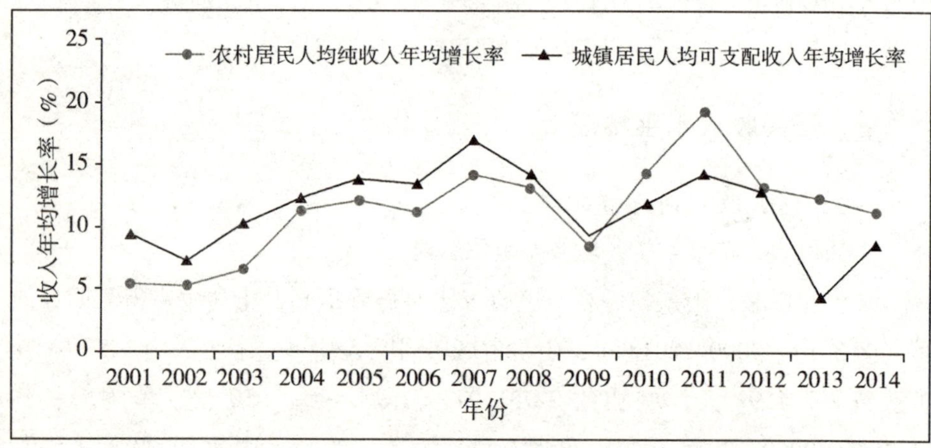

图 3.2 2001 ~2014 年山东省居民人均收入年增长率

2. 城镇居民人均可支配收入差异波动减小，趋势稳定

2000 ~2013 年间，山东省城镇居民人均可支配收入的变异系数和基尼系数的发展趋势基本一致，可以划分为两个阶段：（1）2000 ~2006 年是上升阶段，变异系数和基尼系数的增幅分别约为 4.29%、1.57%，变异系数由小变大，城镇居民人均可支配收入的差异增大，其基尼系数由 0.091 增加到 0.094，收入分配的均衡度下降；（2）2007 ~2013 年是下降阶段，山东省城镇居民人均可支配收入变异系数、基尼系数的降幅分别约为 15.92%、7.43%，变异系数、基尼系数由大变小，城镇居民人均可支配收入的差异缩小，收入分配的均

衡度较上一阶段有所增加。2000~2013年间，山东省城镇居民人均可支配收入的基尼系数均在0.2左右，收入分配比较平均。

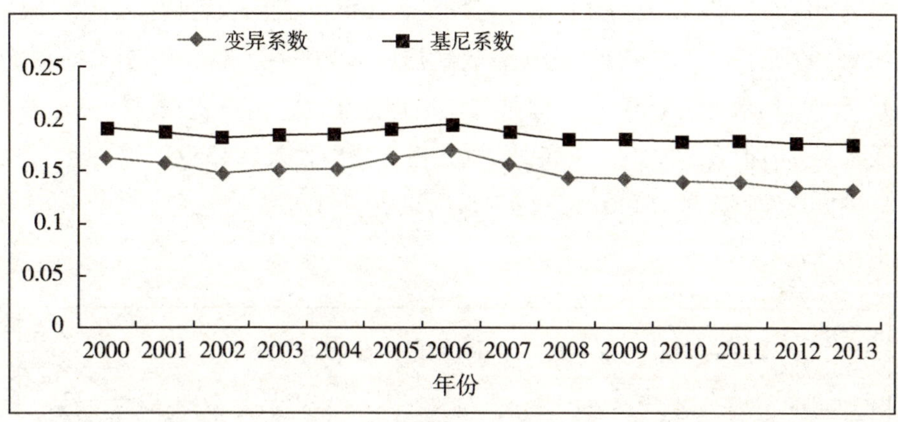

图3.3 2000~2013年山东省城镇居民人均可支配收入变异系数和基尼系数

3. 农村居民人均纯收入差异逐渐减小，但与江浙等省份比较仍有差异

2000~2013年间，山东省农村居民人均纯收入的变异系数和基尼系数的发展趋势基本一致，可以划分为两个阶段：（1）2000~2003年是上升阶段，变异系数和基尼系数的增幅分别为8.77%、2.82%。这一阶段，变异系数由小变大，农民人均纯收入的差异增大，其基尼系数由0.248增加到0.255，收入分配均衡度下降。（2）2004~2012年是下降阶段，变异系数、基尼系数的降幅分别约为14.90%、2.96%。变异系数、基尼系数由大变小，农民人均纯收入的差异减小，收入分配均衡度较上一阶段有所增加。

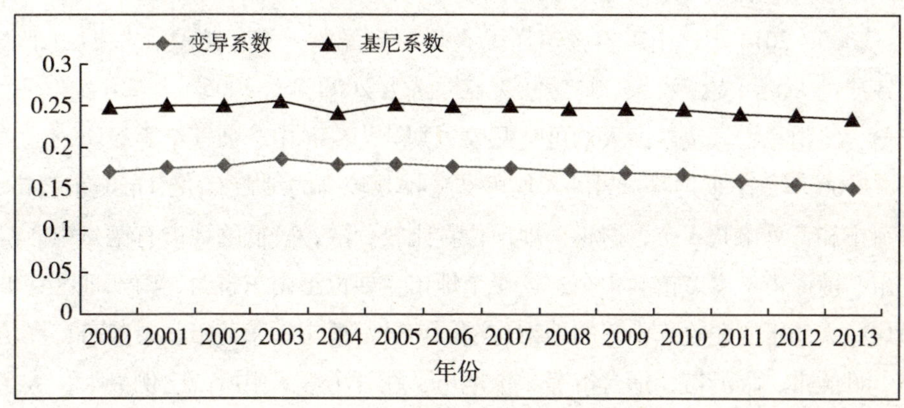

图3.4 2000~2013年山东省农村居民人均纯收入变异系数和基尼系数

2000~2013 年间，山东省农民人均纯收入基尼系数均在 0.2~0.3 之间，收入分配比较平均。

近 10 年来，农民人均纯收入连续增长，2013 年我国农村居民人均纯收入是 8895.90 元，与全国相比，山东省农村居民人均纯收入高于全国平均水平，约是全国平均水平的 1.19 倍。但是与江浙地区相比，山东省农村居民人均纯收入水平还有很大的差距，江苏省农村居民人均纯收入是 13598 元，浙江省农村居民人均纯收入是 16106 元，分别是山东省农村居民人均纯收入的 1.53 倍和 1.81 倍。

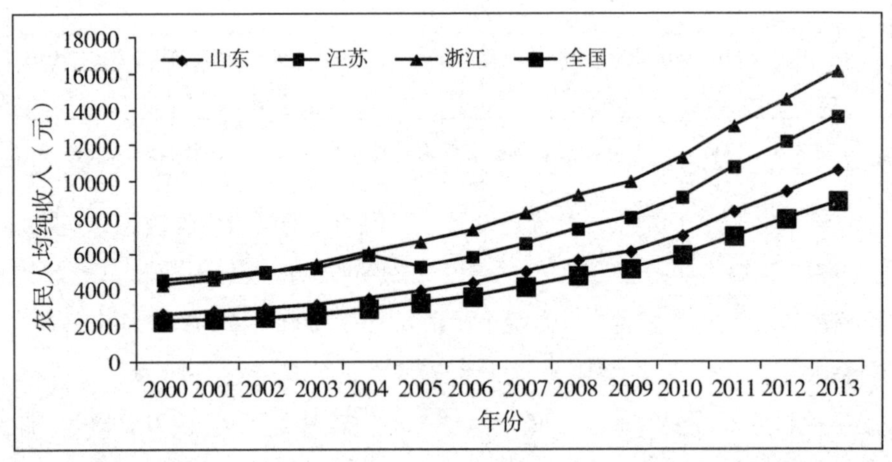

图 3.5　2000~2013 年山东省、江苏省、浙江省和全国农民人均纯收入

（二）居民收入空间变化特点

1. 城镇居民人均可支配收入空间变动特点

2000~2014 年，山东省城镇居民人均可支配收入连年增高，根据山东省城镇居民人均可支配收入、自然断裂点法选取 2000 年、2006 年、2014 年三个年份，将山东省城镇居民人均可支配收入划分为高、中、低三个等级。

2000 年，山东省城镇居民人均可支配收入较高的地市有济南市、东营市、威海市和青岛市共 4 个，这 4 个地市位置比较分散；较低的地市有德州市、济宁市、菏泽市、枣庄市共 4 个，这 4 个地市主要位于山东省西、南部地区；城镇居民人均可支配收入中等的地市有滨州市、淄博市、莱芜市、泰安市、潍坊市、日照市、临沂市、烟台市等 8 个地市，在三个等级中所占比例最大，大多分布在山东省中部地区。

2006 年，山东省城镇居民人均可支配收入较高的地市增加为 6 个，分别是济南市、淄博市、东营市、青岛市、烟台市、威海市，人均可支配收入较高地市开始连片分布，主要是集中在省会济南周围和东部沿海地区；收入中等的地市仍然是 8 个，分别是滨州市、莱芜市、泰安市、济宁市、枣庄市、临沂市、日照市、潍坊市，这 8 个地市仍主要在山东省中部、南部。济宁市和枣庄市由 2000 年收入较低等级转变为收入中等地市，淄博市由收入中等地市转变为收入较高地市，说明其经济在这一时期发展较快；收入较低的地市减少为 3 个，依次是德州市、聊城市、菏泽市，主要位于鲁西地区。

2014 年，山东省城镇人均可支配收入空间分布再次发生变化。较 2006 年，山东省城镇居民人均可支配收入较高的地市减少为 4 个，淄博市和威海市由 2006 年城镇人均可支配收入较高的地市转变为城镇人均可支配收入中等的地市；日照市和枣庄市由 2006 年城镇人均可支配收入中等的地市转变为城镇人均可支配收入较低的地市，其他地市未发生变化。

整体来看，山东省城镇人均可支配收入空间分布大致呈现由东部沿海地区向西部地区减少的趋势。

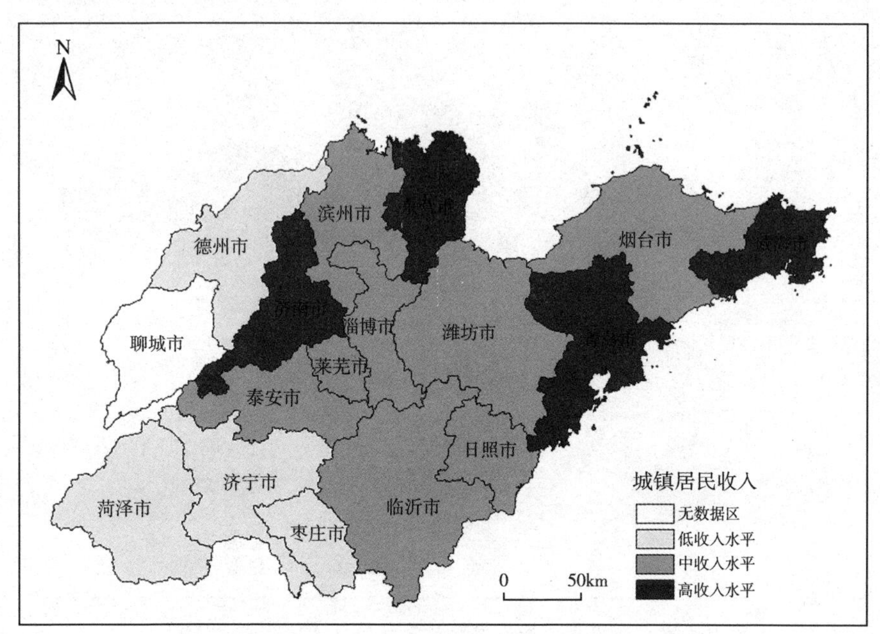

图 3.6　2000 年山东省城镇居民人均可支配收入分布图

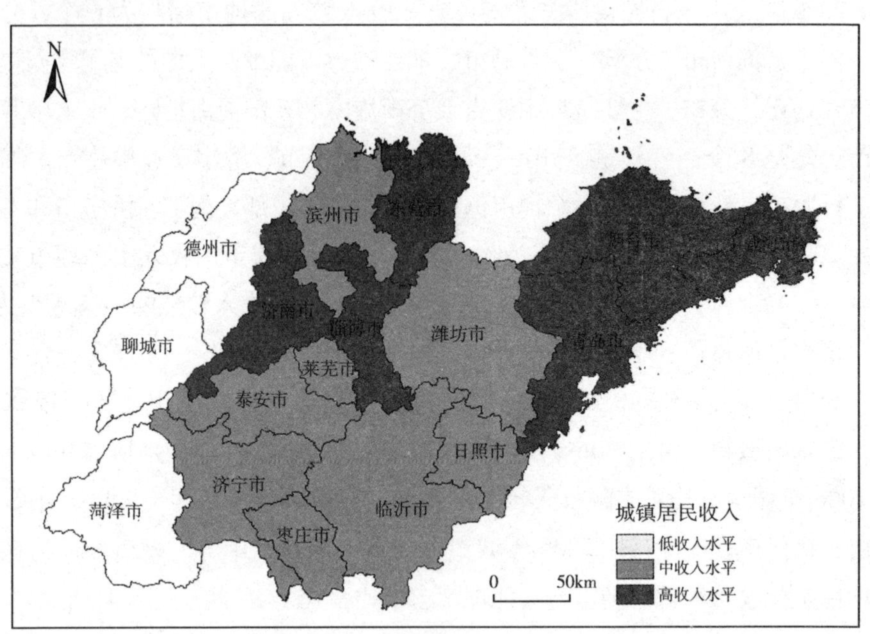

图 3.7　2006 年山东省城镇居民人均可支配收入分布图

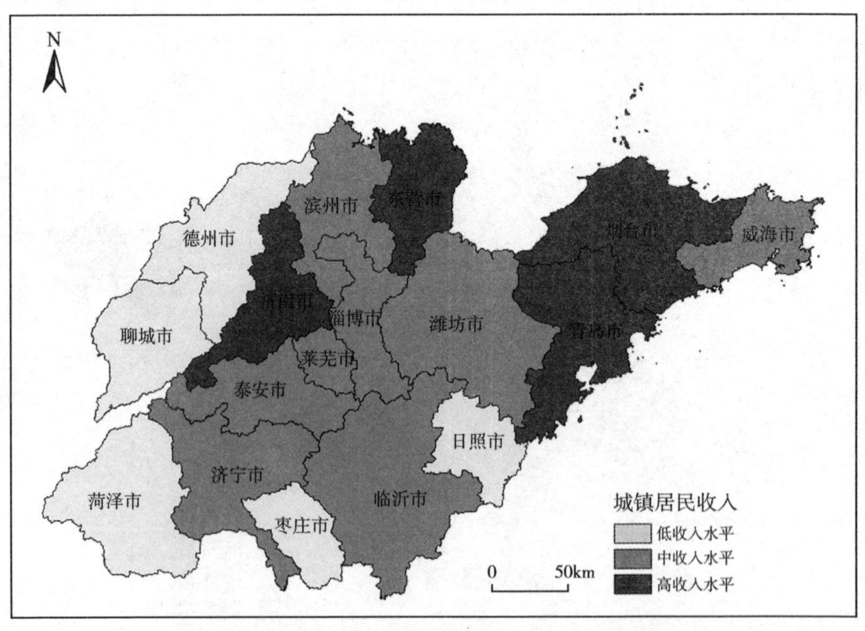

图 3.8　2014 年山东省城镇居民人均可支配收入分布图

2. 农村居民人均纯收入空间变动特点

（1）总体呈现出沿海地区“高—高”集聚，鲁西地区“低—低”集聚的空间格局

2000 年，山东省农民人均纯收入水平显著的“低—低”县市区共计 22 个，主要是菏泽市、聊城市、滨州市、德州市、临沂市的行政区；而显著的“高—高”县市区共计 22 个，主要是青岛市、威海市、烟台市、淄博市和潍坊市的行政区。2006 年，山东省农民人均纯收入水平“低—低”的县市区减少到 18 个，主要是菏泽市、聊城市、滨州市和临沂市的行政区；而水平“高—高”的县市区上升至 23 个，分布也稍有变动，主要分布在青岛市、威海市、烟台市、淄博市的行政区。2012 年，山东省农民人均纯收入水平呈现“低—低”集聚格局的县市区继续减少，只有 14 个，主要分布在菏泽市、聊城市、临沂市的行政区；呈现“高—高”集聚格局的县市区的数量出现下降，减少至 22 个，主要是青岛市、威海市、烟台市和淄博市的行政区。

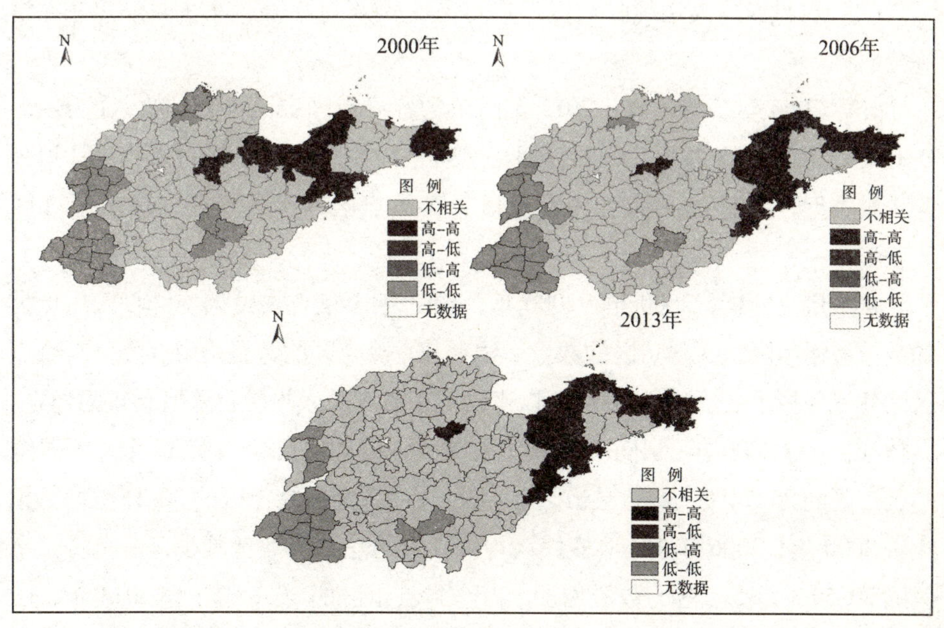

图 3.9　2000 年、2006 年、2013 年山东省农民人均纯收入空间分布图

山东省农民人均纯收入水平“高—高”集聚和“低—低”集聚（呈现空间正相关）的县市区数量从 2000 年的 44 个下降到 2013 年的 36 个。2000 年，

山东省农民人均纯收入水平呈现“高—高”类型的县市区数量与呈现“低—低”类型的县市区数量相当。相对于2000年，2013年山东省农民人均纯收入水平呈现“低—低”集聚格局的县市区数量显著减少，仅占山东省县市区个数的10.29%。其中，在所研究的2000年、2006年、2013年3年中，临清市、东昌府区、阳谷县、费县和菏泽市全部行政区范围的农民人均纯收入水平一直属于“低—低”集聚的空间分布格局，且主要分布在鲁西地区；而呈现“高—高”集聚格局的县市区数量基本持平，约占山东省县市区个数的16.18%。其中，在2000年、2006年、2013年3年中，张店区、临淄区、平度市、即墨市、胶州市、城阳区、崂山区、青岛市市区、莱州市、招远市、龙口市、芝罘区、环翠区、文登市、荣成市等15个县市区的农民人均纯收入水平属于“高—高”集聚的空间分布格局，这15个县市区涵盖了青岛市、烟台市、威海市的大部分区域，主要分布在东部沿海地区。由此可以看出，山东省农民人均纯收入较高的地区主要集中在东部地区；而较低的地区主要集中在鲁西地区，并且这一部分地区的数量在减少。

（2）农村居民人均纯收入冷、热点区比例均有下降，东—西部热—冷格局分明

计算2000年、2006年、2013年山东省各县市区农民人均纯收入的Getis-Ord Gi* 局部空间关联指数，并根据自然断点法按照由低到高的顺序将其划分为4种类型，并且依次命名为冷点区、次冷点区、次热点区、热点区（图3.10）。

从数量上分析，2000年、2006年、2013年山东省农民人均纯收入热点区的数量缓慢下降，次热点区的数量平稳上升，冷点区的数量稳中有降，次冷点区的数量保持不变。进入2000年以来，山东省农民人均纯收入格局较为稳定。具体分析：①2000年，山东省农民人均纯收入的热点县市区有35个，约占全省县市区的25.74%，冷点县市区有41个，约占全省县市区的30.15%；②相比较2000年，2006年山东省农民人均纯收入的热点区数量减少，占全省县市区的20.59%，冷点区的数量增加，占全省县市区的30.88%；③2013年，山东省农民人均纯收入热点县市区的数量不变，而冷点县市区的数量下降，分别占全省县市区的20.59%、25%。2013年，山东省农民人均纯收入的热点、次热点县市区共占全省县市区的47.06%，而冷点县市区和次冷点县市区共占全

省县市区的52.94%。可见，山东省农民人均纯收入的热点区和冷点区数量基本相当。

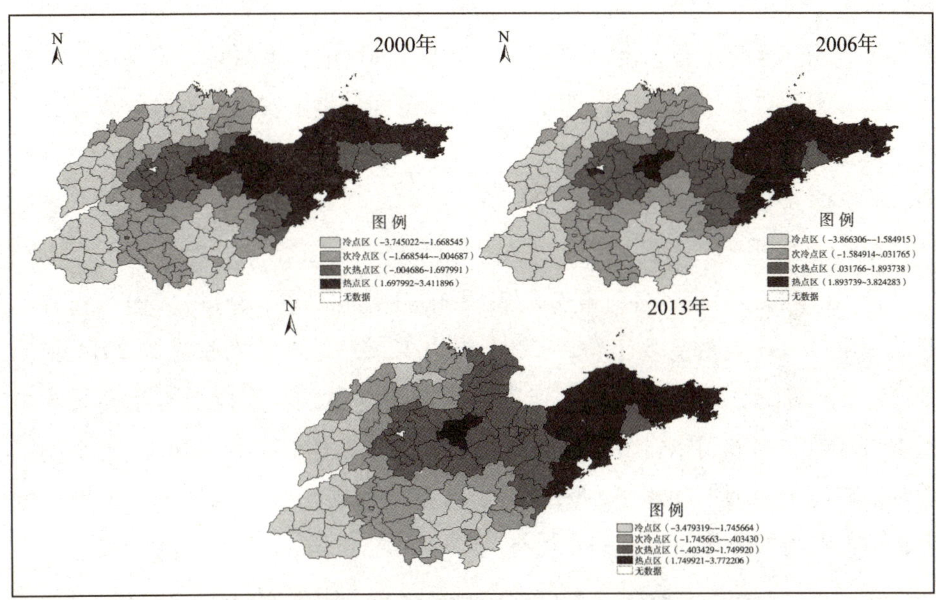

图 3.10　2000 年、2006 年、2013 年山东省农民人均纯收入冷、热点图

表 3.1　2000 年、2006 年、2013 年山东省农村居民人均纯收入各类型区个数及所占百分比

类型	2000 年		2006 年		2013 年	
	个数	比重/%	个数	比重/%	个数	比重/%
热点区	35	25.74	28	20.59	28	20.59
次热点区	22	16.17	29	21.32	36	26.47
次冷点区	38	27.94	37	27.21	38	27.94
冷点区	41	30.15	42	30.88	34	25.00

从空间分布上发现，在所研究的2000 年、2006 年、2013 年3 个年份中，山东省农民人均纯收入的热点区主要集中在东部沿海地区且面积在扩大，中部地区的热点区逐步缩小，潍坊市的热点县市区转换为次热点区。山东省农民人均纯收入的冷点区主要分布在西部地区，面积基本保持不变；少数分布在北部地区，面积逐渐缩小。2000 年，北部地区临邑县、商河县、庆云县、无棣县、沾化县、惠民县、滨城区、乐陵县、阳信县是冷点区，截至2012 年，只有乐

陵市和阳信县属于冷点区，其他几个县市区转换为次冷点区。综观 2000 年、2006 年、2013 年山东省农民人均纯收入冷点区的分布，菏泽市、聊城市的全部行政区、临沂市大部分行政区（包括兰山区、河东区、沂南县、平邑县、费县、苍山县、郯城县、临沭县）、阳信县、乐陵市、平原县、东平县、梁山县、金乡县一直属于冷点区；近年来，山东省西部地区农民人均纯收入冷点区的分布格局基本稳定。

（三）居民收入行业特征

1. 总体水平不断提高，行业收入差距持续加大

近 10 年间，山东省各行业劳动者报酬不断提高（图 3. 11）。山东省各行业城镇单位就业人员平均工资由 2003 年的 12553 元连续增长为为 2014 年的 51825 元，增长约 4. 12 倍，增长速度大于全国平均工资整体增长速度（约增长 4. 03 倍）。虽然山东省各行业居民平均工资不断增加，但是 2014 年平均工资依旧略低于全国平均水平，因此山东省各行业居民收入总体水平虽不断增加，但劳动者报酬还有待进一步提高。

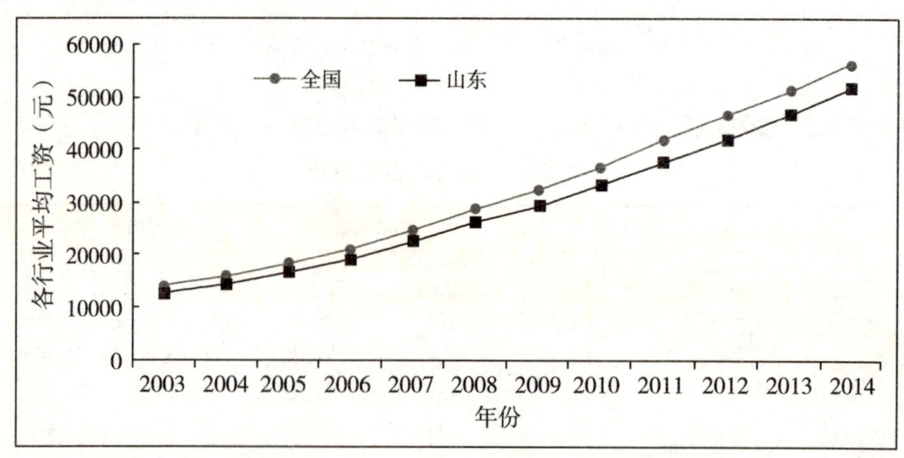

图 3. 11　2003～2014 年山东省与全国各行业城镇人员平均工资

近 10 年来，随着改革开放的不断深入和市场经济体制的发展和成熟，在市场经济的影响下，不同竞争程度、不同所有制行业的从业人员平均工资发生了很大的变化，使得山东省的行业收入差距呈现出不断扩大的趋势。表 3. 2 展现了 2003 年至 2014 年十余年间，山东省各行业从业人员平均工资状况以及全省平均水平。

表 3.2　2003～2014 年山东省分行业从业人员平均工资　（单位：元）

行业	2003 年	2004 年	2005 年	2006 年	2007 年	2008 年
农、林、牧、渔业	8616	9812	12748	14519	16960	19387
采矿业	17704	21032	24050	27105	30805	36133
制造业	10178	11618	13251	15633	18477	21340
电力、燃气及水的生产和供应业	17588	19171	21910	25251	29552	33497
建筑业	9977	11681	12912	15400	18183	20395
交通运输、仓储和邮政业	16025	18682	21343	24826	27997	31235
信息传输、软件和信息技术服务业	23044	26739	31980	35191	38577	37981
批发和零售业	7964	9023	11551	13489	15813	18254
住宿和餐饮业	9274	10960	11964	13807	15068	17646
金融业	17430	19692	23911	28207	35302	40297
房地产业	14208	15753	16185	19225	22181	24426
租赁和商务服务业	12786	13150	15238	17085	19661	24085
科学研究、技术服务和地质勘查业	17096	19587	22938	26764	31695	36770
水利、环境和公共设施管理业	11537	12627	14743	15278	18346	21114
居民服务、修理和其他服务业	11592	13188	23912	25080	27313	31777
教育	13220	15094	18451	21772	27288	31032
卫生、社会保障和社会福利	14989	16889	20379	22690	26235	30504
文化、体育和娱乐业	16220	18040	21743	24853	30657	36088
公共管理和社会组织	13693	15368	19250	21150	25522	29722
山东省平均工资	12553	14320	16563	19135	22733	26234

行业	2009 年	2010 年	2011 年	2012 年	2013 年	2014 年
农、林、牧、渔业	21884	24143	28329	31290	39617	40558
采矿业	40564	46560	53767	57906	62390	63722
制造业	23930	27773	32069	36833	41202	45519
电力、燃气及水的生产和供应业	37911	42025	45874	52617	58181	63726
建筑业	23222	25807	31101	33667	40118	44675
交通运输、仓储和邮政业	34477	39435	46016	50097	55173	60303
信息传输、软件和信息技术服务业	44403	50315	52186	60459	74249	77282
批发和零售业	21272	23845	28807	32868	39219	41884
住宿和餐饮业	19568	21810	25926	29528	37068	37615
金融业	46480	53148	61416	72345	80833	89331
房地产业	27254	29793	32966	38545	44393	49742
租赁和商务服务业	26130	28987	35000	39480	46167	51488
科学研究、技术服务和地质勘查业	40964	45803	52518	53319	56233	63176
水利、环境和公共设施管理业	22995	25367	28827	31602	37195	39488

续表

行业	2009 年	2010 年	2011 年	2012 年	2013 年	2014 年
居民服务、修理和其他服务业	29853	32461	45264	45588	38233	40300
教育	34391	38621	41988	46176	51658	58138
卫生、社会保障和社会福利	33982	38044	43101	47768	54919	60460
文化、体育和娱乐业	37964	41015	43492	48702	56870	62056
公共管理和社会组织	32496	35727	39284	42914	48062	53430
山东省平均工资	29398	33321	37618	41904	46998	51825

资料来源：《山东统计年鉴（2004～2015 年）》。

由表 3.2 中数据可以看出，山东省的行业工资差距持续加大，体现在以下几个方面：

（1）最高收入行业与最低收入行业之间的收入差距持续加大

选取山东省 2003～2014 年各行业城镇单位就业人员的平均工资作为原始数据，采用极值差与极值比，分析山东省最高收入与最低收入行业差距随时间的变动趋势。其中，极值差等于最高收入行业就业人员平均工资减去最低收入行业就业人员的平均工资所得到的差值，用以反映最高与最低收入行业就业人员平均工资之间的绝对差异，差值越高，说明行业收入差距越大；极值比等于最高收入行业就业人员平均工资与最低收入行业就业人员的平均工资之间的比值，用以反映最高与最低收入行业就业人员平均工资之间的相对差异，比值越高，说明行业收入差距越大。

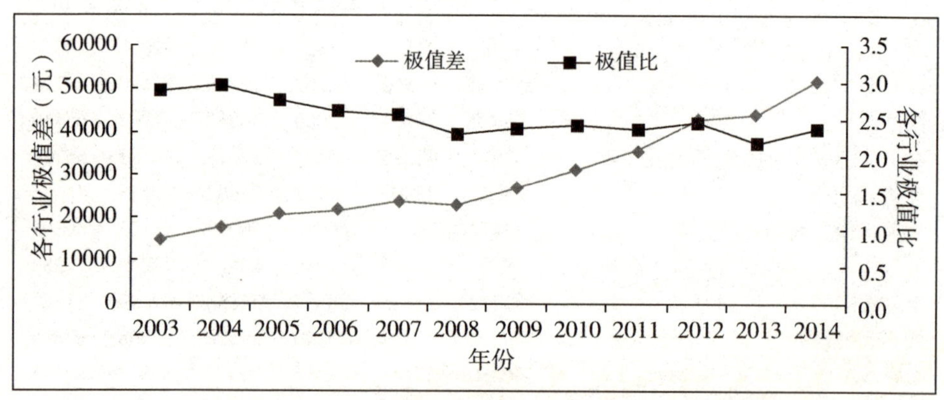

图 3.12　2003～2014 年山东省各行业城镇单位就业人员平均工资极值差与极值比

2003～2014 年，山东省最高收入行业与最低收入行业就业人员平均工资差距呈现不断扩大的趋势，收入差距持续加大（图 3.12）。2003 年山东省各行业城镇单位就业人员平均工资的极值差仅为15080元，到2014年极值差增长为51716元，比2013年高36636元，约为2003年的3.43倍。从极值比的变化趋势来看，山东省各行业平均工资的极值比在2004年达到最高值2.96，2004年后极值比呈现缓慢下降的趋势，在2013年达到最低值约2.18。纵观整个变化过程，2003~2014年间山东省各行业平均工资的极值比虽有所下降，但基本稳定在2~3之间，最高收入行业与最低收入行业就业人员的平均工资差距显著。这说明最高收入行业平均工资的增长速度与增长幅度远远高于最低收入行业平均工资，山东省最高收入行业与最低收入行业平均工资的差距持续加大。

（2）高新技术行业收入和农村劳动生产率较低行业收入差异悬殊

表3.3　2003~2014年山东省分行业就业人员平均工资位次最高与最低前三名

年份	平均工资最高前三名行业	平均工资最低前三名行业
2003	1. 信息传输、软件和信息技术服务业 2. 采矿业 3. 电力、燃气及水的生产和供应业	1. 批发和零售业 2. 农、林、牧、渔业 3. 住宿和餐饮业
2004	1. 信息传输、软件和信息技术服务业 2. 采矿业 3. 金融业	1. 批发和零售业 2. 农、林、牧、渔业 3. 住宿和餐饮业
2005	1. 信息传输、软件和信息技术服务业 2. 采矿业 3. 居民服务、修理和其他服务业（23912元）与金融业（23911元）	1. 批发和零售业 2. 住宿和餐饮业 3. 农、林、牧、渔业
2006	1. 信息传输、软件和信息技术服务业 2. 金融业 3. 采矿业	1. 批发和零售业 2. 住宿和餐饮业 3. 农、林、牧、渔业
2007	1. 信息传输、软件和信息技术服务业 2. 金融业 3. 科学研究、技术服务和地质勘查业	1. 住宿和餐饮业 2. 批发和零售业 3. 农、林、牧、渔业
2008	1. 金融业 2. 信息传输、软件和信息技术服务业 3. 科学研究、技术服务和地质勘查业	1. 住宿和餐饮业 2. 批发和零售业 3. 农、林、牧、渔业
2009	1. 金融业 2. 信息传输、软件和信息技术服务业 3. 科学研究、技术服务和地质勘查业	1. 住宿和餐饮业 2. 批发和零售业 3. 农、林、牧、渔业

续表

年份	平均工资最高前三名行业	平均工资最低前三名行业
2010	1. 金融业 2. 信息传输、软件和信息技术服务业 3. 采矿业	1. 住宿和餐饮业 2. 批发和零售业 3. 农、林、牧、渔业
2011	1. 金融业 2. 采矿业 3. 科学研究、技术服务和地质勘查业	1. 住宿和餐饮业 2. 农、林、牧、渔业 3. 批发和零售业
2012	1. 金融业 2. 信息传输、软件和信息技术服务业 3. 采矿业	1. 住宿和餐饮业 2. 农、林、牧、渔业 3. 水利、环境和公共设施管理业
2013	1. 金融业 2. 信息传输、软件和信息技术服务业 3. 科学研究、技术服务和地质勘查业	1. 住宿和餐饮业 2. 水利、环境和公共设施管理业 3. 居民服务、修理和其他服务业
2014	1. 金融业 2. 信息传输、软件和信息技术服务业 3. 电力、燃气及水的生产和供应业（63726元）与采矿业（63722元）	1. 住宿和餐饮业 2. 水利、环境和公共设施管理业 3. 居民服务、修理和其他服务业

资料来源：《山东统计年鉴（2004～2015年）》。

从表3.3可以看出，2003～2014年山东省就业人员平均工资位次最高与最低前三名行业基本稳定。2003年，山东省平均工资最高的前一、二、三名行业分别为：信息传输、软件和信息技术服务业；采矿业；电力、燃气及水的生产和供应业，分别是当年山东省平均工资的1.83倍、1.41倍、1.40倍。平均工资最低的前一、二、三名行业分别为：农、林、牧、渔业；批发和零售业；住宿和餐饮业，工资分别是当年山东省平均工资的0.63倍、0.69倍、0.74倍。到2014年，山东省平均工资最高的前一、二、三名行业分别为：金融业；信息传输、软件和信息技术服务业；电力、燃气及水的生产和供应业（63726元）与采矿业（63722元），分别是当年山东省平均工资的1.72倍、1.49倍、1.23倍。平均工资最低的前一、二、三名行业分别为：住宿和餐饮业；水利、环境和公共设施管理业；居民服务、修理和其他服务业，分别是当年山东省平均工资的0.72倍、0.76倍、0.77倍。

统观2003～2014年山东省排行最高与最低前三位的行业也可以看出，金融业劳动报酬增长较快，排名从2003年的第四名逐步跃升至首位，信息传输、软件和信息技术服务业和科学研究、技术服务和地质勘查业等高新技术产业的排行基本稳定在前列，这三类行业的共同特点是劳动生产率较高，科技含量高，创新能力强，属于新兴型行业。另外，由国家垄断的行业如采矿业与电力、煤气及水的生产和供应业这两类行业，行业平均工资排名也基本稳居前列。平均工资最低的前三位行业中，变化较为明显的是居民服务、修理和其他服务业，收入排名由收入最低的第七名降至第三名，这类行业工资收入排名的变化说明居民服务、修理和其他服务业的发展落后于山东省经济与科技的发展速度，其行业劳动生产率较低。此外，住宿和餐饮业、批发和零售业和农、林、牧、渔业连续多年行业平均工资收入排名后三位，这三类行业的共同特点也具有一些共同特点：它们的价格需求弹性低，行业技术含量较低，劳动生产率低，卖方市场竞争强烈，属于传统型行业。当然，也应该看到，随着农业大规模机械化的推广与农业生产专业化的普及，山东省农、林、牧、渔业的行工资收入排名也出现了明显的提升。由此可见，山东省高新技术行业收入稳居较高水平，农村劳动生产率较低行业收入较低。

2. 山东省各地市平均工资有所提高，但空间差异显著

21 世纪以来，随着山东省经济的快速增长与社会体制的完善，山东省各行业就业人员平均工资稳步上升，各地市的平均工资也随之提高，居民收入显著上升，但是目前山东省各地市的平均工资水平仍存在较大的差异。

2014 年，山东省就业人员平均工资为 51825 元，17 地市中仅有青岛市、东营市、济南市和烟台市四个地市的平均工资超过了全省平均水平，其中青岛市就业人员平均工资最高，为 61391 元，其次为东营市，为 60008 元，济南市和烟台市位于其后，分别为 59534 元、52582 元（图 3. 13）。除此以外，其他 13 个地市居民的平均工资均低于全省平均水平，其中聊城市和菏泽市就业人员平均工资最低，分别为 41791 元、39143 元，分别是青岛市平均工资的 68. 07%、63. 76%。由此可以看出，山东省各地市平均工资水平存在较大的地区差异，大多数地区就业人员工资收入偏低，区域间收入差异显著。

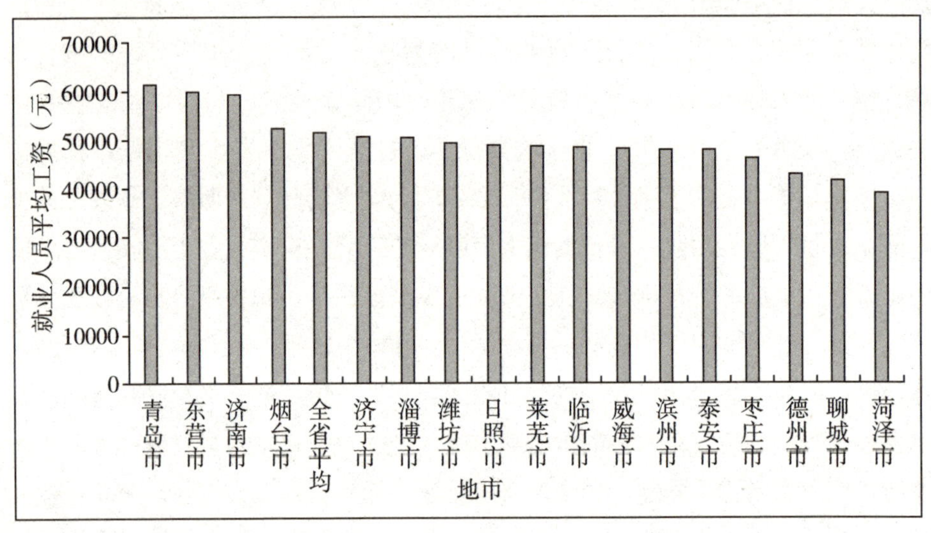

图 3.13　2014 年山东省 17 地市就业人员平均工资

二、居民消费水平特征

（一）居民消费水平时序特征

1. 居民消费水平连年上升，城乡差距逐渐加大

进入 21 世纪以来，山东省居民消费水平连续增长。2000 ~ 2014 年，山东省城镇居民人均消费性支出由 5022 元上涨到 18322.6 元，增加约 13300.6 元，增长约 2.65 倍，年均增长约 9.89%。2000 ~ 2014 年，山东省农村居民人均生

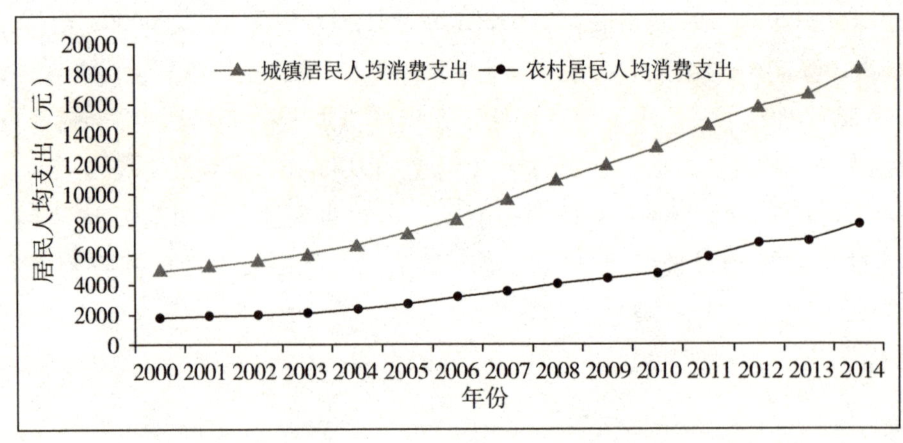

图 3.14　2000 ~ 2014 年山东省居民人均支出

活消费支出由1770.8元上涨到7962.2元，增加约6191.4元，增长约3.50倍，年均增长约11.62%。十余年间，山东省城镇居民人均消费性支出和农村居民人均生活消费支出不断上升，但是城乡差异逐渐增大。这主要表现为：2000～2014年间，山东省城镇居民人均消费性支出的增加值多于农村居民人均生活消费的增加值，并且城镇居民人均消费性支出的年均增长率大于农村居民人均生活消费支出的年均增长率。

2. 居民消费支出差异稳中有降，农村人均生活消费支出差异大于城镇

2000～2013年间，山东省城镇居民人均消费性支出和农村居民人均生活消费支出的变异系数总体呈现下降趋势，二者的降幅分别为31.77%、14.57%。山东省城镇居民人均消费性支出年均降低3.03%，农村居民人均生活消费支出年均减少1.21%，因此山东省居民消费支出差异稳中有降。2000～2013年间，山东省农村居民人均生活消费支出的变异系数一直高于山东省城镇居民人均消费性支出的变异系数，说明山东省农村居民人均生活消费支出差异大于山东省城镇居民人均消费性支出。

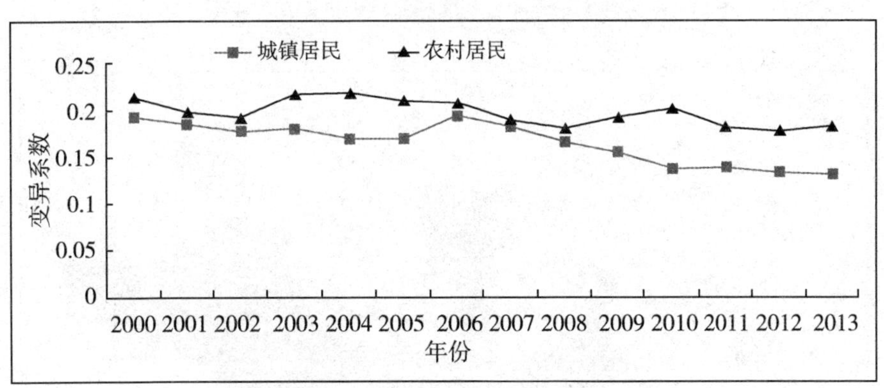

图3.15　2000～2013年山东省城镇居民人均消费性支出和农村居民人均生活消费支出变异系数

（二）居民消费空间特征

1. 城镇居民人均消费性支出格局稳定

根据山东省城镇居民人均消费性支出水平，选取2000年、2006年、2014年三个年份，利用自然断裂点法将山东省城镇居民人均消费性支出划分为高、中、低三个等级（图3.16～3.18、表3.4）。

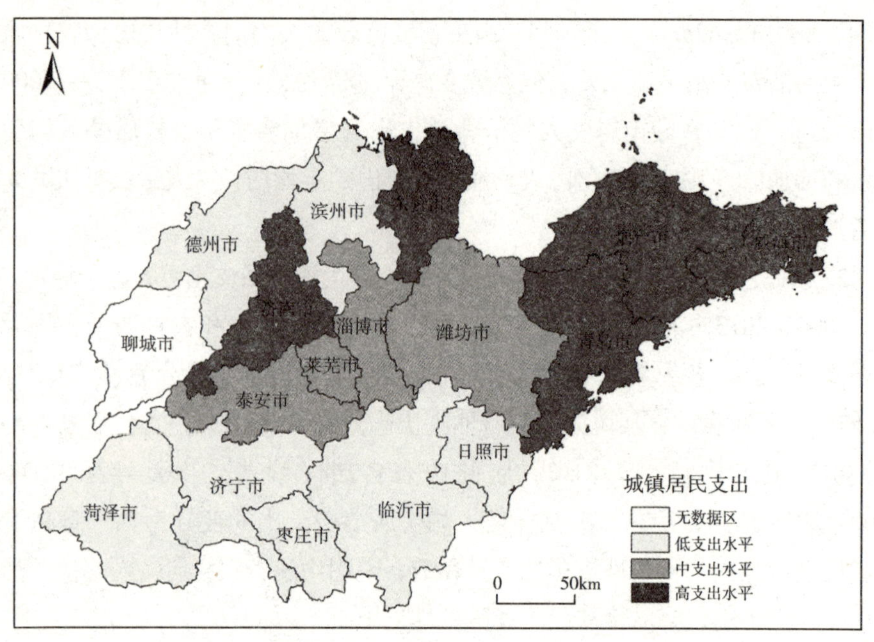

图 3.16　2000 年山东省城镇居民人均消费性支出分布图

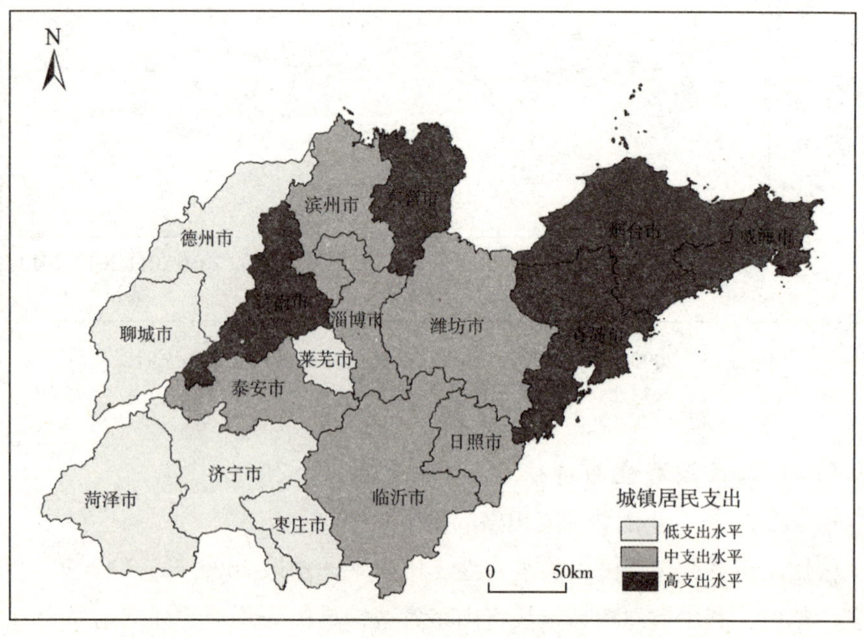

图 3.17　2006 年山东省城镇居民人均消费性支出分布图

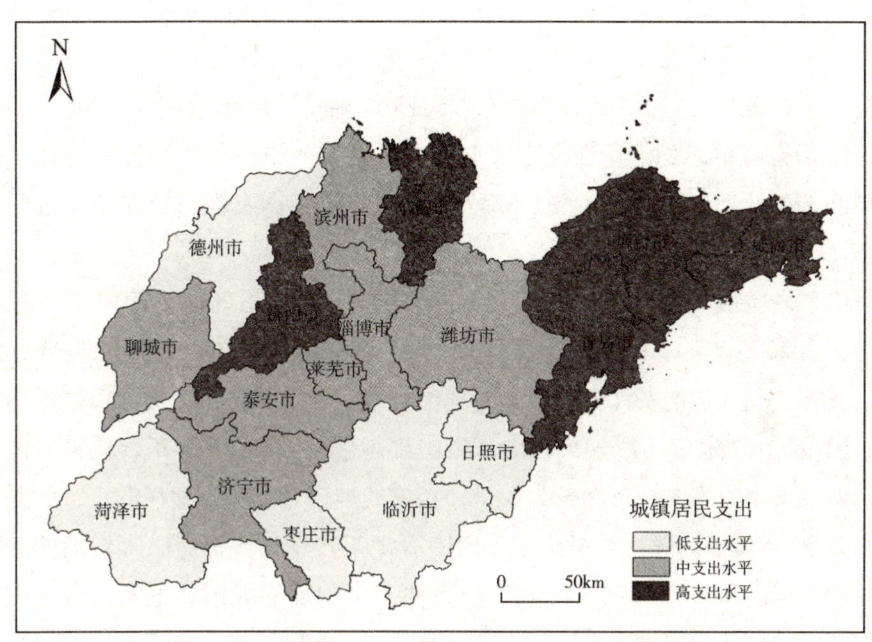

图 3.18　2014 年山东省城镇居民人均消费性支出分布图

表 3.4　　2000、2006、2014 年山东省城镇居民人均消费性支出各类型区个数及所占百分比

类型	2000 年		2006 年		2014 年	
	个数	比重/%	个数	比重/%	个数	比重/%
低	6	35.30	6	35.30	5	29.41
中	5	29.41	6	35.295	7	41.18
高	5	29.41	5	29.41	5	29.41

资料来源：《山东统计年鉴（2001、2007、2015 年）》。

从数量上分析，山东省城镇居民人均消费性支出较低的地区略有减少，城镇居民人均消费性支出中等的地区缓慢增加，城镇人均消费性支出较高的地区数量不变。山东省城镇人均消费性支出较低的地区 2000 年有 6 个，分别是滨州市、德州市、菏泽市、济宁市、枣庄市、临沂市。2006 年，城镇人均消费性支出较低的地市仍然是 6 个，新增聊城市和莱芜市，滨州市转变为城镇人均消费支出中等地区。这里需要说明一下的是，2000 年没有聊城市城镇人均消费性支出的相关数据，故2000年山东省城镇人均消费性支出空间格局划分未考虑聊城市。2014年，山东省城镇人均消费性支出较低的地区减少为5个，分别是德州市、菏泽市、枣庄市、临沂市和日照市，2000~2014年，山东省城镇人均消费性支出较低的地市主要分布在鲁西和鲁南地区。10余年间，德州市、菏泽市、枣庄市一直是山东省城镇人均消费性支出较低的地市。

山东省城镇居民人均消费性支出中等的地市数量在2000~2014年间缓慢上升，由2000年的5个先后上涨到6个、7个。具体来看：（1）2000年，山东省城镇居民人均消费性支出中等的地市有泰安市、莱芜市、淄博市、潍坊市和日照市，5个地市连片分布在山东省中部地区；（2）2006年，城镇居民人均消费性支出中等的地市增长为6个，新增的地市是滨州市和临沂市，而莱芜市由2000年城镇居民人均消费性支出中等地市转变为城镇居民人均消费支出较低的地市。2006年城镇居民人均消费性支出中等的地市仍主要分布在山东省中部地区并向南部地区发展；（3）2014年，山东省城镇居民人均消费性支出中等的地市增加到7个，分别是滨州市、淄博市、潍坊市、莱芜市、泰安市、济宁市、聊城市，从空间上看，这7个地市大部分地处山东省中部地区。2000~2014年间，山东省城镇居民人均消费性支出中等的地市数量逐年增加，且主要位于山东省中部地区。

2000~2014年间，山东省城镇居民人均消费性支出较高的地市数量一直保持5个，而且十余年间一直是这5个地市，分别是：济南市、东营市、青岛市、烟台市和威海市。其中，青岛市、烟台市和威海市在胶东半岛，地理位置优越；其余两地市省会城市济南，是山东省的政治、文化、历史中心；东营市则是“因油（胜利油田）而兴”。

2. 农村居民人均生活消费支出呈东多西少、南多北少分布

根据山东省农村居民人均生活消费支出水平，选取2000年、2006年、2014年三个年份，利用自然断裂点法将山东省农村居民人均生活消费支出划分为高、中、低三个等级（图3.19~3.21、表3.5）。

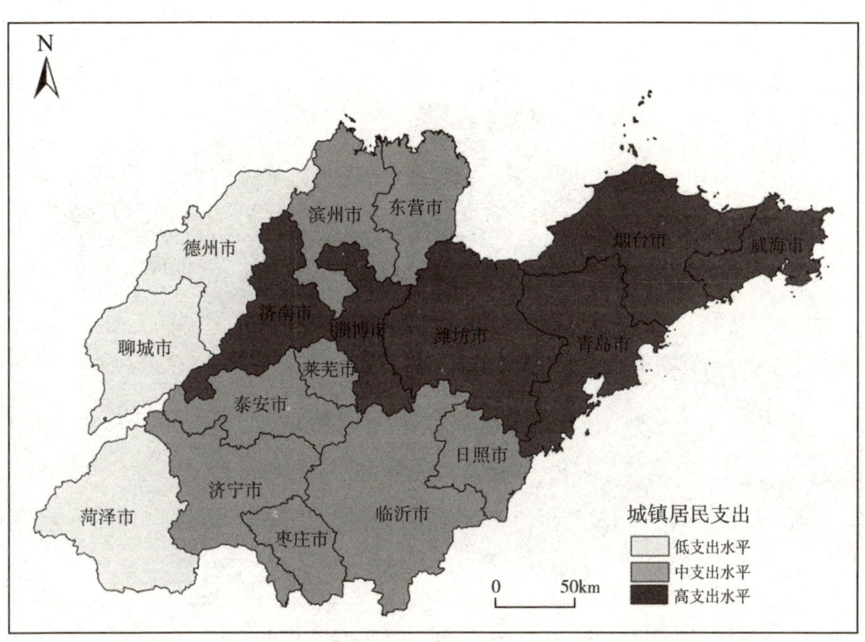

图 3.19　2000 年山东省农村居民人均生活消费支出空间分布图

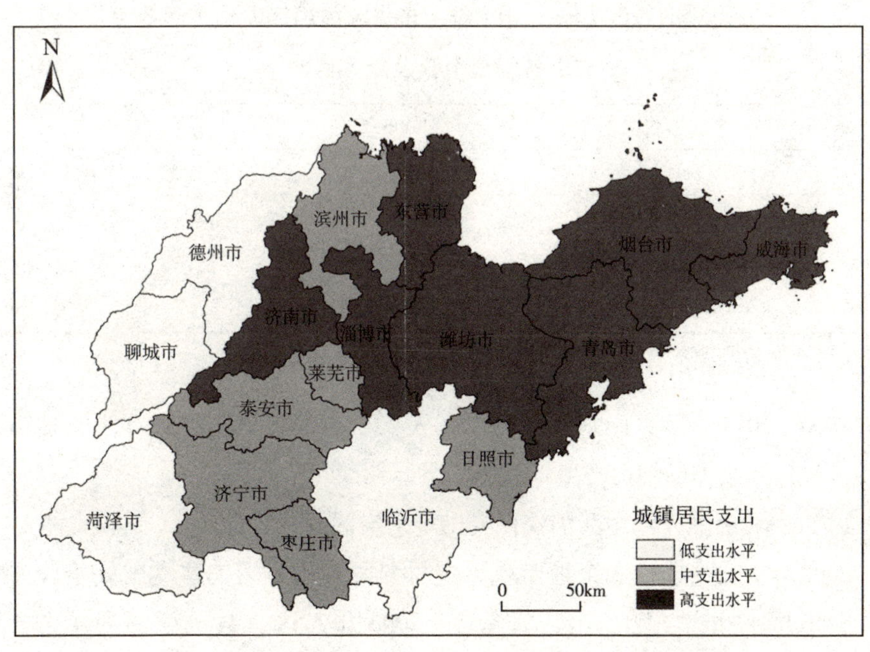

图 3.20　2006 年山东省农村居民人均生活消费支出空间分布图

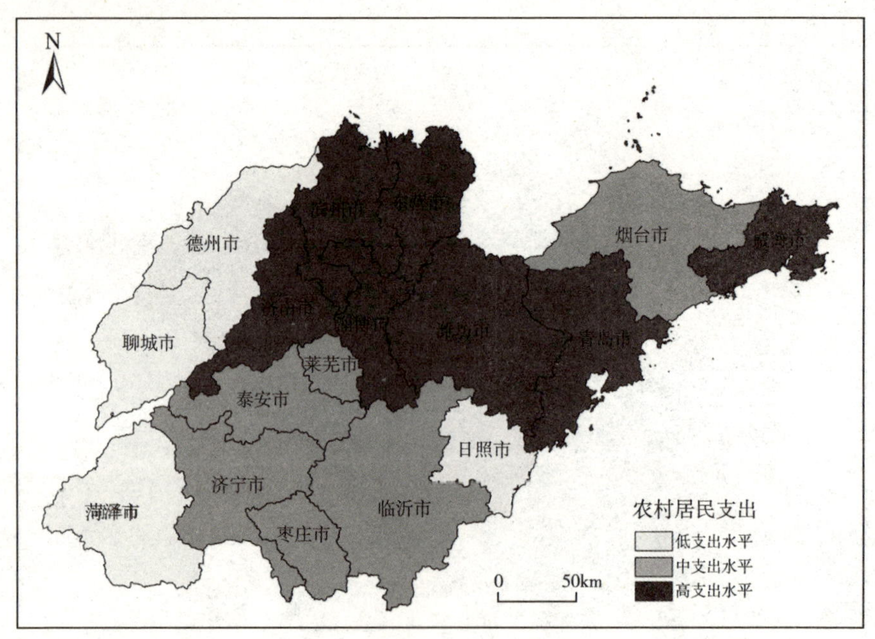

图 3.21　2014 年山东省农村居民人均生活消费支出空间分布图

表 3.5　　2000 年、2006 年、2014 年山东省农村居民人均生活消费支出各类型个数及所占比例

类型	2000 年		2006 年		2014 年	
	个数	比重（%）	个数	比重（%）	个数	比重（%）
低	3	17.65	4	23.53	4	23.53
中	8	47.06	6	35.29	6	35.29
高	6	35.29	7	41.18	7	41.18

资料来源：2001 年、2007 年、2015 年《山东统计年鉴》整理。

2000～2014 年间，山东省农村居民人均生活消费支出除中等水平地市数量减少外，其余类型地市数量均有所增加。

（1）农村居民人均生活消费低支出地市空间分异特征

2000 年，山东省有 3 个地市属于农村居民人均生活消费支出处于较低水平，分别是德州市、聊城市、菏泽市。2006 年，这一数量增加到 4 个，在 2000 年的基础上增加了临沂市，其占全省总数的比重骤然增加至 23.53%。2014 年，山东省农村居民人均生活消费支出较低水平的地市依旧是 4 个，在

2000年3个地市的基础上增加了日照市。近十几年间，山东省农村居民人均生活消费支出较低水平的地市未发生较大变化，德州市、聊城市、菏泽市一直属于这一范围，由此判断，鲁西地区农村居民人均生活消费支出较低。

（2）农村居民人均生活消费中等支出地市空间分异特征

2000年，山东省农村居民人均生活消费支出处于中等水平的地市有8个，分别是滨州市、东营市、莱芜市、泰安市、济宁市、枣庄市、临沂市、日照市，这8个地市大多数位于山东省中部和南部地区。2006年，山东省农村居民人均生活消费支出中等水平的地市减少为6个，分别是滨州市、莱芜市、泰安市、济宁市、枣庄市和日照市。2014年，山东省农村居民人均生活消费支出中等水平的地市数量依旧是6个，但所涉及的地市发生变化，这6个地市分别是莱芜市、泰安市、济宁市、枣庄市、临沂市和烟台市。从空间分布上看，山东省农村居民人均生活消费支出中等水平的地市主要集中在山东省中部和南部地区。

（3）农村居民人均生活消费高支出地市空间分异特征

2000年，山东省有6个地市属于农村居民人均生活消费支出较高水平，分别是济南市、淄博市、潍坊市、青岛市、烟台市、威海市。2006年，山东省农村居民人均生活消费支出水平较高的地市在2000年的基础上增加到7个，增加了东营市。此时，山东省农村居民人均生活消费支出水平较高的地市在空间上依旧连片分布。2014年，仍旧有7个地市农村居民人均生活消费支出水平较高，与2006年相比较，增加了滨州市，而烟台市由农村居民人均生活消费支出水平较高地区转变为农村居民人均生活消费支出水平中等地区。

整体来看，山东省农村人均生活消费支出较高的地区多分布于山东省东部沿海地区和中部省会济南市周围，大致呈东多西少的空间分异特征。

第二节 收入差距拉大及贫富分化的原因分析

改革开放以来，山东省居民收入与支出连续增加，城乡之间差异逐渐增大，城乡收入分配差距拉大，贫富分化问题严峻。与此同时，山东省区域、行业人均纯收入也面临严峻形势，本书着重从城乡、区域和行业三个层面分析收入差异的原因。

一、城乡人均收入差异原因

关于城乡居民收入差异产生及变动的原因，学者们基于理论与实证层面从多角度进行了广泛的探讨，结合山东省实际情况以及相关研究从城乡收入差异的制度因素、城乡生产要素的非均衡性、城乡产业结构的差异性等因素进行分析。

（一）城乡收入差异的制度因素

我国城乡收入差距变化的原因之一是受到一系列体制机制的影响，这些因素在很大程度上强化了城乡二元结构。由于我国经济社会发展的时代背景，长期以来采取了一系列具有城市偏向的政策体制和经济非均衡战略，如实行工农业产品的价格剪刀差等，是长期以来造成城乡收入差异的历史根源，归结起来主要包括城乡二元价格体制、城乡二元财税体制、城乡二元户籍制度等因素。由于长期以来城乡二元制度所形成的城乡二元社会经济结构，形成了城乡生产要素非均衡性流动的资源配置格局。改革开放之后，这些政策虽然有些变动，但由于政策体制的一致惯性，经济发展并没有完全摆脱农业为工业提供资金的二元经济发展格局。

1. 城乡二元价格体制

城乡二元价格体制是指工农业产品长期存在剪刀差，在工业产品和农业产品的长期交换中，工业产品的价格高于农业产品，农业产品价格长期低于工业产品的状况。工业化发展早期，山东省在国家经济社会发展的大环境下，实施重工业优先发展战略，在资本积累不足的情况下，选择了农业优先支持工业、农村优先支持城市的发展战略。通过剪刀差对工业发展的过多补偿，在一定时期内加速了工业化进程，但从长期来看，这种政策违背了经济价值规律，而且幅度之大、过程之长给山东省农业发展和经济社会的发展带来了严重后果，改革开放之后，工农业产品的剪刀差政策一直存在，相应的政策和制度都偏向于城市和城镇居民，长期使用这种城市偏向的政策，使农村发展受到忽视，农民的收入得不到应有的提高，城乡收入之间的差距不断扩大。

2. 城乡二元财税体制

财税体制在城乡收入分配差距产生和拉大过程中起着重要作用，世界上许多国家和地区在区域发展过程中都采取支持农业的财税政策，但在我国及山东省的区域发展过程中，财政对农业生产的支持力度显然不够。1978～2006年支援农业支出仅仅占到财政支出总额的8.71，低于发展中国家3个百分点，更低于发达国家21～41个百分点，其中1978～1984年支援农业支出占财政支出比例高于10%，1985年之后支出比例基本低于10%，2006年仅占5.91%。另外，二元税制维护了城市居民的既得利益，严重违背税收公平原则，导致城乡收入差距进一步拉大，"三农问题"日益凸显。2004年之前，国家税收政策对城乡收入差距加大的作用很明显，一直起到扩大税收的作用，2005年山东省在国家农业税收政策的大背景下，取消农业税，对于进一步缩小城乡收入差距起到重要作用。

表3.6　　1978～2006年山东省支援农业支出占地方财政支出的比例

年份	地方财政支出（亿元）	支援农业支出（亿元）	比例（%）	年份	地方财政支出（亿元）	支援农业支出（亿元）	比例（%）
1978	31.90	4.02	12.61	1993	188.36	16.35	8.68
1979	31.62	4.18	13.22	1994	218.77	17.63	8.06
1980	30.07	3.84	12.78	1995	275.87	22.48	8.15
1981	25.53	2.88	11.26	1996	358.98	27.66	7.70
1982	29.45	3.75	12.74	1997	423.33	36.76	8.68
1983	32.41	3.81	11.74	1998	487.82	37.72	7.73
1984	38.98	3.95	10.14	1999	550.00	40.27	7.32
1985	51.30	4.25	8.28	2000	613.08	41.19	6.72
1986	67.94	4.99	7.34	2001	753.78	47.89	6.35
1987	75.22	5.76	7.65	2002	860.65	55.79	6.48
1988	94.07	7.83	8.32	2003	1010.64	61.81	6.12
1989	113.67	10.23	9.00	2004	1189.37	73.11	6.15
1990	123.85	11.18	9.03	2005	1466.23	89.58	6.11
1991	132.06	11.64	8.81	2006	1833.44	108.38	5.91
1992	145.70	14.15	9.71				

资料来源：《山东统计年鉴（2014）》。

3. 城乡二元户籍制度

户籍制度是社会影响城乡收入差距的一个重要因素。农村人口和城市人口户籍制度，设计了农村人口向城市人口迁移的限制性政策，同时在20世纪50～70年代制定了一系列控制人口迁移的、与户籍制度相配套的制度，例如基本生活用品的统购统销和定量供应制度，限制居民从农村向城镇流动。城乡户籍制度背后承载的劳动就业制度、医疗保健制度，以及在接受教育、转业安置、通婚子女落户等方面所衍生出的许多具体规定，整体构成了一个利益向城市人口倾斜、包含社会生活多个领域、措施配套、组织严密的体系。

（二）农民收入增长速度的放缓

从1978年至2014年，山东省农村人均纯收入从114.6元增加到11809.4元，而人均GDP从316元增加到60879.5元，扣除物价等因素，农村人均纯收入增长速度大多数年份低于人均GDP增长速度。2010年我国城镇居民家庭人均总收入21033元，比上年增长11.5%。其中，城镇居民人均可支配收入19109元，增长11.3%，扣除价格因素，实际增长7.8%，农村居民人均纯收入5919元，增长14.9%，扣除价格因素，实际增长10.9%，是1998年以来我国农村居民人均纯收入实际增长速度首次超过城市。近几年，农村人均纯收入实际增长速度虽然有所回升，但还存在基础不稳定、难度阻力大等问题，具体原因如下：

1. 重要农业产品价格不稳定

重要农产品是指与国民经济发展和人民生活关系重大的必需型农产品，具有基础性、准公共性和需求刚性等特征，20世纪80年代、90年代中期以及“十二五”规划时期，城乡收入差距曾出现过3次缩小趋势，这与政府大幅度提高重要农产品的价格收购制度有很大关系。进入21世纪以来，我国农业发展面临的内外部形势发生了重要深刻变化，农产品价格波动频率、幅度均发生明显变化，进入较短周期的宽幅波动时期。生猪、棉花、油料、食糖等重要农产品价格波动加剧，对农业生产、居民消费、国民经济运行以及城乡均衡发展等方面带来较大负面影响。

2. 农村剩余劳动力转移困难

在“三农问题”解决过程中，农村剩余劳动力的顺利转移是关键措施之一，通过转移农村过剩的劳动力，降低农村自然资源的负载程度，使得劳动力和自然资源的匹配比例达到适度，提升农业和农村发展的空间，对统筹城乡协调发展与小康社会建设具有重要意义。在短缺经济发展的大环境下，乡镇经济能够得以快速发展，取得较好的社会经济效益，为农民务工收入取得良好的基础，缩小了城乡之间的差距。但随着短缺经济时代的结束以及市场供求关系的变化，乡镇企业发展速度和效益不断下滑，农民务工人数和务工时间大大减少，加之长期以来形成的城乡二元户籍制度，使得农民从乡镇企业获取的收入增长难以得到保障，甚至出现减少的趋势。同时城市下岗分流人员的不断增加，也为农民进城和外出打工增加了不小难度。

（三）城乡产业结构的差异因素

1. 城乡产业特性差异

城乡产业分布的显著差别是影响城乡收入差异的重要原因，这与城乡产业特性有关系。虽然当前农村经济结构中，包含多种产业，但农业在其经济结构中仍然占据主要地位，城市则是建立在工业发展的基础上。农业产业与工业产业相比较，具有生产周期较长、对自然条件高度依赖等地理环境、生物特性因素以及农产品供给和需求弹性较小、市场风险高、农业技术创新力度不足等特点，被经济专家认为是相对弱质的产业，容易受到自然规律和市场规律等诸多因素的影响，产生特有的劣势和不足，很难与其他产业竞争，特别是农户经营规模较小和低素质的劳动力以及人均资源少等状况，农业劳动生产率低下，导致农村和城市相比在长期竞争中处于弱势地位农业现代化实现挑战较大。

2. 欠合理的农业政策

农业经济规模不断的扩大，粮食等主要农业作物的不断增加，在实际的生产过程中也伴随着对地的开发强度不断加大，人类活动对土地的压力不断增加，特别是计划经济体制农业集体化发展超赶战略、“以粮为纲”的农业政策，将政策简单执行为扩大耕地面积，违背自然规律走集约化发展道路，造成了大面积的毁林开荒和围湖造田，产生了水土流失、局地沙漠化等人地不和谐问题，由此造成的自然灾害又妨碍了农业生产，形成恶性循环。对传统农业生产要素的重新配置也产生重要的影响，例如合理密植、大兴水利、深翻耕地等相关指导方针使土地资源遭到不同程度的破坏，劳动力资源的空间布局调整造成了土地资源的大量浪费。另外，在此段时期为发展农业生产采取的一批引黄枢纽工程和平原水库建设工程，产生严重的次生盐碱等生态问题，不遵循自然规律而盲目的实施河流改道工程，人为地改变水流的自然流势和流向，产生严重的生态环境问题，给农业发展和国民经济带来严重的负效应。

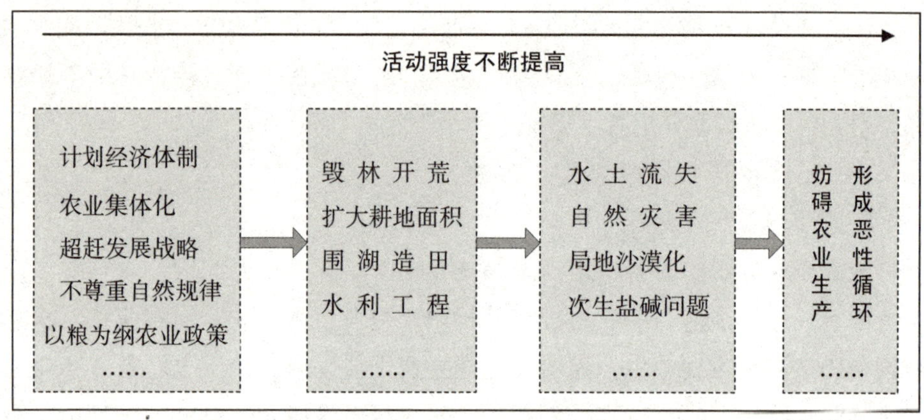

图 3.22　农业产业政策与生态环境

二、区域人均收入差异原因

（一）区位和交通因素

区位和交通条件是影响区域收入差异的重要因素，区位的优劣直接导致区域经济发展的次序和程度并导致其他经济增长因素的差异，交通条件的好坏直接关系到区域的可进入性并在一定程度上影响区域的绝对区位。山东省既是东北亚经济区的腹地，环太平洋经济带的组成部分，又属于我国东部沿海经济发达地带，是环渤海经济区的重要部分，与长三角经济区、华东经济区紧密相连，区位优势明显。特别是山东东部沿海地市，区位优势得天独厚，开放时间早，与韩国、日本等发达国家的技术、信息等生产要素交流频繁，发展也较为迅速，2014 年半岛蓝色经济区 GDP 总量占山东省 GDP 总量超过 50%，而鲁西、鲁南内陆地区位置相对偏远，信息闭塞，虽然与豫、冀、皖相接，但经济合作较少，随着“中原经济区”国家战略的提出以及环渤海经济圈和长三角经济区辐射能力的加强，鲁西、鲁南地市得到了一定的发展，但区域人均收入之间的差距依然存在。

改革开放以来，山东省交通基础设施日趋完善，但存在明显的区域差异，例如人均拥有道路面积上，半岛蓝色经济区范围内地市平均为 26 平方米，高于鲁南经济带范围内地市平均值的 15%。京沪、京九等铁路以及京沪、京台、沈海、济广等高速公路和京杭大运河纵贯山东南北，连接全国各地，胶济、德龙烟、兰烟等铁路以及荣乌、青银、青兰、日兰等高速公路和黄河横贯山东东西，密切了内陆和沿海的联系。特别是在经济全球化的今天，东部沿海的青岛、烟台、日照、威海等众多大型港口，海运畅通便捷，实现了“以港兴城、港以城兴”的良好局面，青岛、烟台、日照港年货物吞吐量均突破亿吨，3 地市的地区生产总值之和也占到全省的 30% 以上；另外，济南、青岛、烟台、威海四个国际机场，也方便了国际、国内人员流动和贸易来往，济南都市圈与沿海经济区地市利用其加大自身的开放性，最大程度地吸引外资与扩大出口。交通和区位对经济增长带动的影响直接影响区域人均纯收入空间分异特征。

（二）要素禀赋因素

要素禀赋是区域或空间单元内要素的赋存状态，是区域经济增长的源泉，与区域经济空间分异密切相关，区域要素禀赋的空间分异主要通过分工作用传导机制和循环积累因果机制共同作用于区域空间，自然禀赋、人力资源禀赋、物质资本禀赋、科技禀赋、制度禀赋都是影响经济增长的因素，但在不同阶段作用不同。在当前工业化和城市化快速发展阶段下，人力资源禀赋和科技禀赋是影响区域经济发展的核心因素。人均人力资本存量排名前四位地市是济南、威海、青岛、潍坊，而后四位的地市是日照、东营、临沂、菏泽；就每万人研究与实验人数占总人口的比重而言，排名前四位的地市分别为济南市、青岛市、淄博市、烟台市，后四位的地市分别为德州市、菏泽市、莱芜市、日照市。

东部沿海地市和济南的人力资源禀赋优势和科技禀赋优势明显优于鲁西和鲁中南地区，人力资源禀赋和科技禀赋的空间分异与经济空间分异特征相对吻合，因此人力资源禀赋和科技禀赋作为重要的生产要素对于区域经济总量的增长和效率增长都产生作用。此外，要素的非完全流动性以及存在的要素流动障碍，影响了不同地区的要素禀赋状况，进而造成了区域经济空间分异现象的产生，东部沿海地区依靠其优越的自然环境优势聚集人力资源要素、资本要素，而鲁西、鲁南、鲁北环境污染程度高，在集聚人力资源要素、资本要素方面优势不明显，这也在一定程度上影响了区域发展。

（三）全球化因素

全球化对于区域经济发展的影响在于实现生产要素的全球性流动，产生了新的劳动地域分工，实现产业发展的合理化，扩大了区域与外部的交流与合作，推动了区域经济的成长与进步，也引起了区域经济空间结构的变动。对外开放30年来，山东省吸引外资成效显著，对山东省经济高速增长起到了重要作用。东部沿海地区青岛、威海、烟台等地市在依靠其独特的地缘优势在吸引外资方面优势明显，其中2014年吸引日本、韩国外资额达到近500亿美元，占山东省吸引外资额的比例多达40%，此外胶济沿线地市依靠其便利的交通运输条件也吸引了大量的外资，2014年胶济沿线4市吸引外资额占山东省实际利用外资额的54.65%，而西部菏泽、德州、聊城等地市在吸引外资方面优势较弱，仅占全省吸引外资额的3.68%。

区位条件、经济发展水平以及投资环境的差异造成了对外贸易投资额的不均衡，进一步引起了生产要素向沿海、胶济沿线、省会城市集聚，促进了要素聚集地区的发展，也使得山东省沿海和内陆、东中西、17地市之间区域发展差距扩大；此外出口的扩张已成为促进区域经济增长的重要动力，特别是形成了以青岛港为中心，以日照港、烟台港为两翼的山东半岛港口群，对于扩大对外进出口贸易起到重要的带动作用，2014年青岛、烟台、威海、日照、济南对外出口总额占全国的71.51%，远高于内陆菏泽、枣庄、德州等地市，出口作为地区经济增长的重要引擎，带动了沿海港城、与港城连接交通便利的地市发展，但同时导致了地区间的不均衡，产生了不同的区域经济格局。

（四）区域发展战略和区域政策因素

区域发展战略和政策对于提高资源的配置效率、调控地区差异、促进社会公平等方面都起到重要的作用，是区域经济格局演化的重要推手。改革开放以来山东省实行区域发展战略大致经历了点片开发的非均衡发展战略、东西结合和梯次推进发展战略、多区域带动的协调发展战略阶段。20世纪70年代末至80年代末，在国家先发展沿海后发展内陆梯次推进的战略背景下，山东省开始优先发展山东半岛沿海地区、胶济沿线地区，东部沿海与西部内陆的区域差距拉大。20世纪90年代初期至90年代末期根据东部、中部、西部等地区区域发展情况不同以及依托胶济、京九铁路干线引导产业与人口集聚，提出了东部开放、中部崛起、西部开发，东西联动发展，沿海带动内陆的发展战略，适时提出了“海上山东”和黄河三角洲两大跨世纪工程的开发建设工程，此段时期区域发展差距在波动中扩大，经济增长的重心依然在沿海地区。

进入21世纪以来，山东省先后制定了建设鲁南经济带老工业基地、胶东半岛制造业基地、山东半岛城市群、县域经济、一体两翼、鲁南经济带、省会城市群经济圈、海洋经济发展、胶东半岛高端产业聚集区、黄河三角洲高效生态经济区、胶东半岛城市群和省会城市群一体发展的一系列区域发展战略，力图通过产业、人口集聚促进区域的统筹协调发展，2010年黄三角、蓝色经济区上升为国家战略，奠定了当前山东省当前蓝区、黄区、鲁南经济带、济南都市圈4大经济板块的格局，此段时期力图实现区域统筹协调发展，区域差距依然较大，但扩大的趋势基本得以控制。

表3.7　山东省近年来区域经济格局

年份	名称	战略级别	范围界定
2003	胶东半岛制造业基地	省级	青岛、烟台、威海三个地级市为主体，有28个县及县级市、区
2003	山东半岛城市群	省级	济南、青岛、烟台、淄博、潍坊、威海、东营、日照8个市的市辖区和22个县级市
2007	一体两翼	省级	一体主要由半岛城市群和省会城市群两大板块构成
		省级	北翼是指黄河三角洲及周边地区
		省级	南翼是指鲁南经济带，包括日照、临沂、济宁、枣庄、菏泽5个地级市
2008	济南都市圈	省级	济南、淄博、泰安、莱芜、德州、聊城、滨州7个市的市辖区，6个县级市，28个县
2008	胶东半岛城市群	省级	主要包括青岛、烟台、威海、潍坊4个地级市
2010	黄河三角洲高效生态经济区	国家级	渤海南部黄河入海口沿岸地区，包括山东省的东营、滨州和潍坊、德州、淄博、烟台市的部分地区，共涉及19个县（市、区）
2011	山东半岛蓝色经济区	国家级	山东省全部海域和青岛、东营、烟台、威海、潍坊、日照6市以及滨州的无棣县和沾化县所辖的陆域，陆域部分共涉及到51个县市区
2013	西部经济隆起带	国家级	主要包括枣庄、济宁、临沂、德州、聊城、菏泽6市和泰安市的宁阳县、东平县，共60个县（市、区）

发展战略的制定往往通过区域政策得以实现。推动区域协调发展的政策主要有财政支持政策、基础设施建设措施、科技扶贫政策、产业化扶贫措施、对

口帮扶措施等。以菏泽市为例，2000 年山东省确定 4 市、5 大企业对口支援菏泽，2004 年，提出“三个突破”的发展战略，实施“百个项目进菏泽”“西输东接”“东西联动”等项目，采取对口帮扶、对口支援政策。在重点区域发展方面，山东省通过对外开放、调整产业布局和促进重点规划等区域发展政策促进重点区域发展，例如为促进“蓝黄两区”的发展以及山东四大经济板块区域的融合发展，山东省制定了建设工作协调制度、科学研究、专项建设资金、金融支持等一系列政策。

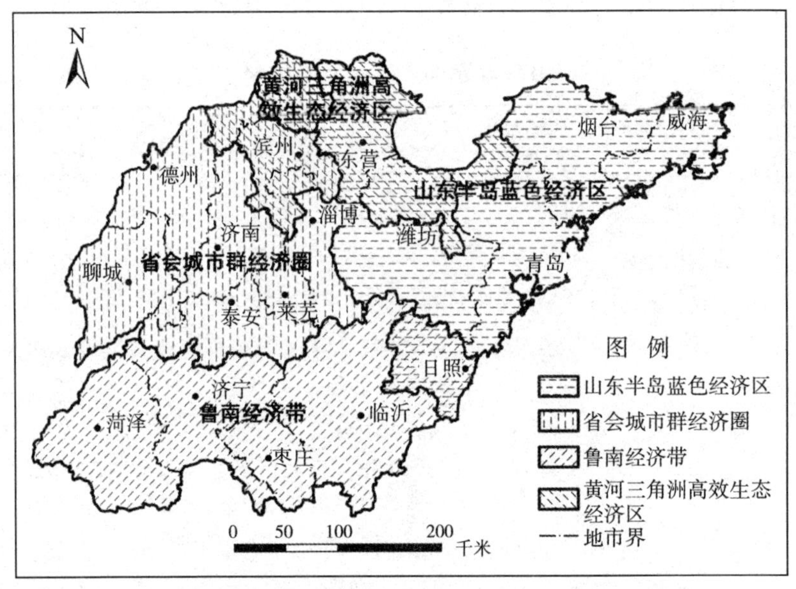

图 3.23　山东省区域经济板块基本态势

三、行业人均收入差异原因

（一）行业垄断程度的差异

行业收入差距扩大的突出表现是垄断性行业与非垄断性行业的差距扩大，信息传输与软件和信息服务业、金融业、电力与燃气及水的生产和供应业、科学研究和技术服务和交通运输与仓储和邮政业等垄断性行业收入较高，而农业、林业、牧业、渔业、居民服务与修理和其他服务业、住宿和餐饮业、水利与环境和公共设施管理业等非垄断型行业收入普遍较低。2014 年山东省人均工资收入最高行业为金融业，人均工资收入 89331 元，最低行业为住宿餐饮业，人均工资收入 37615 元，如果考虑到垄断性工资外的各种福利补助、年终奖励和物质奖励等，垄断性行业和非垄断性行业的收入差距将会更大。山东省垄断性行业高收入的原因主要是在经济体制转型时期形成的行政垄断造成的，以行政命令形式设置市场准入门槛，保护某些行业的既得利益，使得企业独占市场或者独占资源、限制行业外劳动力进入，加之垄断性行业薪酬调控政策措施不到位，不合理定价使得高额垄断利润的长期存在，从而垄断行业的收入高于合理的价值范围之内，同样，行政垄断和自然垄断又紧密的联系在一起，例如电力与燃气及水的生产和供应业。

（二）行业劳动生产率差异

1. 农业劳动生产率低引起行业收益低

劳动生产率的差异是引起行业工资差异的重要因素，技术进步快、劳动生产率高行业的职工平均工资高，劳动生产率低是造成人均纯收入低下的直接原因，人均负担的耕地面积小是导致农业生产率低下的深层次原因，一般而言在单位面积产量相同的情况下，单位耕地面积越小，则农民生产的粮食产量就越少，劳动生产效率相对较低。根据《山东省主体功能区规划方案》，人均耕地面积由 1996 年的 1. 32 亩减少到 2006 年的 1. 22 亩，低于全国 1. 39 亩的平均水平，列各省第 19 位。有 5 个市、47 个县（市、区）人均耕地低于 1 亩。全省现有未利用地 2495. 17 万亩，占全省土地总面积的 10. 59%，远低于全国 27. 5% 的平均水平。由于盐碱、坡度较大、土层浅薄、涝洼、分布过于零散等各种原因，可供开发为耕地的后备资源不足，各项建设占用、生态退耕、农业结构调整等减少耕地的趋势还将继续，未利用土地的开发难度较大，土地后备资源缺乏。由此可知，山东省农业生产率较低造成农村人均纯收入低，农业劳动生产率低与农业人口的快速增加和农村耕地面积不断缩小、耕地的后备资源不足等因素有关，山东省作为我国重要的农业生产大省，有效遏制耕地面积减少，提高农业生产效率，将有利于提高农村居民人均纯收入、缩小行业收入差距，也是实现区域农业以及整个国民经济可持续发展的根本保证。

2. 行业技术创新水平影响劳动生产率

行业技术创新差异也是造成行业劳动生产率差异的重要原因。近些年的工资现状也发映出信息传输与软件和信息服务业、科学研究和技术服务等技术创新水平较高的行业工资水平相对较高，而农业、林业、牧业和渔业等创新水平较低的行业，相对应的工资水平也相对较低。因此，行业技术创新是影响行业之间收入水平差异的重要变量，技术创新水平高的行业收入水平较高，技术创新水平低的行业其行业收入也相对较低。2014 年山东省信息传输、软件和信息技术服务业 R&D 人员全时当量、R&D 经费内部支出、有研究开发活动单位数、研究与试验发展人员数分别为 4764 人年、8.3 亿元、64 个、6209 人，科学研究和技术服务业分别为 12704.0、48.6 亿元、154.0 个、14037.0 人，相对于农、林、牧、渔业占有绝对优势，创新优势对于降低生产升本、提高企业竞争力、提高劳动生产率具有重要作用。技术创新产生的新行业一般处于高速成长期，高利润率为其成长发展提供了基础条件。熊彼特在其创新理论中指出，要素的重新组合、组织的重新创新是技术创新的重要内容。创新能力较强的行业对高技能人才的需求相对较大，而创新能力弱的行业对低技能人才的需求较多，前者能够提供更高的工资水平，而后者工资水平相对较低，扩大了行业之间的差距。

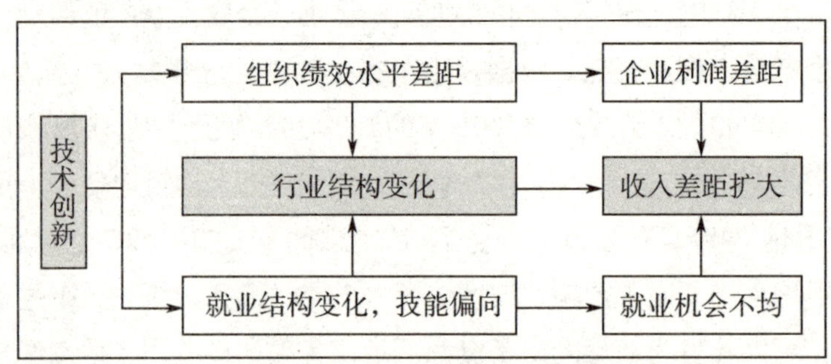

图 3.24　技术创新对行业差异的影响机制

表 3.8　**2014 年山东省主要行业创新投入情况**

行业类型	R&D 人员全时当量（人年）	R&D 经费内部支出（亿元）	有研究开发活动单位数（个）	研究与试验发展人员（人）
农、林、牧、渔业	780.0	2.4	34.0	954.0
采矿业	16336.0	80.8	69.0	24116.0
制造业	213150.0	1092.1	4499.0	315778.0
电力、燃气及水的生产和供应业	1314.0	2.6	43.0	2365.0
建筑业	5489.0	18.9	56.0	7617.0

续表

行业类型	R&D 人员全时当量（人年）	R&D 经费内部支出（亿元）	有研究开发活动单位数（个）	研究与试验发展人员（人）
交通运输、仓储和邮政业	703.0	3.6	13.0	1408.0
信息传输、软件和信息技术服务业	4764.0	8.3	64.0	6209.0
金融业	52.0	0.2	2.0	328.0
租赁和商务服务业	273.0	0.4	10.0	324.0
科学研究和技术服务业	12704.0	48.6	154.0	14037.0
水利、环境和公共设施管理业	92.0	0.2	8.0	111.0
教育	20852.0	33.1	166.0	41083.0
卫生和社会工作	9836.0	12.8	118.0	18081.0
文化、体育和娱乐业	7.0	0.0	2.0	19.0

资料来源：《山东统计年鉴（2015年）》。

（三）行业人力资本的差异

人力资本是劳动者质量的反映，是由凝聚在劳动者身上具有经济价值的技术、知识、能力和健康等素质构成的，是一个多维度的概念。在完全竞争的劳动力市场上，收入水平应该体现为劳动者的边际生产率，相同质量人力资本的收益是相同的，但在经济转轨时期，市场经济体制还不是十分完善，劳动者的收入并非完全的由市场来决定，而人力资本差异是造成行业收益差距的重要因素之一。以 Mince 为代表的人力资本理论研究者认为，个人收入分配领域与人力资本投资之间存在联系，劳动者接受教育年限时间越长，其收入水平越高。后期经济学家在 Mince 人力资本理论基础上，将人力资本存量作为导致行业之间收益差异的驱动因素开展研究，进一步证明随着劳动者受教育年限不同而有所差异。

伴随着产业结构的调整转型和升级，发展较快的行业人才储备较好，拥有大量的技术或管理经验的高素质劳动力，而大部分未接受高等教育的低素质劳动力则集中在发展水平相对落后的行业，使得不同行业整体的工资水平出现差距。随着知识经济的兴起，人力资本因素在收入分配决定中的作用日益重要，行业平均受教育程度越高则行业收入溢出就越大，具有较高人力资本的行业，如信息传输与软件和信息技术服务业、科学研究和技术服务业行业收入水平相对较高，而具有高劳动强度的建筑业则收入水平较低。

（四）市场经济体制不完善

1. 山东省经济体制转轨的特点

自改革开放以来，山东省紧随国家步伐不断加大经济转轨力度，在国家经济体制改革大背景下，经济体制的改革始终走在东部沿海省份的前列，市场经济正处在不断完善时期，由卖方市场为主的计划经济逐渐转变为买方市场为主的社会主义市场经济。首先，市场化程度不断加大。经过了30多年的市场体制改革，逐步建立了由市场机制调控的要素市场，充分发挥了市场在生产要素市场配置中的基础性作用。其次，形成多种所有制经济共同发展的经济格局。形成了公有制为主体，多种所有制经济共同发展的经济制度，各种非国有经济在国民经济中的比重逐步提高。2014年私营工业企业单位数4.06万家，总产值13.55万亿元，分别占山东省工业企业总数、总产值的64.69%、44.36%，仅次于江苏省和浙江省。再次，企业规模逐渐扩大，中小型企业发展迅速。从生产值来看，大、中、小企业的规模都在逐步扩大。从所占GDP比重看，大中型企业的比重不断增加，企业的规模趋于扩大。2014年工业中小型企业所占比例达到72.31%，比1999年提高近22%。然而市场对解决微观经济平衡问题比较有效，但不能充分解决宏观经济平衡问题；市场机制着重反映现有的生产结构和需求结构，而不能反映国民经济发展的长远的目标和结构；市场机制的有效作用是以充分竞争为前提的，而现实条件下由于信息不透明和垄断等因素下难以实现充分竞争；许多社会消费的公共产品难以通过正常的市场价格机制加以分配。

表3.9　　改革开放以来中国经济体制变革历程回顾

年份	时期	主要内容
1978～1984	社会主义市场经济体制开始萌芽期	实行按照经济规律办事，重视价值规律的作用，对经济管理体制和经济管理方法着手认真的改革；在公有制的基础上实行计划经济，同时发挥市场调节的作用；阐述了关于正确贯彻“以计划经济为主，市场调节为辅”的原则问题
1984～1991	社会主义市场经济体制的缓慢摸索时期	通过了《中共中央关于经济体制改革的决定》，明确提出：就总体说，我国实行的是计划经济，即有计划的商品经济；社会主义有计划的商品经济，应该是计划于市场内在统一的体制；明确提出了建立社会主义市场经济体制以及转变经济发展方式

续表

年份	时期	主要内容
1992～2001	社会主义市场经济体制的初步建立时期	通过了《关于建立社会主义市场经济体制若干问题的决定》，指出社会主义市场经济是和社会主义基本制度结合在一起的；公有制为主体，多种所有制经济共同发展，是社会主义初级阶段的一项基本制度，非公有制也是社会主义的重要组成部分；提出完善社会主义市场经济体制是本世纪头20年经济建设和改革的主要任务
2002至今	社会主义市场经济体制改革的完善期	通过《中共中央关于完善社会主义市场经济体制若干问题的决定》，进一步明确了完善社会主义市场经济体制的主要任务；深化社会主义市场经济规律的认识，形成有利于科学发展的宏观调控体系，再次强调转变经济发展方式；十八大报告中强调经济体制改革的核心问题是处理好政府和市场的关系，必须更加尊重市场规律，更好发挥政府作用

2. 山东省经济体制转轨存在的问题

经济体制的转轨需要一段过渡时期，特别是我国实行的是渐进式的市场经济体制改革，体制转型时期为不合理收入获取空间，拉大行业之间的收入差距。从1992年到现在，市场经济体制经历了20多年的发展历程，市场发育还不完善。

首先，市场机制难以自行调节行业之间的收入公平分配。无论是完全竞争还是不完全竞争，市场机制必然会引起行业之间收入差距，各个行业难以在收入分配中获取平均利润，同时行业之间生产要素投入、行业特性、发展环境不同，使得行业之间差距悬殊；其次，国有经济“所有者缺位”问题严重。在利益分配过程中，本应该代表“资方”（国家）利益单位法人，往往异化为“劳方”（职工）利益，容易出现职工工资增加而企业上交利税减少甚至企业反而亏损的现象。

同时，制度性不合理。垄断行业凭借其垄断优势，垄断某些要素、某些产品的价格或者某一经营范围，容易更快获取超额利润，造成职工收入差距不断扩大，客观上形成不公平的分配起点和分配过程。最后，经济转轨时期，税收制度不完善，调节难以到位。存在收入过高的个人收入得不到有效控制，由于个人收入的不公开化、透明化等因素，税收调节难以发挥其应有的作用。另外，随着产业结构优化升级，政府的政策倾斜、工资管理机制的不健全、相关立法仍不完善、资本和劳动等难以在行业之间自由流动等障碍因素，而难以实现各行业工资率平均化，造成行业收入差距的普遍存在。

第三节　形成合理有序的收入分配格局

改革开放以来，山东省城镇居民收入和农村居民收入总体呈逐年增长的趋势。但是，如前所述，山东省区域间、城乡间和行业间的收入差距正在逐渐扩大，山东省必须积极采取相关措施以提高城乡居民收入，控制收入差距扩大的趋势、形成合理有序的城乡间、区域间和行业间收入分配格局。

一、提高城乡居民收入对策

（一）积极转变思想观念，不断强化体制改革

1. 适应经济发展新常态，坚定不移谋求新发展

过去多年经济高速增长，导致资源枯竭、环境污染等一系列问题，“经济新常态”意味着当前经济增长进入了新的阶段。“新常态”下经济发展，是在资源环境得到有效保护下的发展，是提质增效的发展。对于山东省城镇居民而言，注重经济发展与资源环境相协调，积极主动适应经济发展新常态，谋求新的发展是极为重要的。

抓住发展机遇，正确认识、落实新常态的思想。首先要尊重经济规律和市场规律，加快转变政府职能，完善宏观调控方式，更多地运用市场调控，处理好政府行政手段和市场运行规律之间的关系；其次，面对经济发展新态势，需要客观、冷静、理性看待，加强山东省与周边省市的交流与合作，创造良好的经济运行环境；再次，主动出击，寻找经济运行中的突出问题、重点问题，准确把握经济发展的关键领域和薄弱环节，适时有序调整政策体制，转方式、调结构，实现山东省居民收入与分配的实现数量与质量共进、环境与效益并存的可持续发展。

2. 尊重农民意愿，完善制度保障

农民是农村居民收入的主体，要始终把农民群众的利益放在首位，尊重农民群众的意愿，充分发挥其主观能动性。要真正提高农民收入，重要的是转变

农村居民的思想观念，完善制度保障。在保证农民群众共同参与、集体决策、群众监督的基础上，尊重农民群众意愿，探索完善农村各方面制度保障。首先，深入农村对其具体、详细人口规模、年龄结构等进行详细的入户调查，根据每个乡镇或村庄的实际总结其发展的优势与劣势；其次，结合入户调查总结情况，制定并完善改革措施，如摸清空心村数目，科学确定发展规划，合理合适进行村庄合并，完善农民生活基础设施建设，探索治理经验；然后，政府要对农村土地管理体制进行改革，结合各个乡村实际乡情，因地制宜、分类规划、统筹协调，完善农民群众土地使用制度、宅基地使用权、土地承包经营权等，强化土地用途管制，落实最严格的耕地保护制度，坚守耕地红线；最后，完善农民群众种粮、种地保险保障制度，可采取种粮种植户与乡镇政府合作形式，乡镇政府保障规范标准，组织农民群众统一采购优质种子、化肥、农药，并提供技术支持。同时，农民群众可适当购买商业保险，提高农民收入稳定性。

3. 以市场为导向，强化农业活动集群意识

要真正提高农民收入，还需要加强农民群众农业活动集群意识，结合农民群众的生产、生活实践经验，以市场为导向，综合利用各地区的优势，发展农业生产。产业集群具有两个特征：地理邻近性和产业关联性。农业产业集群是指在接近农产品生产基地的一定区域范围内，同处或相关于某特定农业产业领域的大量企业和关联支撑机构，由于具有共性和互补性而与农产品生产基地集中在一起，从而形成一个有机群体。农业集群发展首先要促进农业生产的专业化与规模化；其次，政府需加强农业基础设施建设，对农业集群发展提供便利优惠的政府审批工作，减少不必要的政府行为；再次，要建立农业集群发展保障体制，使农民群众安心、放心的进行农业生产活动；最后，综合利用各地区的优势，扬长避短，建立完善以合作为基础的农业生产经营体系，发展农业规模经济。

（二）缩小城乡差距，构建农村产业发展新体系

1. 城乡互动，促进农村经济发展

农业是稳民心、安天下的产业，经济快速稳定增长离不开农业的大力支持，农业的发展离不开城市的保驾护航。促进农村经济发展离不开城市与乡村的互动。农村体制改革解放的大量剩余农村劳动力，向第二产业、第三产业转

移，推动了城市化发展，农业生产满足了非农业生产的需要。城市发展过程中可带动乡村工业化，相对于城市而言，农村地价、劳动力等生产成本较低，城市可选择部分劳动力密集型和资源密集型产业转移到农村进行生产制造；乡村可结合自身地理位置、资源环境等条件，在市场机制引导下，合理规划，适当接收城市转移的工业企业，争做城市的工厂，实现城市与农村之间的良性互动，改变农业经济结构，创立农村发展新模式，推动农村多元化、多模式发展。

2. 补充扩大农村教师队伍，提高农村教育水平

教育是关系国家富强、民族兴旺的立国之本，对于农业人口占较大比重的发展中国家而言，农村教育显得尤为重要。百年大计，教育为本；教育大计，教师为本。一方面，政府要加大对农村教育基础设施的投入力度，为农村学校配备足额足量的教育基础设施，保证学生上课需求；另一方面，保障农村未成年学生及各类学生受教育的权利，努力实现适龄儿童有学上、中小学生要上学、大学生上得起学，不让任何一名农村学生因为交不上学费等客观原因被剥夺受教育的权利。积极补充扩大农村教师队伍。第一，鼓励师范生，尤其是免费师范生奉献乡村，将新知识、新文化、新视野带进乡村学校，满足农村学生学习的需要，提高教育教学质量；第二，提高农村教师工资水平，健全农村教师工资保障长效机制，保障农村教师的医疗、住房等相关权益，切实解决农村教师后顾之忧，使其安心、放心的组织教学。

3. 保障粮食安全，转变农业发展方式

粮食安全、能源安全和金融安全并列为当今世界三大经济安全。对于正处在城镇化、工业化加速推进的山东省而言，确保粮食安全不仅是实现地区生产总值又快又好发展的基本条件，而且是促进社会和谐的重要标志，也是确保国家安全的战略基础。转变农业发展方式与科技创新息息相关：农业科技创新是转变农业发展方式的先导；实现转变农业发展方式需要明确农业科技创新的方向。实现现代化农业的长远发展，首先要加强现代化农业基础技术和前沿技术的研究，提高现代农业的科技创新能力；其次要加快科技成果向生产力的转化，降低农业生产成本，实现农产品增产丰收、农民致富奔小康；最后，延长深化包括种肥采买、种植生产、组织采摘、市场营销、物流管理等贯穿整个农业生产、销售过程的农业产业链，建立并完善以农业合作为基础的农业生产经

营体系，实现农业规模化经营。

（三）发展农业职业教育，推广农业现代技术

1. 加强农业职业教育，提高农民创业素养

发展农村经济，缩小城乡经济差距，要进行农业技术创新推广，提升农产品的技术含量和附加值，这就需要提高农民的技能，尤其是职业技能。积极发展农业职业教育需要做到以下几点：第一，改善农业从业人员的年龄结构，制定相关优惠政策，如农业种植工资制、农业种植补贴制，吸引年轻人务农，进行农业技术培训，培育新型农民，造就一支技术新、素质高的新型农业生产经营者队伍；第二，提升农民、职业农民、农业从业者和农业经营者在社会中的地位；第三，地方政府与当地高校，尤其是农业类院校建立合作关系，扩大优质农业教育资源覆盖范围、集聚优质涉农教学资源，由高校进行相关农业职业技能培训、防灾减灾技能培训，提高科技文化素质；第四，由政府拨付资金，选拔一部分未能升入大学或高中的毕业生免费学习农业职业技能，起到模范带头作用，并逐步实现农业职业技能教育免费化；第五，试点并逐步推广新型农业经营方式，如家庭农场生产经营。

2. 创新农业科学技术，引进农业科技人才

开放的市场、多元的市场需求，农民增收的压力加大，单纯依靠传统农业已不能满足市场的需求，农业发展需要寻求新的增长点。面对这种情况，需要引进农业科技人才，创新农业科学技术。首先，逐步恢复完善乡村文化、农业文化，展现乡村文化、农业文化的魅力，使农业从业者、农业经营者产生文化归属感；其次，建立完善农业科技服务体系，试点建设农业技术创新创业孵化基地，引进培育农业技术人才，建设具有山东省特色的农业发展中高端农业创新人才；再次，支持涉农企业更多地参与重大农业科技项目实施、科研示范基地建设，以市场为导向，推进实现农业创新规模化、专业化分工，推进涉农企业主导的产研销协同创新；最后，力争实现创新农业科学技术与经济相结合，投入资金，减免税收，建立健全农业创新投入与回报机制，加快农业创新科学技术转化为现实生产力投入到生产领域的实际应用。

3. 推广农业现代技术，实现农业科技生产力转化

开展农业技术推广工作，是把农业科学技术转化成现实生产力的重要环节，其与创新农业科学技术同等重要，推广农业现代技术，可以从以下几个方

面着手：第一，建立健全基于市场机制的农业现代技术推广体系与制度，构建农业现代科学技术推广工作站等组织机构，对外开展农业现代技术推广工作，对内向农民提供精准的市场信息，做好市场与农民之间沟通的纽带，推动培养发展专业的农业现代技术推广工作人员；第二，增加对农业技术推广工作经费的投入，购买与农业技术推广工作相关的设备和仪器，以便于提高农业现代技术，推广工作的理论研究水平和实践应用水平；第三，借助会展宣传、下乡宣传、现代宣传技术、网络手段等多种媒体渠道，全方位、多层次、宽领域的进行农业现代化技术推广工作，扩大现代农业技术的推广覆盖范围；最后，分类整合归纳现代农业技术推广经验，汇编成册。

（四）推进新型城镇化建设，提升城市发展质量

1. 以人为本，优化城镇化布局

新型城镇化是以人的城镇化为核心，以城市群为具体形态，推进新型城镇化发展，必须坚持以人为本，实现人的城镇化。坚持以人为本，首先要做到城市常住农业人口市民化，在政府督促、尊重意愿的基础上，完善户籍制度改革，实施有条件的差别化落户政策，逐步完善新型城乡户籍制度；其次要实现基本公共服务均等化，保障新型城镇居民享有住房、医疗、教育、卫生等公共服务，缩小因基本公共服务差异造成的新型城镇居民与城市居民群众之间居民生活水平、消费水平的差异。推进新型城镇化建设，大量农业人口转移到城镇，解决其住房问题刻不容缓。而城镇无序开发、盲目建设，易造成城镇建设拥挤不堪、既不利于居民群众生活，也不利于可持续发展，因而，优化城镇布局势在必行。优化城镇布局，首先要做到整体规划，明确定位，合理分类，发挥大城市的辐射带动作用；其次要做到坚持建设资源节约型和环境友好型社区，社区设施尽可能采用无污染、可循环设备，如太阳能路灯；此外，城镇建设离不开城镇居民的支持，鼓励新型城镇居民参与到建设中来，将新型城镇建设与风土人情、生活习惯相结合，创新管理体系，总结经验教训，并为后期发展奠定基础。

2. 传承文化，促进城乡协调发展

文化作为一种精神力量，能够在人们认识世界和改造世界的过程中转化为物质力量，对社会发展产生深刻的影响。优秀的文化能够丰富人们的精神世界、增强人们的精神力量、促进人们的全面发展。在新型城镇化建设过程中，

首先要注意认清城镇居民一直以来的文化与农村居民习以为常的文化中的精华与糟粕，去粗取精、去伪存真；其次要提高领导干部的人文素养，带头传承文化，保护好重点文物、文化遗产以及非物质文化遗产，在传承过程中促进城乡文化融合；最后，鼓励居民群众积极参与文化传承、融合与创新，通过传承、融合文化，使城镇居民和农村居民在文化的潜移默化影响下，促进城乡协调发展。

3. 关注城镇环境，提高城镇生活质量

面对城镇化、工业化快速推进过程中带来的一系列问题，关注城镇环境刻不容缓。第一要转变城镇发展观念，逐步杜绝过去盲目开发、以浪费资源、牺牲环境为代价的生产、生活方式，从追求城镇化数量转变为城镇化数量和质量两手都要抓、两手都要硬的发展方式；第二，制定相关的法律法规，差别化规定具体污染物排放标准，确保污染物排放不超过城镇环境自净能力，对城镇环境进行合理管控；第三，控制好城镇人口数量，确保其不超过环境承载力。新型城镇化建设要合理有序规划，明确各功能区的范围，避免重复建设；同时要测算好城镇的环境承载力和合理人口容量，确保城镇居民的生活质量，使新型城镇化建设与资源环境相协调，保证新型城镇化建设是可持续发展的。

二、缩小区域收入差距对策

（一）发挥地理优势，持续增加收入来源

1. 山东半岛蓝色经济区

首先，山东省东部沿海地区地理位置优越，与日韩等国家和地区隔海相望，便于与日韩等地区的对外联系，有利于吸引外商直接投资，发展对外贸易与对外经济；其次，东部沿海地区可以通过建立健全政府投资和重大项目建设带动就业，并且可以引导一部分农民从事非农就业，使农村居民收入多元化，提高农村居民的人均收入；再次，完善担保小额贷款、提供安排场地、减免部分项目税收等鼓励自主创业政策，利用东部地区沿海的区位优势，吸纳创新型人才、技术精英以及高校毕业生就业创业；然后，完善就业援助政策，政府、事业单位与企业单位开发公益性岗位，促进城镇就业困难人员就业，提高低收入居民群众收入水平；最后根据市场需求与变动情况，开展并加强技术培训，开展对外劳务合作，提供多种就业方式，促进居民群众就业，提供居民群众平

均工资水平。

2. 黄河三角洲高效生态经济区

黄河三角洲是我国最后一个尚未开发的大河三角洲，其发展优势明显，可以在总结珠江三角洲、长江三角洲开发建设经验的基础上，结合黄河三角洲的实际情况研究新的发展模式，实现高效发展、生态发展，增加居民收入，提高居民的生活质量，提升居民的幸福感。第一，利用好对接天津滨海新区“桥头堡”的地理位置与交通便利的优势，加强与天津等地区的联系，促进经验、信息、技术等方面的交流；第二，充分合理利用现有资源，增加居民群众的收入。黄河三角洲高效生态经济区潮汐能、波浪能等海洋资源丰富，另外，滨州是山东省重要的原盐生产基地、盐化工基地和海水养殖基地，在整体规划的基础上合理开发资源，适度扩大基地建设，为居民群众提供就业岗位，吸引居民群众就业创业、带动经济发展，实现良性循环。

3. 省会城市群经济圈

省会城市群经济圈以济南市为中心，辐射带动周边的地市发展，形成以省会济南市为中心结点，以各地市与交通线等流通载体为纽带和通道的网络发展模式。一方面政府要投入人力、物力、财力对旧城进行整治改造，结合实际合理规划，确定城市各功能区的职能范围，加强完善基础设施和配套设施建设；另一方面要充分利用四通八达的交通线路，拓宽市场，同时也要向外谋资源发展经济，并在此基础上开发新区，使新旧城区逐渐交织融合，在空间上形成网络，增加城乡居民的收入来源；最后，利用形成的空间网络进行资源流、能源流、信息流、技术流等的沟通合作，以及省会济南市的辐射带动作用推动地区经济发展。

4. 西部经济隆起带

鲁西地区距离山东省经济中心、省会济南市较远，受到的辐射带动作用较弱，是山东省经济发展薄弱的地区。一直以来，鲁西地区是山东省传统的农业区，因此要在大力发展传统农业生产的基础上，开展绿色农业生产；同时，可以转移部分农村剩余劳动力投入到建立健全农产品产业链的农产品深加工工作中，增加农产品的附加值，提高居民群众的收入水平。在发展的同时也应注意到鲁西地区虽然平原面积广大，但盐碱和旱涝灾害频发。面对这种情况，首先，可以加大土地流转力度，鼓励农村居民群众互换地块，实现地块集中连片整治，优中择优，重点开发；其次，政府投入财力和政策支持，培育新型农业经营活动主体，加强经营活动主体之间的合作，利用网络实现“产—销—送”农业“一条龙”集群发展，提高农村居民人均收入水平，推动农村城镇化发展。

（二）构建区域一体化，统筹区域协调发展

1961 年美国经济学家巴拉萨（Balassa）提出了区域经济一体化是“过程”与“状态”并存的定义，认为区域经济一体化既是指采取旨在消除各国之间差别待遇措施的过程，又是上述差别待遇消失的一种状态。概括地说，区域一体化就是单独的经济整合为较大的经济的一种状态或过程。

（1）构建综合管理和统筹发展机制

由于区域被分割在各个行政区划内，基础设施缺乏有效的时空衔接，跨区域对接和共享的程度较低。因为缺乏区域基础设施建设一体化的协调机制，对区域性基础设施难以实现综合管理和有效协调，降低了该区域经济发展的整体活力和效率。为此，构建综合管理和统筹发展机制对实现区域融合发展具有重要现实意义。首先，依托国家战略政策优势，强化“区域融合制度建设，提高工作效率，使得区域经济技术水平和区位方面的优势得到充分的发挥，进一步扩大和强化区域辐射力度。此外，深入发掘政策的潜力，制定各项配套政策，尽快形成政策的叠加和集成效应。

（2）推进基础设施一体化建设

做好交通衔接工作，合理布局铁路公路建设。一方面要规划好高速公路、铁路与海运和航空等不同交通运输方式的组合和衔接，另一方面应加快区域内城际快速、城际铁路通道的建设，促进公路与铁路之间的衔接和公路与机场、港口衔接的同时，加快建成铁路与机场和港口的交通配套设施。统一协调区域内港口及航运建设，根据各个港口的各自区位优势和条件，统一规划协调，并科学定位各港口功能，建立“区域港”概念，以实现优势互补、错位竞争。此外，协调好近洋、远洋、沿海航线航班的布局合作，大力推进区域港口群的协调发展和区域分工，进而充分发挥区域港口群的综合优势和整体实力。

（3）推动市场一体化建设

区域经济一体化的本质要求，是建立开放、统一的市场体系。为缩小区域差距，实现区域一体化，应努力建立和完善市场体系，以消除市场分割的人为

屏障，消除阻隔生产要素流动的体制障碍，发挥市场机制的作用，从而实现资本、技术、劳动力等生产要素在经济区域内部的自由流动。因此，应按合理分工的原则合理规划各种消费品市场和物资，共同发展物流与贸易合作，联手完善商品市场，合并和调整功能重复的市场，建立起多层次的、专业分工突出的商品市场，建设区域性大型物资或商品集散地。

积极鼓励区域贸易的发展与合作，倾力打造一体化市场的准入环境，推进联动管理、执法合作，实行农产品和工业制品认证标准、质量标准、检验检测标准的互认，加快商品自由流通。促进金融市场一体化，并统一协调区内金融机构的布局，加强业务合作与联系，加强区域内农村信用合作社和城市商业银行的进一步整合，加快资本的自由流动，将现有的产权交易中心作为依托，建立经济区产权交易所，并统一产权交易市场，实现与外部产权交易市场联网，用以支持区内企业的兼并和重组。积极促进劳动力市场一体化，对区域内的人才市场和劳动力市场进行整合，为建立经济区统一的劳动力市场，应促使两区劳动力市场接轨，实现统一信息发布、统一收费标准、统一运行规则等目标。

（4）建立一体化的环境保护机制

构建区域环境污染共同防治体系。包括构建环境标准体系、环保执法体系、环境质量监控体系、环境污染治理技术系统、市政建设的污染物处置体系、区域环保基础设共建共享，以及由企业等社会单元共同构成的污染治理体系等。构建区域环境冲突协商解决机制。通过加强区域之间的商讨和协调，以解决区域内部深层次的环境经济利益矛盾。构建区域环境科技交流与合作机制，加强环境科技人员之间的沟通交流，合力开发和推广环保的实用技术，提高解决区域内存在的环境问题的能力。

（三）实行政策倾斜，加强对欠发达地区的支持

加大对欠发达地区的政策支持，加大资金投入，引进先进的科学技术，促进欠发达地区企业技术改革与发展，增加区域收入。在政策保障方面，可以通过降低欠发达地区居民税收，为地区发展提供更宽松的发展空间；同时，推动城乡一体化发展，促进欠发达地区与发达地区之间的人口流动，在解决落后地区剩余劳动力就业的同时，增加落后地区居民收入。在资金技术保障方面，加大资金投入，为欠发达地区提供先进的科学技术，促进地区生产改革与技术革

新，提高劳动生产率，增加居民收入。总之，通过加强对欠发达地区的支持，提高其整体竞争力，促进落后地区经济发展，增加居民收入，缩小区域收入差距。

三、缩小行业收入差距对策

（一）打破行业垄断，优化分配环境

垄断型行业与非垄断型行业差距的扩大是山东省行业收入差距扩大重要原因，因此，打破行业垄断，优化分配环境是缩小行业收入分配差距的必经之路。在当今对外开放的背景下，打破行业垄断需要协调好市场和政府的关系，在引入竞争、建立有效平等参与市场竞争环境的同时，加强政府合理管制和宏观调控，建立对垄断行业收入分配的约束机制，充分发挥市场与政府的双重作用。

首先，引入竞争，建立有效地竞争市场。竞争是获得繁荣的必经之路，同时也是解决制度性障碍的有效途径。因此有效治理行业垄断与收入分配差距问题的根本落脚点应在于开放市场，引入竞争机制，对垄断行业进行市场化改革，实现市场主体多元化，提高市场竞争程度，以此根除行业收入分配差距的形成基础，重塑垄断行业具有竞争活力的微观经济主体。目前，山东省金融、信息、电力等垄断型行业收入过高，行业收入差距大，收入分配结构不合理，为遏制该问题，山东省政府仅仅出台宏观调控政策是远远不够的，应充分发挥市场机制的作用，引入行业竞争，放宽市场准入条件，允许非公有资本进入垄断行业和领域，鼓励和引导民间资本进入基础产业和基础设施、市政公用事业等领域，适当放权市场，健全市场竞争机制，积极推进多元主体参与市场，提高市场竞争程度。

其次，政府应充分发挥市场监管功能，加强宏观调控。打破行业垄断不但需要发挥市场的竞争效应，还应充分发挥政府的宏观调控作用，强化政府对垄断行业不合理收入分配制度的监管，继续深化垄断行业收入分配制度改革，创造机会公平的收入分配秩序，逐步扭转行业收入分配差距扩大趋势。第一，建立垄断行业就业人员收入合理增长机制，构建相对合理的收入分配秩序与格局。降低职工收入与行业垄断程度之间的联系，增大收入与职工受教育程度、劳动生产率、劳动技术含量等客观因素之间的联系，在充分的竞争市场环境

下，控制垄断行业职工高收入，提高低收入的非垄断行业职工工资，实现“双赢”。另外，通过税收手段，强化对垄断行业中高收入的调节与监管，对于非垄断的低收入行业职工，可给予适当补贴。第二，建立垄断行业内部薪酬管理与合理激励机制。目前，山东省垄断行业内部薪酬差距显著，因此，规范垄断企业高层管理人员薪酬水平，建立垄断行业内部薪酬管理与合理激励机制，对提高职工工作积极性与劳动效率，促进公平与效率间的平衡，缩小收入差异等，均具有重要意义。

（二）加大技术投入，提高低收入行业劳动生产率

通过数据分析可以看出，山东省目前收入较低的行业，例如农林牧渔业、住宿餐饮业以及批发零售业，属于竞争性行业，然而目前这些行业技术水平较低，管理模式落后，竞争力较弱，发展比较缓慢。因此要想提高这些行业的整体竞争力，提高行业收入，应努力提高劳动生产率，加大对这些行业的技术投入。劳动者在一定时期内创造的劳动成果与其相适应的劳动消耗量的比值称为劳动生产率。与之对应，一个行业在市场中产出与投入的比值称为行业劳动生产率，它是一个行业在市场中产出与投入的综合反映，当一个行业的行业投入一定时，劳动生产率越高，行业产出越多，则该行业的职工从行业获利中分享的利润更多，收入越高。通过采用各项措施，不断提高行业劳动生产率，尤其是低收入行业劳动生产率，缩小行业差距。具体可体现在以下两个方面：首先应引进先进的生产技术和生产工具，淘汰落后的生产设备和生产技术，认真学习国内外的成功经验，转变落后的管理方式，充分合理使用引进的先进设备，减少冗余，提高工作效率，同时应内化吸收先进的生产技术，使之成为适合山东省发展的新技术。其次要鼓励行业进行技术创新，出台更加完善的体系来维护企业的专利权，保护企业的合法权益，充分发掘劳动生产率的增长潜力。

（三）加大教育投入，提高行业人力资本水平

通过上文中的分析可见，行业人力资本水平不同对个人工资的高低具有重要影响，是行业职工收入产生差距的一个重要因素。这一因素的作用主要表现在工资分布的低端，即低收入人群，这部分人群一般受教育水平较低，这就意味着受教育水平的高低直接决定了行业人力资本水平的高低。加大人力资本投资，加大教育投入、增加培训机会，提升各行业从业人员人力资本水平，不仅能够使各行业劳动者站在更公平的起点上参与社会的收入分配，争取更加平等

的收入分配成果，缩小行业间收入差距，还能够促进山东省劳动力的能力和素质水平的提高，适应行业发展的需要，跟上经济和社会发展的步伐，对山东省经济社会发展具有重要意义。因此，山东省在调控行业收入差距时，应加大教育投入，提高各行业尤其是低收入人群的人力资本水平。

首先，应该加强基础教育，并增强实践环节的教育，培养适应社会的高素质人才，提高行业人均受教育水平。要充分贯彻落实九年义务教育，确保九年义务教育在农村及低收入在人群中的普及，保护低收入行业劳动者子女的受教育机会，同时在沿海发达城市以点到面逐渐推进十二年义务教育，加大群众对教育的重视程度；此外，适当加大对基础教育的投资力度，坚持贯彻科教兴国的方针政策，保证基础教育的实施质量，以缩小各行业职工的人均受教育差别。

其次，加强对低收入行业的人员培训。对于目前在低收入行业工作的职工来讲，重新受教育的可能性不大，政府和企业主可以加强人力资本培训，通过加强多样化职业教育和职业技能培训的方式，鼓励就业人员学习新技术，进一步提高职工从业素质和技能水平，增强他们的工作能力，使之可以逐步参与到新产品的研发或应用中去，以分享技术创新的收入效应，提高劳动生产率的同时，缩小与高低技能劳动力之间的收入差距，减小由此带来的收入差别。

（四）加强税收体制改革，完善市场经济体制

山东省正处于经济体制转轨的过渡时期，特别是我国实行的是渐进式的市场经济体制改革，体制转型时期为不合理收入获取空间，拉大了行业之间的收入差距。为缩小由此带来的行业收入差距，山东省应加强税收体制改革，完善市场经济体制，对个人的收入分配进行宏观调控，提高低收入者收入，控制高收入者收入。加强税收体制改革，完善市场经济体制，从而构建完整的税收体系，主要体现在以下几个方面：

第一，个人所得税税制由分类税制向综合税制或混合税制过渡。国外的综合税制是在考虑了家庭人口、抚养、赡养、就业等个人情况并进行扣除的前提下，对个人全年总收入进行征税，而中国的个税税制是在没有考虑个人的家庭赡养等具体情况下对不同的收入项目进行分类。因此，目前山东省的个人所得税税制存在极大的不合理之处，为缩小行业收入差距，应对个人所得税税制进行改革，其方向是将综合的项目设为家庭生活中收入比较稳定的项目，并考虑

扣除生计赡养费用。第二，构建完整的调节个人收入分配的税收体系。以个人所得税制为主体，以社会保障税和财产税为两翼，以其他税为补充，多方面、多环节对个人收入予以调节。健全个人财产税制，完善对存量财产的调节，并适时开征以调节个人收入分配为目的的相关税种。第三，降低最高边际税率。目前山东省最高边际税率还较高，未来改革的趋势是减少级数拉开级距，扩大不同税率之间的间隔幅度，使得层次更平缓，这样低收入者少交税，高收入者多交税，有利于社会公平的实现。第四，改革企业所得税，应减轻中小企业税负，消除企业所得税和个人所得税两种所得税之间的双重征税。第五，完善税收支出。首先，要为山东省低收入者提高收入水平和再就业创造条件，在一些纳税项目上给予其税收优惠；其次，要建立高效、严密的税收征管体系，进一步加大征管力度，严格征收管理。逐步取消不合理的税收优惠政策，在取消农业税以后，逐步增加对农业的补贴，以逐渐改善农业低收入的状况。对税收法制建设要加强，并加大税收执法力度，对偷税、漏税和逃税等违法行为要严厉打击。最后，为了增加低收入者的收入，减轻收入分配不公的程度，可将向公益事业、社会慈善机构的捐助作为税前列支。

第四章　山东省居民社会保障体系建设与完善

第一节　山东省基本医疗卫生制度现状

为了进一步保障我国人民的健康水平，十八届五中全会提出“推进健康中国建设，深化医药卫生体制改革，理顺药品价格，实行医疗、医保、医药联动，建立覆盖城乡的基本医疗卫生制度”，为我国医疗卫生制度改革指明了方向，标志着卫生事业发展进入新的历史阶段。经过近年来不懈的努力，山东省在公立医院改革、新型农村合作医疗保障制度的完善、医疗卫生服务体系建设、基本药物制度巩固和基层医疗卫生运行体制转变、基本公共卫生服务的推进等方面均取得了重要的阶段性成果。

一、现行基本医疗制度

山东省在基本医疗制度方面实现了城乡居民基本医疗保障水平明显提高，基本公共卫生服务均等化水平明显提高，基层医疗卫生服务能力明显提高，基层医疗卫生机构服务效率明显提高，基本药物和常用药物价格明显下降，基本实现“四提高、一降低”阶段性目标。但是，随着改革逐渐进入攻坚期和深水区，一些深层次的问题逐步显现，体制性、机制性矛盾集中暴露，改革面临的困难更多、挑战更大，这就要求山东省在新时期实现制度设计科学化和管理服务精细化的任务，进一步提高基本医疗卫生制度的公平性、可持续性。

（一）基本医疗卫生制度概述

基本医疗卫生制度，是由政府统一组织、向国民均等提供公共卫生和基本医疗服务的健康保障制度，具体包括覆盖城乡居民的公共卫生服务体系、医疗服务体系、医疗保障体系、药品供应保障体系四大体系（图4.1）。

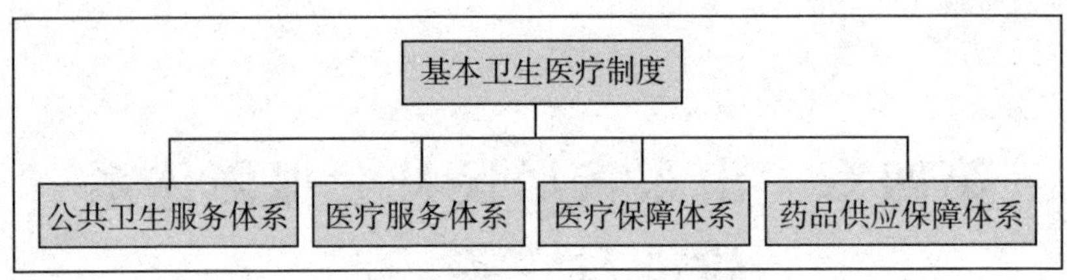

图 4.1 基本医疗卫生制度框架

1997 年，中央颁布《关于卫生改革与发展的决定》，明确我国卫生事业的性质是实行一定福利政策的社会公益事业。2002 年，根据《关于进一步加强农村卫生工作的决定》，明确了建立新型农村合作医疗制度等战略。2005 年，步入“基本医疗卫生制度”的探索阶段，核心是“医改”方案的提出与初步设计。2006 年，步入基础阶段，核心是建设覆盖城乡居民的基本卫生保健制度。2007 年步入确立阶段，核心是“建立覆盖城乡居民的基本医疗卫生制度”，2008 年将“医改”方案列入中央、国务院重要议事日程。2009 年步入实施阶段，核心是基本医疗卫生制度的普及，在此过程紧紧围绕“一个大厦”“四梁八柱”展开，其中“一个大厦”指建立覆盖全民的基本医疗卫生制度，“四梁八柱”指建立基本医疗卫生制度的措施和手段。2010 年开始对公立医院进行改革试点，实行政事分开、管办分开、医药分开、营利性和非营利性分开。近几年，在城镇职工医疗保险的基础上，又陆续建立了新农合、城镇居民医疗保险。2013 年，国务院指出职工医保、居民医保、新农合将整合由一个部门承担。

（二）山东省基本医疗制度成效

山东省基本医疗卫生事业始终坚持为人民健康服务的宗旨，积极推进公共卫生、农村卫生、社区卫生服务体系和新型农村合作医疗制度建设，不断深化改革，强化管理，努力提高医疗卫生服务质量和水平，医疗卫生事业在各方面取得了明显成绩。

1. 卫生服务能力和健康保障水平显著提高

（1）卫生资源总量持续增长

卫生总费用不断扩大，至 2013 年底，山东省卫生总费用达 2245. 97 亿元，占 GDP 百分比为 4. 11%；卫生人员方面不断发展，2014 年底，山东省卫生人员增多至83.84万人（图4.2），卫生技术人员学历结构中，本科及以上、大专、中专占绝大多数；医疗卫生机构总数及床位数连年增多，医疗卫生机构总数达77066个，比2013年增加1591个，医疗卫生机构床位达50.03万张，每千人口医疗卫生机构床位数增加到5.11张（图4.3），基层医疗卫生机构中，社区卫生服务中心（站）2308个，乡镇卫生院1637个，诊所、卫生所和医务室14577个，村卫生室53872个（图4.4）。

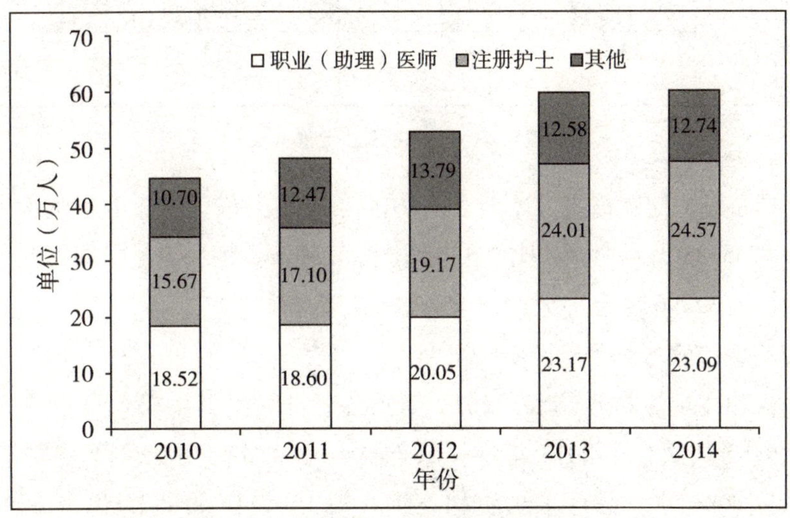

图4.2　山东省卫生技术人员数

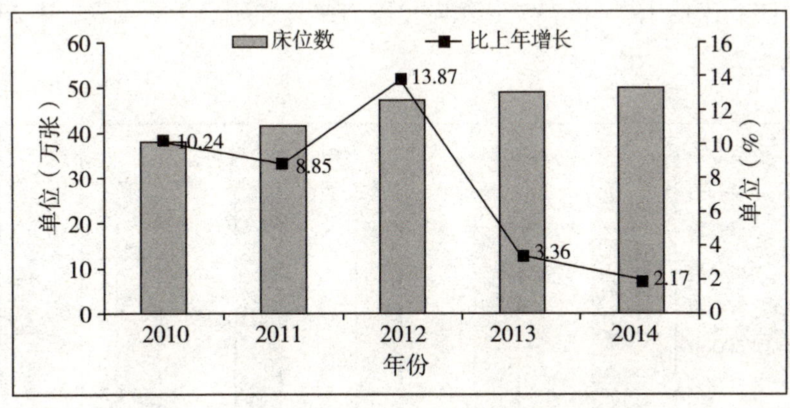

图4.3　山东省医疗卫生机构床位数及增长速度

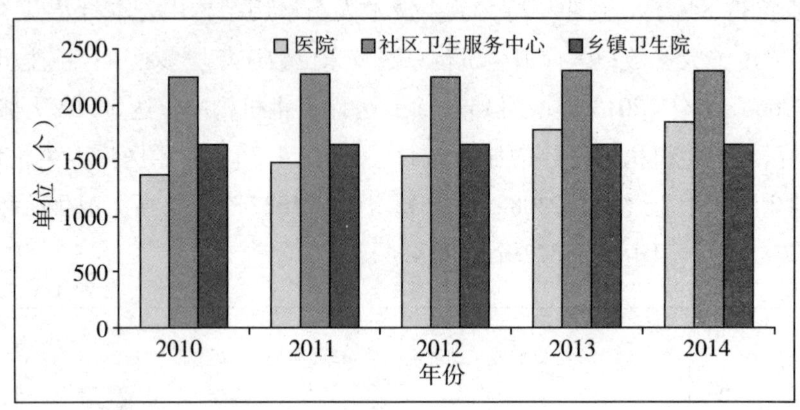

图 4.4　基层医疗卫生机构数

房屋及设备配置情况有所改善。2014 年底，山东省医疗卫生机构房屋建筑面积 4735.38 万平方米，比 2013 年增长 5.59%。医疗卫生机构万元以上设备的数量为 32.96 万台，比 2013 年增长 14.73%。

（2）医疗服务体系建设步伐加快

门诊和住院量持续增长。2014 年，山东省医疗卫生机构总诊疗人次达 63232.91 万人次，比 2013 年增长 1.74%（图 4.5），居民到医疗卫生机构平均就诊 6.46 次。医疗卫生机构入院人数 1501.14 万人，比 2013 年增长 6.10%（图 4.6）。人均基本公共卫生服务经费补助标准由 30 元提高至 35 元，医院病床使用率 86.73%，医院出院者平均住院日为 9.4 天，比 2013 年缩短 0.2 天。

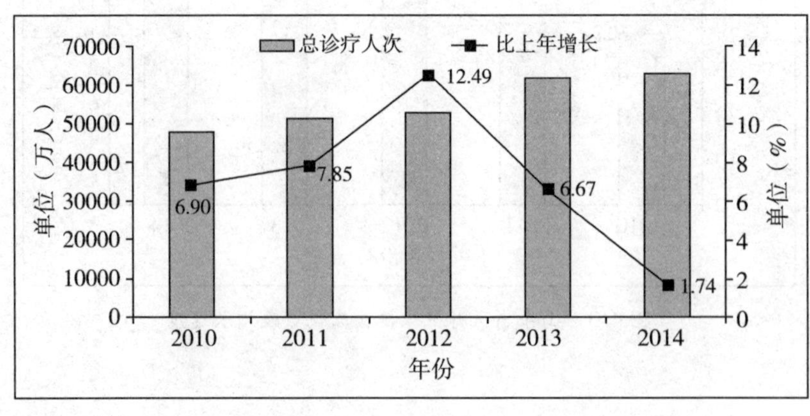

图 4.5　山东省医疗卫生机构门诊服务量及增长速度

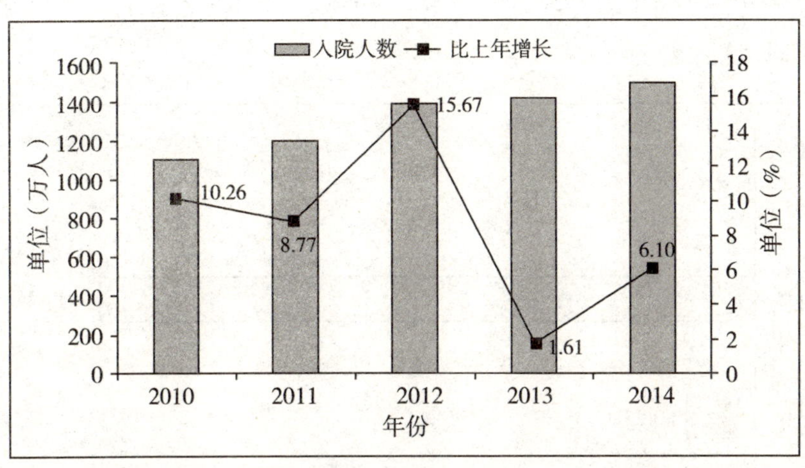

图 4.6 山东省医疗卫生机构住院量及增长速度

（3）基层卫生服务体系不断完善

社区卫生服务体系建设不断强化，2014 年，山东省社区卫生服务中心（站）2308 个，社区卫生服务中心人员 2.14 万人，平均每个中心 41.98 人，社区卫生服务站平均每站 6.4 人；社区医疗服务增强，社区卫生服务中心诊疗及社区卫生服务站诊疗人次均超过 1400 万人次；农村三级医疗服务提升，山东省共设有四类县级卫生机构卫生人员 21.08 万人，1637 个乡镇卫生院；农村医疗服务提升，县级（市，不含区）医院诊疗人次比 2013 年增加 331.98 万人次；入院人数 579.99 万人，比 2013 年增加 28.89 万人；病床使用率 83.28%，比 2013 年提高 0.41 个百分点。乡镇卫生院诊疗人次为 7943.3 万人次，入院人数 260.05 万人，病床使用率提高 0.7 个百分点。

（4）病人医药费用有所下降

2014 年医院次均门诊费用 216.5 元，人均住院费用 7917.4 元，日均住院费用 838.5 元（图 4.7）。与 2013 年相比，医院次均门诊费用中药费下降 1.29 个百分点，医院人均住院费用中药费下降 2.1 个百分点。基层医疗卫生机构病人医药费用中社区卫生服务中心次均门诊费用 69.4 元，人均住院费用 2254.6 元，日均住院费用 278.6 元。社区卫生服务中心次均门诊费用中药费下降 3.05 个百分点，人均住院费用中药费下降 2.55 个百分点。乡镇卫生院次均门诊费用 56.7 元，人均住院费用 1595.5 元，日均住院费用 223.9 元。乡镇卫生院次均门诊费用中药费下降 1.58 个百分点；人均住院费用中药费下降 2.33 个百分点（图 4.8）。

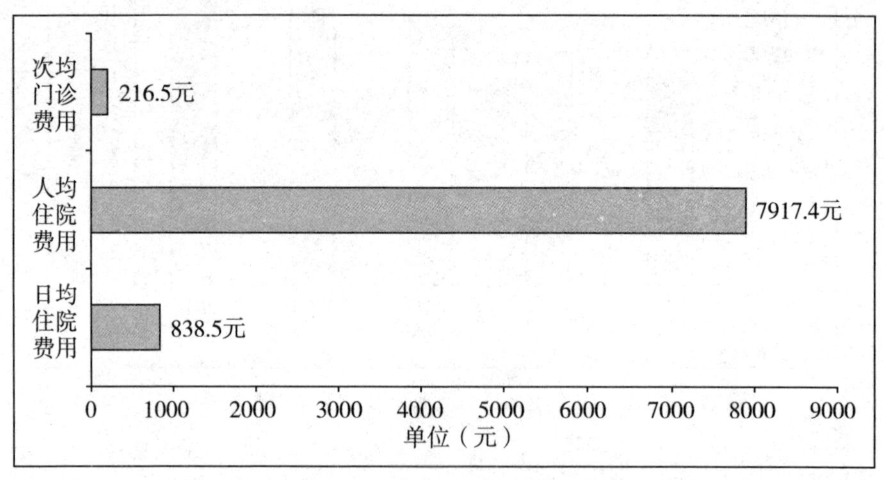

图 4.7　医院病人医药费用

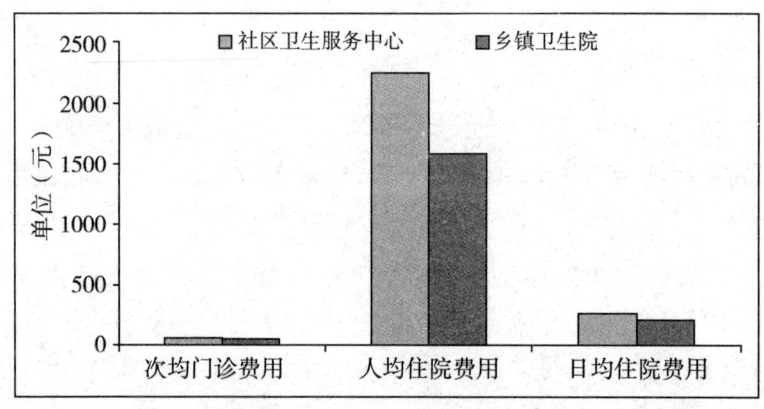

图 4.8　基层医疗卫生机构病人医药费用

2. 医药卫生体制改革不断深化

经过多年的改革探索，山东省已经初步形成多层次的医疗保障体系。在建立之初称为“3+1”模式，即城镇职工基本医疗保险、城镇居民基本医疗保险、新型农村合作医疗三个社会医疗保险制度，再加上城乡医疗救助制度。2014 年，山东省第一个全面完成了新农合和城镇居民基本医疗保险的整合，形成“2+1”模式。同时，医药体制改革确定了四大重点支撑体系——公共卫生服务体系、医疗服务体系、医疗保障体系和药品供应保障体系——为主体，其中医疗保障体系的改革成果显著。基本实现了医改提出的“村村都有卫生室、乡乡都有卫生院、每个县都有达标县级医院”，人民群众看病就医的公平性、可及性、便利性得到显著改善，社会保障的制度建设方面基本做到了全覆盖。医疗保障体系为山东省城乡居民提供了基本的疾病风险保障，在一定程度上发挥了社会医疗保障制度的再分配效应，促进了生活质量的提高和社会的可持续发展。

（1）城镇职工基本医疗保险不断发展

1998 年，山东省建立了职工基本医疗保险制度。制度建立以来，参保人数逐年增加，已覆盖越来越多的工薪劳动者。2014 年，职工基本医疗保险人数达到 1867 万人，比上年相比增加 50.5 万人（图 4.9）。山东省职工医保覆盖范围逐步扩展，尤其是大量农民工和个体劳动者进入了职工医保的保障范围。对失业人员也出台了专门政策，2011 年山东省对领取失业保险金期间的失业人员参加职工医保、接续医保关系、享受医保待遇等做了明确规定，稳定了这一人群的基本医疗保险关系。2013 年山东省《关于进一步做好新形势下农民工工作的意见》再次强调要切实维护农民工的劳动保障权益。实施农民工社会保险全覆盖行动计划，对有稳定劳动关系的农民工，用人单位要为其办理职工基本医疗保险，鼓励灵活就业农民工参加职工基本医疗保险。此外，山东省还对在中国境内就业的外国人参加职工医疗保险等做了相应的规定以维护其合法权益。

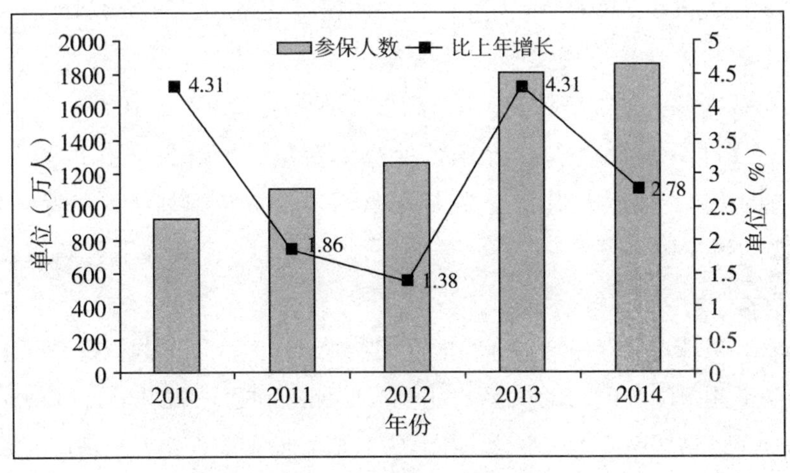

图 4.9 城镇职工医疗保险参保人数

关于城镇职工基本医疗保险的保障待遇也不断提高。职工医保的保障待遇由医保目录、定点情况和报销规则三个要素确定，“十二五”以来，医保目录不断扩展，定点医院和定点药店也有所增加，在一定程度上增加了医保基金的支出，降低参保者个人的负担；同时，报销的规则也有所改变，山东的职工医疗保险政策范围内的住院支付比例达到了83%，高于全国79.2%的水平；基金管理工作不断加强，按2014年实际支出水平测算，山东省城镇职工基本医疗保险基金累计结余可支付14.8个月，基金支撑能力总体较强，在国家规定的6~15个月以内；山东省不断推进职工医保异地转移结算。2010年，山东省实行流动就业人员基本医疗保险关系转移接续工作。2011年又根据国家关于2016年全面实现跨省异地安置退休人员住院医疗费用直接结算的要求，启动了异地就医联网即时结算的试点工作，并在2013年9月建立全省统一的异地就医联网即时结算平台，从此参保人员就医地和参保地两头奔波，报销周期长的问题成为了历史。

（2）城镇居民基本医疗保险及新型农村合作医疗实现整合

在城镇职工基本医疗保险覆盖面日益扩大的同时，政府开始考虑农村社会医疗保障问题。2003年，山东省按照国务院关于建立新型农村合作医疗制度的部署，于2003年启动试点工作并在2007年实现全面覆盖，比全国提前一年建立起新型农村合作医疗制度。2013年，山东省参合农民6378.76万人，参合率达99.93%。人均筹资标准为350元，政策范围内住院报销比例超过75%，受益人次有24667.69万人次，大病保险受益人次有636246人次。山东省新型农村合作医疗参合率、参合农民人数、受益率等指标均居全国前列。为有效缓解农民因病致贫、因病返贫的情况，2012年10月，山东省政府出台《关于开展新型农村合作医疗重大疾病医疗保险工作的意见（试行)》。2013年，按照人均15元的标准从新农合资金中划出大病保险基金，参合农民不需额外缴费，对20类疾病实施大病保险，减轻了大病患者医疗费用负担。

随着职工基本医疗保险制度的推进和农村合作医疗制度的试行，职工基本医疗保险适用范围外的城镇居民的社会医疗保险问题矛盾显现。2007年，山东省启动了城镇居民的医疗保险，确定了政府补助和个人缴费相结合的筹资机制。近年来，城镇居民医疗保障补助标准不断提高，从2007年的人均40元提高到2015年的380元。

由于“3+1”模式的社会医疗保障体系在一定程度上降低了其再分配功能，加快社会医疗保险制度的整合势在必行。2013年，山东省政府决定建立统一的居民基本医疗保险制度，将城镇居民基本医疗保险和新型农村合作医疗保险合并为城乡居民基本医疗保险，建立“全省统一、城乡一体”的居民基本医疗保险制度，比国家规定时间提前半年多实现城乡居民基本养老保险制度并轨，成为在十八大以后第一个完成整合任务的省份。截止2015年9月底，参保人数达到7306.3万人，居民实际参保人数比之前的合计人数增加160多万人。整合后，保险药品目录“就高不就低”，城乡居民都得到了实惠。居民医保实行统一待遇标准，政策范围内住院费用基金平均支付比例70%左右，门诊费用基金支付比例不低于50%，医疗保险政策范围内的住院支付比例是66.5%。

山东省在建立城乡居民医保制度时，还同步出台了《山东省居民大病保险工作实施方案》，成为全国第一个建立实施统一的居民大病保险制度的省份。居民大病保险制度是基本医疗保障功能的拓展和延伸，是对基本医疗保障的有益补充，是健全和完善多层次医疗保障体系的重要内容。居民大病保险坚持政府主导、市场运作、责任共担、持续发展的管理模式，通过政府向商业保险机构购买大病保险的方式促进基本医疗保险、大病保险与医疗救助的协同互补。从2014年起，山东省参保居民有136.17万人次享受大病保险待遇，基金支付28.36亿元。2015年，山东省又扩大了大病保险费用报销范围，从原新农合的20类大病费用报销，过渡到按额度报销，不再区分病种。城乡参保居民只要自付的合规医疗费用超过一定额度，就纳入大病保障范围，报销比例不低于50%，封顶线提高了10万元，达到30万元，体现了医保向重大疾病患者倾斜的政策。

（3）城乡医疗救助得到完善

为编密织牢保障基本民生安全网，完善医疗救助制度，进一步充实基本医疗卫生制度。山东省于2015年11月出台《关于进一步完善医疗救助制度全面开展重特大疾病医疗救助工作的实施意见》。提出将在2015年年底前将城市医疗救助制度和农村医疗救助制度整合为城乡医疗救助制度，确保城乡困难群众获取医疗救助的权利公平、机会公平、规则公平、待遇公平。山东省各地从

2016年起全面开展重特大疾病医疗救助工作。重特大疾病医疗救助逐步从按病种救助转向按费用救助。在完善医疗救助制度方面，明确救助对象范围，主要包括最低生活保障家庭成员、特困供养人员、低收入救助对象、因病致贫家庭重病患者以及县级以上政府规定的其他特殊困难人员。其中，最低生活保障家庭成员和特困供养人员是重点救助对象。低收入家庭的认定标准由县级以上政府制定，并报上级政府备案。采取多种救助方式。一是对重点救助对象参加居民基本医疗保险的个人缴费部分由当地政府或者医疗救助资金等给予补贴，其中特困供养人员给予全额资助，最低生活保障家庭成员给予定额资助。二是对因患慢性病需要长期服药或者患重特大疾病需要长期门诊治疗，导致自付费用较高的医疗救助对象，按照当地居民基本医疗保险政策确定的门诊慢性病和门诊大病范围，给予门诊救助。三是开展住院救助。重点救助对象在定点医疗机构发生的政策范围内住院费用中，对经各种保险报销后的个人负担费用，在年度救助限额内按不低于70%的比例给予救助。

（4）公立医院改革不断推进

当前，医疗服务机构“社会公益性”的缺失，与公立医院“管办合一”的组织管理方式以及公立医疗服务机构的垄断地位有关，改革医疗费用支付方式，进行有效的服务购买等能有效地从外部约束和规范公立医疗机构的行为。山东省在2015年印发《关于进一步深化医药卫生体制改革的实施意见》，决定将在2016年6月底前，全面启动所有城市公立医院综合改革，提出了10项改革任务，包括设立公立医院管理委员会、完善公立医院法人治理结构、深化公立医院编制人事制度改革等。参与改革的公立医院，全部取消药品加成（中药饮片除外）。公立医院因取消药品加成减少的收入，通过调整医疗服务价格补偿80%，政府补偿不低于10%，其余通过医院加强核算、节约成本解决。公立医院补偿机制改革将与公立医院人事编制、分配、价格等各项改革措施协同推进，引导医院厉行节约、加强管理，通过内部挖潜与财政支持并行并重，建立起“发展建设靠政府、日常运行靠服务”的长效机制。

3. 疾病防控和公共卫生体系建设成果显著

2003年起，山东省实施公共卫生疾病预防控制体系、医疗救治体系“两个体系”建设，在公共卫生“两个体系”项目建设实现新的突破，公共卫生服务水平和应急能力得到较大提高；基本建立起覆盖全省的疾病预防控制、传染病救治和紧急救援指挥体系，传染病预测预警能力和防治水平明显提高。坚持预防为主、防治结合的方针，重点疾病预防控制和突发公共卫生事件应急处置卓有成效。

（1）疾病防控覆盖面扩大

免疫规划基本全面覆盖。2014 年，山东省常规免疫卡介苗接种率 99.91%，其他各项疫苗接种率都达到 99% 以上；健康教育工作情况进展顺利，共有健康教育机构 154 所，健康教育人员数量达 583 人，健康教育培训接近 13 万人次，在国家级报刊、期刊发表科普文章和学术论文 76 篇；积极进行地方病防治。居民合格碘盐食用率 94.27%，克山病累计控制（消除）县 19 个，大骨节病累计控制（消除）县 1 个，监测结核病工作持续进行。

（2）公共卫生体系建设逐渐推进

农村改水改厕方面逐渐开展，累计农村改水受益人口 6905.67 万人，改水受益人口占农村总人口的 99.32%；巩固妇幼保健成果显著，与 2013 年相比，5 岁以下儿童死亡率、婴儿死亡率均有不同程度的下降，孕产妇死亡率低于全国平均水平，这些都反映了人民健康素质的综合指标跨入全国先进行列。

食品卫生监督体制不断完善。公共场所卫生监督方面，公共场所卫生被监督单位、生活饮用水卫生被监督单位中持健康证人员分别达到 99.18% 和 85.67%，卫生监督机构对公共场所、生活饮用水经常性卫生监督合格率超过 99.7%，对涉及饮用水卫生安全产品、消毒产品生产企业抽样检测合格率均高于 95%；学校卫生监督方面，已建立学生健康档案、开设健康教育课、建立突发公共卫生事件应急预案的学校均超过 97%；职业卫生和放射卫生监督方面，有放射卫生技术服务、职业病诊断、职业健康检查资质数 202 个；医疗服务、采供血和传染病防治监督方面，医疗服务、传染病防治经常性卫生监督合格率均超过 98%，采供血被监督合格率达 100%。

二、现行医疗制度存在的主要问题

在充分肯定山东省医疗制度逐步完善的同时，我们也应该认识到经济社会进入以转型促发展的新阶段，对基本医疗卫生制度的改革与发展提出新要求，应该看到同时期的不足，还有诸多问题有待继续改进。

（一）医疗卫生资源布局不合理

1. 城乡医疗卫生资源差距明显

基层医疗卫生服务体系不能完全适应城乡居民的健康需求，医疗卫生资源差距明显。尽管山东省对基层医疗机构的绩效工资改革、基层医疗机构债务、财政收入等方面已经出台相关文件，但部分地区卫生资源不足与发展不均衡的现象仍十分突出，具体表现在：一是基层卫生服务水平低，在部分服务人口多，以及医疗资源缺乏、经济发展相对滞后的地区，县级医院承担着繁重的诊疗任务，床位使用率长期处于超负荷运转状态。二是基层医疗机构基础设施、基本设备、技术力量等医疗服务能力虽经多年建设，部分乡镇卫生院还存在业务用房短缺、陈旧等问题，影响了基层医疗卫生服务网底功能的发挥，难以满足群众“就近就医”和“看得好病”需求。三是各级医疗机构职能定位不清晰，群众旧的就医观念没有得到彻底改变，基层医疗机构门庭冷清，大医院人满为患、就诊难、挂号难、等候诊疗时间长、诊疗时间短等现象还不同程度的存在。四是乡镇卫生院辅助设施不完善、院内布局不合理，存在安全隐患。大部分乡镇卫生院院内环境较差，流程不科学，很多乡镇卫生院没有污水、污物处理等辅助设施，已有辅助设施的大部分也达不到国家医疗、环保等要求，存在院内交叉感染和环境污染等风险。五是基层专业技术人才仍比较缺乏。由于基层医疗卫生机构工作环境相对艰苦，无法提供必要的生活设施，专业施展和业务提高空间有限，医护人员难以安心在基层工作，直接影响医护人员下沉到基层。

2. 公共财政资源被公立医院稀释明显

公立医院是山东省医疗卫生服务的主体，对公立医院的改革涉及多个部门、多个系统，且需要对原有运行机制和模式进行重大调整，有相当大的难度。从目前进展看，公立医院的比重仍然过高，有限公共财政资源的稀释效应显著，2014 年山东省入院人数中，公立医院入院人数占医院总数的 88.57%，公立医院的改革仍处于小范围的探索阶段，在改革的广度和深度方面都明显滞后于其他医疗卫生领域。表现在公立医院不合理的逐利机制仍未从根本上破除，成为制约公立医院运行机制转变的主要障碍；建设规模仍不断扩大，不利于突出重点，也无法充分保障公立医院公益性发展的方向；公立医院的所有权、经营权、决策权和监督权未有效区分和制衡，严重影响了全行业监管等政策措施的落实。

（二）群众就医负担仍然较重

2014年，山东省人均住院费用7917.4元，同年居民人均可支配收入20864元，占比37.9%，就医负担重。其中有多方面原因。一是对医疗卫生的投入严重不足。随着医改工作的进一步深入，城乡基本医保筹资标准、基层医疗卫生机构清理化解历史债务、乡村医生实施基本药物制度补助、县级公立医院补偿政府机制等方面投入不断增加，使得基层财政支出压力过大，政府对基层医疗单位的财政补助越显乏力，基层医疗机构的发展后劲受到了制约。二是政策制定不科学，现行医保政策规定，除慢病、特病以外的其他疾病只有住院才能报销。三是医疗费用增长速度高于城镇居民可支配收入增长幅度。四是对医疗卫生机构监管还未到位。管办不分，监管力度不够；行政隶属关系复杂，辖区内有部队医院、市级医院、区属医疗机构、企事业医疗机构、民营医疗机构，存在管理松散、缺位、越位等。五是大处方、滥检查、高额医药费等损害群众利益的事情还没有从根本上杜绝。

（三）医疗卫生服务能力不足

随着经济社会发展和全面建设小康社会的不断深入，人民群众的温饱问题已基本解决，对改善医疗卫生服务、提高健康水平的要求越来越高，看病就医已成为群众最关心、最直接、最现实的利益问题。山东省医疗卫生工作虽然取得长足进步，但专业化服务素养和能力未能提高到位，医疗卫生服务网络发展不健全，难以满足群众多层次多样化的健康需求。卫生发展思路尚未根本转变，医疗卫生资源相对分散，与老龄化社会需求不适应，健康创新驱动力较弱，群众对医疗机构服务满意度还不够理想。集中表现为紧张的医患关系，患者和医生之间缺乏信任，医疗质量和安全问题还比较突出，服务方式和态度及医德医风距离群众要求还有差距。

（四）多重疾病救治负担重

结核病、乙肝等传统传染病依然严重影响居民健康，慢性非传染病、生活方式疾病、生态环境疾病、损伤、中毒、职业病等也对群众健康造成明显危害。伴随全球化进程加快，公共卫生不安全因素增加。新的严重传染性疾病还有暴发流行的可能，对人民群众生活和经济社会发展影响明显。食品安全处于风险隐患凸显和事故高发阶段，形势严峻，各类食品安全、饮用水污染和职业病危害事件时有发生，对卫生事业发展提出了严峻挑战。

（五）医学人才队伍结构不合理

目前山东省医学人才队伍中，高层次人才严重匮乏，这与山东经济大省、卫生大省的地位不相适应。农村及城市社区卫生人才匮乏，卫生人力资源在城乡之间分布明显不平衡，城市医学人才数量较充足而农村和城市社区缺少高水平的卫生技术人员，影响了卫生人力资源的利用效率；专科医师培训制度不完善、知识结构失衡，目前现行的做法是临床医学专业毕业生直接进入医疗机构从事临床工作，没有进行系统严格地规范化培训；同时，受人才评价导向的影响，医学生重科研与论文、轻临床诊疗技能操作训练现象较突出，临床医师队伍的知识与技能结构失衡，与人民群众对医疗卫生服务质量的要求有较大差距；城乡基层医疗卫生机构全科医师数量不足、质量不高，医学人才问题影响着“卫生强省”战略目标的实现。

（六）医疗体制不顺尚未根本解决

改革开放以来，山东省的医疗体制改革走在了中国各省份前列，但时至今日，“三保合一”进展仍十分有限。多年来，新农合、城镇居民基本医疗保险、城镇职工基本医疗保险“三保”都处于各自为政的管理体系。新农合和城镇居民基本医疗保险整合后，依然存在职责不明、管办不分、体制不顺等问题。城乡居民医保制度政策仍不够完善，覆盖面仍有不足；城乡医保筹资和给付机制仍不够科学，稳定的筹资机制和科学的待遇动态调整机制尚未形成；财政投入总量不足，且城乡居民医保待遇水平存在一定差距；医疗卫生体制、药品流通体制与医疗保险体制未能有效挂钩，未达预期效果；居民医保关系的转移接续机制仍未形成，因长期存在的户籍壁垒限制，导致城镇化过程中出现了一系列的医保衔接上的问题。

三、医疗制度的建设与完善

（一）全面加强公共卫生服务体系建设

1. 强化公共卫生服务能力建设

健全完善疾病预防控制、健康教育、妇幼保健、精神卫生、卫生应急、采供血、卫生监督等专业公共卫生服务网络，建立分工明确、信息互通、资源共享、协调互动的公共卫生服务体系。积极争取资金支持，加强省级、地市级和县级疾控机构实验室能力建设，按照标准改造实验室和配置设备，完善辅助设施，进一步完善突发公共卫生事件应急救治网络和饮用水安全监测网络。

2. 增加公共卫生服务内容

在国家规定服务项目的基础上，逐步扩大山东省基本公共卫生服务和重大公共卫生服务项目内容和覆盖面。逐步将产前、新生儿疾病筛查、诊断和干预、食品安全、职业卫生、饮用水卫生、精神卫生、卫生应急等重点任务和能力建设纳入重大公共卫生服务项目。采取切实有效的措施，解决好流动人口特别是农民工的公共卫生服务问题，加强社区卫生服务机构建设，健全与医院分工协作、双向转诊的城市医疗服务体系。

3. 认真做好疾病预防控制工作

贯彻新指南，进一步加强医防合作，全面落实各项防控措施，积极开展多种实施性研究，推广新技术新方法，有效防止传染病疫情的蔓延。开展“精神卫生推进年”活动，提高精神卫生和心理疾病防治能力。强化青少年视力低下的防治，加大防盲宣传和防治力度。加大综合干预力度，巩固提高地方病防治成果。通过对相关医务人员进行培训，提高健康知识知晓率、健康行为形成率。

4. 不断提高卫生应急工作水平

强化市、县（市、区）卫生行政部门和二级以上医疗卫生机构卫生应急管理能力建设。完善突发事件卫生应急预案体系，建立预案动态管理机制。进一步健全卫生应急专家库和各级各类卫生应急队伍，改善队伍装备。分类制定卫生应急物资储备目录，建立全省卫生应急物资储备信息网络，健全卫生应急储备物资快速调配机制。完善突发公共卫生事件预警预测体系，强化卫生应急实验室检验检测能力。建立卫生应急风险沟通和评估机制，加强卫生应急知识宣传教育工作。全面推行卫生应急示范县（市、区）建设。建立省、市、县（市、区）卫生应急指挥决策系统。

（二）进一步完善医疗服务体系

1. 将基本医疗卫生制度作为公共产品向全民提供

大力推进农村医疗卫生服务体系建设。在农村公共卫生体系建设中，深入开展农村公共卫生资源调查，摸清底数，搞好规划，分步实施。制定资金管理办法和项目绩效考评办法，加强资金监管。进一步整合农村卫生资源，加大对经济欠发达县中心卫生院和经济困难地区资金扶持力度，确保用于农村公共卫生改革的新增卫生经费落到实处，重点改善基层卫生院基础设施和条件。提高农村卫生服务网络的整体功能；加快完善以社区卫生服务为基础的新型城市医疗卫生服务体系建设。科学调整、严格执行社区卫生服务机构建设规划，开展社区卫生服务内涵建设，探索开展社区卫生综合改革试点工作，形成以社区卫生服务为基础，社区卫生服务机构与医院和专业公共卫生机构分工合理、协作密切的新型城市卫生服务体系。

2. 完善城乡之间对口支援制度

健全各类医院的功能和职责，优化布局和结构，充分发挥城市大医院在危重急症与疑难病症的诊疗、医学教育与科研、指导与培训基层卫生人员等方面的骨干作用。充分利用现有卫生资源，采取临床服务、人员培训、技术指导、设备支援等方式，建立长期稳定的对口支援和合作制度，促进人力和技术资源向基层流动，提高基层医疗卫生机构服务能力和水平。通过增强基层医疗机构服务能力、降低收费标准、提高报销比例等综合措施，引导一般诊疗下沉到基层，逐步实现社区首诊、分级医疗和双向转诊。建立基于个人生命周期的医疗健康大数据分析应用系统，提高健康管理和服务质量。

（三）进一步整合城乡居民基本医疗保险

1. 改变碎片化管理

破除部门分割管理，实行城乡居民统一的医疗保险行政管理。理顺医疗保险行政管理机制，实现城乡居民基本医疗保险制度的整合与统筹发展。借鉴成功经验，增进医疗保险体系的统筹安排，减少医保制度管理及运行成本。确保管理资源得到整合，实现城乡医保的统一归口经办，增强基本医保的公平性和可及性。

2. 整合经办服务资源

构建城乡一体化的信息管理系统。由于各地经济社会发展不平衡，城乡医疗保险制度的统筹不能在短期内同步实现，因而城乡医疗保险制度应该是一个梯度发展格局，即发达地区、欠发达地区、不发达地区分阶段进行。城镇居民医保与新农合在管理经办上的一体化可以先行实现，在实现医保制度完全整合之前，先整合经办管理资源，将城镇居民医保和新农合归并为一个系统管理。

3. 完善相应机制体制

（1）建立医保经办机构与医疗服务机构的集体谈判机制

探索建立医保经办机构和医药服务提供方的谈判机制，建立科学合理的医疗服务价格和医药价格形成机制。医疗保险经办部门参与医疗卫生服务定价会商，构建合理的价格形成机制。同时在谈判机制中发挥参保者的监督作用，约束医疗服务提供者的行为和维护参保者的利益。

（2）确立公平的筹资机制和稳定的财政补贴机制

在筹资机制方面，依靠国家城乡居民医保筹资模式标准的规章政策与要求制定山东省的筹资标准，对统筹费率进行科学的测算和论证，建立动态费率调整机制，建立缴费与待遇挂钩的激励机制。在财政补贴机制方面，采取法律手段保证财政补贴的常态增长，实现医保筹资的持续与稳定，制定有效的待遇办法，整合衔接管理机构、协调好各方利益关系。

（3）建立和完善不同医保制度间的转移接续机制

探讨建立不同制度之间的衔接机制，尤其是居民医保与职工医保之间如何折算缴费年限以及如何补偿参保人迁入地的医保基金等问题。同时，制定不同医保制度之间参保权益管理措施，在统一基本制度的基础上，分层分档进行缴费与提供待遇，可以通过建立多档次的筹资机制作为过渡，促使参保居民缴费标准与待遇享受水平挂钩，让参保人员根据自己实际情况自由选择参保档次。随着经济发展与城乡居民收入的增加，再逐步实现城职保与城乡居民医保缴费和待遇给付上的对接。

4. 完善相关配套措施

出台并完善医疗保险领域的相关法律法规。确定计划步骤，做好统筹规划，出台完整的医疗保险法律文件，对居民医保关系的转移接续、医疗保险的统筹层次以及城乡居民的门诊统筹做出统一法律规范。弱化户籍制度影响，打破城乡户籍制度对医疗保险制度的制约，在医保体系政策制定、管理运行、经办服务等方面摒除城乡户籍因素，剥除户籍制度所承载的医疗保障功能，缩小城乡居民医保差距。

（四）完善城镇职工医保

1. 增强制度公平性

职工医保应为整个医疗保障体系增强公平性做贡献，需要有制度设计的改进和管理服务的跟进，包括参保登记、保险费征收、医保关系转移接续等，让全体工薪劳动者“同工同酬同保障”。通过稳定保障待遇为增强整个医疗保障体系的公平性做贡献，保障制度之间的横向平衡。同时，注意职工医保制度内参保者之间的公平性问题。

2. 控制医疗费用不合理增长

近年来，山东省医疗费用上涨较快，应通过抓住职工医保进入精细化管理阶段的核心内容，在稳定职工医保待遇水平的同时，通过建立有效的机制，控制医疗费用不合理增长，杜绝医疗保障资源的浪费。另外，职工医保还应该通过完善制度政策，促进医疗服务资源优化配置，提高资源利用率。

（五）完善药品供应保障体系

加强药品供应保障体系建设是推动三医联动改革的关键一环，是全面实现2020年建成基本医疗卫生制度的迫切任务，巩固基本药物制度，健全药品供应保障机制。

1. 把改革和完善药品供应保障体系放在更突出位置

控制医药费用快速上涨的势头，把改革和完善药品供应保障体系作为国家卫生发展战略重点，通过深化改革和加强管理，实现药品、耗材的合理使用，争取达到医改提出的到2020年建立比较规范的药品供应保障体系。

2. 健全完善基本药物采购机制

健全药品供应保障机制，破除以药补医，加快推进公立医院特别是县级公立医院综合改革；完善药品采购全过程监管措施，切实保障药品质量和供应；建立政府引导、市场主导的价格形成机制，降低药品虚高价格，减轻人民群众用药负担；规范用药行为，促进临床合理用药；预防和遏制药品购销领域腐败行为，抵制商业贿赂；推动药品生产流通企业整合重组、公平竞争，促进医药产业健康发展。

3. 加快建立健全以基本药物为重点的临床用药综合评价体系

不断推进以基本药物制度为基础的药物政策体系建设，建立覆盖各级各类医疗卫生机构的监测评价信息系统，不断扩大监测点，完善监测评价指标，建立稳定长效的基本药物制度监测评估机制；把建立健全完善的药品供应保障体系作为医改的支撑体系，完善药品集中采购，从源头解决药品保障供应问题；完善药品统一配送方式，解决药品配送效能低的问题；加强药品配备使用管理，进一步满足基层医疗卫生机构用药需求等。

（六）加强卫生科技与人才队伍建设

着力实施“人才优先、科教兴医”战略，探索建立符合山东省实际和卫生科学发展规律的卫生科技创新体系，优化卫生科技资源配置，培养高水平科技创新人才队伍，取得一批具有国内和国际影响的科学理论成果与技术成果，充分发挥科技对卫生事业发展的支撑和引领作用。培养一批医德高尚、技术精湛，能够承担重大技术攻关、开展疑难重症救治，提供基本医疗卫生服务的专业人才。具体分为三个层次：培养学术造诣深、发展潜力大、具有领导本学科赶超国内外先进水平的高端医学人才；培养具有扎实的基本理论、基本知识和基本技能，能独立从事某一专科临床医疗工作的高素质、实用型专科医师；培养训练有素、临床专业技术精湛、“下得去、用的上、留得住”的全科医师。加大医学人才培养引进力度，不断增强疾病临床诊治能力，健全服务网络，加强全科医生队伍建设，构建分级诊疗制度，建设一支高水平的卫生人才队伍，提升山东省卫生服务的层次与水平。

（七）深化公立医院改革

全面推进公立医院综合改革，进一步突出体制机制创新和便民惠民导向，建立现代医院管理制度和运行新机制。在2016年上半年，全面启动所有城市公立医院综合改革，省属公立医院随所在市的公立医院改革同步推进。加快公立医院改革，落实政府责任，建立科学的医疗绩效评价机制和适应行业特点的人才培养、人事薪酬制度。鼓励社会力量兴办健康服务业，推进非营利性民营医院和公立医院同等待遇。坚持公立医院的公益性，大力推动公立医院重大体制机制综合改革。在分类管理的基础上，探索建立产权清晰、权责明确、政事分开、管理科学的公立医院管理制度。推进现代医院管理制度，促进院长的职业化，提高公立医院的精细化、科学化管理水平。改革人事分配制度，推进人员聘用和岗位管理制度，实行以服务质量及岗位工作量为主要指标的综合绩效考核和岗位绩效工资制度。改革公立医院管理体制、运行机制和监管机制，推进公立医院补偿机制改革。

第二节 山东省住房保障和供应体系

住房是居民的基本生活需求，住房问题不仅是经济问题，而且是社会问题，住房保障是现代社会保障体系的重要组成部分。加强住房保障制度建设，切实解决低收入家庭的住房困难，满足人民群众的住房需求，对于实现“居者有其屋”的社会目标，推动和谐社会建设等具有重要意义。因此各级政府将保障性安居工程作为“硬任务”，制定优惠政策，提供制度性保障。自2008年开始，中国就全力推进保障性安居工程建设，2011年至2013年间累计新开工2490万套，“十二五”规划完成情况相对乐观。响应国家对保障性住房建设的号召，山东省保障性住房取得显著成效，基本形成以租赁型保障性住房和出售型保障性住房为主的住房保障体系和从实物保障为主转向建设和租赁补贴并举的住房保障方式。

一、住房保障的内容及意义

（一）住房保障的内容

住房保障是指在市场经济条件下，为保障居民有所居，政府实施的帮助单纯依靠市场解决住房有困难的群体的政策体系，基本住房保障体系包括针对城镇低收入住房困难家庭，国家提供廉租住房保障，保障方式分为实物配租和租赁补贴两种形式。对城镇中等偏下收入且存在住房困难的家庭、新就业后还未购买房屋的职工和在城镇中有稳定就业的外来务工人员，运用公共租赁住房制度，公共租赁住房制度逐步成为住房保障的主体。在购房方面，运用经济适用住房和限价商品住房，面向有一定支付能力的城镇中低收入住房困难家庭，鼓励他们以购买住房的方式满足其住房需要。城镇棚户区和危房改造面向城镇和国有工矿棚户区、中央下放地方煤矿棚户区、国有林区棚户区和国有林场危旧房、国有垦区的危房，有效地提高这部分群体的住房质量；农村危房改造补助为农村村民改善住房条件。对未定居的游牧民，国家帮助他们建筑房屋，使其实现居住稳定。目前，我国已基本建立起了以廉租住房、公共租赁住房、经济适用住房为供应和以公积金、廉租住房租赁补贴为消费支持的二位一体的城镇住房保障体系，保障覆盖也逐步由城镇最低和低收入住房困难家庭扩大到了中低等住房困难群体（图4.10），在农村地区以农村危房改造为主要内容。

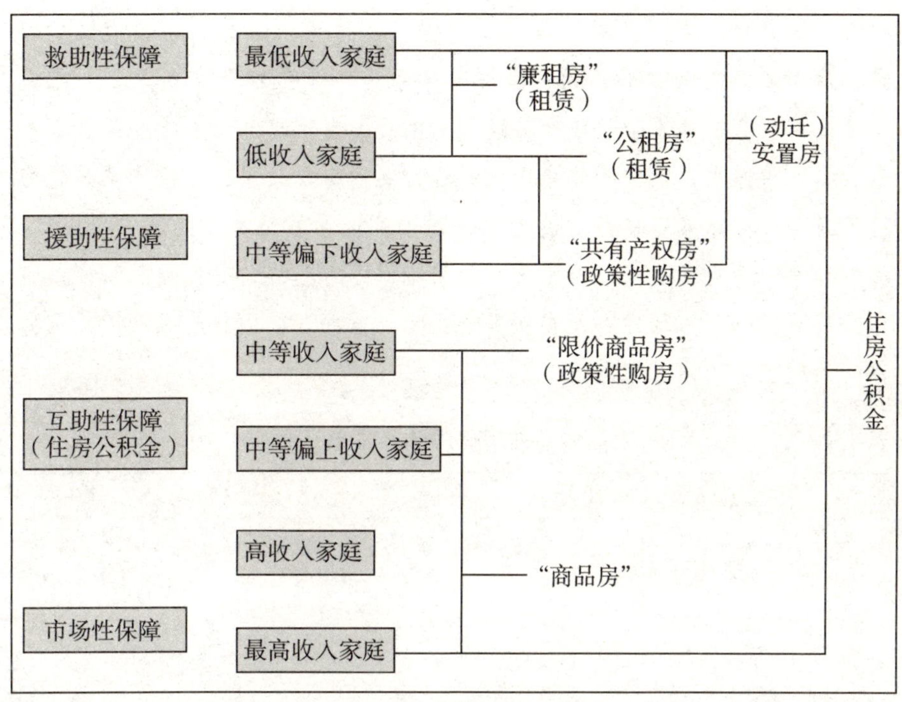

图 4.10　面向中低收入家庭的住房保障新体系

（二）住房保障的意义

完善的住房保障体系进一步提高了保障性住房的覆盖水平，城乡居民居住条件得到迅速改善，人均住房建筑面积逐步扩大；住房供需矛盾得到一定缓解，增加了住房供给，改善了市场预期，在一定程度上遏制了投资、投机行为；同时保障房建设大规模推进，拉动了投资和消费，有利于经济的可持续发展。有利于实现“全覆盖、保基本、能承受、可持续、多层次”的目标要求，建立市场配置和政府保障相结合的住房制度，形成“市场建房、政府补贴、居民租房、社会管理”的住房保障模式，以最终实现全体国民“住有所居”的目标。

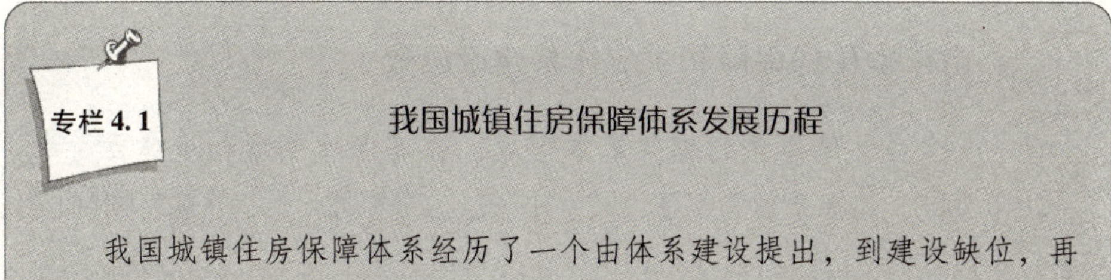

专栏 4.1　**我国城镇住房保障体系发展历程**

我国城镇住房保障体系经历了一个由体系建设提出，到建设缺位，再到建设回归和力度加大的曲折发展历程（表 4.1），尤其是 1998 年实行住房货币化分配以来，在对住房保障制度探索过程中形成了中国模式的特点，建立多样化保障形式的住房保障体系。各地在尊重群众意愿的基础上，通过政府搭建平台组织商品房房源供居民自主选购、直接发放货币补偿款等多种方式，实施棚改货币化安置，实现多重效果；财政支持政策力度不断加大，保障覆盖面也逐步扩大到了长期在城镇务工的非户籍家庭；保障管理制度趋于健全，真正落实到需要保障家庭的关键；住房制度设计兼顾政府保障与市场发育，在住房市场化改革的基础上构建保障房政策体系，体现住房的多重属性。

表 4.1　　我国城镇住房保障体系发展历程

年份	内容纪要	作用
1994	国务院提出“促进住房社会化、商品化和住房建设的发展“	产权改革，建立双轨制的住房供应体系
1998	停止住房实物分配，实行住房货币化分配	完善以经济适用住房为主的多层次城镇住房供应体系
2003	首次以文件形式提出“加快建立和完善适合我国国情的住房保障制度”	加快住房领域市场化改革
2007	提出“健全廉租住房制度，加快解决城市低收入家庭住房困难”的要求	充分发挥市场主体和社会组织的作用，建立适应全体居民需要的多层次住房保障体系
2008	大规模实施城镇保障性安居工程，加快租赁型和购置型的保障房和各类棚户区改造	加大保障性住房建设力度，着力强调住房保障工作
2011	落实住房保障和稳定房价工作的约谈问责机制，将保障性安居工程建设纳入地方政府的责任目标	进一步提高住房保障水平，通过“加大保障性住房供给”实现“住有所居”的社会目标

二、山东省住房保障和供应体系建设成效

（一）住房保障体系的框架基本形成，住房保障制度初步建立

2010年起，山东省保障房建设驶上快车道。资料显示，“十五”期间，山东省每年只有10万套左右，而2010年起，年开工在二三十万套，成倍于以前的建设量，困难群众住房难题加快缓解。初步建立了保障性安居工程住房保障

制度，基本形成以租赁型保障性住房和出售型保障性住房为主的住房保障体系。

1. 租赁型保障性住房实现并轨

住房保障体系中的租赁型保障性住房，包括廉租房和公共租赁住房，目前两者处于并轨运行状态。廉租住房以财政预算资金为主，是针对城镇最低收入家庭实施的一项保障性住房供应制度，而且是政府介入程度最高的住房保障制度，具有明显的社会保障性和社会福利性。主要针对城市低收入住房困难家庭覆盖廉租住房保障。多年来不断增加覆盖户数（图 4. 11），截至 2014 年 3 月底，新增廉租住房租赁补贴 787 户。

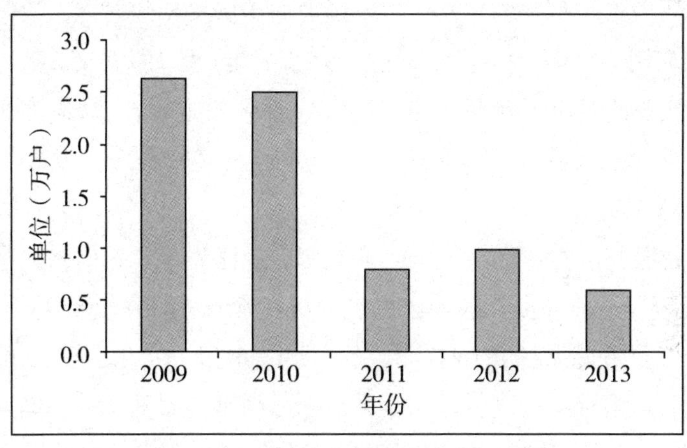

图 4. 11　廉租住房每年新增覆盖户数

公共租赁住房制度是我国近几年来在住房保障制度建设中的新举措，用来解决“夹心层”的住房困难问题。“夹心层”一是指不符合廉租房准入条件，又买不起经济适用住房的低收入住房困难群体；二是指不符合经济适用住房申请条件，又买不起限价房或普通房的中低收入住房困难群体。主要针对那些新就业的职工、刚毕业的大学生和一些外来务工人员。建筑面积以 40 平方米左右的小户型为主。公共租赁房自 2010 年国家发布《关于加快发展公共租赁住房的指导意见》后正式成为我国住房保障体系的重要组成部分。同年，山东省政府全面启动公共租赁住房试点，组织建设限价商品住房，允许各市根据当地实际情况采取限购等措施，抑制居住用地出让价格非理性上涨。公共租赁住房主要供家庭不在本地的新就业的大中专毕业生和务工人员临时租住，当年山东省新建公共租赁住房2.5万套，开始成为保障性住房主体部分。

为了加快推进公共租赁住房和廉租住房并轨，进一步完善住房保障制度体系，提高保障性住房资源配置效率，改进政府公共服务，山东省在2014年将新建公共租赁住房和廉租住房实行统筹建设、并轨运行，合并统称为公共租赁住房，统一规划建设、统一准入分配、统一运营管理，并全面取消户籍限制，实现同城待遇。实行并轨后，新建公共租赁住房的单套面积严格控制在60平方米以下，以40平方米左右的小户型为主，满足基本住房需要。

2. 出售型保障性住房稳步建设

住房保障体系中的出售型保障性住房，具体包括经济适用住房、限价商品住房、棚户区改造住房等安置性住房。经济适用房是指政府提供政策优惠，限定套型面积和销售价格，按照合理标准建设，面向城市中低收入住房困难家庭供应，出售价格大幅低于市场水平，建筑面积一般控制在60平方米内。2014年，山东省新开工经济适用房6565套，基本建成24002套，发挥了此类政策性住房的保障作用。

限价商品住房，指经政府批准，在限制套型比例及销售价格的基础上，由企业经过招标方式进行投资建设，建筑面积一般在90平方米以内。2014年，山东省新开工限价商品住房4600套，基本建成6652套，按照约定价位向符合条件的中低收入群体中的支付能力较强但住房困难的家庭出售。棚户区改造安置住房指面向符合安置条件的棚户区居民，由政府补助、企业出资建设，个人也承担一部分住房改善费用。截至2014年3月底，棚户区改造完成投资108亿元，棚户区安置房开工和货币补偿11.8万户。

（二）保障性住房大规模建设

近年来，山东省把保障性安居工程建设作为促进房地产市场健康发展、稳定投资增长的重点工作，保障性安居工程建设取得积极成效。从资金投入、建设用地等方面不断加大支持力度，大规模建设保障性安居工程，使保障性住房覆盖面大幅度提高，公租房成为城镇住房保障体系的重要组成部分。2012年，省政府在中央要求的基础上出台意见，进一步完善了住房保障的政策体系。近年来，山东省各类保障性安居工程新开工和基本建成的建设任务都满额或超额完成（图4.12，图4.13，图4.14），其中2014年，各类保障性安居工程31.58万套，基本建成18.97万套。2015年上半年，保障性安居工程建设成效明显，开工各类保障房35.4万套，基本建成15.98万套，分别完成年度任务的65.9%、68.3%。

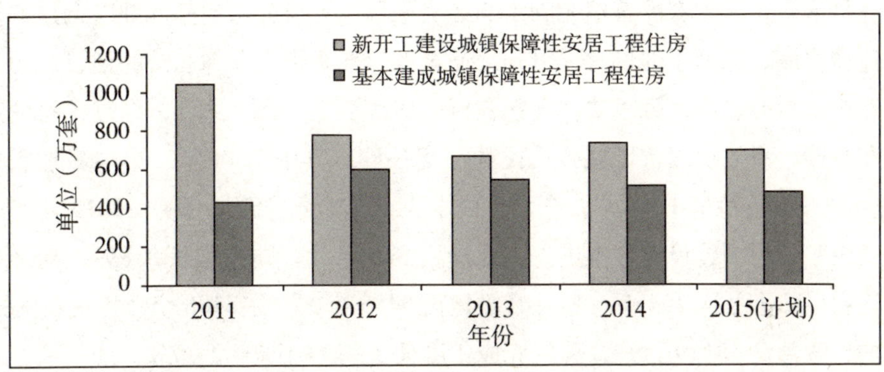

图4.12　保障性安居工程情况

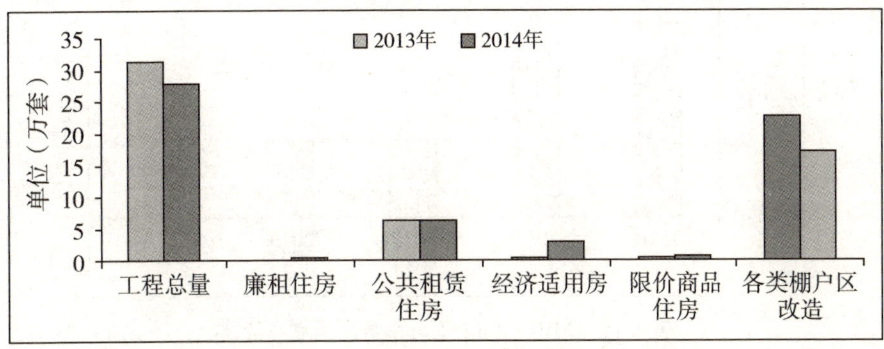

图4.13　2013～2014年保障性安居工程新开工情况

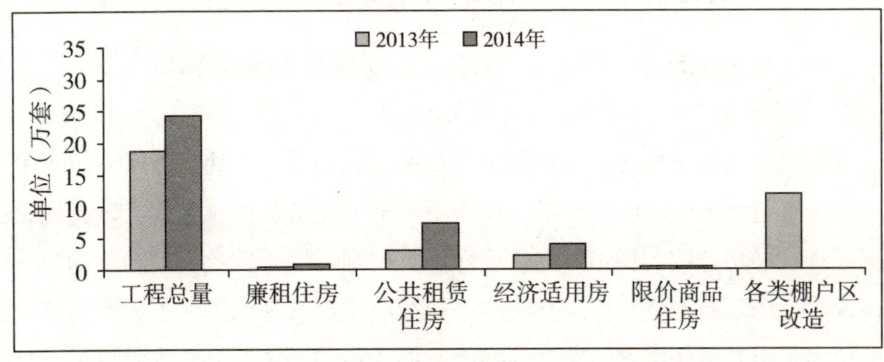

图4.14　2013～2014年保障性安居工程基本建成情况

（三）农村住房建设全面展开，村镇建设有序推进

农村住房承担着农村地区社会保障的重要功能。宅基地是农村实物化分房的一种形式，因为农民普遍无固定的经济来源，无偿分得宅基地并以合适的成本建造房屋，保证了他们有家可归，通过农村住房进行保障系统的建设。山东省针对农村的住房保障主要体现在农村危房改造上（图 4. 15），经过几年的新建和改造，有效地改善了城乡居民的住房条件。其中 2014 年，集中新建农房 50 万户、改造危房 10 万户，全面完成中央下达的危房改造任务。2015 年上半年，山东省村镇建设有序推进。完成投资 876 亿元，同比增长 8. 8%；新开工建设农村新型社区 264 个，累计开工建设 6455 个，入住 3486 个；建设农房 17 万户，改造危房 1. 9 万户，分别完成年度任务的 44. 6%、29. 7%。

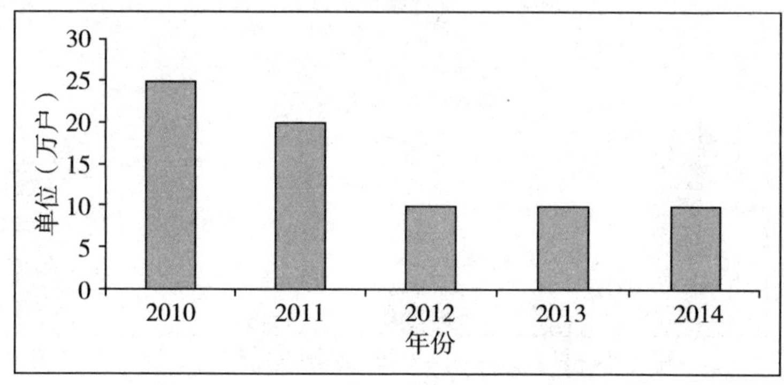

图 4. 15　2010 ~ 2014 年山东省改造危房情况

三、山东省住房保障和供应体系存在的问题

（一）住房保障基础不稳，与经济市场发展需求不协调

1. 住房保障水平与经济发展水平不协调

近年来，山东省地区生产总值呈现稳速增长趋势，但住房保障支出水平的增长却没有与经济发展同步，甚至出现了下降的趋势。由表 4. 2 可以看出，山东省经济发展增速较为稳定，而住房保障支出则出现了较大幅度的波动。一方面，说明了山东省的住房保障支出水平与经济发展水平相关性不大；另一方面也反映出了山东省住房保障制度与经济发展水平的不协调。住房保障对于社会经济的发展滞后性，使大量中低收入群体的住房问题得不到解决，住房供需矛盾持续恶化，不利于房地产市场稳定秩序的形成。

表 4.2　　山东省住房保障支出增长率与地区生产总值增长率

年份	山东省地区生产总值（亿元）	地区生产总值增长率（%）	住房保障支出总额（亿元）	住房保障支出总额增长率（%）
2009	33896.65	9.58	550.56	
2010	39169.92	15.56	286.6	-47.95
2011	45361.85	15.81	261.61	-8.72
2012	50013.20	10.25	155.45	-40.58

资料来源：2013 年山东统计年鉴。

2. 住房保障水平与市场需求不协调

近年来，山东省虽然不断加强保障性住房的建设力度，有效解决了低收入家庭的住房困难。但受人口、经济发展水平等因素的影响，从整体上看，山东省保障性住房供求矛盾依然突出，住房保障水平难以满足保障对象的需求。一方面，山东省保障性住房的供应数量还远远不足，与经济发展水平不协调。从购房需求的类型来看，山东省的经济适用房自起步以来，计划建设的数量就非常少，供需矛盾十分突出；另一方面，山东省的住房价格偏高，超出了低收入群体的实际承受力，尤其是经济适用房这种需求量大的购房类型价格的不断走高，使得低收入家庭住房支付能力相对下降，加重了住房保障的压力。

（二）住房保障资金投入不足，融资渠道不协调

山东省住房保障投资呈现不断下降的趋势，从 2009 年的 550.56 亿元下降到 2012 年的 155.45 亿元。近几年山东省经济适用房投资连年下降，经济适用房供给减少，覆盖面萎缩，加剧了中低收入者的购房矛盾。尽管中央政府下拨了保障性安居工程建设资金，但与地方政府完成住房保障任务需要的资金相比还远远不够，制定的保障房建设任务已超过地方财力的可承受范围。例如，2010 年山东省各级财政共筹集保障性安居工程资金 261.61 亿元，其中中央财政下达的部分仅占 22.41 亿元。尽管中央和省里的专项资金已及时下达，但之后的投入主要靠市县财政和社会融资，筹资压力较大。

（三）住房保障对象确定标准不统一，保障对象难把握

1. 住房保障对象的确立标准不统一

住房保障对象的确立是住房保障制度实施的关键部分。理论上，住房保障

对象是租房买房困难的低收入家庭和中低收入家庭。山东省各地区经济发展水平和居民居住水平存在差异，对住房的支付能力和需求也大不相同，而且对低收入家庭和中低收入家庭的划分标准不同，从而保障对象的范围和保障标准也不同，容易导致住房保障出现“过度”或者“不足”的情况，违背了住房保障制度的初衷。

2. 住房保障对象难把握

在我国城乡二元户籍制度和城市化的背景之下，每年都会有大量农村劳动力进入城镇，从事着收入较低的工作。由于廉租房、经济适用房、限价房、拆迁安置房、棚户区改造房、旧城区改造等主要向户籍人口或项目所在地原住民开放，因此，大部分的外来务工人员被排除在了住房保障福利之外。不但没法使弱势社会群体的利益得到充分的保障，而且一些经济比较发达的城市也因此出现了用工荒和用工难的问题。

（四）住房保障机制不健全

1. 住房保障资格审查机制及分配机制的不健全，政府激励动力缺乏

在住房保障资格审查机制过程中，一方面，由于工作人员配备不足使得信息审核工作的准确性难以得到保证；另一方面，对申请人收入情况、住房状况以及金融资产等信息难以准确掌握，使住房保障对象的资格核定存在一定的难度，一些地方出现了骗租、骗购的情况；另外，动态调整的困难使得一些已经使用保障性住房的家庭收入增加至不再满足住房保障条件时，仍然没有退出保障性住房。因此，在政策的实施过程中会使本不该享受住房保障的居民享受到了政府提供的公共福利，从而没法确保保障者能获得应有的保障权。

在住房分配过程中，存在着信息不对称和道德风险，分配对象信息及分配结果的不及时公开，通过不正当手段使得不符合申请对象的人获得申请权，进一步加剧了不公平现象。再加上目前经济适用房制度是终身享用，并可以出售盈利，存在将保障性住房转手倒卖或出租获利的现象。由于目前对住房保障对象的事后核实、甄别机制没有进行完善，也没有建立针对违规享用住房保障资源行为的惩戒措施，导致了违规享用保障性住房的现象屡禁不止。

2. 保障性住房建设缺乏政绩考核

在建设经济适用住房的时候，市县人民政府不仅要承担大部分的建设资

金，还要承担由无偿地划拨土地引起的机会成本。而地方政府的财政收入对土地转让的依赖程度较高，保障性住房用地比重的提高将本该用来出让建造商品房的土地大幅度减少，从而使地方政府的收入出现萎缩，这是地方政府在实施住房保障安居工程中遇到的一大瓶颈，如果不改变地方政府收入过多依赖土地收入的格局，地方政府缺乏激励的现状就得不到根本的解决。

四、保障住房建设与优抚安置的主要对策

（一）确定住房保障发展的方向

1. 明确保障性住房的定位

目前我国正处于经济结构转型期，旧的增长模式难以继续，山东省政府也高度重视保障性住房建设问题，经济增长动力尚在实行中。保障性住房建设一方面可以改善民生，另一方面又可以拉动经济的增长。确定好保障性住房的定位不仅能够帮助我们更好的理解建设保障性住房的意义，还能使我们更加重视保障性住房的建立，依据住房的市场来建设水平适度的保障住房。

2. 确定重点建设对象

将棚户区改造和公共租赁住房作为重点建设对象。首先，棚户区改造是“十三五”时期住房保障体系建设的重中之重。棚户区改造可以明显改善棚户区居民的居住条件，还可以兼顾城市土地整治、完善配套设施建设、提升城市环境与功能布局等，带动作用较大，又可以大规模推进。其次，公共租赁住房的建设与管理是“十三五”时期住房保障体系建设的另一重点。在新型城镇化背景下，要更加强调将农民工等外来人口纳入城镇住房保障体系，而公共租赁住房正式针对外来务工人员的住房保障类型。大力加强棚户区改造及公共租赁住房的建设和管理。

3. 继续实施农房建设与危房改造

以城中村、城边村、经济园区村、乡镇和大企业驻地及周边村、经济强村、煤矿矿区压煤村、城市水源地周边村、交通干线沿线村、地质灾害威胁区内村为重点，积极稳妥开展整体改造或迁建，建设一批布局合理、规模适度、设施完善的新型农村社区或城镇住宅小区。积极争取中央农村危房改造专项资金，落实好省市两级配套资金，调动基层和群众的积极性，细化分类补助标准，规范审批程序，保质保量完成国家下达的任务。继续推进村容村貌整治，

按照规划编制和实施整治计划，确保完成整治任务。

（二）优化保障住房资金的来源及保障方式

筹集足够的建设资金是住房保障工作可持续性的前提。当前我国保障性住房建设过程中主要依靠政府财政资金的筹资途径，给政府带来较大的资金压力。所以山东省在建立住房保障前期规划的基础上，制定长期有序的投资计划。拓宽融资渠道，通过多元化和多渠道来筹集保障性住房基金。尤其是要发挥社会资本和企业的力量，鼓励和引导民间资本通过直接投资、间接投资、参股、委托代建等多种方式参与保障房建设。还可以在保障性住房建设模式上拓宽资金来源渠道，如政企共建、政民共建。在保障性住房建设中商业银行也应该成为提供资金的主题之一，这样既可以解决住房保障资金不足，又能为民间资本找到长期、稳定、健康的利润空间，从而形成两者的良性互动发展。

（三）扩大保障住房覆盖面

1. 合理确定住房保障对象范围

合理确定住房保障对象，是建立住房保障制度的关键。一方面，关于如何界定中低收入家庭，需要对收入标准进行更加详细的划分，通过对家庭实际收入和家庭住房面积两项指标的衡量来确定保障性住房供应对象，并根据各地区实际情况来确定两项指标的标准。另一方面，保障范围还需要进一步的扩大至城镇户籍常住人口及其棚户区改造中住房困难且收入、财产等符合规定条件的家庭、个人及城镇非户籍常住人口中有稳定就业的住房困难的家庭、个人。

2. 建立公平的住房保障体系

随着城镇化进行的推进，进入城市的农民工会有很大比例转变成城市常住人口，其中多为中低收入人群。城镇外来务工人员在申请公共租赁住房时，受到了很多限制。为了惠及更多的外来人员，让更多的人得到基本的保障，山东省各地市应该根据实际情况，推广无户籍限制的住房保障模式，制定相应的外来务工人员申请条件，放宽户籍限制，逐步扩大住房保障的覆盖范围，将农村流动人口和移民纳入住房保障体系，让他们当中的低收入者与城镇中的困难群体平等地享有住房福利，使外来务工人员具有申请保障性住房的条件，使外来人员得到基本的保障，使他们获得社会认同感，最终推动产业优化升级、促进经济增长。

3. 推广公积金制度

目前，山东省的公积金制度的覆盖范围比较窄，没有充分发挥住房保障的普惠性功能，因此需要改进和加强住房公积金监管，充分发挥普惠性的住房保障功能。首先，要扩大公积金缴存覆盖面。重点做好规模以上私营企业等非公企业缴存扩面工作，力争年内缴存额进一步增加。其次，要提高便民服务水平。研究困难职工住房公积金贷款贴息等惠民措施，探索农民工缴存公积金的有效办法。把更多的职工纳入其中，提高货币补贴的覆盖面，提升居民的住房可支付能力。最后，要加大支持保障房建设力度。抓好公积金贷款支持保障房建设试点，加强风险防控，确保资金安全。

（四）建立健全监督机制

1. 推进住房保障制度及法规建设

围绕实现“住有所居”目标，进一步完善市场配置与政府保障相结合的住房制度，更加突出住房的居住属性和保障改善民生的社会功能，主要依靠市场调节满足城镇居民多层次住房需求，通过政府保障满足困难家庭和部分群体的基本居住需求。尽快出台保障性住房地方性法规，明确政府的定位，从立法上来规定住房保障的对象、保障水平及资金来源等，制定住房保障体系建设的长期规划，有步骤、分层次的解决中低收入家庭住房困难的问题。确立居住权在社会保障体系中的重要地位，从立法上规定住房保障的对象、保障标准、保障水平、保障资金的来源、专门管理及实施机构的建立等，尤其要加强保障房分配、运营、退出等环节的制度设计和规范管理，通过实行“阶梯租金”或“租补分离”，完善保障房退出机制。加大对虚假申报、骗购骗租、转租转售、闲置浪费保障房等行为的惩罚力度，从根本上确保建立一个稳定、公平、公开透明的住房保障制度体系。通过立法明确保障房配建的种类和比例，明确目标任务和政策措施。指导各市编制并组织实施住房建设规划和年度计划，明确住房建设的总量、结构、时序和空间布局，科学引导市场预期。

2. 完善保障性住房的分配及审核机制

建立公开、公正的动态分配机制。在审批阶段，要充分利用现代化的信息手段，构建信息技术平台，建立由房管、民政、公安、社区等多部门组成的联合审查机制，各部门分配明确的任务，各司其职。济南、青岛等市探索的住房保障信息管理系统实行房管、民政、公安、社保、工商、税务等“多部门联审”；泰安、菏泽市的保障房分配过程全部电视网络同步直播的典型经验，对推进部门信息联动和数据共享，实现保障性住房各项工作的网络化、信息化管理具有借鉴意义。

运用多种手段加大住房保障审核力度，运用群众监督、实时监控等手段。一方面，通过入户调查、接受群众举报、社会和媒体全方位的监督等形式，最大限度地提高审核工作的准确性。比如建立“公示制”，实行社区、工作单位和网络公示环节。建立举报激励制度，保障房管理部门可以设置一定的奖励基金，对查实的举报线索给予一定的经济奖励，有效调动监督者的积极性。另一方面，要结合保障对象档案信息系统数据变化，定期对被保障家庭的收入、住房等情况进行跟踪复核。此外，对经核查不符合条件的及时取消保障资格，对发现的违法、违规行为及时予以处理，加大对虚假申报、骗购骗租、转租转售、闲置浪费保障房等行为的惩罚力度，从而维护住房保障工作的严肃性和公正性，从根本上确保建立一个稳定、公平、公开透明的住房保障制度体系。

3. 构建面向中低收入家庭的住房保障新体系

目前住房消费的焦点仍然是购房，即使是低收入家庭，也在想方设法的购买属于自己的住房，尤其是对经济适用型住房的需求不断增加，供需矛盾加剧。面对这种供需矛盾的加剧，山东省需适度投资建设经济适用房，也需要意识到这种矛盾下潜在的非理性的社会购房需求，正确引导大众理性消费，从住房保障角度出发，建立一套面向中低收入家庭的住房保障新体系，从而引导他们从“购”向“租”的消费意识的转变。

第三节　山东省社会养老保障建设

社会养老保障制度伴随着经济发展和社会进步而产生与发展，“关乎国运、惠及子孙”，在整个社会保障制度体系中具有重要位置，是影响社会可持续发展的重要方面。近年来中国社会养老保障体系更加完善，机关事业单位养老保险制度改革正式启动，基本养老保险基金投资运营进入实质操作。我国

2000 年开始推进社会福利社会化后更加重视社会养老服务体系建设。2014 年密集出台社会养老服务体系建设政策，养老服务格局更加科学、服务质量不断提升。与此同时，山东省社会养老保障体系建设成就显著，尤为突出的是 2013 年山东城乡居民基本养老在社会保障上的政策待遇差别不复存在，社会养老保障进程迈出了重要步伐。

一、社会养老现状

（一）山东省社会养老发展历程

2014 年 6 月，全国基本养老保险参保人数达到 8.24 亿人，超过“十二五”规划目标，城乡居民基本养老保险基础养老金及企业退休人员基本养老金待遇都有所提高。我国的养老服务体系不断完善，初步建立了以居家为基础、社区为依托、机构为支撑的社会养老服务体系，惠及范围不断扩大，在投资体制上基本形成多种投资主体相结合的多元投入机制，社会养老保障建设取得了初步成效。

近年来，山东省高度重视社会养老保障建设，积极响应国家的养老政策。自 2000 年民政部提出“社会福利社会化”后，山东省养老服务开始发展起来，经历了从封闭走向开放，从市场逐步让渡给社会的一个变迁的过程。2008 年出台《关于加快发展养老服务业的意见》，以需求为导向，推动建立和完善养老服务业体系。2010 年进一步加快老龄事业发展，坚持老龄事业与经济社会协调发展、城市与农村老龄事业协调发展战略。2012 年先后下发《山东省社会养老服务体系建设规划（2011 ~ 2015 年）》《关于加快社会养老服务体系建设的建设的意见》，其中《意见》是全国最全面、最系统、力度最大的一份文件，被民政部转发全国。经过不断探索与完善，山东省在养老保险方面确立了社会统筹与个人账户相结合的基本养老保险制度，越来越多的退休人员从中受益。2009 年，山东省启动新型农村社会养老保险试点工作，逐步扩大试点范围并快速推进。2011 年，山东省开始城镇居民社会养老保险试点，同年底全省实现两者制度全覆盖，提前一年完成了国家要求的任务目标。并分别在 2013 年和 2015 年开始了城乡居民基本养老保险的合并与机关事业单位养老保险制度的改革。截至 2014 年底，城镇职工基本养老保险参保人数比上年增加 110.6 万人，居民基本养老保险参保人数 4539.9 万人，农村养老机构集中供养率达74.3%。

面临着人口老龄化、养老金“空账”等问题，社会养老保障制度的脆弱性日益突显，多层次的保障体系尚未真正建立，养老保障服务能力和功能不健全，其功能有待进一步发挥，对推动“老有所养、老有所医、老有所教、老有所学、老有所为、老有所乐”目标的实现提出了更高的要求。这就要求山东省在新的历史时期认真总结经验，梳理社会养老保障事业发展脉络，找出问题和不足，努力为社会提供多样化服务，更好的满足人民日益增长的需求。

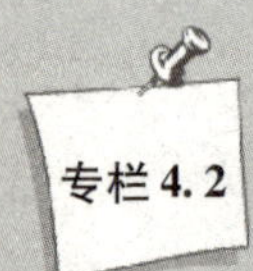

我国社会养老保障发展历程

从1999年进入人口老龄化社会以来，养老问题成为政府十分关注的民生问题。现今，我国主要存在两种养老保障模式：家庭养老保障和社会养老保障。中国社会养老保障制度是伴随着经济发展和社会进步而产生与发展的，1951年《中华人民共和国劳动保险条例》正式颁布实施，标志着城镇职工养老保障制度在全国第一次创建。现行的改革框架设立于1997年，基本采用了世界银行（1994）倡导的多支柱养老保障模式，提出“三支柱”养老保险体系的改革思路，即：以再分配支柱、强制储蓄支柱和自愿储蓄支柱共同组成的多层次养老金筹集、管理与给付体系的模式，根据中国的具体国情，我国创造性地实施了“社会统筹与个人账户相结合”的基本养老保险改革模式。我国社会养老服务体系的建设和发展经历了市场逐步让渡给社会的渐进变迁过程（表4.3），初步建立了社会养老服务体系，以居家为基础、社区为依托、机构为支撑，着眼于老年人的实际需求，优先保障孤老优抚对象及低收入的高龄、独居、失能等困难老年人的服务需求，兼顾全体老年人改善和提高养老服务条件的要求。

表 4.3　我国社会养老服务发展历程

年份	发展进程
2000	民政部提出“社会福利社会化”政策，养老服务在社会力量参与下日益活跃
2006	《关于加快发展养老服务业的意见》，通过一系列相关政策把社会福利社会化体系逐步完善，“养老服务业”作为专门用语被明确提出
2008	《关于全面推进居家养老服务工作的意见》，定义了居家养老服务的服务形式
2011	《社会养老服务体系建设规划（2011～2015 年）》提出要“以居家养老为基础、社区服务为依托、机构养老为支撑，资金保障与服务保障相匹配，基本服务与选择性服务相结合，形成‘政府主导、社会参与、全民关怀’的服务体系”
2013	《关于加快发展养老服务业的若干意见》，推动养老服务业的快速发展

（二）山东省养老保障取得的成效

1. 养老保险制度不断完善

养老保障制度又称老年保险，是指国家立法强制征集社会保险费（税），并形成养老基金，当劳动者退休后支付退休金，以保证其基本生活需要的社会保障制度，是社会保障制度的最重要内容之一。山东省的养老保险制度体系主要包括城镇职工基本养老保险和城乡居民基本养老保险，其中城镇职工基本养老保险包括机关事业单位养老保险和企业职工养老保险，城乡居民基本养老保险在 2013 年新型农村社会养老保险与城镇居民社会养老保险合并为一。目前，山东省积极推进机关事业单位养老保险制度改革、城乡居民养老保险制度的衔接，逐步建立兼顾各类人员的养老保险待遇正常调整机制，分享经济社会发展成果，保障退休人员基本生活。

（1）城镇职工基本养老保险成就显著

①覆盖面不断扩大

山东省城镇职工基本养老保险制度的覆盖水平稳步提高。参加企业基本养老保险制度的劳动者从 2010 年的 1459.5 万人增长到 2014 年的 2370.2 万人，同期参加机关事业养老保险的人数从 313.5 万人增长到 332.7 万人（图 4.16），同期山东省各地市参保率大部分也有所上升（表 4.4）。覆盖水平提高

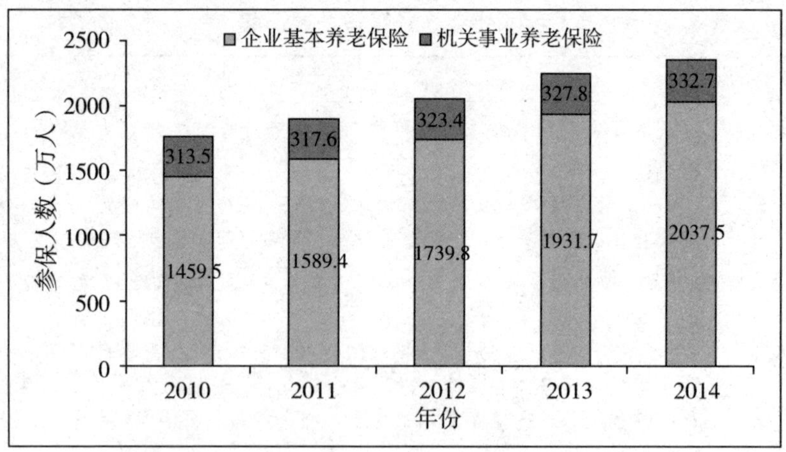

图 4.16　城镇职工社会养老保险参保人数

注：城镇职工社会基本养老保险参保人数包含离退休人数。

表 4.4　　2014 年山东省及各地市城镇职工养老保险参保状况

地区	人数（万）	参保率（%）
山东省	2370. 20	0. 24
青岛市	393. 19	0. 43
威海市	106. 82	0. 38
济南市	250. 63	0. 35
烟台市	230. 89	0. 33
淄博市	140. 06	0. 30
莱芜市	38. 57	0. 29
东营市	50. 16	0. 24
日照市	59. 89	0. 21
枣庄市	75. 54	0. 20
泰安市	110. 03	0. 20
潍坊市	175. 88	0. 19
济宁市	139. 16	0. 17
滨州市	64. 81	0. 17
德州市	76. 57	0. 13
临沂市	131. 92	0. 13
聊城市	70. 79	0. 12
菏泽市	91. 63	0. 11

资料来源：2015 年山东统计年鉴。

还体现在城镇从业者养老保障待遇水平的提高，按照统一部署，2014 年 12 月 31 日前已按规定办理退休、退职手续并按月领取基本养老金的企业退休、退职人员从 2015 年 1 月 1 日起调整，连续十年提高基本养老金，月人均由 2005 年的 700 余元提高到 2400 元左右，增长两倍左右。

②资金收支状况不断改善

城镇职工养老保险基金的收支情况是反映该制度发展状况的重要评价指标，统计数字显示，山东省养老保险基金的收支状况不断改善，制度可持续性显著增强。从图 4. 17 可以发现，每年的养老保险基金的收入都超过基金的支出。原因在于政府财政大幅度增加对基本养老保险基金的补贴，保证了养老保险基金维持每年盈余的状态。同时养老保险制度覆盖率的扩大为养老保险制度引入了更多的缴费者，降低了养老保险制度的负担比，改善了基金的收支状况。

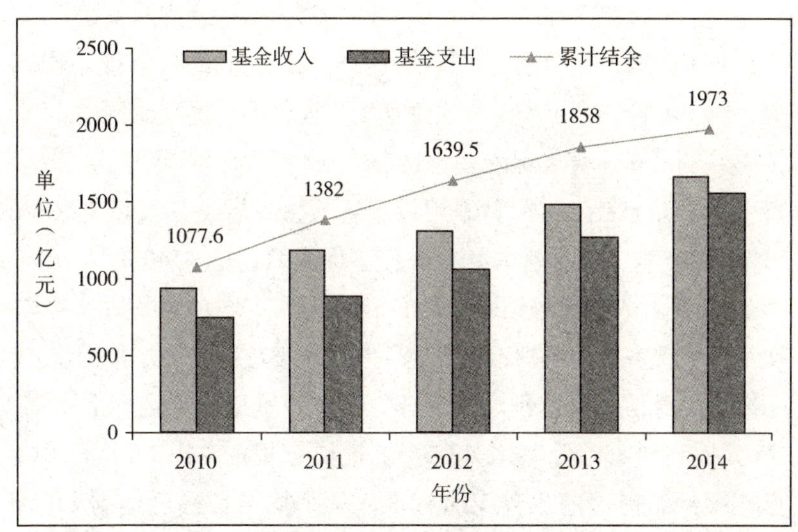

图 4. 17　城镇职工养老保险基金及累计结余

③机关事业单位养老保险改革启动

2015 年 7 月山东省在全国第一个印发了《山东省机关事业单位工作人员养老保险制度改革实施办法》，进一步明确了改革相关配套政策。标志着山东省机关事业单位养老保险制度改革的总体方案和主要政策已经明确，告别养老保险“双轨制”，正式进入了改革的实质性启动阶段。此次基本思路是“一个统一、五个同步”。“一个统一”，即党政机关、事业单位建立与企业相同基本养老保险制度，实行单位和个人缴费，改革退休费计发办法，从制度和机制上化解“双轨制”矛盾。“五个同步”，即机关与事业单位同步改革，职业年金与基本养老保险制度同步建立，养老保险制度改革与完善工资制度同步推进，待遇调整机制与计发办法同步改革。

在缴费政策上，事业单位参照企业职工基本养老保险制度，实行社会统筹和个人账户相结合的方式，基本养老保险费由单位和个人共同负担，实行“3倍封顶、60%托底”的政策：超过省或市上年度在岗职工平均工资3倍的部分，不计入个人缴费工资基数；低于60%的，按60%计算缴费基数；坚持“长缴多得”“多缴多得”；同时，为保证改革的平稳过渡，避免改革前后退休人员待遇的大幅波动，实行“老人老办法、新人新办法、中人逐步过渡办法”；考虑山东省实际情况，首先在全省建立统一政策和缴费比例，再过渡到省级统筹制度。基金纳入社会保障基金财政专户，实行收支两条线管理，确保基金安全；明确养老保险关系转移接续，实现两地之间的基金利益平衡，避免流动阻碍；给予劳模、高级专家一次性奖励，退休不再提高比例。

（2）城乡居民基本养老保险并轨整合

2013年，山东省社会保障体系建设实现了城乡居民基本养老保险的并轨整合。截至2014年，居民基本养老保险参保人数已达4540万人（表4.5），比去年增加27.1万人，待遇领取人员1353.4万人。城乡居民基本养老保险制度第一次消灭了城乡身份差别，在养老保险实现发放同步、增长同步，养老保险待遇不因居民身份而有差别。2015年，山东省基础养老金标准由每人每月不低于75元提高到85元，增长13.3%，比国家规定高出15元。2012以来，山东省已连续4年提高基础养老金标准，年平均增长幅度达到11.5%（图4.18）。

同时，为了确保被征地农民的社会保障权益得到维护，2012年山东省将这一群体纳入城乡居民社会养老保险制度，当年城乡居民社会养老保险参保人数4401.2万人，1257.5万人按月领到养老金。2013年，出台被征地农民养老保险办法，先落实社会保障资金后批准征地的“先征后保”原则成为征地前提，将被征地农民的社会养老保障权益维护关口提前，所有新征土地均要坚持先落实社会养老保障资金后批准征地的办法。

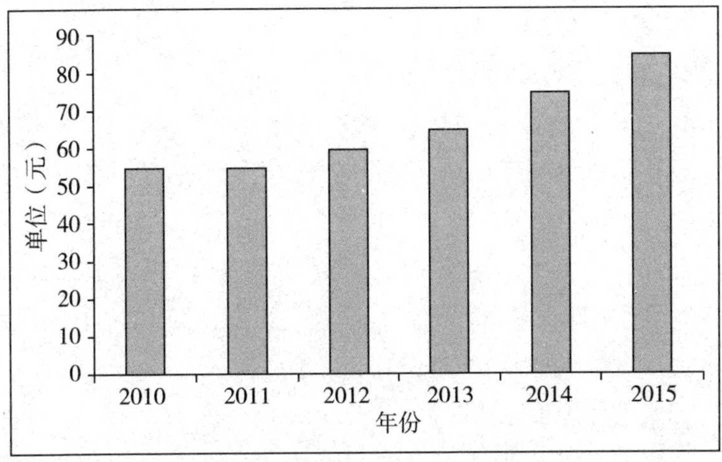

图 4. 18　基础养老金标准变化

表 4. 5　　2014 年山东省及各地市居民养老保险参保状况

地区	参保人数（万）	达到领取待遇年龄参保人数（万）
山东省	4540	1353
青岛市	3001	945
威海市	983	430
济南市	2236	738
烟台市	3214	1063
淄博市	1509	569
莱芜市	499	179
东营市	744	242
日照市	144	40
枣庄市	192	48
泰安市	282	80
潍坊市	472	136
济宁市	447	113
滨州市	179	60
德州市	309	83
临沂市	545	157
聊城市	296	846
菏泽市	455	134

资料来源：2015 年山东统计年鉴。

2. 社会养老服务体系日渐完善

（1）建设资金投入力度更大

2015 年，山东省财政加大投入，共安排资金 45.19 亿元。其中城乡居民社会养老保险补助 30.04 亿元，养老服务发展专项资金 9.1 亿元，离休干部“两费”保障资金 2.27 亿元，80 周岁以上低保老年人高龄津贴 2.08 亿元、农村五保供养资金 1.11 亿元、困难家庭失能半失能老年人养老护理补贴 4500 万元，保障特殊困难老年人基本生活，百岁老人长寿补贴 1350 万元，多方位保障老年人生活，使老年群体共享经济社会发展成果。

（2）养老服务格局更加科学

目前，山东省已基本形成了以“居家为基础、社区为依托、机构为支撑”、覆盖城乡的多样化养老服务体系，并将此作为调结构、惠民生、促升级的重要力量，社会养老服务体系建设取得了长足发展。居家养老方面，2014 年，山东省新开展居家养老服务项目的企业达 200 多家，各地探索形成了公建民营、民办公助、医养结合、互助养老、政府购买服务等多种养老模式。多元化运营模式，为老年人提供更加规范、标准的养老服务。社区养老方面，探索出了政府建设社会管理的“共建民营”社区养老模式。机构养老方面，养老服务机构和养老服务床位数量显著增加，2014 年年底，山东省共有各类养老机构 3049 家，比上年增加 300 家，社区老年人日间照料中心 2579 家，农村幸福院 5745 家，各类养老床位 52 万张，年内新增 8 万张。

二、社会养老存在的突出问题

（一）养老保险制度仍需完善

1. 人口老龄化压力

山东省作为全国第二人口大省，早在 1994 年就进入人口老龄化社会，山东省面临的老龄化形势尤为严峻，截至 2014 年底，山东省 60 岁以上老年人近 1800 万人，总数居全国之首，占比将近 20%。老龄化进程与经济发展速度不同步，“未富先老”使养老保险制度面临双重挑战。人口老龄化导致的老年人口总量增加，一方面直接增加了养老金支付的数额，另一方面又减少了养老金的供给，对原有的养老保险制度构成了双重压力。养老金来源问题、社会保险、最低生活保障问题等人口老龄化的推进与社会养老保障滞后之间的矛盾变得日益尖锐。如何解决老龄化所带来的养老保障、医疗保健以及老年生活质量等问题，已经成为摆在全省经济社会发展面前的重大课题。

2. 养老金并轨存在困难

（1）养老保险制度“碎片化”倾向严重

尽管养老金并轨已经正式进入了改革的实质性启动阶段，但制度的碎片化仍是目前城镇职工养老保险体系存在的关键因素。从目前情况看，山东省仅在统一制度、统一缴费、统一待遇几个方面基本达到国家要求，而对于基金管理未实现完全统筹。同时由于长时期养老资金来源、缴费比例、养老待遇、养老资金来源等各有不同，在养老保险转移接续上还有很多工作要做。山东省的养老保险基金管理、经办服务管理、信息管理等方面都未完成有效衔接。

（2）养老基金管理不完善

山东省养老基金管理中存在的问题包括：一是个人账户的“空账化”问题。目前的养老保险体制采用社会统筹和个人账户相结合的制度。但实际中因为各种因素，这种制度的目标并没有实现。在改革中由于隐形债务所需资金没有严格的制度约束，造成实际社会统筹账户资金缺乏时需从个人账户借支，形成个人账户空账运行，山东省个人账户资金依然存在巨大缺口。二是养老保险统筹问题。山东省养老保险历年滚存结余基金以及当年收支结余基金依然实行留存各市管理的办法，总体上未实现保值增值，分散管理不仅增加了地方政府的管理成本，而且影响了养老保险金统筹调剂功能的发挥，削弱了社会保险机构应对风险的能力，使养老保险基金的安全性受到威胁。

3. 城乡居民养老保险发展受阻

（1）养老金水平偏低

近年来，山东省不断扩大参保人数，但面临着养老金水平偏低的“先天不足”。养老保险的基本特征是人多力量大，缴费的越多，养老保险基金支付能力越强。但由于物价上涨等因素的影响，养老金的连年提高并没有显著提升城乡居民生活水平。城乡居民和职工的基础养老金标准相差甚远，2015 年，山东省城乡居民基本养老金提高到 85 元/月，明显低于同时期企业退休人员养老金平均 2655 元/月的水平，基础养老金制度模式还到达全国统一、城乡统一的程度，社会公平正义的基础亟待夯实。

（2）养老保险经办工作任务繁重

新农保和城居保的合并时间紧，任务重。涉及户籍人口的登记与确认、养老保险缴费信息的联网等诸多事项。如何做好居民养老保险工作的同时推动新农保与城居保的合并，对经办机构的设置和经办人员的能力都提出了很高的要求。村金融便民服务网点建设对于方便参保人持卡缴费、领取养老金待遇和相关信息查询等具有重要意义。但是在位置偏僻的农村地区如何合理设置金融服务网点，农村参保居民如何使用社会保障卡也是需要努力解决的问题。

4. 多支柱养老保险制度发展不协调

从目前来看，山东省基本养老保险制度得到了一定的发展，但社会养老保险覆盖面仍较窄。健全的社会养老保险制度应该能覆盖全部人群，不管是农村人口还是城镇人口，尤其是农村人口更应享受基本社会养老保险。但山东省长期以来由于采用计划经济制度造成城乡隔离，并在社会保障和公共服务供给中对乡村人口采取差别性政策，“多轨制”的养老安排既有失公平，又损失效率。

由于多支柱养老保险体制中的第二、三支柱发展滞后，导致多支柱多层次体系流于形式。企业补充保险和职工个人储蓄性保险发展十分有限。相关法律不健全，税收优惠政策不统一、行业差别明显，企业负担过重，经济效益差的企业不会建立企业年金。商业保险规模保费总额少，个人养老保险市场发展不成熟，配套体制不健全。此外，城镇人口中自由职业者、待业人员和农村人口社会养老保障问题也亟待解决。

（二）社会养老服务体系不健全

1. 农村传统的养老模式受到冲击

传统的养老模式主要包括家庭养老和土地养老。家庭养老是传统的养老方式，20 世纪 80 年代初进行农村经济体制改革，以家庭联产承包责任制替代人民公社制，家庭养老成为主要养老方式。实行改革开放后，由于农村年轻劳动力的进城务工，空巢老人因年老无能力承包土地，面临养老风险；家庭规模缩小核心小家庭迅速增加；日益发达的市场经济条件下，重经济利益为主体的家庭观和价值观冲击着传统的家庭养老思想。传统认为的“多子多福”观念正在淡化，迫切要求制度式的社会养老保障。

山东省是典型的人多地少的省份，根据山东省第二次土地调查结果看，人均耕地 1.21 亩，低于全国人均 1.52 亩的平均水平，更低于世界人均 3.38 亩的水平，以土地保障为依托的养老模式正面临严峻挑战。加之近年来种地成本不断上升，农产品价格下降，农民收入跟着持续下降，2014 年底，城镇居民人均可支配收入为 29222 元，农村居民人均可支配收入 11882 元，不足城镇居民人均可支配收入的一半。由此可见，来自土地的农业收入已难以保证农民的基本生活，农村养老难以完全依赖土地保障。

2. 养老服务机构水平低

当前，山东省养老服务产品供给不足、比重偏低、质量不高。以养老机构为例，2014 年，民办养老服务机构中，床位数量 100 张以下的占总机构数量的 39.6%，床位数最少的只有 10 张，入住率在 70% 以下的占机构总数的 52.5%，90% 的机构亏损经营或基本持平。公办养老机构排队进不去，民办养老机构门庭冷清的现象仍非常明显。这与多方面的原因有关，养老产业化缺乏行业标准导致养老机构良莠不齐；养老机构由于缺少政府的有效扶持政策，陷入投资回收期长、融资难、招工难等问题；经营缺乏专业技术指导，大部分服务人员整体素质有待提高；人均床位少、投资少资金渠道狭窄、地区差异明显、城乡差异明显，民办养老机构定位混乱；山东人乡土和家庭观念也影响着养老产业发展。

3. 养老服务发展城乡差距不断扩大

十八大报告指出要“统筹推进城乡社会保障体系建设”，山东省是农业大省，也是人口大省，经济发展水平难以和发达地区的经济相比，加上农村公共资源相对贫乏，社区建设比较落后，农村老年人经济收入偏低且国家供养标准也低，导致农村养老机构从数量和质量上都无法满足老年人的需求。在养老护理人员和基本设施建设等各个方面，农村都落后于城区水平。

4. 社会养老服务水平不高

在发达国家，按照 3 个入住老人需配置 1 个专业服务人员计算，养老服务人员的数量占老年人口比重最低不少于 1%，而山东省远未达到。养护人员工资和福利待遇偏低，行业整体缺乏活力和发展后劲。多数护理员业务素质有待提高，收费标准也提不上去，容易形成恶性循环。目前，山东省的护理人员很少经过正规院校培养与岗位训练，绝大部分人缺乏专业的护理知识，服务技能低。

5. 投资主体单一

随着经济社会的发展、市场的开放，民办养老机构得到了快速发展，但从投资规模和投入力度来看仍不能满足目前需求。目前，山东省养老机构投资仍以政府民政部门为主，虽然已出台政策保障和促进社会力量参与养老服务业的发展，但仍缺乏相关配套设施。政策不完善，缺乏具体的发展规划；政府资助政策有限，过于强调服务活动的福利性、公益性；相关税费减免政策缺失及落实不到位等等问题都限制了民间资本投资社会养老服务业。

三、社会养老体系的健全与完善

（一）建立公平可持续的养老保险制度

1. 深化城镇职工养老保险制度

（1）适时启动延迟退休政策

退休年龄较低，不利于个人生命周期中的资源配置，也不利于整体的劳动力供给和需求的平衡。退休年龄将影响劳动力市场从而影响经济发展，如果按现有的退休年龄，必然导致未来的劳动力供给无法满足需求，从而阻碍经济的健康增长。同时，退休年龄的延迟在客观上会增加养老保险制度缴费者的数量，降低养老保险制度的负担比，从而起到改善养老保险制度运行情况的积极效果。

（2）调整个人账户的管理模式

继续坚持社会统筹和个人账户相结合的基本养老保险制度，完善个人账户制度，健全多缴多得激励机制，确保参保人权益。促进社会统筹制度的定性，逐步实现基础养老金统筹，坚持精算平衡原则。

2. 推进机关事业单位养老保险制度改革

（1）明确目标模式

明确机关事业单位养老保险制度改革的目标模式：多层次、部分积累、部分融合的机关事业单位保险制度。建立多层次的制度体系，发挥不同层次制度的作用，可以设立三个层次，即机关事业单位基本养老保险制度、公职人员职业年金、自愿性养老储蓄制度。实现部分积累，总体上实行现收现付与基金积累相结合。同时，建立与其他群体养老保险制度相一致的基本养老保险制度作为制度融合的基础，建立公职人员职业年金制度来体现职业特点和激励原则。

最终实现公平与效率的结合，促进不同职业人员的自由流动，降低机关事业单位养老保险改革的难度。

（2）健全筹资机制和待遇计发机制

进一步贯彻山东省在 2015 年 7 月建立的机关事业单位职业年金制度，按照工资总额的 8% 缴费，个人按照本人缴费工资的 4% 缴费，连同投资运营收益全部收入个人账户。按照国家规定，职业年金基金实行市场化投资运营，同时按照不同层次采用不同的筹资模式。改善完善机关事业单位养老金计发办法，对待遇确定模式、待遇水平、待遇确定资格、待遇计发办法等方面进行调整。

（3）完善基金管理与机制

建立与财政管理体制相适应的征收、管理和支付责任制度。在全省范围内执行统一基本养老保险制度和政策，统一基本养老保险缴费比例和缴费基数计算口径，统一基本养老金计发办法、统筹项目和标准及基本养老金调整办法，统一编制和实施基本养老保险基金预算，统一基本养老保险业务经办规程和管理制度，统一建设信息管理系统。此外，机关事业单位基本养老保险基金单独建账，与企业职工基本养老保险基金分别管理使用，基金实行严格的预算管理，纳入各级财政社会保障基金财政专户，实行收支两条线管理，专款专用。同时，依法加强基金监管，确保基金安全。

3. 进一步推进城乡居民养老保险制度的优化

（1）扩大制度覆盖面

城乡居民基本养老保险制度定型后，继续通过政策层面、工作层面和制度层面不断加强城乡居民养老保险制度的进一步优化，扩大城乡居民基本养老保险制度覆盖面。鼓励、引导有条件的城乡居民积极就业并参加职工基本养老保险，落实被征地农民养老保险政策，努力覆盖游离于基本养老保险之外的农民工和农村居民群体。同时加强宣传，充分利用媒体工具等多种形式的宣传，以“让每一位居民了解城乡居民养老保险政策”作为宣传目标，以覆盖更多的城乡居民。

（2）建立待遇调整机制

城乡居民养老保险待遇调整主要指基础养老金的待遇调整。根据山东省现行模式，城乡居民养老金主要来源于基础养老金和个人账户养老金，个人账户养老金的待遇水平与个人选择的缴费档次和省政府财政补贴政策有关，基础养老金主要由中央财政和省财政提供。山东省应在中央提供全国同等水平的基础养老金的基础上根据自身财政实力附加供给。在调整过程中应遵循适度性、适时性、效率性原则，注意基础养老金调整系数不能低于通货膨胀率，不能损失经济效率和经济动力。通过基础养老金的调整要使城乡老年居民分享到经济发展成果，即基础养老金调整系数应与通货膨胀率和经济增长率挂钩。

(3) 完善缴费激励机制

为改变财政补助继续用好用足已有激励措施，引导城乡居民早缴费、多积累，提高个人账户养老金。在坚持城乡居保自愿参保的前提下，增强缴费激励和约束机制，健全多缴多得激励机制，完善相应的制度安排，推进缴费补贴的有效递进，促使城乡居民积极参保，避免中断缴费。

(4) 优化经办管理机制

提升基层经办管理能力，相应增加基层工作人员编制，加强培训考核，为基础工作人员设置适当、合理的薪酬；建立完善的信息平台，政府财政提供充分经费支持，对信息平台工作人员进行专业培训，建立贯通的信息网络，实现参保信息的上报和反馈；积极发展电子政务，改善基层硬件设备，培训一批技术能手，提升其业务管理能力。根据经济发展和各方面承受能力，科学确定城乡居民保基本目标、居民基础养老金水平，进而分享社会经济发展成果；加快研究结余基金投资运营办法，实现基金的保值增值。

4. 完善多支柱的养老保险体系

山东省应逐步建立多支柱的养老保险体系，但由于经济发展水平和市场发育程度等方面的制约，在目前的改革过程中将更多的精力倾注在第一支柱建设上，使其作为中坚力量承受主要压力。在倾力完善第一支柱的同时，投入更多的力量拓展、发挥第二、三支柱的作用，政府应提前出台以税收优惠为核心的鼓励政策，充实企业补充养老保险，鼓励个人储蓄养老保险，以此减轻政府压力，适度降低其替代率，以发挥其应有的引导作用。

(二) 推进养老服务体系建设

1. 加强居家养老服务设施建设

改善居家养老环境，健全居家养老服务支持体系。在全省实施困难老年人家庭无障碍设施改造工程，为老年人各种活动等提供便利。在城市，按照就地就近、老年人自愿、政府鼓励的原则，推动建立邻里互助点以及老年助餐点等居家养老服务载体；在农村，以建制村和较大自然村为基点，依托村民自治和集体经济，积极推进农村互助养老模式。扶持城乡居家服务机构发展，进一步开发和完善服务内容和项目，逐步建立起覆盖城乡的居家养老服务网络，为居家老年人提供便利服务。

2. 加强社区养老服务设施建设

结合街道（乡镇）社区服务设施建设，增加养老设施网点，增强社区养老服务能力。在农村，以乡镇敬老院为依托建立区域性养老服务设施。在城乡社区，重点加强社区老年人日间照料中心建设，提升托养服务的能力，向有需要的老年人提供日间照料、短期托养、配餐等服务。建立一批示范性街道（乡镇）养老服务机构、社区老年人日间照料中心。提高养老服务水平，实现老龄工作由涉老部门向社会共同事业的转变，开展多种互助服务活动，提高空巢老人生活质量，完善为老服务大厅功能，为老年人打造全方位、多层次的居家养老服务网络。

3. 加强养老服务机构建设

按照政府、企事业单位、社会组织共同兴办的原则，重点推进供养型、养护型、医护型养老设施建设。加大对养老事业投入，对养老服务机构实行星级化管理和财政以奖代补办法进行扶持。现有的政府举办的养老机构应逐步向老年养护院转变，为社会兴办的养老服务机构提供示范。老年养护机构主要为失能、半失能的老年人提供专门服务，重点实现生活照料、康复医疗、护理、紧急救援等功能。符合条件的老年养护机构还应利用自身的资源优势，培训和指导社区养老服务组织和人员，提供居家养老服务，发挥示范、辐射、带动作用。其他类型的养老机构根据自身特点，为不同类型的老年人提供集中照料等服务。

4. 完善运行机制

充分发挥市场在资源配置中的基础作用，为各类服务主体营造平等参与、公平竞争的良好环境。公办养老机构应按照国家分类推进事业单位改革的总体思路，理顺运行机制，建立责任制和绩效评价制度，提高服务质量和效率。鼓励有条件或新建的公办养老机构实行公建民营，通过公开招投标选定各类专业化机构负责运营。负责运营的机构应坚持公益性质，通过服务收费、慈善捐赠、政府补贴等渠道筹集运营费用。加强对非营利性社会兴办养老机构的扶持，采取民办公助等形式，给予相应建设补助或运营补贴，支持其发展。鼓励民间资本投资建设专业化服务设施，开展社会养老服务。推动社会专业机构以输出管理团队、开展服务指导等方式参与养老服务设施运营，引导养老机构向规模化、专业化、连锁化方向发展。鼓励社会兴办养老机构收养政府供养对象，共享资源、共担责任。

（三）开创社会养老保障新思路

1. 创新社会养老服务模式

将养老服务体系建设作为民生工程的重要内容，紧紧围绕为广大老人提供更好养老服务这一目标，在创新养老服务模式上进行积极探索和实践，加快推进医疗养融合发展和拓展居家养老服务。在基础设施建设方面，因地制宜，整合资源，坚持以社区为中心规划和建设养老服务机构。利用社区医疗卫生的服务资源，为老年人提供预防、医疗、康复和保健服务。对于老年人居家养老的医疗问题应解放思想，创新养老服务模式，或在社区医疗卫生服务机构增设养老服务功能，或尝试将医院服务功能延伸至社区，由医生直接上门服务。采取以政府补贴和个人承担相结合的方式来满足社区居民对优质医疗卫生服务的需求。推动社会力量成为发展养老服务业的“主角”，到2020年全面建成以居家为基础、社区为依托、机构为支撑的覆盖城乡的多样化养老服务体系。

2. 创新养老服务管理机制

随着社会保障制度的建立与完善，传统的家庭养老功能和土地养老功能在逐步减弱，老年人的许多需求越来越多地依赖于社会，急需政府保护。政府应主要承担在企业走向市场的过程中老年人的保障工作，发挥在养老工作中的作用。健全养老网络体系，实现立体式全覆盖。创新服务管理办法，提高五保供养服务水平；创新养老机构运行机制，坚持政府引导和社会力量参与的原则，让社会力量进入市场，给养老市场输入新鲜和源源不断的血液，让养老服务走向社会化，带动相关就业；创新养老服务理念，推进养老服务产业化，探索发展医疗机构、教学单位与养老机构合作的新模式，由单纯的生活照料服务延伸到各个方面，增强养老服务机构的发展能力。

第五章　山东省科教兴鲁战略与现代公共文化服务体系建设

第一节　山东省科技发展与创新

以科技创新支撑山东发展，是全球化时代山东省发展的必然选择。改革开放以来，山东省取得了巨大的发展成就，但是土地、水、矿产资源及能源和生态环境的约束，使传统的经济发展方式难以为继。因此，山东省必须探寻新的发展道路，转变发展观念，创新发展模式，提高发展质量，实现全面协调可持续发展。山东省已经进入必须更多地依靠科技进步和创新推动经济社会发展的历史阶段，经济发展模式必须由依靠要素驱动转向更多地依靠创新驱动，由此，山东省可持续发展比以往任何时候都更加迫切地需要坚实的科学基础和有力的技术支撑，这就要求山东省科技发展的战略基点必须从跟踪模仿转向自主创新。

科学技术是第一生产力，是可持续发展重要的战略资源。大量发展经验表明，一个地方的现代化，关键是科学技术的现代化。山东省历来高度重视科学技术发展，采取了一系列加快山东省科技事业发展的重大战略举措，经过广大科技人员顽强拼搏，取得了一批重大科技成就，拥有了一批在海洋、农业、工业、民生等领域发挥重要作用的自主知识产权，促进了一批高新技术产业的迅速发展，造就了一批拥有自主知名品牌的优秀企业，提高了全社会科技素养等。这些成就，为繁荣山东省科学事业、推动经济社会发展和改善人民生活提供了有力的支撑，显著增强了山东省的综合实力和竞争力。当然必须清醒的看到，山东省的科技创新能力与全国先进水平相比仍有较大差距，同山东省经济社会发展的战略要求还有许多不相适应之处。因此我们必须下更大的决心、做更大的努力，进一步深化科技改革，大力推进科技进步和创新，推动山东省经济增长方式从资源依赖型转向创新驱动型转变，促进经济社会发展切实转入科学发展的轨道。这是摆在我们面前的一项刻不容缓的重大使命。

一、科技发展现状

（一）科技人才队伍不断壮大

对于科技发展来说，起决定作用的是人力资本的素质和能力。科技人员是科技发展的主力军，是体现一个省科技实力的重要因素。科技方面的竞争从根本上说是人才的竞争，科技人才是山东省的未来，是山东省科学事业发展的希望，科技人才的创新能力直接关系到山东省未来的兴衰。

1. 科技人才总量不断扩大

随着山东省教育事业的飞速发展，山东省人才队伍总量不断增加，每10万人口平均高等学校在校生数从2004年的1362人增长到2014年的2431人，增长了77.75%（图5.1）；研究生在校生人数从2004年2.8万人到2014年的7.4万人，增长了2.64倍（图5.2）。除了高校人才队伍不断壮大以外，山东省规模以上工业企业R&D人员的全时当量也在不断壮大，从2008年的10.75万人增长到2014年的23.08万人（图5.3）。

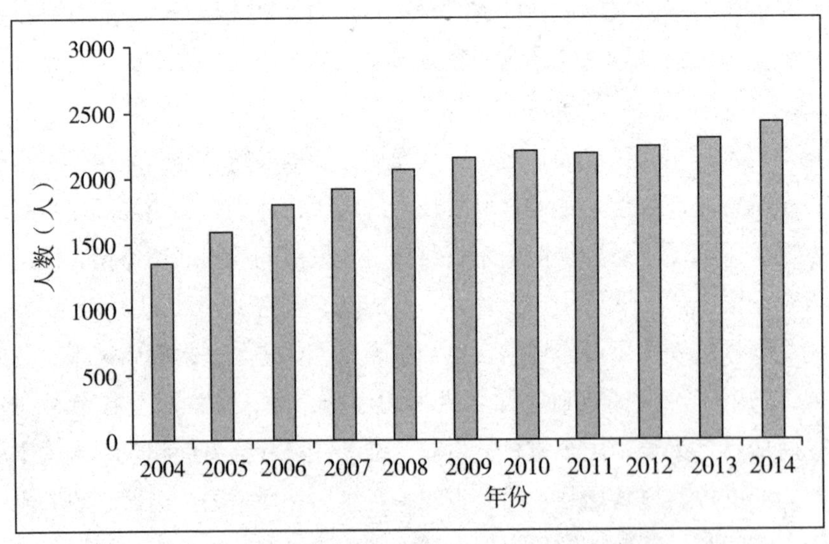

图5.1　2004~2014年山东省每10万人口平均高等学校在校生数

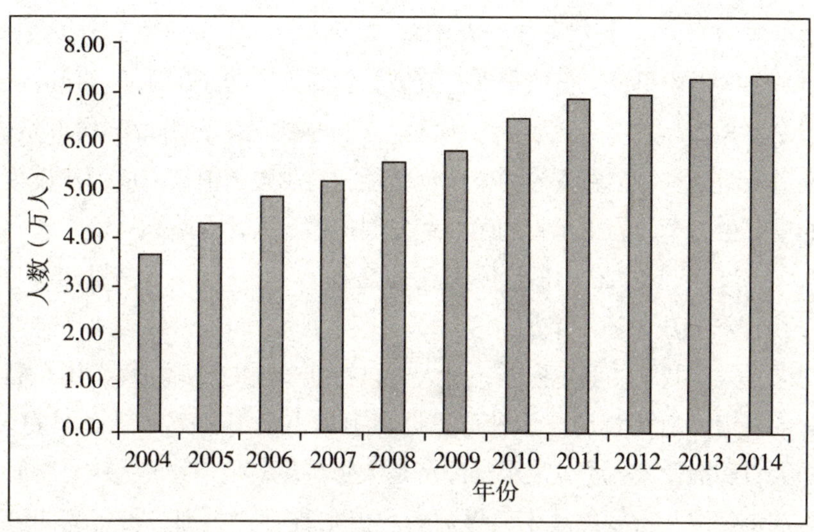

图 5.2　2004～2014 年山东省研究生在校生数

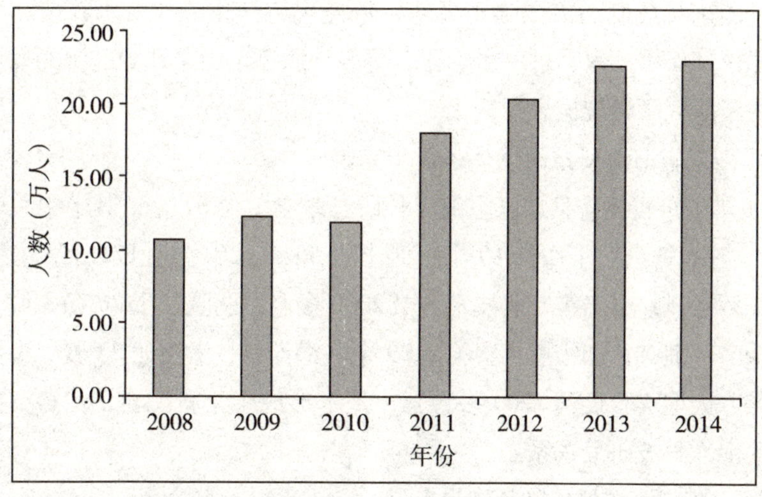

图 5.3　2008～2014 年山东省规模以上工业企业 R&D 人员全时当量

2. 科技人才层次结构更趋合理

2013 年，实施各类引智项目 548 项。新增“两院”院士 3 人，“百千万人才工程”国家级人选 12 人，享受国务院政府特殊津贴专家 115 人，山东省有突出贡献中青年专家 99 人，“泰山学者海外特聘专家”36 人。新设立博士后科研工作站 66 个，新招收博士后科研人员 700 人。新设立国家级高技能人才培训基地 3 家，国家级技能大师工作室 4 个，省高技能人才培训基地 6 家，省级技师工作站11个。新增高技能人才26.2万人，其中，技师、高级技师7.5万人。高层次人才引进工作取得新的突破，创新人才的作用逐步显现。全省引进外国专家8.2万人次，2万多海外留学人员学成归来，引智结构不断优化，引智渠道不断拓宽，创新人才的整体创新能力有了较大提高，成为建设创新型山东的重要生力军，为山东省的可持续发展提供了人才保障。

（二）海洋、农业、民生科技成果显著

1. 海洋科技成果逐年增加

海洋是人类共同的蓝色家园，是人类可持续发展的资源宝库。山东省位于我国东部沿海，海洋资源得天独厚，近海海域占渤海和黄海总面积的37%，是海洋大省和渔业大省。发展海洋经济是大势所趋，是国家的大政方针，而要想发展蓝色经济，就要靠技术、靠创新。山东具有“一洲二带三湾四港五岛群”的综合优势，凝聚了堪称“国家队”水平的海洋科技力量，拓展蓝色经济空间，山东科技发力海洋强省提速，依托现有技术，如海水养殖、海洋生物、海岸带环保等技术，进一步孵化，更好地服务于山东社会经济的发展，同时也加快了研究所科技成果的转化。

（1）山东省海洋科技研发体系逐步完善

2014年山东省拥有县属以上海洋科研、教学单位57个，其中中央驻鲁单位20个，建有博士后工作站10个、博士点55个、硕士点171个，海洋科技人员1.2万名，其中高级专业技术人员2000多名，两院院士20名，博士生导师450余名。拥有省部级重点实验室29个、海洋科技考察船23艘、海洋监测飞机3架、大型实验设备1200多台套，基本形成了学科配套、优势突出、设施完备的海洋科技研发体系。

（2）山东省海洋科技创新成果丰硕

2006～2014年山东省海洋科研教育管理服务业增加值逐年增加，从2006年的523.9亿元增加到2014年的1493.80亿元（图5.4）。2010年以来全省新增海洋科技项目2211项，其中国家级300万元以上重大海洋科技计划项目150项，国家“973”计划项目8项。取得重大海洋科技成果240项，产业化技术储备和系列化配套技术日臻完善和成熟。海水养殖、海洋工程和海洋药物等领域的一批关键技术取得重大突破，“海藻纤维食药用胶囊的研制”和“组织工程人角膜内皮体外重建技术”达到国际先进水平。海洋新兴产业体系初步建

成。海洋科技成果产业化势头强劲，海洋环境、生物资源和生态保护初见成效，基本形成海洋产业和区域经济互动融合的新格局，有力地支撑了半岛蓝色经济区建设。

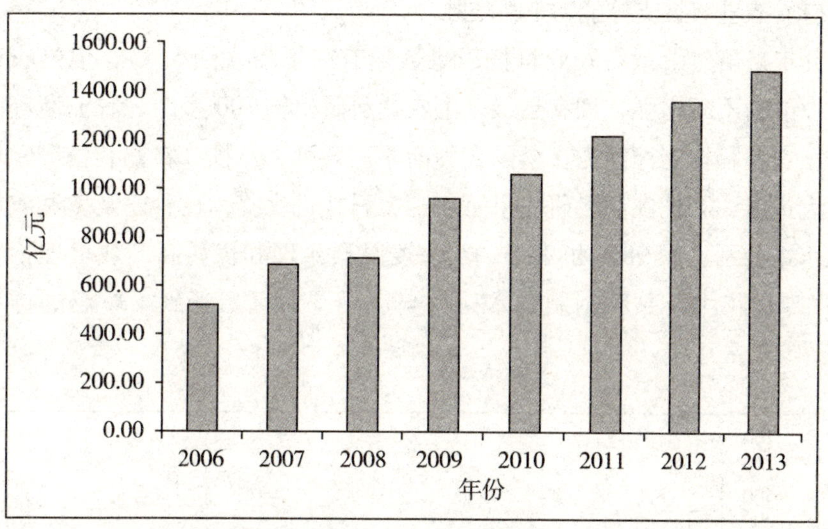

图 5.4 2006～2013 年山东省海洋科研教育管理服务业增加值

2. 农业科技逐年提高

农业关乎国家食物安全、资源安全和生态安全，农业可持续发展是当今世界性潮流，本世纪以来，特别是第二次世界大战以来，发达国家率先用现代科技和现代工业武装农业，主要是机械、化肥、农药的投入以及农作物杂交优势的应用，显著提高劳动生产率和土地生产率。但是，现代农业的发展也带来一系列新问题：一是随着人口急剧增长，食品供需矛盾增大。二是自然资源不足。例如森林面积减少、土地沙化、水土流失、草原超载、土地质量下降等。

人口和环境、生态和资源、经济和社会的不平衡发展，不仅影响当代人的生存，也影响子孙后代的延续和发展。这就促使人们重新考虑农业、人口、资源、环境的关系，努力排除农业可持续发展的不利因素，探索未来农业发展的方向和策略。农业可持续发展是以当代科学技术进步为基础，以持续增长的生产率、持续提高与保持土壤肥力、持续协调农村生态环境以及持续利用与保护自然资源为目标，以高产、优质、高效和农村共同富裕为宗旨，采用传统精细农艺与现代科技结合，用现代工业来武装，现代经营方式来管理，走农业集约化持续发展的道路。中国政府制定的高产、优质、高效农业，目标明确，内涵丰富，强调了农业的生产持续性、经济持续性和生态持续性的统一。

（1）农业科技支撑能力不断增强

近年来虽然山东省农业科技成果数量有些下降（图 5.5），但是农业科技支撑能力不断增强，拥有县级以上农业科研机构 100 多个、农业高等院校两所，农业科技支撑能力在全国名列前茅。育种、畜牧、农业装备等领域取得重大进展，一批农业科研成果荣获国家科技进步奖，良种普及率和农业机械化水平分别达到 98% 和 96%。“小麦品质生理和优质高产栽培理论与技术”“专用花生新品种创制技术研究与应用”等项目得到了广泛的推广和应用。

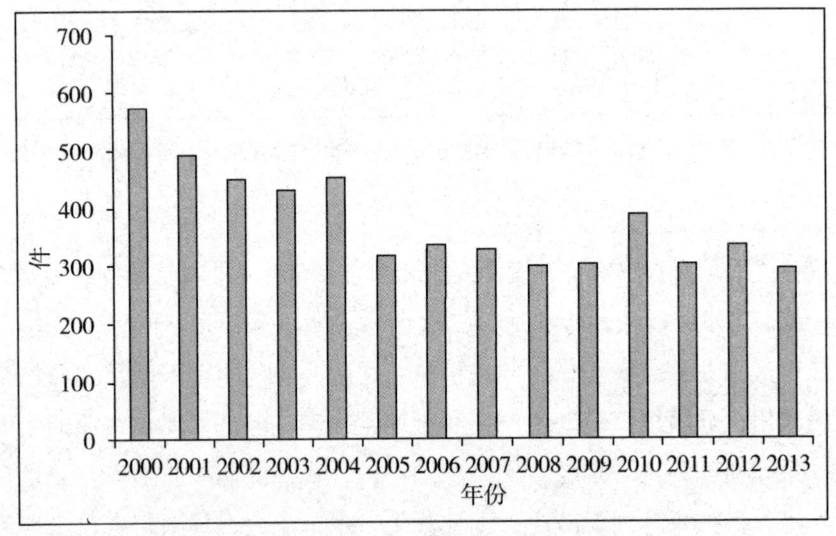

图 5.5　2000～2014 年山东省农业科技成果数量

（2）山东农业科技成果转化水平不断提高

农业新品种申请数量稳步增加，先进适用技术推广力度不断加大，实用科技成果整体转化率和科技进步贡献率不断提高，农业生产能力不断加强，粮食生产超过 867 亿斤，已连续 8 年增产。农业科技园区建设稳步发展，省级农业高新技术产业示范区纳入省级高新区规划管理，批准建设济南、济宁等 6 家农业高新技术示范区，建有各级各类农业科技园区 2000 多家。

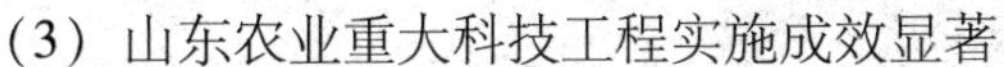

（3）山东农业重大科技工程实施成效显著

农业良种工程硕果累累，引进搜集作物种质 1.7 万份，畜禽、水产种质 1200 余份，创造优异种质 5000 余份；育成动植物新品种 600 余个，繁育推广畜禽良种 10 亿只。粮食丰产工程辐射带动小麦 1041.80 万亩，玉米 483.3 万亩。农村农业信息化工程纳入国家农村农业信息化试点。科技特派员工程进展顺利，推广引进新技术、新品种 12180 项，试点地区农民人均收入增幅 16% 以上。

3. 民生科技飞速发展

人类社会的发展是一个不断满足旧的需求并创造新的需求的过程。比如，人类工业化的过程极大地提高了社会生产力，但却带来了不同程度的环境和生态的破坏，导致如何实现可持续发展成为当今社会亟待解决的问题。再如，人类在有效防治旧的传染病或重大疾病之后，又面临了新的病毒的威胁、新的重大疾病的挑战，如何保障人类的生命安全和健康是人类永恒的需要。因此，尽管社会在不断进步，经济在不断发展，民生的问题仍然普遍存在，公众改善生存和生活状况的需求仍然广泛，区别只是在于不同时期要解决的问题存在着变化，有不同的特点。

民生科技是涉及民生改善的科学技术，是围绕人民群众最关心、最直接、最现实的社发发展重大需求，开展科学研究、产品开发、成果转化和科技服务。通过大力发展民生科技，山东省在提高医疗健康水平，加强资源综合利用效率，恢复和改善生态环境，应对突发自然灾害等方面取得了巨大成就。民生科技已成为山东省可持续发展的重要支撑。

（1）山东省公共科技事业得到较好发展

公共科技是以政府为主导的组织管理部门，运用科技政策合理配置科技资源，运用财政手段直接投入或引导和带动社会投资，对市场机制无法有效提供的公众需要的科技产品组织生产、分配与消费，满足社会与公众科技需求和公共利益的科技活动的总称。近年来山东省公共科技事业发展迅速，2014 年山东省共申报计划生育科技奖励 31 项，重大疾病防治、重大传染性疾病预防控制、环境对健康影响等技术研究取得重大成果，人口健康得到加强。公共安全设备得到提升，基本建构成山东省社会安全和信息安全保障体系。

（2）山东省重大新药创制取得重大突破

国家重大科技专项“重大新药创制”项目进展顺利，“山东省重大新药创制中心”进入国家新药研发大平台，构建了12个单元技术平台，培育了20家国家新药大平台产业化示范企业，启动了“泰山学者—药学特聘专家”专项建设工程，系统整合济南高新区、潍坊高新区和烟台高新区医药科技园区的优势资源，构建了山东创新药物孵化基地，成为全国7个国家创新药物孵化基地之一，争取经费3亿多元，为培育壮大新医药产业奠定了基础。

4. 绿色示范和环保技术发展迅速

改革开放以来山东省依靠生产要素的大量投入和扩张实现经济的快速发展，但是这种以“高资源消耗、高污染排放、高碳排放”为特征的粗放型经济发展模式，即黑色发展模式成为当前山东省发展的最大桎梏，导致环境污染危机、能源资源危机、极端异常气候变化以及生态危机等众多危机。党的十八大将生态文明建设纳入了中国特色社会主义事业“五位一体”总体布局，把“绿色化”提升到国家战略高度，表明中国生态文明建设的紧迫性和坚定性，同时也预示着我国将成为全球绿色革命的发动者、创新者、引领者。“绿色化”将成为山东省最大的战略机遇，近年来山东省环保技术的不断进步使得山东省“绿色化”建设得到快速推进，为其他省份绿色化的快速发展起到良好的示范作用。

（1）可持续发展绿色示范不断推进

近些年来山东省可持续发展与绿色化建设取得新的进展，山东省拥有国家可持续发展实验区8个，全省设立省级可持续发展实验区12个，推动黄河三角洲可持续发展实验区成为我国第一个跨行政区域的国家可持续发展实验区。黄河三角洲可持续发展研究院建设初见成效，黄河三角洲可持续发展产业技术创新战略示范联盟的支撑作用初显。在国家绿色发展试点实践方面，山东省走在前列，设立了生态市（县、镇）、智慧城市、低碳城市、循环城市、绿色城市等一系列试点建设工作。

（2）环保技术带动“两型”社会建设

环境污染危机、能源资源危机等资源环境问题是建设资源节约型、环境友好型社会理念提出的起因，又是“两型社会”建设的主线，也是以人为本、全面协调可持续发展的科学发展观的应有之义和内在要求。山东省围绕“五节一循环”，实施节能科技示范工程，组建节能技术战略联盟，推动节能技术与装备的研究、示范及产业化。清洁发展机制工作取得重要进展，在联合国成功注册33个清洁生产机制项目，年减排量约2114万吨，分别占全国的4.98%和10.55%，位居全国前列。

（三）科技创新能力明显增强

1. 技术创新能力迅速提升

进入新世纪，由于科技和信息化的飞速发展，单纯依靠消耗自然资源和发挥廉价劳动力的比较优势来积累资本、换取技术、发展经济的做法已经落后于时代。只有提高经济发展的科技含量，增强中国自主产业的发展潜力，实现经济发展方式由“数量型增长”向“质量型增长”的转换，我们才能在世界立于不败之地。在发展经济过程中，我们不仅要考虑人类对自然的开发能力，而且更要重视经济社会协调发展，重视人与自然和谐相处，尽可能以知识投入来代替物质投入，以达到经济、社会与生态环境的和谐统一。

（1）技术创新能力显著增强

近年来山东省重要科技成果数量（图5.6）有些下降，国内领先科技成果数量也在逐年递减，国际领先科技成果增长势头缓慢，但是山东省技术创新能力却在显著增强，技术市场成交额（图5.7）从2006年23.20亿元迅速增长到2014年的249.29亿元，8年增长了近11倍。

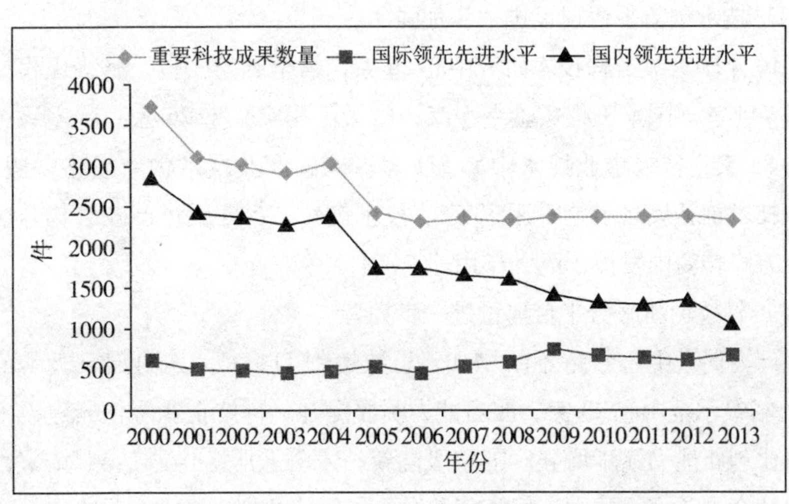

图5.6 2000～2014年山东省重要科技成果数量

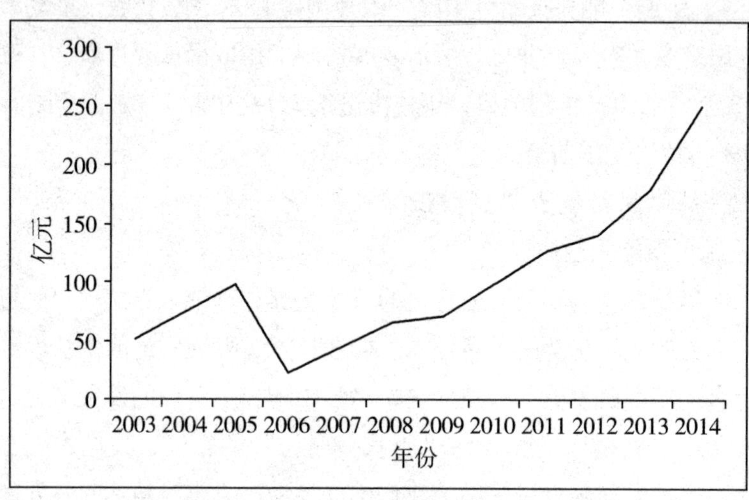

图 5.7 2003～2014 年山东省技术市场成交额

（2）源头创新平台建设取得进展

山东重大源头创新平台建设取得实质性进展，信息通信技术研究院建设良好，千万亿次超级计算机中心、山东量子通信研究院建设进展顺利。山东省重点实验室建设取得新进展，国家重点实验室 3 家、省部共建国家重点实验室培育基地 6 家，企业国家重点实验室 10 家，居全国首位，省重点实验室 123 家，省企业重点实验室 37 家。

（3）技术创新平台建设进一步加强

2010 年国家级工程技术研究中心 26 家，居全国第一位，省级工程技术研究中心 744 家。国家工程实验室 5 家，省级工程实验室 26 家。国家级企业技术中心 85 家，省级企业技术中心 511 家。国家产业技术创新战略联盟 3 家，省产业技术创新战略示范联盟 73 家。技术创新平台在促进产业结构升级和经济发展方式转变中发挥了巨大作用。

（4）科技创新服务平台建设进一步完善

生产力促进中心数量不断增加，总数达到 111 家，其中国家级示范中心 12 家，省级示范中心 23 家，服务能力明显提升。科技企业孵化器建设不断深入，孵化创新能力逐步增强。国家级高新技术创业服务中心达到 22 家，数量继续保持全国前列。技术市场繁荣发展，高新技术成为技术交易热点，技术市场培训和技术转移促进工作取得较大进展。

（5）科技基础条件平台建设明显改善

大型科学仪器设备协作共用效果良好，制定了《山东省大型科学仪器设备资源共享实施意见》《山东省大型科学仪器设备协作共用暂行管理办法》和《山东省省级新购大型科学仪器设备联合评议管理试行办法》，设立了共享激励资金，建立了大型科学仪器设备资源共享运行机制和组织协调机制，形成了共享服务新模式，全省大型科学仪器协作共用网入网仪器设备 3361 台，点击率超过 106 万次。科技文献共享与服务平台建设再上新台阶，建设数据库 21 个，收藏图书 4728.19 万册、期刊 162903 种。种质资源建设取得新成绩。

2. 自主创新能力显著增强

山东省是我国人口大省，2014 年人口达到 9789.43 万，虽然山东省土地、石油、金属矿产、海洋、生物等资源丰富，但是人均资源占有量短缺，特别是水资源不到全国人均水资源量的 1/6，是我国北方较严重的缺水省份之一，这些因素严重制约山东省的可持续发展，在这种条件下，要实现工业化，使九千七百多万的人口普遍过上比较宽裕的小康生活，并逐步走向现代化，必须依靠科技创新，改变大量消耗自然资源的粗放增长的模式，走资源消耗少的新型工业化道路。增强自主创新能力，提高资源利用效率，是实现山东省社会经济发展目标的根本出路。增强自主创新能力是优化产业结构、推进产业升级的中心环节，结构调整的任务主要有两个，一是消除结构性短缺或过剩，二是促进生产要素向效率更高的部门转移。现阶段山东省结构调整的重点是提高生产要素的配置效率，即提高技术密集型产业的比重，并用高新技术改造传统产业。因此实现结构优化升级的关键是掌握具有自主知识产权的高新技术，而这种技术的获得，必须依靠自主创新。

（1）专利审计受理和企业研发经费迅速增加

近年来山东省自主创新能力显著提高，专利审计受理数从 2003 年的 1.58 万件增长到 2014 年的 15.86 万件，增加了 10 倍（图 5.8）；专利授权数从 2003 年的 0.91 万件升高到 2014 年的 7.28 万件，增加了 8 倍（图 5.9）。山东省企业的创新能力也在迅速提升，规模以上工业企业 R&D 经费逐年增加，从 2008 年 345.40 亿元增加到 2014 年 1175.55 亿元，6 年增长了 3.4 倍（图 5.10）；规模以上工业企业 R&D 项目数也在逐年增加，2008 年规模以上工业企业 R&D 项目 1.07 万项，2014 年山东省有 3.44 万项规模以上工业企业 R&D 项目，增长了 3.2 倍（图 5.11）。

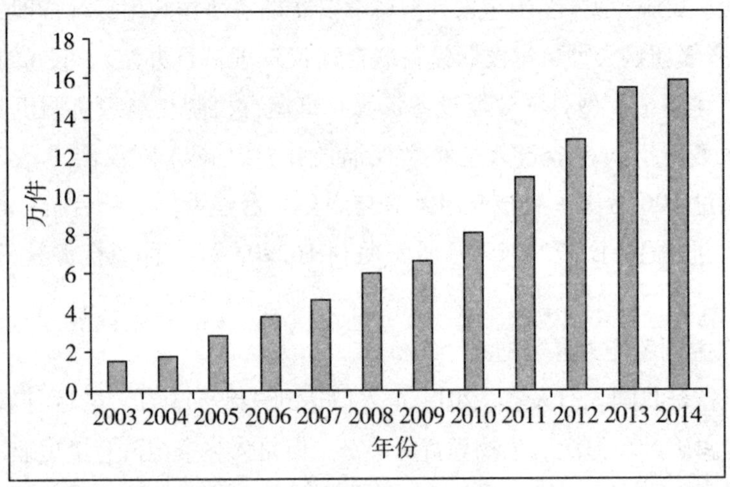

图 5.8　2003～2014 年山东省专利审计受理数

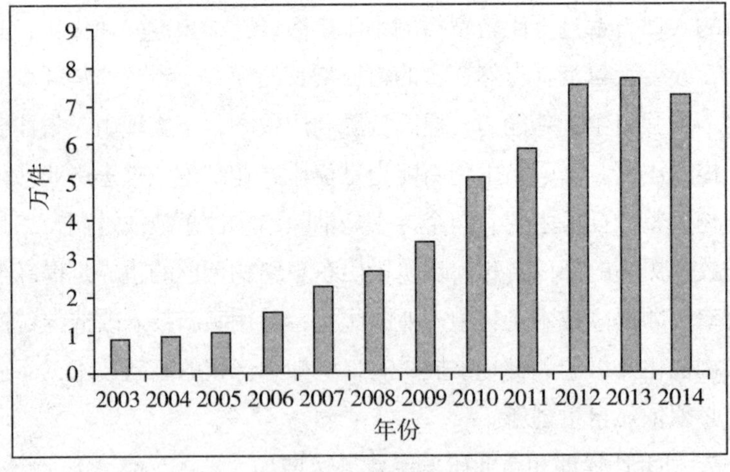

图 5.9　2003～2014 年山东省专利授权数

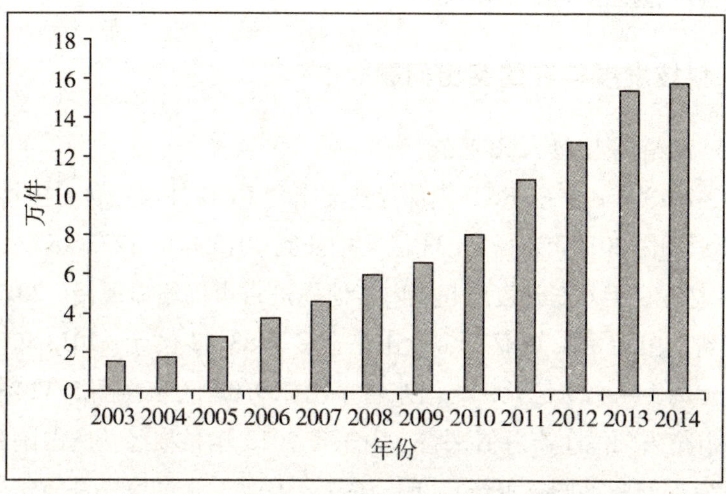

图 5.10　2008～2014 年山东省规模以上工业企业 R&D 经费支出

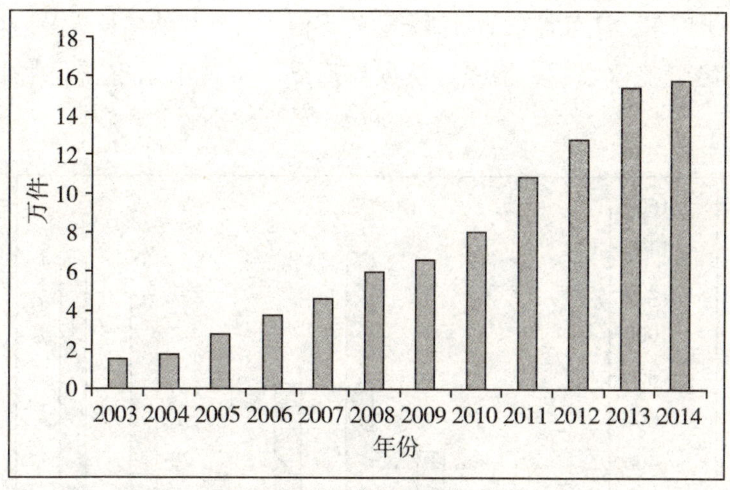

图 5.11　2008～2014 年山东省规模以上工业企业 R&D 项目数

（2）重大科技专项取得实质性进展

2014～2015 年，山东省重大科技专项累计安排 1.5 亿元资金，重点支持了东营石油装备、济南输配电装备、烟台海工装备、泰安矿山装备、济宁工程机械等装备制造产业集群，以项目实施为抓手，以关键共性技术和重大创新产品为突破口，引导产业集群加大自主创新力度，发展壮大龙头企业和关联小微企业，推动集群跨越式发展。经过多年培育，山东拥有装备制造业领域国家火炬计划特色产业基地 16 家，国家高新技术产业化基地 3 家，产值百亿以上规模的创新型产业集群达到十余个。

二、科技发展存在的突出问题

（一）政府科技投入比重低

2010～2013 年山东省 R&D 内部经费支出和 R&D 外部经费支出持续增长，R&D 经费总额由 2010 年的 720.33 亿元增长到 2013 年的 1233.15 亿，年均增长 170.94 亿元，但增长速度比起国内其他先进省市仍略显缓慢。2010 年广东省科技经费支出为 808.75 亿元，比山东省多了 88.42 亿元，2013 年广东省科技经费支出为 1442.20 亿元，比山东省多出 209.05 亿元（图 5.12）。从科技经费支出占全省国民生产总值来看，山东省 2013 年科技经费所占国民生产总值的比重为 2.23%，同样低于广东、江苏、上海、北京等先进省市。从规模以上工业企业科技经费支出情况来看，山东省规模以上工业企业的科技经费支出也是低于广东、江苏等东部沿海发达的省份。科技经费增长缓慢，对提高山东省国民经济整体素质、增强经济发展后劲、实现山东省工业化带来不利影响。

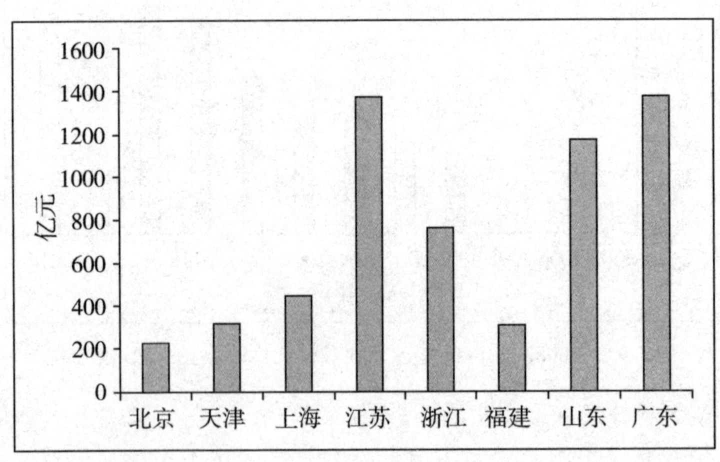

图 5.12　2014 年个别省市规模以上工业企业 R&D 经费

（二）科技发展环境有待完善

山东省制定的科技政策不足主要在于以下几个方面：一是创新需求鼓励政策不足。创新需求鼓励政策主要包括税收优惠及政府补贴、政府采购、标准设定、倾向性措施。山东财税激励政策主要面向供给端，如科研院所和特定企业，资金使用效率较低。二是自主创新激励政策制定和实施之间矛盾，影响政策整体效果。创新激励政策涉及科技、教育、财税、金融、产业、社会等众多领域，实施时通常遇到系统性不够，影响政策实施的整体效果。三是社会激励缺少政策扶持。山东科技奖励仍然以政府设奖为主，每年的财政预算非常有限，与科技激励需求还很不对称。阻碍山东科技科技发展的另一个障碍因素就是山东激励人才、鼓励创新创业的机制不完善，人才管理机制缺乏市场化和国际化，高层次创新人才十分紧张。此外，山东知识产权制度不够完善，产学研合作缺乏利益保护机制。

（三）科技创新平台数量偏少

山东省的科技创新体系还不完善，山东高校和科研院所的创新能力有待进一步提高。山东规模以上工业企业的研发机构较少，科技投入较低，科研能力较弱。2013 年山东省拥有的创新平台和载体主要有国家级可持续发展实验区 14 家、国家农业科技园区 7 家、国家级科技合作基地 32 个、国家级、省级工程技术研究中心分别为 34 家和 1091 家、国家重点实验室 3 个，企业国家重点实验室 10 个、省部共建国家重点实验室培育基地 5 个，省重点实验室 215 个、院士工作站 256 个、国家级创新型企业 45 家，可以看出山东省创新平台和载体数量较少，制约着山东省科技的可持续发展。

（四）科技创新人才队伍建设有待加强

人才是最宝贵、最重要的战略资源。科技创新人才为本，人才是科技创新的主力军。但是山东省科技人才短缺，2014 年山东省每十万人口平均在校大学生数 2421 人，还不到北京市的一半，低于天津、辽宁、上海江苏等发达省市（图 5. 13）。山东省 2014 年规模以上工业企业 R&D 人员全时当量为 23. 08 万人，比江苏、广东等发达省份少了将近 20 万人（图 5. 14）。山东省高层次人才同样缺乏，每万人中科学家和工程师仅为 14. 1 人，在全国排第 28 位，科研队伍中，有硕士以上学位的占专业技术人员的 0. 41%；两院院士、博士生导师、国家级有突出贡献的中青年专家、国家和省部级重点实验室带头人，只占专业技术人员总数的 0. 06%。

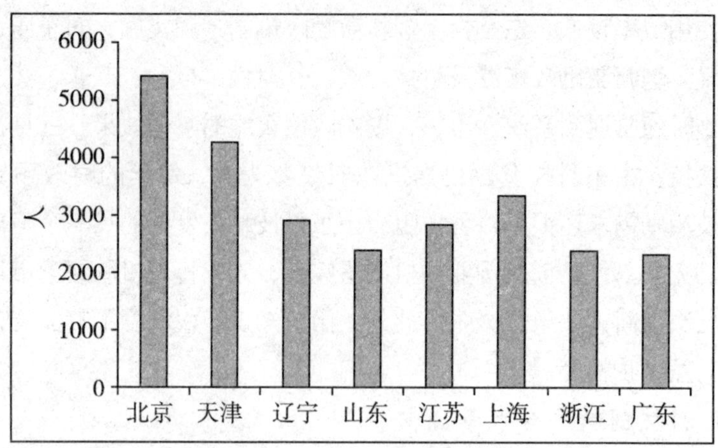

图 5.13　2014 年全国个别省市每十万人口平均高等学校在校生数

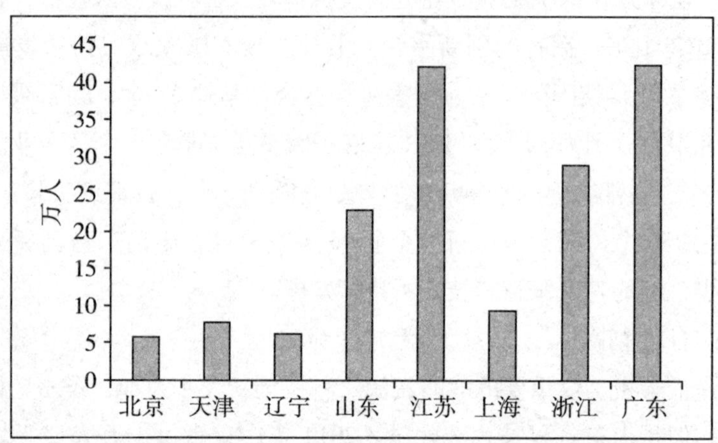

图 5.14　2014 年全国个别省市规模以上工业企业 R&D 人员全时当量

(五) 科技发展区域不均衡

改革开放的 30 多年来是山东省历史上经济增长最快、人民生活水平改善最明显的发展时期，同时也是面临区域发展失衡挑战日益严重的时期。区域失衡是当前山东可持续发展面临的突出问题之一，区域科技发展的失衡是山东省区域发展失衡的关键。2014 年山东省十七市中青岛市三种专利申请受理数最高，有 55174 件，其次是济南 23512 件，可以看出三种专利受理数较多的城市主要集中在鲁东、鲁中地区地市，而三种专利受理数较少的城市主要是分布在鲁西、鲁南地区（图 5.15）。从三种专利申请授权数来看，青岛、济南、潍坊、淄博等鲁东、鲁中地区的三种专利授权数较多，而菏泽、聊城、滨州、德州等鲁西、鲁南和鲁北地区较少（图5.16）。可以看出山东省科技发展存在着区域不均衡的问题。

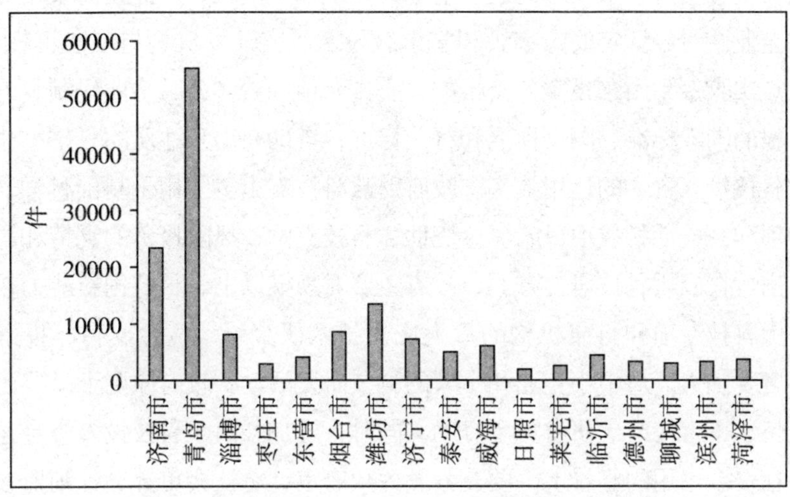

图5.15　2014年山东省各地市三种专利审请受理数

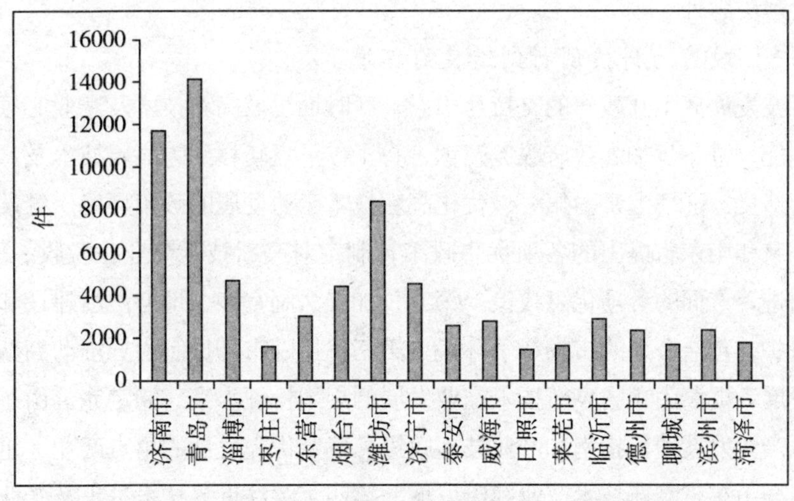

图5.16　2014年山东省各地市三种专利审请受权数

三、提高科技创新能力，建设创新强省

（一）加大政府对科技创新的直接投入

要提高自主创新能力就必须加大研发经费的投入。首先政府要加大研发经

费的投入，这是对自主创新最直接、最有效的激励措施之一。针对目前政府投入不足和投资分散的问题，要进一步优化科技资源配置，整合现有的省科技发展资金，重点支持一批技术先进、能形成自主知识产权、产业化前景良好的高新技术企业。对经认定的国家级和省市级技术研究开发机构与国家工程中心、国家重点实验室到山东设立分支机构，安排专项经费，鼓励企业研制具有自主知识产权的国际标准、国家标准和行业标准；资助在山东注册的科技型企业提高财政科技投入资金的运用效率。政府财政科技支出主要用于基础科学、科技重大专项和公益性科技项目的资金资助、科技奖励、风险投资的支持和科技管理的支出。在应用科技研究方面，政府主要对规模以上、科技创新能力较强企业的重大科技专项和科研机构的重大应用技术研究给予资金支持，投入要集中，力度要加大。对中小企业和个人的科技研发活动，政府原则上以奖励方式给予支持，不直接给予研发资金资助。同时，要加强财政科技投入资金运用的监管。在资金运用的监管上，要充分发挥政府审计、社会审计、计划监督、财政监督和纪检监督的功能，对资金不到位、虚到位、资金贪污挪用和资金浪费行为要严厉惩处。

（二）政府为科技创新创造良好环境

科技发展离不开政府的支持与引导，新时期发展高新技术及产业必须转变政府职能，进一步加强政府服务意识，将工作重点转移到为高新技术及产业的发展营造良好环境上来。第一，优化高新技术产业发展的政策环境。继续贯彻落实国家和山东省提出的各项优惠政策，制定对高新技术产业在税收、融资、人才引进等方面的各项优惠政策。第二，加强法制宣传、地方法治建设和知识产权保护，营造公平的市场竞争环境。第三坚持以市场机制引导推动高新技术产业发展，提高山东省高新技术产业发展的规划管理水平，制定完善山东省高新技术产业发展项目指南和产业技术政策，确定优先发展的重点产业、重点领域，引导山东省高新技术产业健康发展。第四，关注世界技术进步及产业化动态，加强与国外科技节、高科技企业的交流和联系，缩小山东省高新技术企业与国际先进水平的差距。

（三）建立和完善科技创新体系

深化科技体制改革，建立和完善适应市场经济要求的科技创新体系，是新时期科技进步的必由之路。要加快建立和完善科技创新体系，全面提高山东省科技创新能力。第一，加强与高校和科研院所的合作，推进研究开发体系建设。坚持走产学研相结合的路子，以山东大学、中国海洋大学等高校为依托，大力培育以高校为主的研发体系。重点抓好国际生物技术研发中心建设。第二，加大对企业研发机构的扶持，推进技术创新体系建设。积极引导企业加快建立研究开发机构，推动地方重点企业全部建立起工程技术研究中心，将企业技术开发机构建设纳入考核企业实力的重要指标体系，作为企业享受优惠政策的重要依据。第三，促进中介机构发展，推进创新服务体系建设。加快建立面向中小企业的技术支撑体系，为企业提供技术、评估、信息、咨询、法律、培训、投资担保等各方面服务，进一步发挥创新服务要素在配置科技资源、提高创新能力中的核心作用。

（四）实施人才战略

进一步强化“人才资源是第一资源”“人才是活资源”“人才国际化”和人才竞争“零距离”四大观念，充分发挥人才在科技创新和高新技术产业发展中的核心作用，坚持引进人才、培养人才和使用人才并重。第一，创新人才引进机制和方法，加强人才引进力度。人才是技术创新的关键，没有人才是没法提升技术的，21 世纪的竞争归根结底是人才的竞争。实施人才开放性战略，积极创造条件，不拘一格引进人才。第二，实施“人才层次提升培训工程”培养各类人才。人才引进只能解一时之急，不利于可持续发展。人才竞争的基础仍然要立足于人才的教育与培养。根据人才成长的不同阶段和不同条件，充分发挥山东省各高校资源优势，将学校正规教育与在职教育、继续教育及岗位培训结合起来。第三，建立和完善人才激励制度，确保来鲁人才真正人尽其才。进一步加大对现有人才的政府资金投入，从工资报酬、住房、福利、职称等多方面支持，稳定、留住现有的优秀人才，避免优秀科技人才流失。

（五）用区域科技发展校正区域发展失衡

对科技发展处于显著领先地位的青岛、济南等地区而言，建议充分利用自身在创新投入、创新产出和创新环境的领先优势，持续优化区域创新服务体系，提升创新投入产出效率，力争进入全国范围内的区域创新能力领先行列；对科技发展处于相对领先地位的烟台、淄博、潍坊等地区而言，建议在充分整合自身在新产品、创新人才、经济实力等方面的相对优势的基础上，加强基础研究和应用研究能力，进一步增强区域知识创造能力，实现创新投入、产出和环境的良性互动，进一步提升区域创新能力；对科技发展处于相对落后地位的菏泽、聊城、德州等地区而言，建议加强与省内外领先区域之间横向合作和交流，提升技术引进、消化和吸收能力，加大科技研发人才培养和引进方面的政策与资金方面的投入，提升区域创新人才的数量和质量，加强产学研资合作，提升创新成果产出，提升区域创新能力。

（六）促进科技创新平台与园区资源共享

完善公共技术平台，健全自主创新综合服务体系。现代科学技术涉及大量共性技术问题，建立公共技术平台非常重要。它既可以为大量中小企业提供研究开发、检验等技术服务，又可以优化科技资源配置。要立足共性技术领域，从企业和大学、科研机构现有的重点实验室、工程技术中心中确定一批作为公共技术平台予以支持，并根据实际需要新建一些高新技术的公共技术平台。这些公共技术平台实行市场化运作，向社会开放。要继续鼓励企业与省外高校或科研机构开展技术合作，有效使用外部技术平台，同时要重点支持海内外企业、高校、科研院所、行业协会及其他投资主体创办多元化科技企业孵化器。依托科技情报机构、高等院校和图书馆等联合建立专业性、资源共享的科技数据库和科技信息网。

第二节　山东省教育结构与教育均衡

百年大计，教育为本。教育是民族振兴、社会进步的基石，是提高国民素质、促进人的全面发展的根本途径，寄托着亿万家庭对美好生活的期盼。强国必先强教。优先发展教育、提高教育现代化水平，对实现全面建成小康社会奋斗目标、建设富强民主文明和谐的社会主义现代化国家具有决定性意义。当今世界正处在大发展大变革大调整时期。世界多极化、经济全球化深入发展，科技进步日新月异，人才竞争日趋激烈。山东省正处在改革发展的关键阶段，经济建设、文化建设、社会建设以及生态文明建设全面推进，工业化、信息化、城镇化、农业现代化、绿色化以及国际化深入发展，人口、资源、环境压力日益加大，经济发展方式加快转变，都凸显了提高国民素质、培养创新人才的重要性和紧迫性。

教育是可持续发展变革、提高人们将社会理想转变成现实的能力的主要力量。教育不仅提供科学与技术技能，还为追求和应用这些技能提供动力、证明和社会支持。实现山东省的可持续发展需要通过教育培养可持续未来所需的价值观、行为方式和生活方式。教育帮助所有年龄的人们更好地理解他们生活的世界，了解一些会威胁到人类未来的问题的复杂性和相互联系，例如贫困、浪费、环境恶化、城市退化、人口增长、健康、冲突和人权侵害。教育使所有人能够以符合文化和当地情况的方式进行决策和行动，解决威胁到我们共同的未来的各种问题。这样，所有年龄的人们都能够为可持续的未来作出各种设想，对这些设想进行评估，并进行创造性的协作来实现这些设想。

面对前所未有的机遇和挑战，必须清醒认识到，山东省教育还不完全适应山东经济社会发展和人民群众接受良好教育的要求。教育观念相对落后，内容方法比较陈旧，中小学生课业负担过重，素质教育推进困难；学生适应社会和就业创业能力不强，创新型、实用型、复合型人才紧缺；教育体制机制不完善，学校办学活力不足；教育结构和布局不尽合理，城乡、区域教育发展不平衡；教育投入不足，教育优先发展的战略地位尚未得到完全落实。接受良好教育成为人民群众强烈期盼，深化教育改革成为全社会共同心声。

一、教育结构基本现状

教育结构有基础教育、职业技术教育、高等教育、成人教育在内的各种不同类型和层次的教学组合和比例构成，即教育纵向系统的级与级之间的比例关系和相互衔接，教育横向系统的类与类之间的比例关系和相互联系。它具有多层次和多方面性，主要包括教育层次结构、教育类型结构、办学形式结构和教育管理体制结构等。合理的教育结构对经济和社会发展具有重要的作用。《国家中长期教育改革与发展规划纲要》明确提出，要适应国家和区域经济社会发展需要，建立动态调整机制，不断改善教育结构，使教育结构更加优化合理，特色更加鲜明突出。

（一）学前教育

学前教育是终身学习的开端，是国民教育体系的重要组成部分，是重要的社会公益事业。近年来山东省学前教育取得长足发展，普及程度逐步提高。但总体上看，学前教育仍是各级各类教育中的薄弱环节，主要表现为教育资源短缺、投入不足，师资队伍不健全，体制机制不完善，城乡区域发展不平衡，一些地方“入园难”问题突出。办好学前教育，关系亿万儿童的健康成长，关系千家万户的切身利益，关系国家和民族的未来。

1. 发展规模

山东幼儿园数从2004年的17070所增加到2013年的18528所，增加了1458所，城市幼儿园数2010年以前一直维持在2200多所至3100多所左右，2013年山东省城市幼儿园数是5229所；2010年时山东省县镇幼儿园数最多，有2977所，但是2011年又锐减到1544所，减少了1433所，2013年山东省县镇幼儿园数有1831所；山东省农村幼儿园规模与山东省城市幼儿园规模和县镇幼儿园规模相比较大，2013年山东省农村有8501所幼儿园，分别是2013年城市幼儿园数、县镇幼儿园数的1.63倍和4.64倍。山东省幼儿园规模总体呈波动上升趋势，2004～2008年呈逐年下降趋势，在2009～2013年间，虽然个别年份幼儿园数减少了，但是总体上是呈上升趋势（图5.17）。全省幼儿园班数从2004年的54998个增加到2013年的94260个，增加了39262个（图5.18）。入园幼儿数从2004年80.71万人增加到2013年的116.10万人，增加了35.39万人，上升了43.85%（图5.19）；在园幼儿数从2004年的143.29万人增加到2013年的262.44万人，上升了83.15%（图5.20）；离园幼儿数从2004年65.54万人增加到2013年的96.47万人，增加了30.93万人，上升了47.19%（图5.21）。

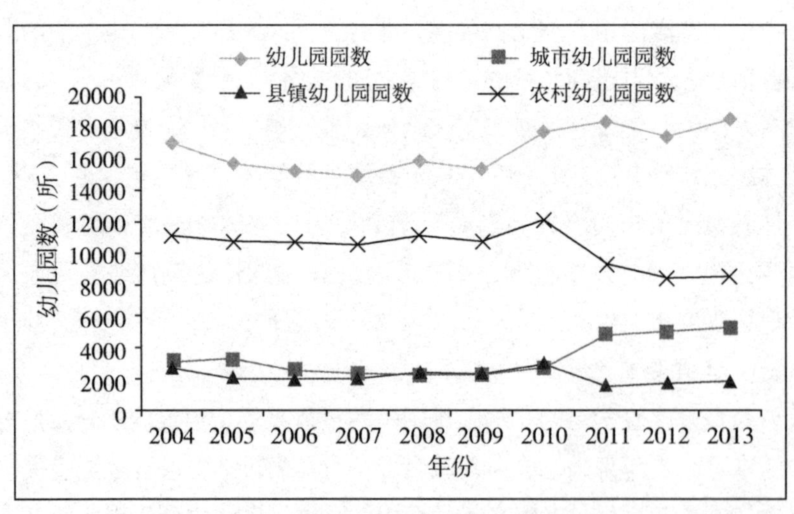

图5.17　2004～2013年山东省幼儿园数

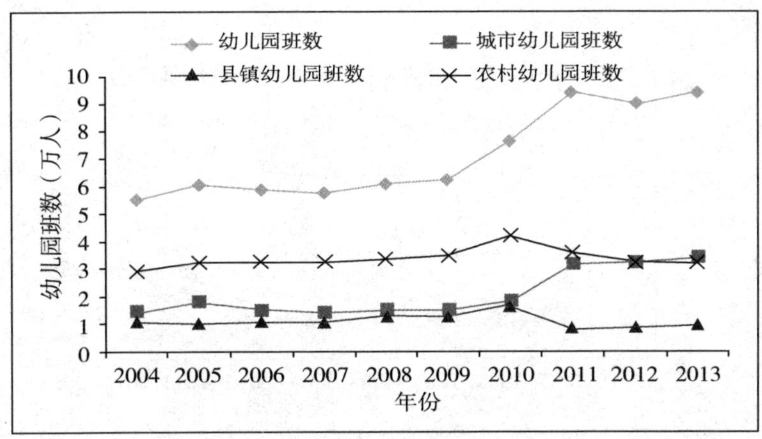

图 5.18　2004～2013 年山东省幼儿园班数

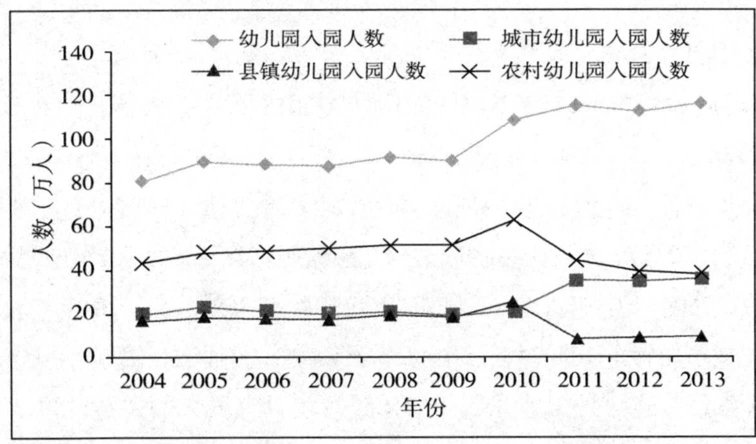

图 5.19　2004～2013 年山东省幼儿园入园人数

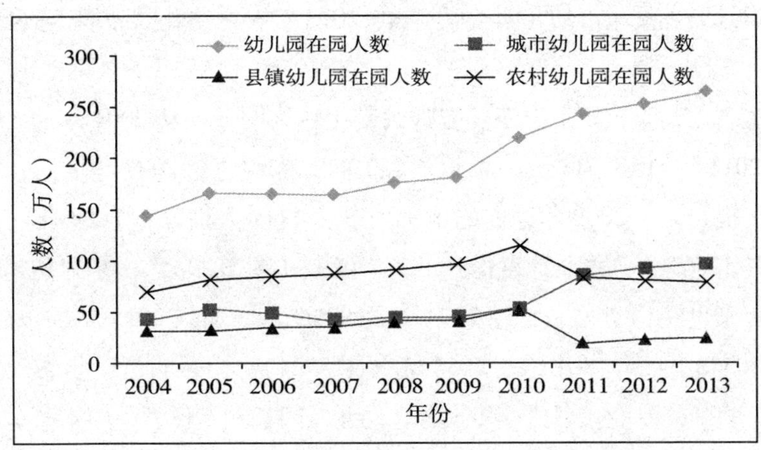

图 5.20　2004～2013 年山东省幼儿园在园人数

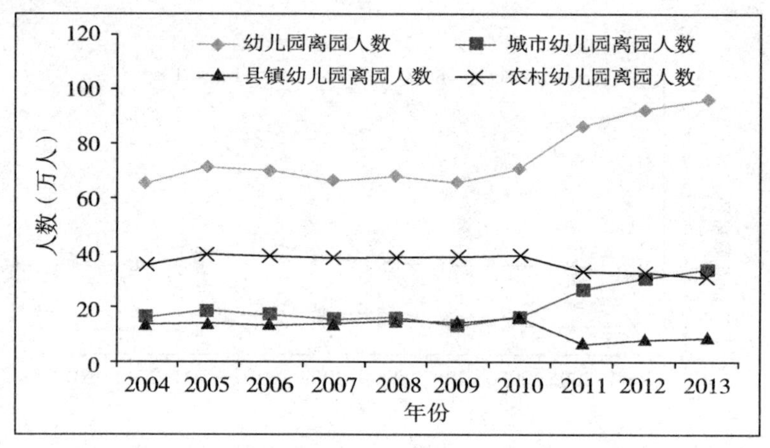

图 5.21　2004～2014 年山东省幼儿园离园人数

2. 教师队伍建设

2004 年山东省幼儿园教职工 80216 人，2013 年山东省幼儿园教职工增加到了 202288 人，是 2004 年的 2.5 倍多，山东省幼儿园教职工数从 2004 年起一直在稳步增长，特别是在 2009 年以后，增长速度进一步提升，年平均增加幼儿园教职工 21971 人；山东省城市幼儿园教职工数要多于县镇和农村幼儿园教职工数，2004 年山东省城市幼儿园教职工数有 35395 名，2013 年城市幼儿园教职工数增加到了 103274 名；山东省县镇幼儿教师数目要少于城市和农村幼儿教师数目，这与县镇幼儿数和幼儿园数较少有很大的关系，2013 年县镇幼儿园教职工数有 22980 名；山东省农村幼儿园教职工数多于县镇幼儿园教职工数，但是要少于城市幼儿园教职工数，2013 年农村幼儿园教职工数有 43538 人（图 5.22）。

山东省幼儿园教职工中专任教师数变化较为明显，从 2004 年的 57349 人增加到 2013 年的 132518 人，增长了 2.3 倍，特别是在 2009 年以后，增加速度进一步提升，由 2009 年之前的年平均增长 4744 人提升到 2009 年之后的年平均增长 12862 人，增长速度提升了 2.7 倍多（图 5.23）。山东省幼儿园园长数近十年来也在稳步增长，由 2004 年的 9366 名增加到 2013 年的 19908 名，增加了 10542 人，年平均增长 1054 人（图 5.24）。山东省近十年来幼儿园园长和专任教师的专业素养进一步提升，幼儿园园长和专任教师中本科学历的教师数增长迅速，由 2004 年的 2300 人增长到 2013 年的 23113 人，增加了 20813

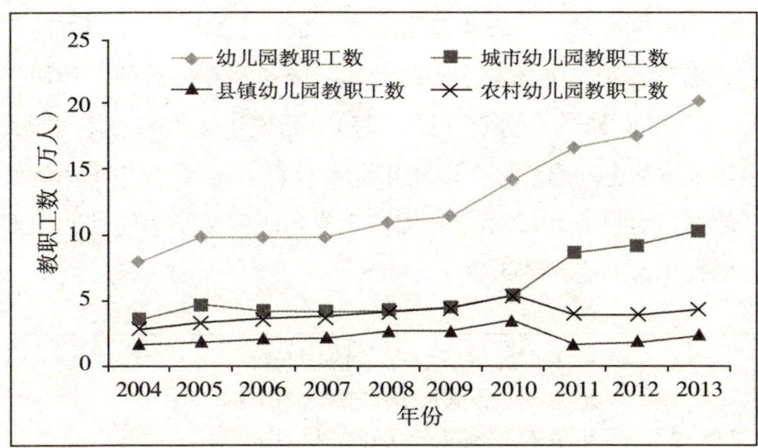

图 5.22 2004～2013 年山东省幼儿园教职工数

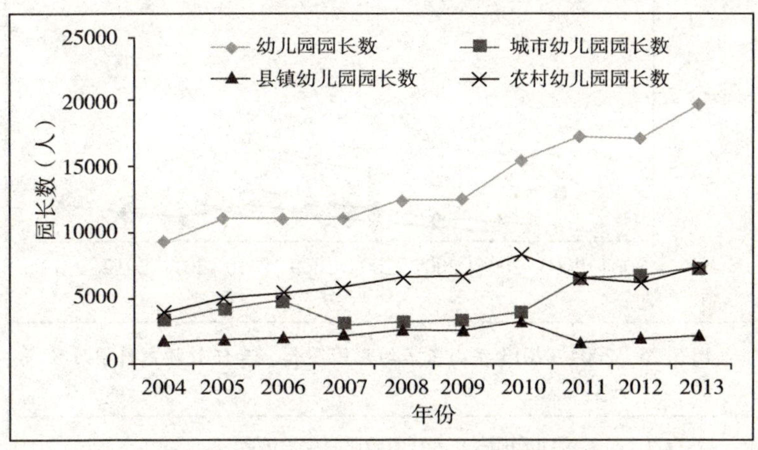

图 5.23 2004～2013 年山东省幼儿园园长数

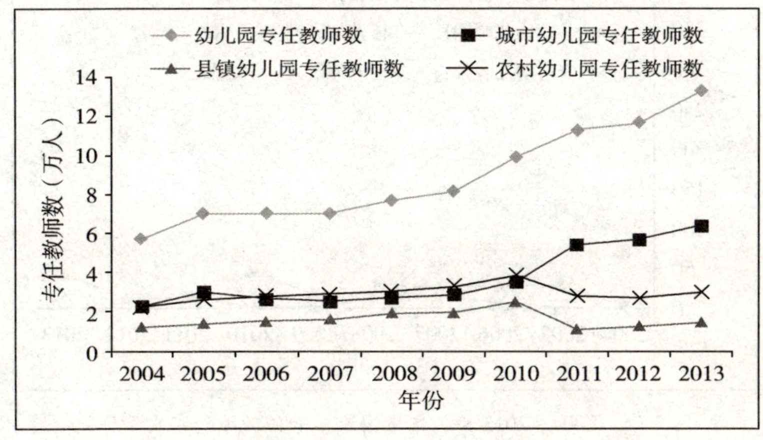

图 5.24 2004～2013 年山东省幼儿园专任教师数

人，增长幅度为904.91%，2004年本科学历的园长和专任教师占幼儿园教职工总数的2.87%，2013年本科学历的幼儿园园长和专人教师占教职工总数的11.43%，上升了8.56个百分点（图5.25）。研究生学历的幼儿园园长和专人教师数也在呈波动上升的趋势，2004年全省只有76名研究生学历的幼儿园园长和专任教师，而到了2013年全省拥有389名研究生学历的幼儿园园长和专任教师，增长了5.1倍（图5.26）。

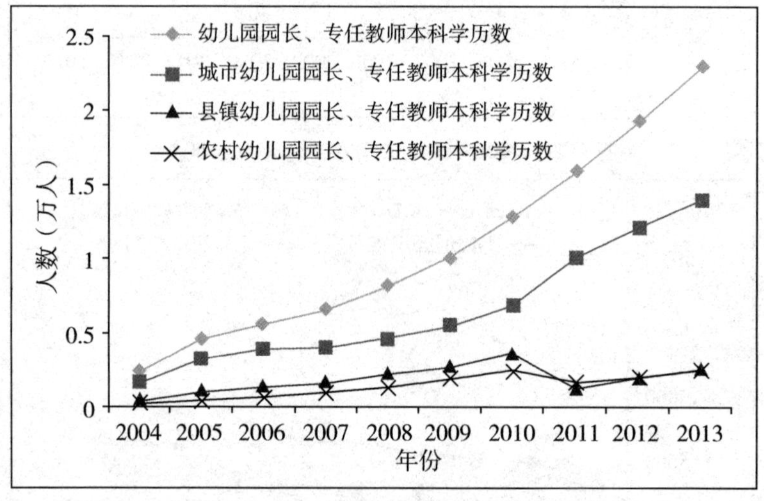

图5.25　2004～2013年山东省幼儿园园长、专任教师本科学历数

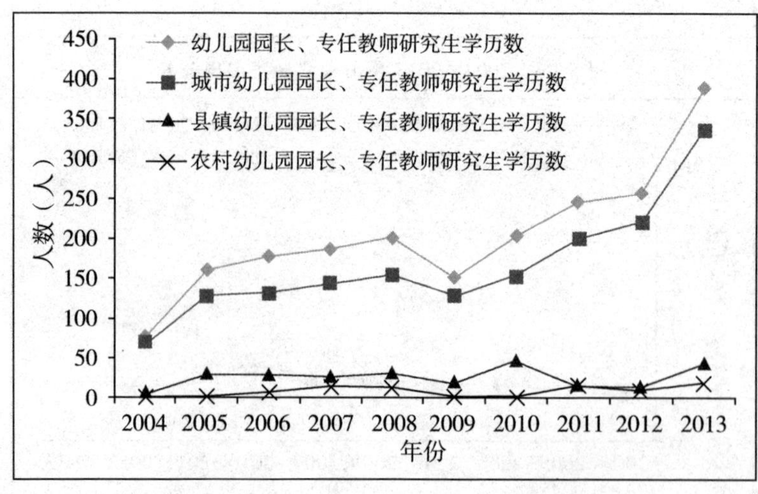

图5.26　2004～2013年山东省园长、专任教师研究生学历数

3. 办学条件

山东省幼儿园占地面积2004～2013年来持续增长，从2004年的21.84百万平方米增长到2013年的40.72百万平方米，平均每年增加188.88万平方米；山东省城市幼儿园占地面积少于全省农村幼儿园占地面积，2013年城市幼儿园占地面积达到13.78百万平方米；山东省县镇幼儿园的教学条件需要进一步改善，2013年全省县镇幼儿园占地面积有4.13百万平方米；山东省农村拥有大量的学前儿童，农村幼儿园的办学条件亟需进一步改善，2013年山东省农村幼儿园占地面积为12.99百万平方米（图5.27）。山东省幼儿园校舍建筑面积也在持续增长特别是在2009年以后增长速度明显提升，2004年全省幼儿园校舍建筑面积为623.88万平方米，2013年全省幼儿园校舍建筑面积增加到1557.71万平方米，是2004年的2.5倍，平均每年增加93.38万平方米（图5.28），幼儿园校舍面积中教学及辅助用房面积也在持续上升，2004年全省幼儿园教学及辅助用房面积达到415.22平方米，约占当年全省幼儿园校舍总面积的66.55%，2013年全省幼儿园教学及辅助用房面积增加到1088.01万平方米，约占但年全省幼儿园校舍总面积的69.85%，相较于2004年的占比增长了3.3个百分点（图5.29）。全省幼儿园图书量也在迅速增加，2004年全省幼儿园图书藏有量达到482.89万册，2013年全省幼儿园图书拥有量达到1726.98万册，2013年比2004年增加了1244.09万册，2013年全省平均每所幼儿园拥有932册图书（图5.30）。

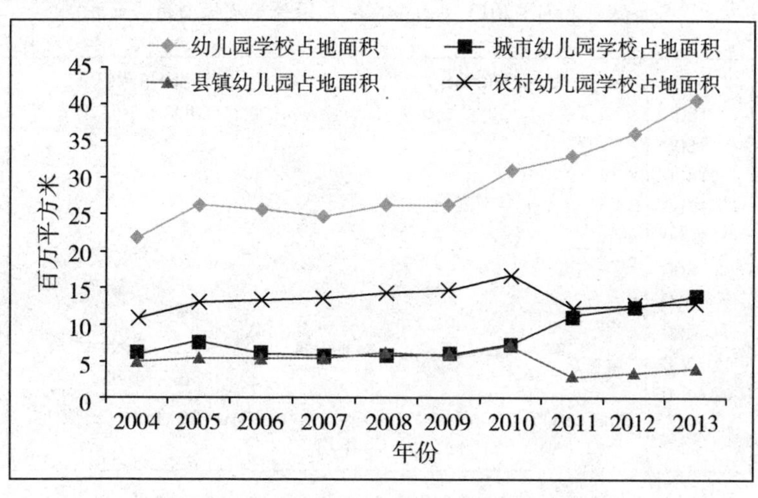

图5.27　2004～2013年山东省幼儿园占地面积

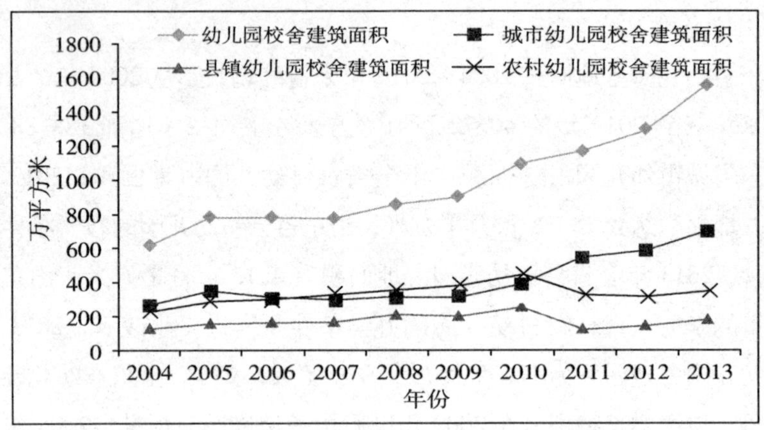

图 5.28　2004～2013 年山东省幼儿园校舍建筑面积

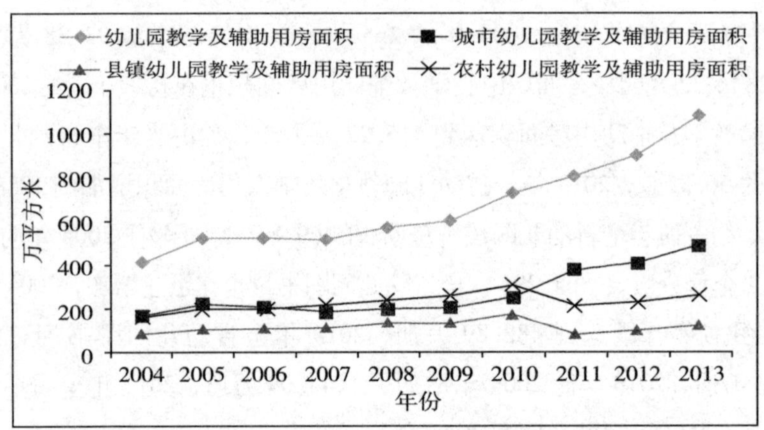

图 5.29　2004～2013 年山东省幼儿园教学及辅助用房面积

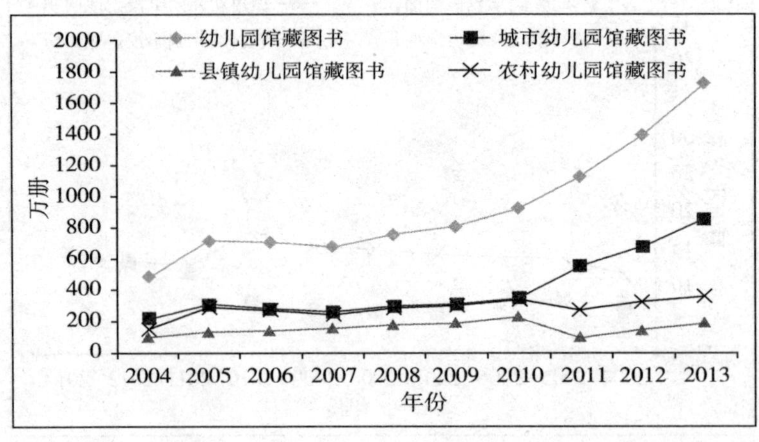

图 5.30　2004～2013 年山东省幼儿园馆藏图书量

（二）义务教育

义务教育，是根据宪法规定，适龄儿童和青少年都必须接受，国家、社会、家庭必须予以保证的国民教育。其实质是国家依照法律的规定对适龄儿童和青少年实施的一定年限的强迫教育的制度。义务教育又称强迫教育和免费义务教育。义务教育具有强制性、公益性、普及性的基本特点。我国义务教育法规定的义务教育年限为九年，小学六年，初中三年，部分省市为小学五年，初中四年。从人生发展历程来看，义务教育给人生命中的很大一部分时间作出了能够接触广泛而有益的知识的规划，使广大的独生子女自然地接触同龄人，练习社会交往能力，义务教育是一个人人生漫长学习里程的开始，帮助青少年锻炼自学能力。从义务教育发展来看，关乎整个民族素质的提高和民族的复兴，对整个教育的发展具有奠基性意义和深远的历史作用。

1. 普通小学

小学教育是整个教育事业的基础，要提高整个教育事业的质量，必须从小学教育做起。创新是一个民族进步的灵魂，是国家兴旺发达的不竭动力。创新成果的产生依存于创新思维和创新能力，而这种思维和能力，必须从小培养，从学生时代开始养成。因此，小学教育在培养儿童的好奇心、求知欲，帮助儿童自主学习、独立思考、保护儿童的探索精神、创新思维，以及开发儿童的潜能等方面都具有重要的启蒙作用。小学教育为社会主义建设培养合格的各类人才，为祖国的未来造就全面发展的一代新人。

（1）发展规模

2004～2014 年山东省普通小学的数量在逐年递减，从 2004 年的 16943 所减少到 2014 年的 10770 所，山东省平均每年减少 617.3 所普通小学（图 5.31）。2004～2014 年山东省普通小学在校学生数起伏波动不定，但是人数一直维持在 600 万人以上，2004 年普通小学在校学生数有 627.80 万人，2014 年普通小学在校学生数达到近十年来最大值 648.47 万人，比 2013 年多 22.49 万人（图 5.32）。山东省普通小学招生人数呈波动上升趋势，从 2004 年的 110.17 万人增加到 2014 年的 124.70 万人，增加了 14.53 万人，但是 2005 年、2008 年、2009 年、2012 年普通小学招生人数均比上一年有所减少（图 5.33）。2004～2014 年根据山东省普通小学毕业人数的变化趋势，可将其分为三个阶段：第一阶段（2004～2006 年），这一阶段山东省普通小学毕业生数呈逐年递

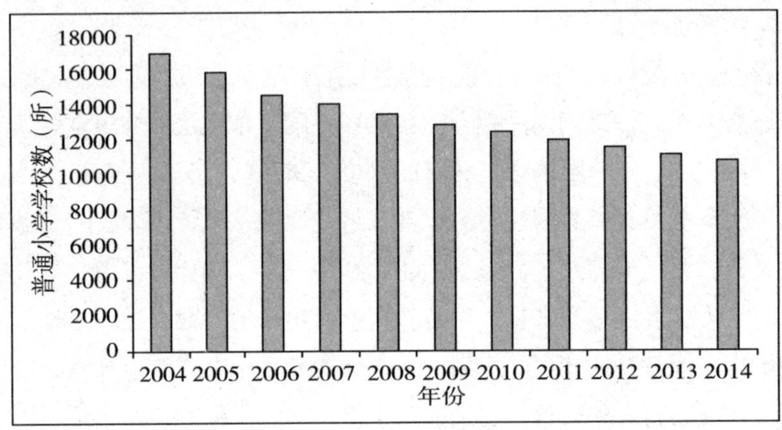

图 5.31　2004～2014 年山东省普通小学学校数

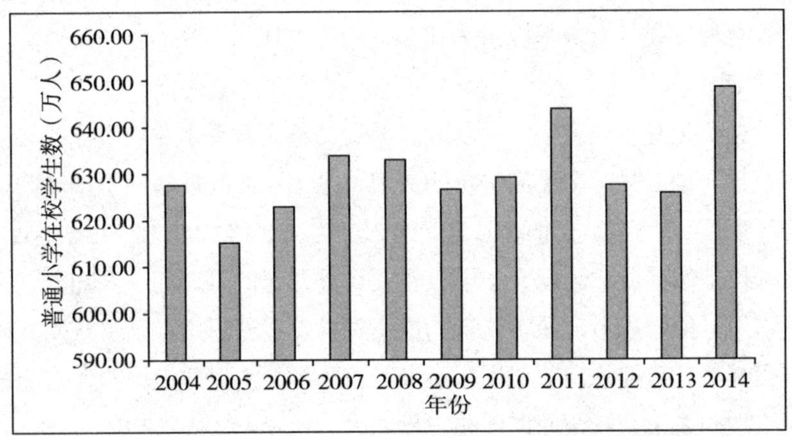

图 5.32　2004～2014 年山东省普通小学在校生数

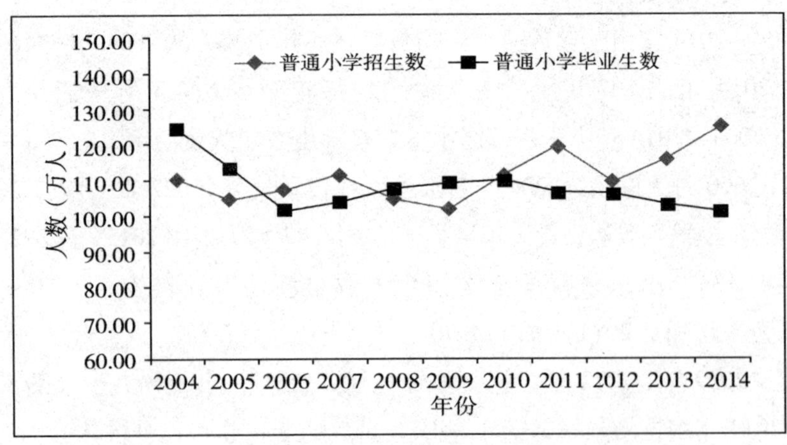

图 5.33　2004～2014 年山东省普通小学招生数及毕业生数

减趋势，从 2004 年的 124.69 万人减少到 2006 年的 107.18 万人，平均每年减少 8.76 万人；第二阶段（2007～2010 年），这一阶段山东省普通小学毕业生数呈逐年递增趋势，从 2007 年的 103.87 万人增加到 2010 年的 110.26 万人，平均每年增加 2.13 万人；第三阶段（2011～2014 年），这一阶段普通小学在校毕业生数逐年回落，从 2011 年的 106.82 万人减少到 2014 年的 101.02 万人，平均每年减少 1.93 万人（图 5.33）。

（2）教师队伍建设

2004～2014 年山东省普通小学教师人数变化较大。根据 2004～2014 年山东省普通小学教职工数的变化趋势，可将其分为两个阶段：第一阶段（2004～2009 年），这一阶段普通小学的教职工数呈递增趋势，从 2004 年的 41.03 万人增加到 2009 年的 42.11 万人，平均每年增加 2160 名普通小学教职工；第二阶段（2009～2014 年），这一阶段山东省普通小学的教职工数呈迅速递减的趋势，从 2009 年的 42.11 万人减少到 2014 年的 37.89 万人，平均每年减少 8440 人。2004～2013 年普通小学专任教师数变化较小，2004 年山东省拥有 37.88 万名普通小学专任教师，2013 年拥有 38.73 万名普通小学专任教师，2014 年山东省普通小学专任教师数减少到 35.86 万人，比 2013 年减少了 2.87 万人（图 5.34）。

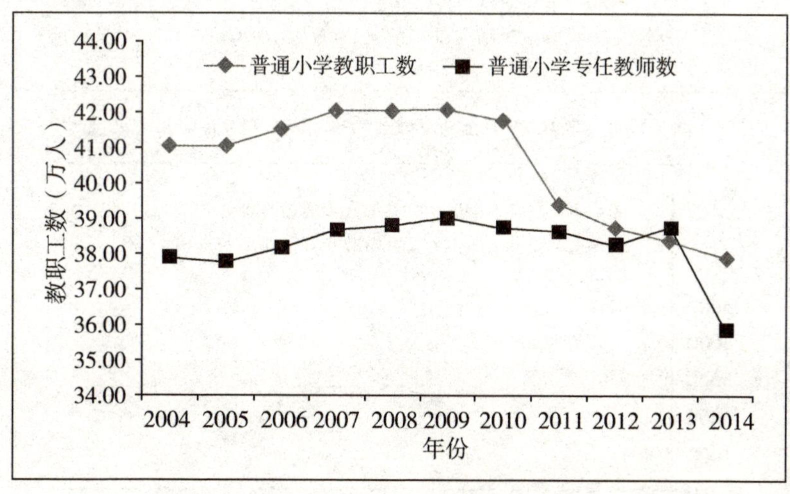

图 5.34 2004～2014 年山东省普通小学教职工数及专任教师数

（3）教育经费投入

2003～2014 年山东省普通小学的教育经费投入迅速增加，以普通小学公共财政预算公用费用支出为例，2003 年山东省普通小学公共财政预算公用费用支出为 3.18 亿元，2014 年增加到 145.11 亿元，增加了 45.63 倍（图 5.35）。从普通小学生平均公共财政预算教育事业费用和生均公共财政预算公用经费支出来看，两项费用持续增加，2003 年普通小学生均公共财政预算教育事业费用为 964.63 元，2014 年普通小学生均公共财政预算教育事业费用为 7253.54 元，是 2003 年的 7.52 倍，平均每年增加 571.72 元；2003 年普通小学公共财政预算公用费用达到 50.62 元，2014 年普通小学公共财政预算公用费用增加到 2179.46 元，增加了 2128.84 元，平均每年增加 193.53 元（图 5.36）。

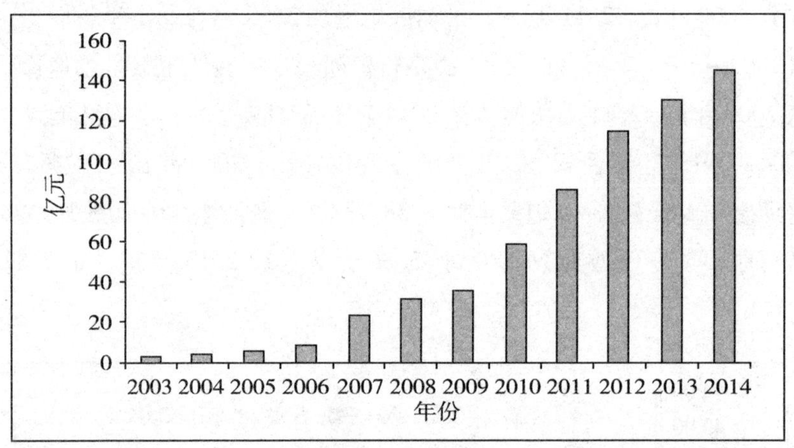

图 5.35　2003～2014 年山东省普通小学公共财政预算公用费用支出

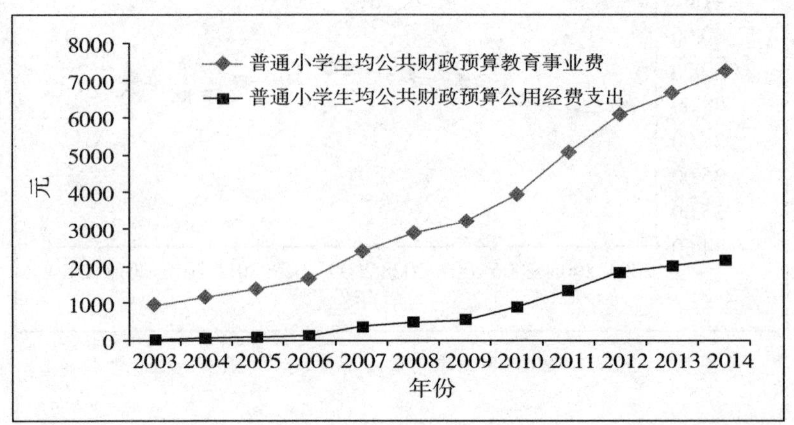

图 5.36　2003～2014 年山东省普通小学生均公共财政预算教育事业费及公用经费支出

2. 普通初中

（1）发展规模

2004～2014年山东省普通初中的学校数、普通初中在校学生数、招生数及毕业生数等角度来看，2004～2014年山东省普通初中发展规模总体呈变小趋势。2004年以来山东省普通初中学校数逐年减少，从2004年的3707所减少到2014年的2917所，山东省平均每年减少79所普通初中（图5.37）。2004～2014年山东省普通初中的在校生人数呈波动下降的趋势，2008～2010年呈缓慢增长趋势但是随后几年又呈减少趋势，总体来看山东省普通初中在校生数从2004年的439.24万人减少到2014年的314.80万人，平均每年减少12.44万个普通初中的在校生（图5.38）。 从2004～2014年山东省普通中学招生数和

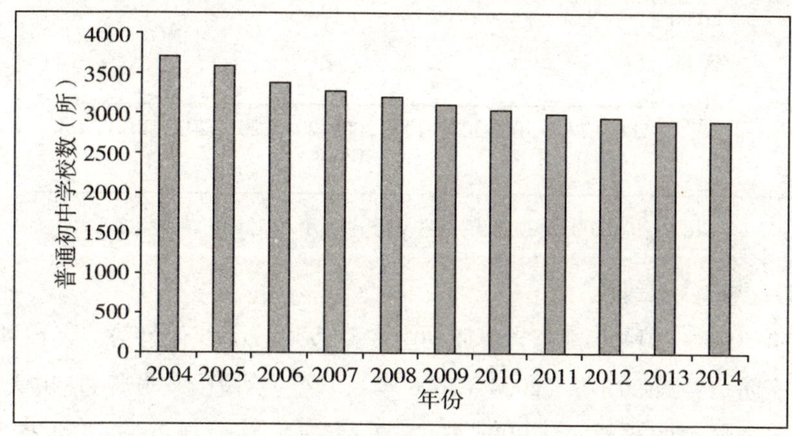

图5.37 2004～2014年山东省普通初中学校数

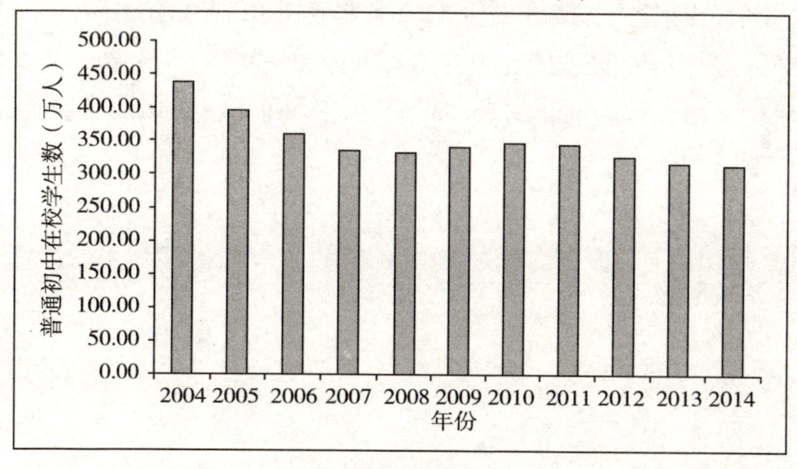

图5.38 2004～2014年山东省普通初中在校学生数

毕业生数这两个数据来看，山东省普通初中的招生数和毕业生数均呈下降趋势，招生数从2004年的124.27万人减少到2014年的97.66万人，平均每年减少2.66万人；普通初中毕业生数从2004年的166.12万人减少到2014年的99.40万人，平均每年减少6.72万人（图5.39）。

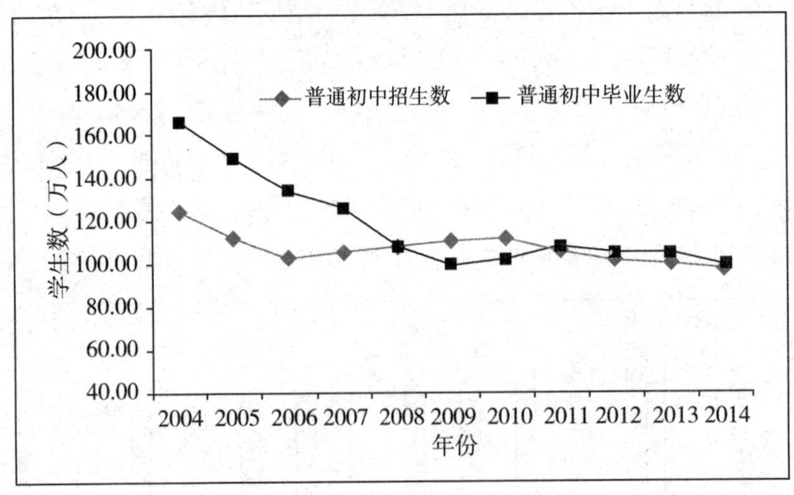

图5.39　2004～2014年山东省普通初中招生数及毕业生数

（2）教师队伍建设

根据2004～2014年山东省普通初中专任教师数的变化趋势，大致可将其分为两个阶段：第一阶段（2004～2008年），这一阶段山东省普通初中专任教师数呈迅速递减的趋势，从2004年的27.68万人减少到2008年的25.54万人，这一阶段山东省平均每年减少5350名普通初中教师；第二阶段（2008～2014年），这一阶段山东省普通初中专任教师数呈波动上升趋势，从2008年的25.54万人增长到2014年的26.53万人，平均每年增加1650名普通初中专任教师（图5.40）。

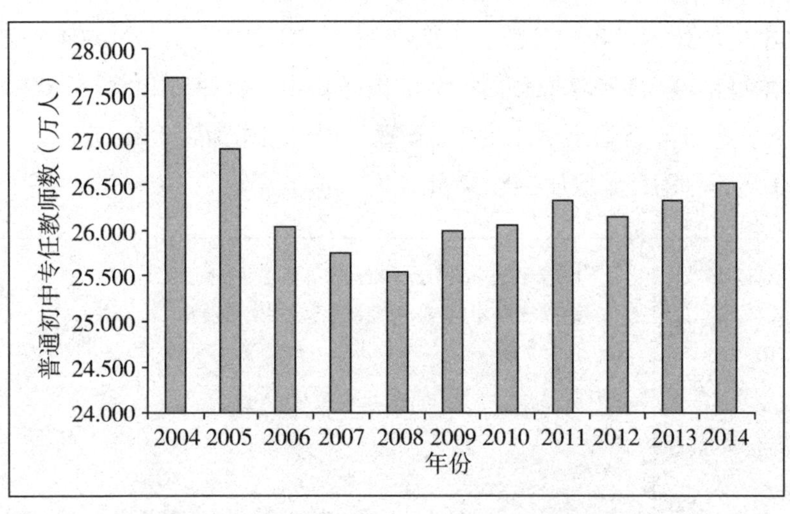

图 5.40 2004～2014 年山东省普通初中专任教师数

（3）教育经费投入

2004～2014 年山东省普通初中教育经费的投入是逐年迅速增加的。山东省普通初中公共财政预算教育事业经费投入从 2004 年的 60.03 亿元增长到 2014 年的 356.79 亿元，10 年时间翻了 5.9 倍，普通初中公共财政预算教育事业经费投入平均每年增加 29.68 亿元（图 5.41）。从普通初中生平均公共财政预算教育事业费用和生均公共财政预算公用经费支出来看，两项费用持续增加，2004 年普通初中生均公共财政预算教育事业费用为 1366.61 元，2014 年

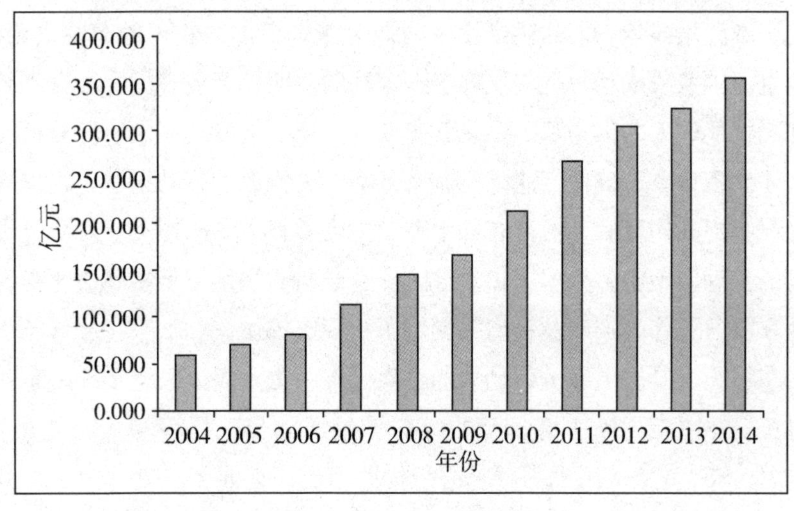

图 5.41 2004～2014 年山东省极普通初中公共财政预算教育事业经费

普通初中生均公共财政预算教育事业费用为11333.87元，是2004年的8.29倍，平均每年增加996.73元；2004年普通初中公共财政预算公用费用达到99.03元，2014年普通小学公共财政预算公用费用增加到3586.74元，增加了3487.71元，平均每年增加348.77元（图5.42）。

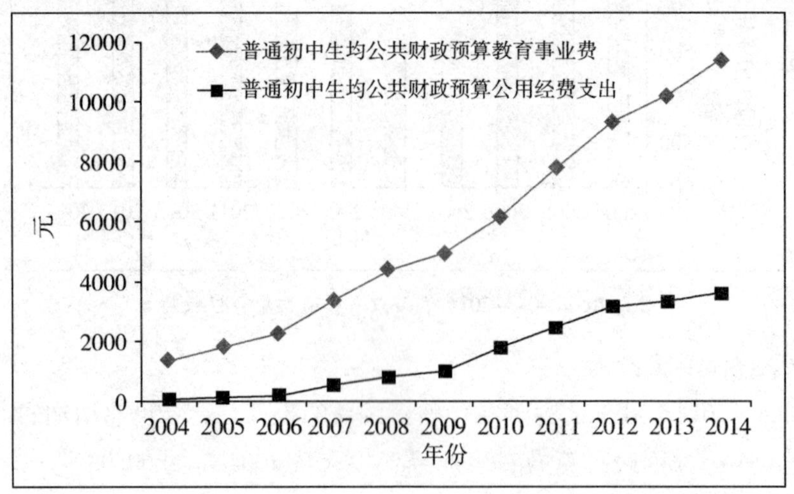

图5.42　2004～2014年山东省普通初中生均公共财政预算教育事业费及公用经费支出

（三）高中阶段教育

世界经济学界很早就提出，一个国家未来发展的不平等，取决于该国当前的收入不平等现状，更重要的是，取决于该国当前的人力资本积累的状况，因为人力资本积累或劳动力的生产水平将成为未来劳动力收入的主要决定因素。已有的发达国家或成功转型的发展中国家经验表明，产业转型升级必须要有高素质和高技能的人才作为基础，尤其需要建立至少接受过高中阶段教育的劳动力和人才储备体系；确保产业结构调整升级，关键在于劳动生产率的提高，而劳动生产率提高的背后，恰恰有赖于劳动力受教育水平的提高。接受过高中阶段教育的劳动力储备，为本国、本地区产业结构成功地由低端制造业向现代化制造业和服务业等高端产业转型，提供了重要支撑。

山东省无限制提供廉价劳动力的时代已经一去不复返。近年来山东省劳动力市场工资水平在不断上涨，产业结构调整压力也在逐步增大，“用工荒”“技工荒”和就业难等劳动力供求的结构性矛盾正在显现。劳动力供给问题已逐渐成为制约山东当前实现可持续发展的一个重要瓶颈。产业转型升级必须要有高素质和高技能的人才作为基础，尤其需要建立至少接受过高中阶段教育的劳动力和人才储备体系。受过高中阶段教育的人力资源将是未来山东社会劳动力的中坚力量，他们今天所能获得的教育状况将直接决定未来山东劳动力的供给质量，更决定未来山东经济发展的水平。山东后义务教育阶段（包括高中阶段教育和高等教育阶段）发展的不均衡，目前已成为制约山东劳动力水平大幅提高的主要瓶颈。作为我国东部经济社会发达省份之一，山东与其他发达省市一样，为了促进产业转型升级、保持经济可持续发展，正在加大公共财政投入力度，逐步普及高中阶段教育。

1. 普通高中

(1) 发展规模

2004～2014年普通高中学校数在逐年减少，从2004年的862所减少到2014年的544所，平均每年减少31.8所普通高中（图5.43）。2004～2014年山东省普通高中在校生人数的变化大致可以分为两个阶段：第一阶段（2004～2010年），这一阶段普通高中在校生数总体上呈减少的趋势，从2004年的189.10万人减少到2010年的152.51万人，平均每年减少6.10万人；第二阶段（2010～2014年），这一阶段全省普通高中在校生人数呈缓慢递增的趋势，从2010年的152.51万人增加到2014年的171.27万人，增加了28.76万人（图5.44）。2004～2014年全省普通高中招生人数和毕业人数变化幅度较大，全省普通高中招生人数最大值出现在2004年，有68.05万人，最小值出现在

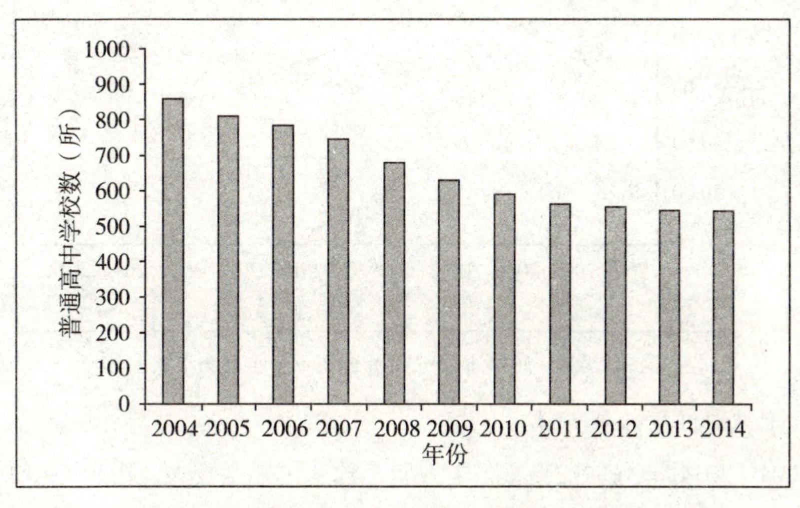

图5.43　2004～2014年山东省普通高中学校数

2009年，有50.02万人，2014年全省普通高中招生人数共55.92万人，比2004年少了12.13万人；全省普通高中毕业生人数的最大值出现在2008年64.86万人，最小值出现在2004年47.68万人，2014年全省普通高中毕业生人数有54.32万人，比2004年多出6.64万人（图5.45）。

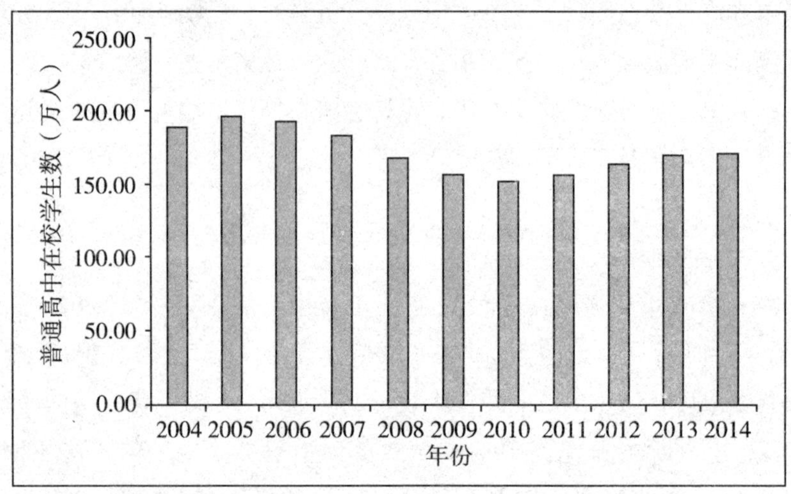

图5.44　2004～2014年山东省普通高中在校生数

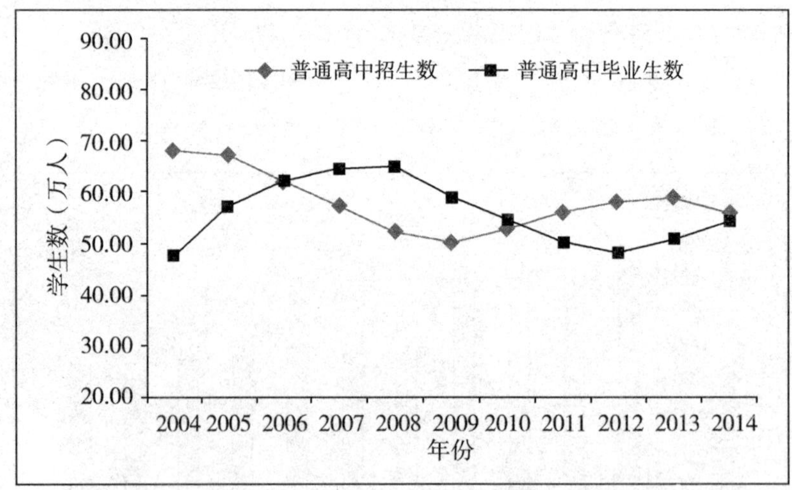

图5.45　2004～2014年山东省普通高中招生数及毕业生数

（2）教师队伍建设

2004～2014年山东省普通高中教职工数变化幅度较大，2004～2010年全省普通高中教职工数一直维持在43万人以上，其中2004年全省拥有普通高中教职工 47.37 万人，2010 年拥有 43.88 万名普通高中教职工，2011～2014 年全省普通高中教职工数一直维持在 15 万人左右，其中 2011 年全省普通高中教职工总数为 14.80 万人，2014 年为 15.26 万人，2014 年比 2013 年增加 1200 人（图 5.46）。2004～2014 年全省普通高中专任教师数呈波动上升的趋势，特别是最近 3 年来，普通高中专任教师数变化较为明显。2004 年全省拥有普通高中专任教师 10.23 万人，2014 年增加到 12.16 万人，平均每年增加 1930 名普通高中专人教师（图 5.47）。

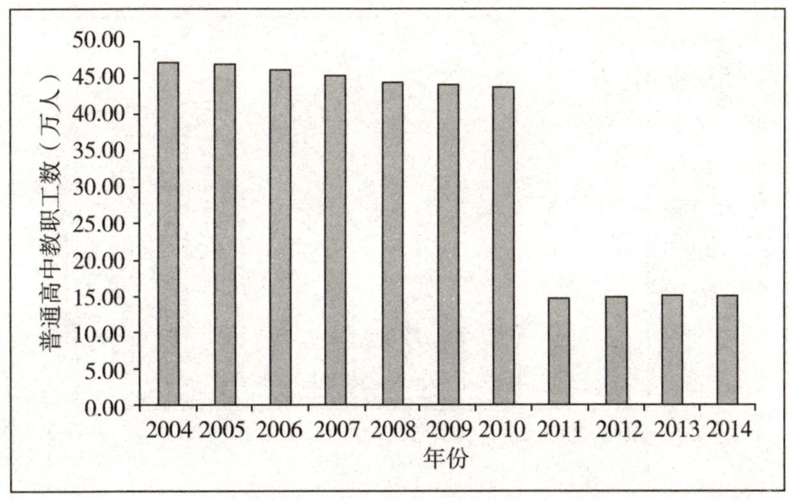

图 5.46　2004～2014 年山东省普通高中教职工数

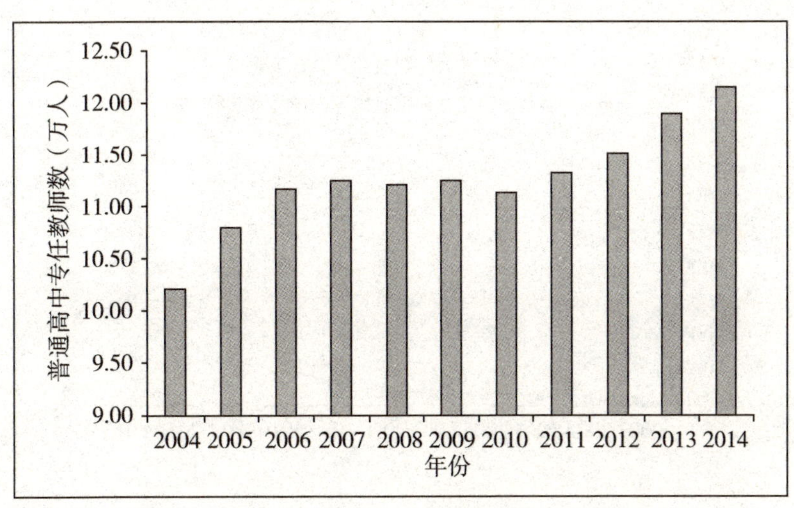

图 5.47　2004～2014 年山东省普通高中专任教师数

（3）教育经费投入

2004～2014年山东省普通高中教育经费投入是逐年增加的，而且近几年来增加幅度逐渐增大。2004年山东省普通高中公共财政预算教育事业费用投入达27.27亿元，到2014年全省普通高中公共财政预算教育事业费用投入达155.17亿元，山东省平均每年增加12.79亿元公共财政预算教育事业费用（图5.48）。从全省普通高中生平均公共财政预算教育事业费用和全省普通高中生平均公共财政预算公用经费支出来看，2004～2014年山东省的教育费用

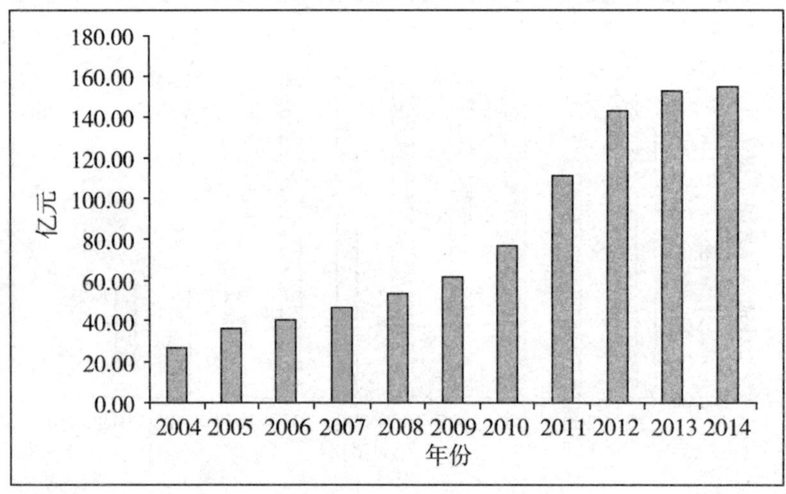

图5.48　2004～2014年山东省普通高中公共财政预测教育事业费

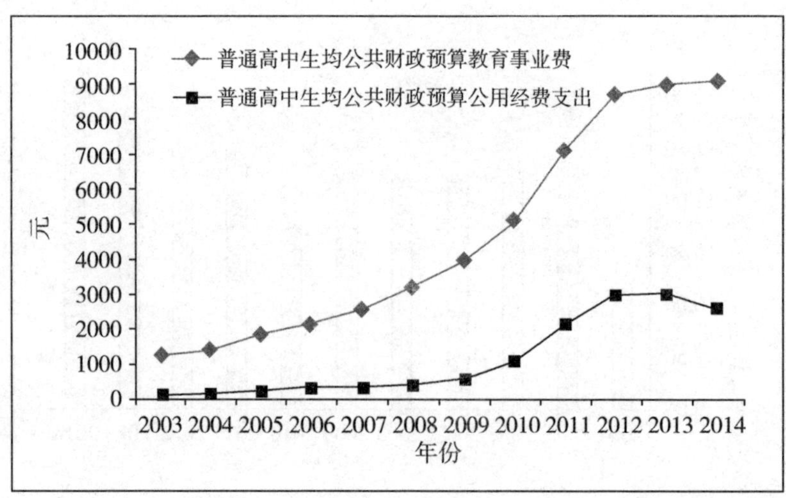

图5.49　2003～2014年山东省普通高中生均公共财政预算教育事业费及公用经费支出

投入变化很大。2004 年全省普通高中生平均公共财政预算教育事业费用为 1278. 56 元，2014 年增长到 9060. 24 元，平均每年每人增加 778. 16 元；2004 年全省普通高中生平均公共财政预算公用经费支出 118. 95 元，2014 年增加到 2622. 95 元，平均每生每年增加 250. 4 元（图 5. 49）。

2. 中等职业教育

中等职业教育是职业技术教育的一部分，包括普通中等专业学校、技工学校、职业中学教育及各种短期职业培训等。它为社会输出初、中级技术人员及技术工人，在整个教育体系中处于十分重要的位置，是我国经济社会发展的重要基础。做为我国教育体系的重要组成部分，职业教育在我国社会、经济发展中的地位日益显现，中等职业教育的发展对于推进公民素质提高有重要作用，尤其是在农村地区，中等职业教育发挥着提高职业技能、文化素质等多重作用。中等职业教育解决了许多农村孩子和困难学生上学难的问题，让他们学会了专业技能，促进了他们的就业。中等职业教育缓解了高考的压力，有许多学生在读完中等职业学校以后直接参加了工作，并没有参加高考，这在一定程度上缓解了我国一直存在的高考压力。中等职业学校为社会输出一部分技能型人才，对于推进社会和经济发展有不可抹灭的贡献。

山东省中等职业教育最近 3 年来规模在逐渐缩小，2012 年全省拥有 560 所中等职业学校，2013 年较少到 525 所，到了 2014 年全省中等职业学校减少到 460 所，比 2004 年减少 100 所。山东省中等职业学校招生人数最近 3 年来也在逐年减少，2012 年全省中等职业学校共招 40. 5 万人，2013 年招收人数减少到 36. 4 万人，到了 2014 年全省中等职业学校招生 31. 9 万人，比 2012 年减少 8. 6 万人。全省中等学校在校生人数变化幅度较大，2012 年全省共有 114. 7 万名中等职业学校在校生，到了 2014 年全省中等职业学校还有 94. 8 万名学生，比 2012 年减少了 20. 9 万人。2014 年全省中等职业学校共有教职工 6. 45 万人，比上年减少 0. 23 万人，其中专任教师 4. 93 万人，比上年减少 969 人，生师比为 18. 08∶1。专任教师学历合格率为 92. 85%，具有研究生学历的比例为 6. 61%，专任教师中“双师型”教师所占比例为 31. 31%（表 5. 1）。在中等职业学校教育费用投入上，全省中等职业学校的教育费用是在逐年增加的，从全省中等职业院校平均每名学生所占公共财政预算公用经费支出和教育事业费用方面来看，2003 年全省中等职业学校生均公共财政预算公用经费支出和教育事业费用分别为 108.8 元和 1813.48 元，到了 2014 年全省中等职业学校生均公共财政预算公用经费支出和教育事业费用分别为 4644.16 元和 10412.39 元，两项费用分别增加了 4535.36 元和 8598.91 元（图 5.50）。

表 5.1　　2012～2014 年山东省中等职业学校规模

年份	2012	2013	2014
中等职业学校数（所）	560	525	460
中等职业学校招生数（万人）	40.5	36.4	31.9
中等职业学校在校生数（万人）	114.7	103.2	94.8

数据来源：2012～2014 年《山东省教育统计年鉴》。

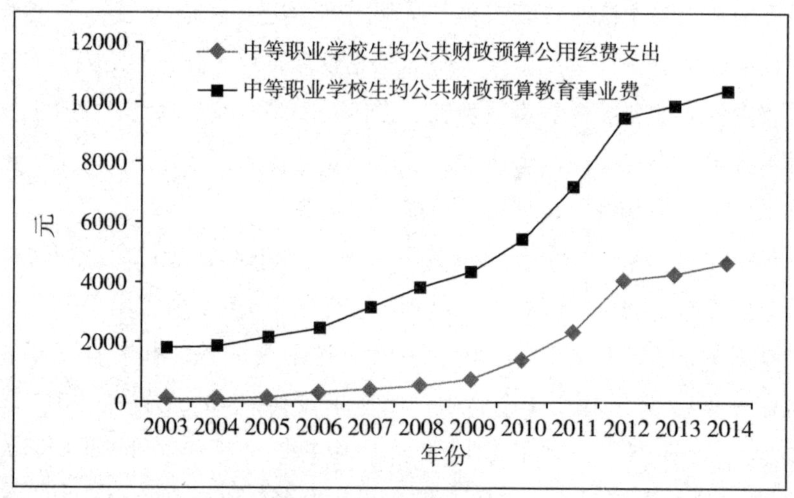

图 5.50　2003～2014 年山东省中等职业学校生均公共财政预算公用经费支出及教育事业费

（四）高等教育

高等教育是社会发展的重要依靠，是社会发展的动力之源。社会发展离不开高等教育，主要体现在以下几个方面：（1）高等教育服务科技，促进社会高速发展。中国正在走一条“以信息化带动工业化，以工业化促进信息化”之路。“科技含量高、经济效益好、资源消耗低、环境污染少是新型工业化发展必由之路。”高等教育成为走在这条新型工业化道路上的领军力量。高等教育作为人才培养中心、科学研究中心、文化传播中心在开辟社会新产业中具有独特的优势。（2）高等教育促进社会文化建设。高等教育深厚的文化底蕴、学习氛围、价值取向等对社会产生强大辐射作用。高等教育所传播的文化是一种深层次的精神文化，是一种理念、观念等核心层面的文化，因而对社会的影响深刻而久远。（3）高等教育培养人才，为社会发展提供人力资源。在知识经济时代，知识和技术已经成为经济发展的决定性要素。经济成为知识化和技术化的经济，知识变成具有经济价值的知识。高等教育培养的大量高素质的劳动者对于社会发展是必不可少的。（4）高等教育成为社会可持续发展的强大动力。教育是可持续发展的重要组成部分，更是实施可持续发展战略的关键因素。因为可持续发展的主体是人，是全面发展的人，而教育是培养和塑造这种全面发展的人主要力量。高等教育确立通过教育来培养各类高等专门人才的可持续发展理念，使他们具备投身促进社会可持续发展战略的知识和能力，成为社会可持续发展的专业人才、管理人才和合格公民，来造福于后世，推动社会可持续发展。

1. 发展规模

2000～2014 年山东省高等教育规模不断壮大，普通高等学校数从 2000 年的 58 所增长到 2014 年的 142 所，平均每年增加 6 所高校（图 5.51）。高等学校授予学位数逐年攀升，从 2005 年的 9.55 万个增加到 2014 年的 21.59 万个，增加了 12.04 万个（图 5.52）。高等学校招生人数也在逐年增加，2005 年普通高等学校招生 40.06 万人，其中本科招生 13.85 万人，专科招生 26.21 万人，2014 年普通高等学校招生数增加到 53.36 万人，其中本科招生 23.38 万人，专科招生 29.98 万人（图 5.53）。高等学校在校生数也呈逐年上升趋势，2005 年山东省共有 117.13 万名高等学校在校生，其中本科 58.98 万人，专科生 58.15 万人，2014 年山东省共有高等学校在校生 179.69 万人，其中本科在校生 96.10 万人，专科生 83.57 万人（图 5.54）。普通高等学校毕业生数逐年增加，2005 年高校毕业生有 27.51 万人，其中本科生 12.49 万人，专科生 15.02 万人，2014 年高校毕业生数增长到 48.43 万人，其中本科生 23.24 万人，专科生 25.19 万人（图 5.55）。

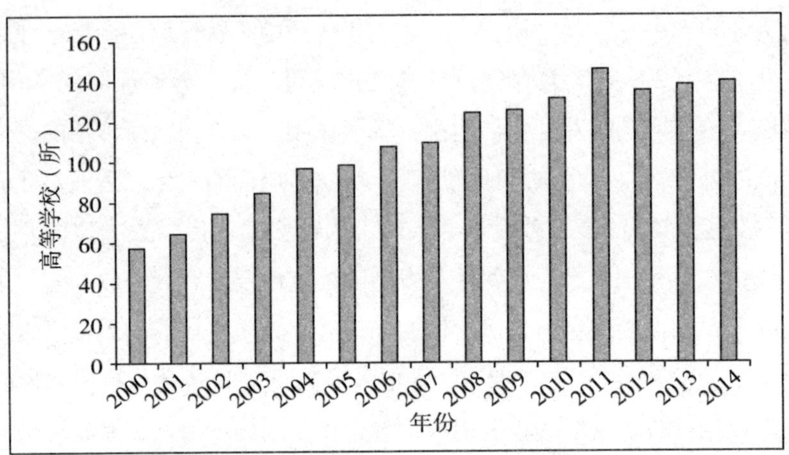

图 5. 51　2000 ~ 2014 年山东省高等学校数

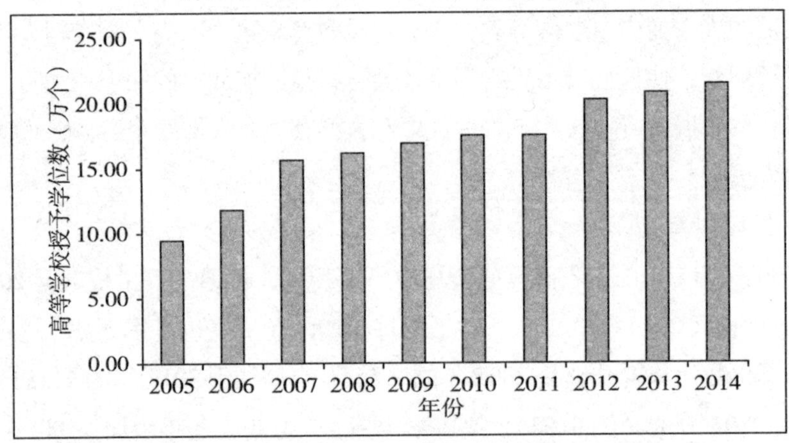

图 5. 52　2005 ~ 2014 年山东省高等学校授予学位数

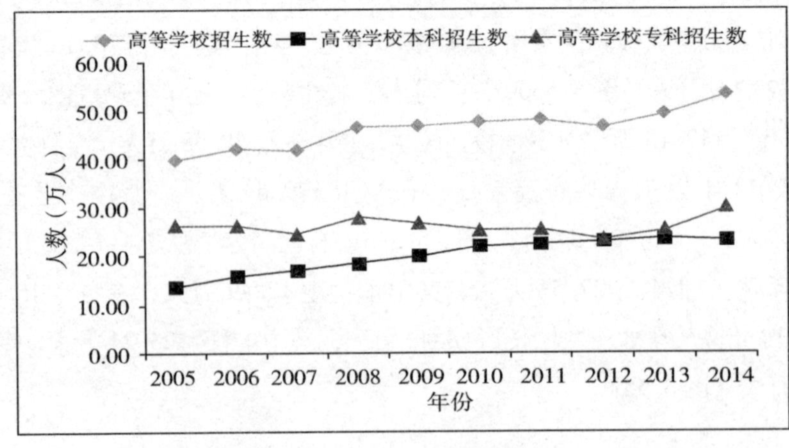

图 5. 53　2005 ~ 2014 年山东省高等学校招生数

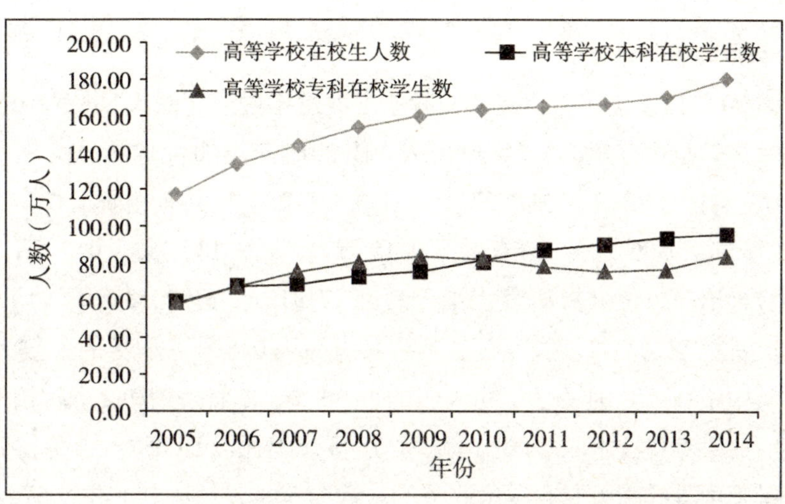

图 5.54　2005～2014 年山东省高等学校在校生数

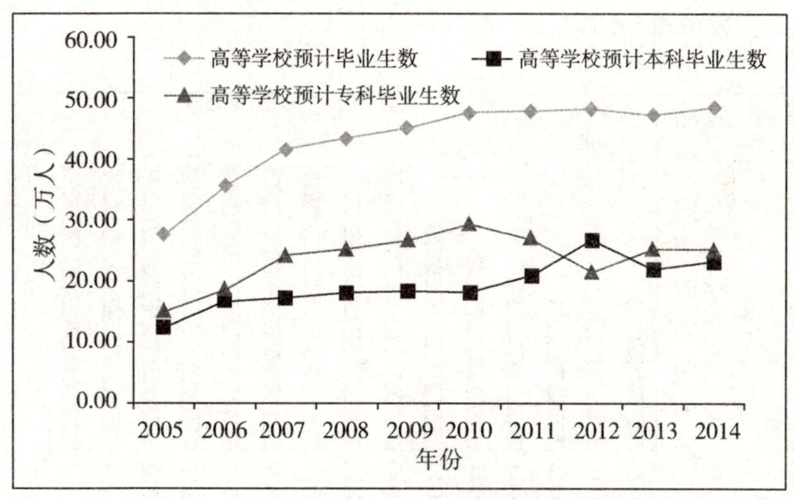

图 5.55　2005～2014 年山东省高等学校预计毕业生数

2014 年山东省共有研究生培养机构 33 处，其中高校 30 所，科研机构 3 处。山东省普通高等学校中，共有中央部属高校 3 所，均为“211 工程”院校，其中 2 所为“985 工程”院校。高等教育毛入学率为 45.05%。研究生毕业 2.34 万人，其中博士生 1532 人，比上年增加 756 人，招生 2.65 万人，其中博士生 1967 人，比上年增加 141 人，在校研究生 7.43 万人，其中博士生 8467 人，比上年增加 1351 人。在职人员攻读硕士学位人数为

3.36 万人。

2. 教师队伍建设

自2000年以来山东省普通高校教职工数逐年增加（图5.56），2014年全省普通高等学校共有教职工14.39万人，比2013年增加0.17万人，专任教师10.14万人，比2013年增加0.27万人。成人高等学校共有教职工0.23万人，比2013年减少0.06万人，专任教师0.15万人，比2013年减少0.04万人。山东省研究生培养单位共有研究生指导教师17191人，比2013年增加138人。2014年山东省普通高等学校专任教师中具有高级专业技术职务的人数为3.91万人，其中正高级1.04万人，占总数的38.59%，本科院校和高职院校专任教师中具有高级专业技术职务的比例分别为43.11%和29.00%。山东省成人高校专任教师中具有高级专业技术职务的人数为508人，其中正高级57人，占总数的32.90%，硕士研究生及以上学历的人数为292人，其中博士研究生学历5人，占总数的18.91%。

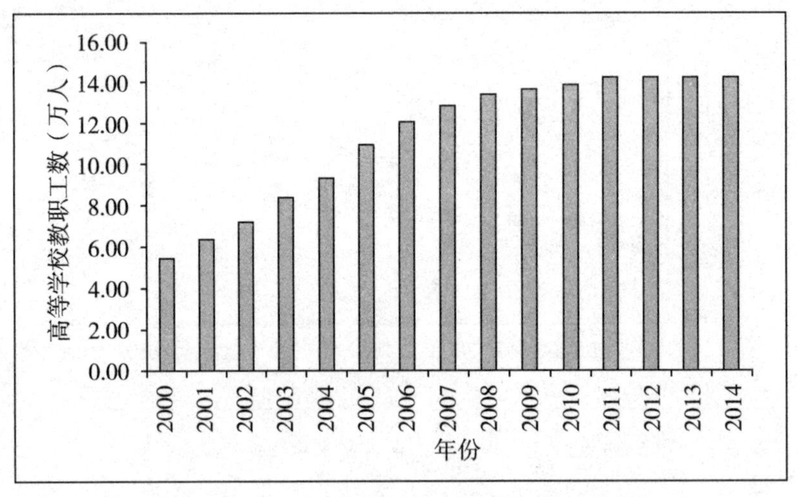

图5.56 2000~2014年山东省高等学校教职工数

3. 办学条件

2014年普通高等学校占地面积19.50万亩，比2013年增加0.53万亩，校均1373亩，生均72.58平方米，2014年全省高校校舍建筑面积5492.20万平方米，比2013年增加131.98万平方米，其中教学科研及辅助用房面积2470.96万平方米，校均17.40万平方米，生均13.79平方米。高等学校2014

年图书藏量 1.62 亿册，比 2013 年增加 406 万册，校均图书 113.78 万册，生均 90.2 册，2014 年全省普通高校教学科研仪器设备资产总值 193.79 亿元，比 2013 年增加 15.64 亿元，校均 1.36 亿元，生均 10819 元，计算机 60.79 万台，比 2013 年增加 3.81 万台，校均 0.43 万台，每百名学生拥有 33.94 台。

高等学校教育投入方面，自 2003 年以来，山东省的普通高等教育的投入大致趋势是逐年增加，其中普通高等学校公共财政预算教育事业费支出从 2003 年的 29.37 亿元增加到 2012 年 222.86 亿元，平均每年增加 21.50 亿元，最近两年普通高等学校公共财政预算教育事业费支出有所回落（图 5.57）。普通高等学校公共财政预算公用经费支出从 2003 年的 7.58 亿元增加到 2012 年的 123.01 亿元，平均每年增加 12.83 亿元，最近两年普通高等学校公共财政预算公用经费支出又大幅回落至 81.91 亿元（图 5.58）。山东省普通高等学校生均公共财政预算教育事业费用 2003 ~ 2012 年逐年递增，2012 年以来有些许回落，2014 年全省普通高等学校生均公共财政预算教育事业费用为 11962.63 元。普通高等学校生均公共财政预算公用经费最近两年降幅较大，从 2012 年的 7416.75 元降到 2014 年的 4559.01 元，降了 2857.74 元（图 5.59，5.60）。

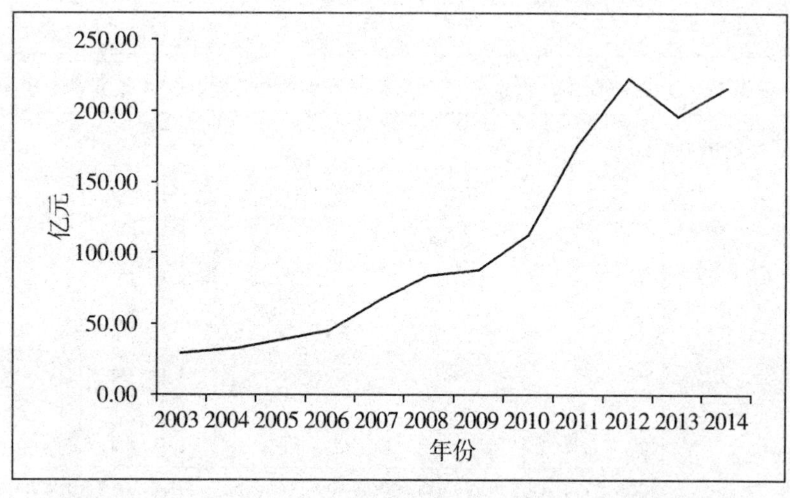

图 5.57　2003 ~ 2014 年普通高等学校公共财政预算教育事业费支出

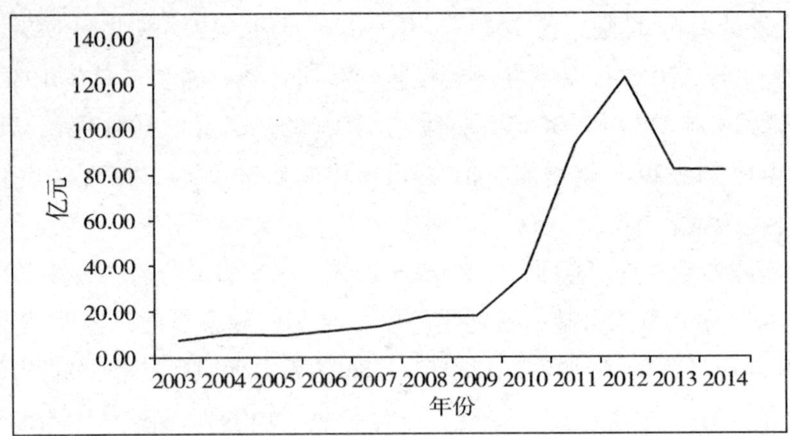

图 5.58　2003～2014 年山东省普通高等学校公共财政预算公用经费支出

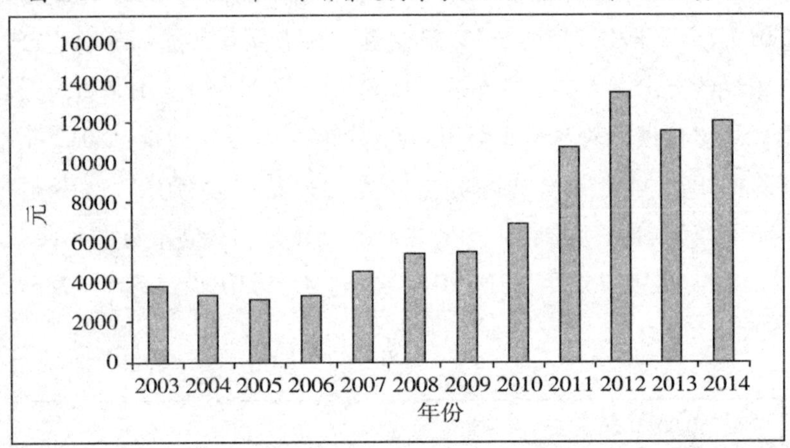

图 5.59　2003～2014 年山东省普通高等学校生均公共财政预算教育事业费

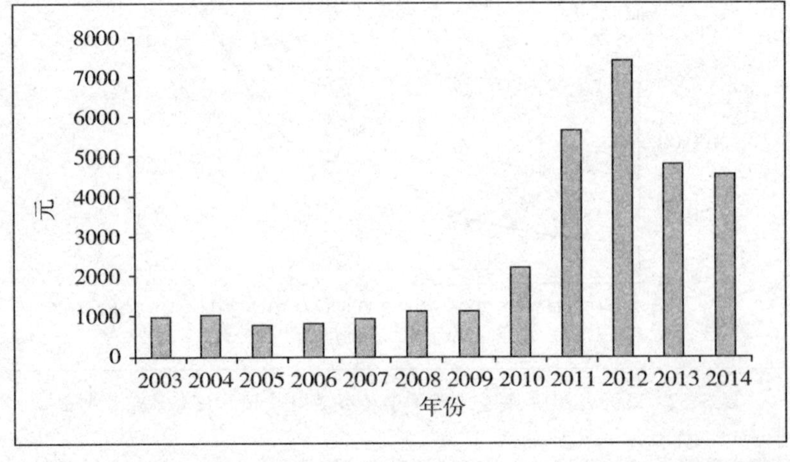

图5.60　2003～2014 年山东省普通高等学校生均公共财政预算公用经费支出

（五）民办教育

近年来山东省民办教育健康发展，2014 年全省共有民办幼儿园 7185 所，入园幼儿 38.92 万人，在园幼儿 98.69 万人，分别占全省总数的 38.81%、35.15% 和 37.55%；民办小学 240 所，招生 5.14 万人，在校生 30.47 万人，分别占全省总数的 2.23%、4.12% 和 4.70%；民办普通初中 268 所，招生 10.16 万人，在校生 30.43 万人，分别占全省总数的 9.19%、10.40% 和 9.67%；民办普通高中 101 所，招生 4.77 万人，在校生 13.60 万，分别占全省总数的 18.57%、8.53% 和 7.94%；民办中等职业学校 124 所，招生 4.65 万人，在校生 11.65 万人，分别占全省总数的 26.96%、14.57% 和 12.29%；民办普通高等学校 38 所，普通本专科招生 12.25 万人，在校生 33.25 万人，分别占全省总数的 26.76%、21.09% 和 18.51%。

（六）特殊教育

2004～2014 年山东省特殊教育稳步发展。山东省特殊教育学校数从 2004 年的 139 所增加到 2014 年的 145 所，增加了 6 所。全省特殊学校在校生从 2004 年的 1.6 万人增加到 2014 年的 2.2 万人，平均每年增加 364 人。2014 年全省共招收特殊教育学生 3607 人，比 2013 年增加 267 人，毕业生 3297 人，比上年增加 410 人，独立设置特殊教育学校招收特殊教育学生 2467 人，在校生 15884 人，分别占特殊教育招生总数和在校生总数的 68.39% 和 72.85%。特殊教育学校共有教职工 0.57 万人，其中专任教师 0.48 万人，接受过特教专业培训的专任教师占总数的 74.80%（表 5.2）。

表 5.2　　2004～2014 年山东省特殊学校规模

年份	2004	2005	2006	2007	2008	2009	2010	2011	2012	2013	2014
特殊教育学校数（所）	139	139	140	144	144	144	145	146	145	144	145
特殊教育学校在校生数（万人）	1.60	1.60	1.70	2.00	2.00	2.10	2.20	2.20	2.10	2.09	2.20

数据来源：2004～2014 年《山东省教育统计年鉴》。

二、坚持教育均衡发展，建设人才强省

教育均衡，实质上是指在教育公平思想和教育平等原则的支配下，教育机

构、受教育者在教育活动中，平等待遇的教育理想和确保其实际操作的教育政策和法律制度。其最基本的要求是在教育机构和教育群体之间，平等地分配教育资源，达到教育需求与教育供给的相对均衡，并最终落实在人们对教育资源的分配和使用上。从个体看，教育均衡指受教育者的权利和机会的均等，指学生能否在德智体美等方面均衡发展、全面发展；从学校看，教育均衡指区域间、城乡间、学校间以及各类教育间教育资源配置是否均衡；从社会看，教育均衡指教育所培养的劳动力在总量和结构上，是否与经济、社会的发展需求达到相对的均衡。当前人们关注的基础教育均衡发展，主要是指我国不同地区之间、城乡之间、同一地区不同学校之间、同一学校不同群体之间的教育均衡发展问题。或者说，它主要涉及的是受教育者的受教育权利保障问题，教育的民主与公平问题。

必须看到，山东省推进均衡发展的任务比起实现普及的任务来说，更艰巨、更复杂，用的时间会更长。当前，山东省教育区域间、城乡间、学校间的不均衡的矛盾仍较突出，推进山东省区域内义务教育的均衡发展，将伴随着缩小学校之间办学水平差异、整体提升教育质量的全过程；推进山东省城乡义务教育的均衡发展，将伴随着城乡一体化发展、逐步缩小城乡差别的全过程；推进山东省区域间义务教育的均衡发展，将伴随着解决区域经济社会不平衡问题、提高鲁西等相对欠发达地区教育水平的全过程。

（一）山东省教育均衡发展现状

1. 教育投入不断加大，教育均衡水平得到提高

2000 年以来山东省全省的教育投入不断增加，从 2000 年的 118.10 亿元增加到 2014 年的 1461.05 亿元，平均每年增加教育投入 95.93 亿元（图 5.61）。与此同时，山东省加大了对鲁西、鲁南等教育发展相对落后地区的教育投入，使菏泽、德州、聊城、枣庄等地的教育得到较大幅的的提升。2015 年山东省财政积极筹措资金，支持农村义务教育经费保障政策落实，山东省已累计下达 37.7 亿元农村义务教育经费保障资金。山东省农村小学、初中学校公用经费标准分别达到每生每年 710 元、910 元。2015 年山东省进一步提高特殊教育学校公用经费标准，自 2015 年起，将特教学校生均公用经费标准由每生每年 4200 元提高到 6000 元。2015 年山东省扩大了农村寄宿生生活费补助范围。自 2015 年起，将家庭经济困难寄宿生生活费补助范围由在校寄宿生的 10% 扩大

到15%，加大对农村寄宿生资助力度。同时，山东省农村义务教育经费保障向农村教学点和规模较小学校倾斜。对于规模小于100人的学校，继续按100人核定公用经费。山东还要求各地严格按照农村义务教育经费保障机制改革确定的分担比例，足额落实应由市县财政承担的资金。

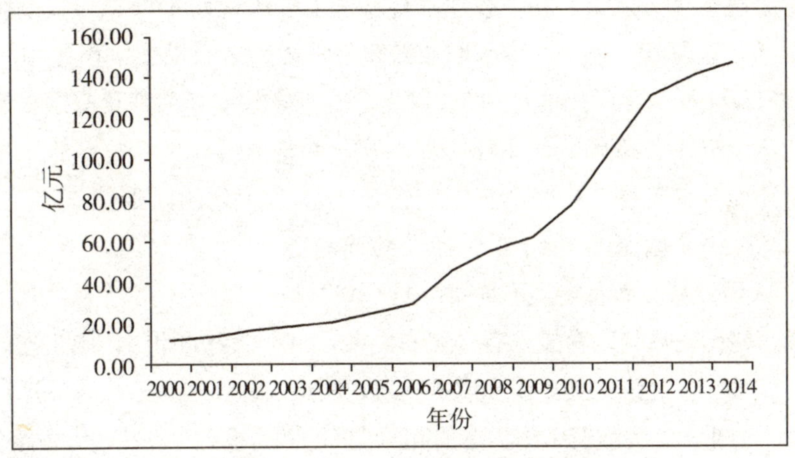

图5.61　2000～2014年山东省财政教育支出

2. 教育资源配置日趋合理，办学条件得到改善

随着经济的飞速发展，山东省各级政府财政收入迅速增加，各级政府加大了对教育的投入，使得山东省各地的办学条件得到了很大程度的改善。在基本教学条件方面，山东省全面推进校舍标准化建设，促进了各地各级学校校舍基本满足国家关于教育教学的基本要求。根据各级教育的要求配有相应的图书、教学仪器以及健身器材等。学生生活条件方面也大为改善，各地学校都建有学生食堂、餐厅，设置开水房或安装饮水等设施。农村地区村小学和教学点的建设取得较大进步，列入各地义务教育学校布局专项规划的村小学和教学点，都配备了必要设施，满足教学和生活基本需求。贫困地区学校教育信息化水平得到了很大程度的提高，各地学校正在逐步配备宽带网络、数字教育资源等设施设备。

3. 教师素质不断提升，教师队伍建设得到加强

近年来，山东省教师素质不断提升，教师队伍建设得到加强。山东省教师教育体系进一步完善，山东重点建设了20个培养培训一体化的省级教师教育基地和100个左右县级教师教育基地，完善教师职业准入制度。完善中小学教师和校长继续教育制度，实施五年一周期的教师、校长全员培训。山东省师资

队伍结构不断优化，各级各类教育师资队伍区域、学段、年龄、学科结构更加合理，基本适应教育事业发展的需要。高职院校、中等职业学校“双师型”教师比例分别达到专任教师的80%、40%。山东省各级学校教师学历层次普遍提高，全省幼儿教师专科及以上学历达到65%以上，全省小学教师专科及以上学历达到90%以上，初中教师本科及以上学历达到85%以上，高中教师研究生学历达到10%以上。中等职业教育专任教师本科以上学历达到95%以上，具有硕士研究生学历的达到5%以上。高等学校专任教师具有硕士及以上学位的达到70%。教师队伍素质明显增强，教师的师德修养、专业水平和教育教学能力普遍提高，基本适应素质教育和教育现代化的需要。

（二）山东省教育均衡发展存在的问题

1. 区域及城乡教育投入不均衡

教育均衡发展与教育投入有密切的关系。由于历史的原因，山东省同全国一样，城乡二元经济结构也逐步渗透到教育领域，教育投入方面存在严重的失衡现象，衍生出二元教育结构。山东省区域间的教育投入也存在较大差距，2014年山东省各地市平均财政教育经费投入为17.69亿元，低于全省教育投入平均值的有德州市、聊城市、滨州市、菏泽市、泰安市、威海市、日照市、莱芜市、枣庄市、东营市等地市，主要集中在鲁西、鲁南、鲁北地区，高于全省教育投入平均值的有青岛市、烟台市、临沂市、潍坊市等地市，主要集中在鲁东、鲁中地区，教育投入最大的地区与教育投入最小的地区相差10.2倍多（图5.62），从

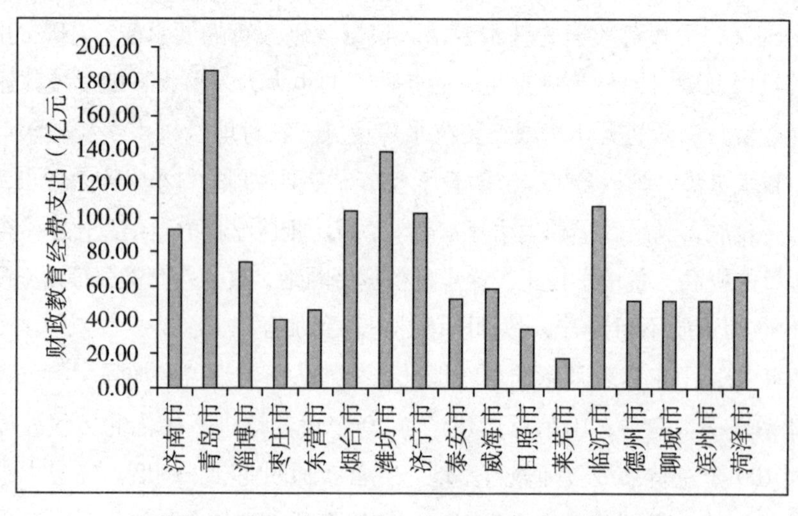

图5.62　2014年山东省各地市财政教育经费支出

以上几个方面可以看出山东省城乡之间及区域之间的教育投入差距较大，需要进一步制定措施，加大对农村地区、贫困地区的教育投入。

2. 区域及城乡办学条件不均衡

由于办学条件与教育投入有很大的关系，山东省教育城乡之间及区域之间投入上的差距直接导致了城乡及区域之间办学条件的不均衡。城市学校的硬件先进，而一些偏远农村学校的体育设施、实验仪器设备、音乐美术设施、计算机现代化教学设备较差。此外，全省广大农村地区和贫困地区学校校舍中危房所占的比例要远高于城市及鲁东等发达地区。在中小学办学条件达标学校数的比例中，农村地区校舍建筑面积和县镇校舍建筑面积相当，但是要远低于城市校舍建筑面积，其他指标均也远低于城市学校。其中反映现代教学手段的校园网络达标的学校比例中，农村学校所占的比例只有2.4%，远远低于城市学校54.8%的比例。

3. 区域及城乡师资力量不均衡

城乡师资水平的差距应该是城乡教育资源最大的差距，缩小城乡师资水平差距是缩小城乡教育资源差距的最为关键的方面。随着山东高等教育的快速发展，大学毕业生人数的增多和政府为农村中小学校配备专任教师力度的加大，农村和城市专任教师合格率差距大幅缩小，有力地提高了农村中小学教育教学水平。农村中小学专任教师合格率与城市差距在缩小，但农村小学、初中、高中专任教师合格率都比城市低，尤其高层次学历专任教师所占的比例城乡差距较大，城市学校教师中具有大专以上学历的比例高于县镇和农村学校，城市初中新进教师起点已达到本科，而不少农村地区仍存在教师数量不足、年龄偏大、教学水平不高等问题。同时在不同地区、不同学校之间，也存在师资力量和管理水平等方面的差距

（三）山东省教育均衡发展的对策建议

1. 强化政府责任，增加教育落后地区的教育有效投入

（1）明确各级政府保障农村义务教育投入的责任。省和市级人民政府要通过增加转移支付，增强财政困难县农村义务教育经费的保障能力，县级政府要切实担负起对本地教育发展规划、经费安排使用、校长和教师人事等方面进行统筹管理的责任，乡镇政府要积极筹措资金，改善农村中小学办学条件。（2）建立健全农村中小学校舍维护、改造和建设保障机制。加快危房改造进

度，确保师生人身安全，通过东西结合、城乡结合等对口支援方式，帮助贫困地区的农村进行危房改造，鼓励行业、企业等社会力量采取捐赠等形式参与农村中小学危房改造，鼓励村民自愿提供劳务支持农村中小学校舍的维护和修缮。(3) 确保农村中小学公用经费。(4) 建立健全资助家庭经济困难学生就学制度，努力做到不让学生因家庭经济困难而失学。

2. 加大师资培训力度，促进教育落后地区教师专业化发展

针对山东省师资力量不均衡的问题，提出以下几点建议：(1) 加强农村中小学编制管理。充分考虑农村中小学区域广、生源分散、教学点较多等特点，保证这些地区教学编制的基本需求。清理并归还被占用的教职工编制，建立年度编制报告制度和定期调整制度。(2) 执行教师资格制度，全面推行教师聘任制。教师聘任实行按需设岗、公开招聘、平等竞争、择优聘任、科学考核、合同管理，逐步提高新聘教师的学历层次。将师德修养和教育教学工作成绩作为选聘教师和确定教师专业技术职务的主要依据。(3) 积极引导鼓励教师和其他具备教师资格的人员到乡村中小学任教。建立城镇中小学教师到乡村任教服务期制度，落实国家和省规定的对农村地区、边远地区、贫困地区中小学教师津贴、补贴，适当提高乡村中小学中、高级教师职务岗位比例。(4) 加强农村教师和校长的教育培训工作。构建农村教师终身教育体系，实施“农村教师素质提高工程”，开展以新课程、新知识、新技术、新方法为重点的新一轮教师全员培训和继续教育。

3. 改善办学条件，制定教育落后地区学校办学条件基本标准

针对山东省各地办学条件不均衡的问题，需要从以下几个方面着手改善：(1) 改善基本教学条件。全面推进校舍标准化建设，校舍面积和功能满足教学基本需要，达到抗震、消防安全等要求，消除校舍安全隐患。加强教学仪器设备和音体美器材配备，配备适合学生身心发展特点的图书，达到基本办学标准。(2) 改善基本生活条件。有用餐需求的学校建设学生食堂、餐厅，设置开水房或安装饮水设施。寄宿制学校保障寄宿学生每人 1 个床位，消除大通铺，配备必要的洗浴设施。改善学校生活和卫生条件，保证宿舍、食堂、饮水、浴室、厕所等安全卫生。(3) 办好村小学和教学点。把办好村小学和教学点作为推进义务教育均衡发展的重要突破点，对列入各地义务教育学校布局专项规划的村小学和教学点，配备必要设施，满足教学和生活基本需求。抓好

村小学和教学点教师队伍建设，充分利用中小学教师机动编制政策，加强英语、科学、信息、音乐、体育、美术等紧缺学科教师的配备。（4）提高农村学校教育信息化水平。稳步推进农村学校宽带网络、数字教育资源、网络学习空间建设，消除数字教育资源覆盖盲区。保障农村小学、教学点至少有一间数字资源教室，配备满足教学需求的计算机和网络设施。

第三节　山东省现代公共文化服务体系建设

文化是民族生存和发展的本质性力量，是一个民族的根和魂，是人类文明进步的先导和旗帜，一部人类文化史，可以记载文化发展，反映文化推动社会进步的历程。文化与经济、政治、社会关系更加紧密，迫切需要文化成为经济社会发展和人的全面发展的支撑力量。当今世界正处在大发展大变革大调整时期，文化在国家发展和人类进步中的作用日益凸显，迫切需要从文化的高度审视传统发展理论和发展道路。

走可持续发展道路已成为我国的基本战略之一，只有把可持续发展的理念凝聚成文化的共识，转化为人们的自觉行动，我国才能拥有更加美好的未来。要推动文化传承创新，以文化之力塑造人与人、人与社会、人与自然的和谐关系，为可持续发展提供强劲动力。所以认识文化不仅要从人的精神需求方面认识文化，而且要从经济社会可持续发展和综合国力提高的社会要求上认识文化。

公共文化服务体系，面向大众的公益性的文化服务体系。主要包括先进文化理论研究服务体系、文艺精品创作服务体系、文化知识传授服务体系、文化传播服务体系、文化娱乐服务体系、文化传承服务体系、农村文化服务体系等七个方面。先进文化理论研究服务体系在公共文化服务体系中具有引导性意义。《中共中央关于构建社会主义和谐社会若干重大问题的决定》提出："加强公益性文化设施建设，鼓励社会力量捐助和兴办公益性文化事业，加快建立覆盖全社会的公共文化服务体系。"公共文化服务体系的建设应面向社会大众和基层，充分发挥公共财政的支撑作用。鼓励社会力量，建立适应社会主义市场经济的公共文化服务事业的混合主体。建立促进公共文化服务事业发展的法律政策支持体系和监管体制。现代公共文化服务体系，是十八届三中全会提出的一个新概念。加上"现代"两字，突出了公共文化服务体系建设的时代性、创新性和开放性要求。这是党中央对新时期公共文化服务体系建设提出的新任务。这一任务的提出，为我国公共文化服务体系建设指明了新的发展方向。

一、现代公共文化服务体系内涵及特点

（一）现代公共文化服务体系的内涵

现代公共文化服务是现代公共服务的重要组成部分。现代社会中的所谓公共服务，是指建立在一定社会共识基础上，由政府主导提供的保障全体公民生存和发展基本需求的各类服务。如基本公共教育、公共卫生、基本医疗服务、基本社会保障、劳动就业服务等。这些服务的水平应大体上与经济社会发展水平和发展阶段相适应。

保障公民基本文化权利，是构建现代公共文化服务体系的出发点和价值基础，享有基本公共文化服务属于公民的基本权利，向公民和社会提供有效的基本公共文化服务是现代政府的职责和施政重要目标之一。提供基本文化服务，满足人民基本文化需求，是现代公共文化服务体系建设的基本任务。在现阶段，国家界定的基本文化服务范围主要包括看电视、听广播、读书看报、进行公共文化鉴赏、参与公共文化活动等方面。

“现代公共文化服务体系建设”之“现代”，主要体现在以下三个层面：

（1）在基本文化理念层面，应坚持以人民为中心的工作导向，坚持文化发展为了人民、文化发展依靠人民、文化发展成果由人民共享。尊重人民群众在文化建设中的主体地位，发挥人民群众在文化建设中的主体作用，引导群众在文化建设中自我表现、自我教育、自我服务。

（2）在制度建设层面，一是建立法治框架，公共文化服务体系的各种制度与程序安排，须通过法律形式确定下来，确立有关各方共同遵守的规则与行为规范。二是健全公共文化服务的社会参与机制，创造条件鼓励各类主体参与公共文化服务体系建设，建立政府和社会、市场之间的适度平衡和良性互动关系，推动公共文化服务社会化发展。三是引入竞争机制，发挥市场机制的积极作用。公共文化服务领域也须实行竞争，但竞争的条件应该对各类服务主体都是公平公正的。

（3）在现代技术运用层面，要充分利用现代数字网络技术，推进数字化公共文化服务网络建设，如数字公共文化服务平台、数字网络化文化信息管理系

统、特色资源数据库等，以有效整合各类文化资源，提高公共文化服务的效能。

（二）现代公共文化服务体系的特点

构建现代公共文化服务体系，是推进国家治理体系和治理能力现代化的重要方面。从“管理”到“治理”，虽然只有一字之差，但蕴含着极为重大的变革意义。所谓治理，一是强调法治基础，二是强调政府职能转变，三是强调多元主体协同合作，特别是要确立社会作为公共事务治理主体的地位。按照现代治理理念，现代公共文化服务体系应具有如下基本特征。

（1）服务目标均等化

均等化是现代公共文化服务的基本要求。十八届三中全会《决定》要求，“促进基本公共文化服务标准化、均等化”。这是构建社会主义和谐社会、维护社会公平正义的迫切需要，也是全面建设服务型政府的内在要求，对于丰富人民精神文化生活，提高全民族科学文化素养，具有十分重要的意义。

（2）供给主体多元化

在传统体制中，政府是公共文化服务的唯一供给主体，而在现代公共文化服务体系里，政府依然负有提供公共文化服务的首要责任，但政府主导并不等于政府包办，并不意味着政府就是公共文化服务的唯一供给主体。供给主体多元化的必要性在于，即使是公共文化产品的消费，也具有“选择性”的特点，政府也有可能提供公众不需要的公共产品而浪费公共资源，就像市场存在“失灵”现象一样，政府也有可能“失灵”。此外，政府受能力和预算制约，不可能包揽所有的公共文化服务。

（3）运行机制民主化

运行机制民主化是现代公共文化服务体系体现公共性和提高服务绩效的必然要求。民主原则须贯穿从公民基本文化权利到国家保障公共文化服务提供的各个重要环节。从事公共服务供给的各类机构应贯彻开放透明的原则，强化社会公众对公共文化服务供给及运行的知情权、参与权和监督权，增加决策透明度。

（4）公共服务高效化

不断提高服务效能是现代公共文化服务体系的重要发展目标之一。首先必须建立以需求为导向的公共文化服务提供机制，转变传统的自上而下的单一供给方式，建立健全自下而上的公共文化服务需求表达机制，根据群众实际需求提供公共文化服务。其次要切实加强基层公共文化服务设施建设和服务能力建设，促进全社会公共文化资源共建共享。三是创新基本公共文化服务供给模式，引入竞争机制，积极采取购买服务等方式，形成多元参与、公平竞争的格局，不断提高基本公共服务的质量和效率。四是努力提高基本公共文化服务的信息化水平，积极构建数字化公共文化资源库和公共文化服务平台，加强公共文化信息系统建设，促进公共文化信息资源整合共享。

（5）管理体系法治化

法治化是国家治理体系现代化的核心。传统管理体制以人治和行政化为主要特征，而现代治理以法治化和制度化为核心内容。公共文化服务体系要现代化，整个管理体系就必须法治化。因此，要完善公共文化服务相关法律法规体系，明确各级政府的公共文化服务责任和各类公共文化服务提供主体的权利、责任，制定相关工作规则、工作程序和行为规范，为公共文化服务体系建设提供法治保障。

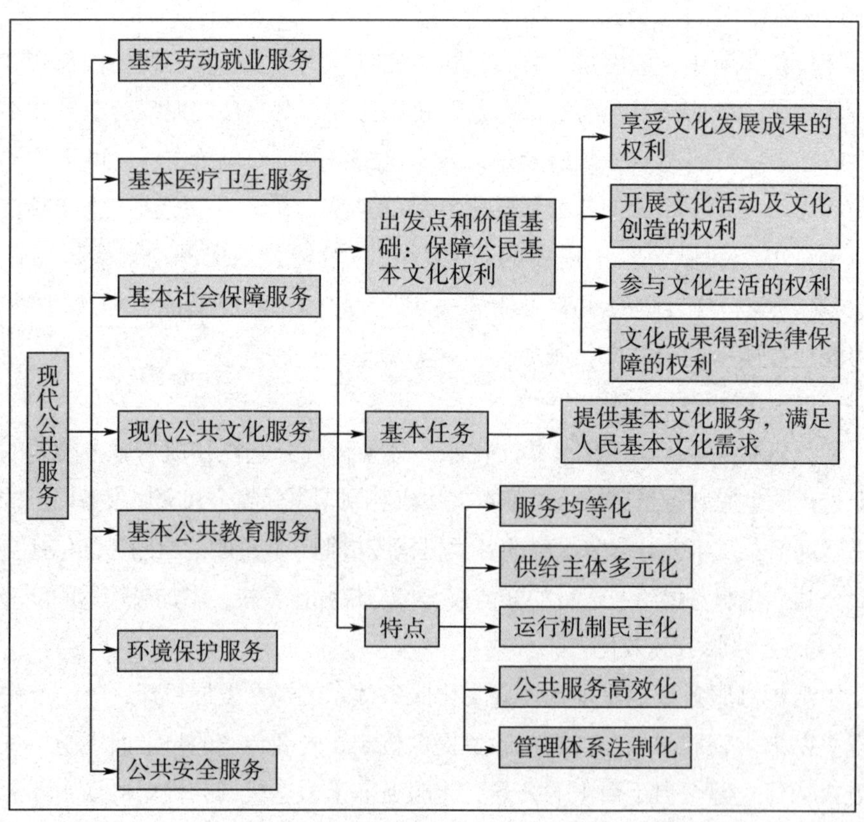

图 5.63　现代公共文化服务概念图

二、山东省现代公共文化事业发展成就

（一）公共文化设施网络愈加完善

衡量一个地区公共文化发展与服务水平高低的一个重要标准就是这个地区公共文化服务设施布局是否均衡与完善。山东省各地按照国家出台的《关于加快构建现代公共文化服务体系的意见》和《国家基本公共文化服务指导标准》的要求和山东省建设经济文化强省的战略，大力推进公共文化服务体系建设，使山东省整体和山东省各地现代公共文化服务体系规模越来越大，越来越完善，提升了山东省公共文化对人民群众的服务水平。

2000～2013 年山东省公共文化设施网络和各地市公共文化设施网络逐渐完善（表 5.3～5.4）。2000～2013 年全省文化（艺术）馆一直维持在 160 个左右，但是文化馆的建设规模和服务水平都有明显提高。2013 年全省拥有文化站 1807 个，拥有艺术表演团体 103 个，与 2000 年相比虽然数量有所减少，但是全省文化站的服务能力增强了很多，艺术表演团体的场次和表演质量也在逐年提升。2000～2013 年全省图书馆数从 2003 年的 133 个增加到 2013 年的 153 个增加了 20 个，博物馆的数目变化更加明显从 2000 年的 59 个增加到 2013 年的 194 个，增加了 135 个。2013 年全省文物、文化事业费用支出 50.97 亿元。

表 5.3　　2000～2013 年山东省公共文化设施

年份	文化（艺术）馆（个）	文化站（个）	艺术表演团体（个）	剧场（个）	图书馆（个）	博物馆数（个）
2000	159	2422	118	105	133	59
2001	159	1912	121	105	136	66
2002	156	1866	121	104	140	70
2003	157	1792	120	104	140	73
2004	159	1783	118	95	142	72
2005	158	1768	117	94	145	75
2006	158	1825	118	95	143	76
2007	157	1826	119	92	145	87
2008	156	1826	119	90	147	96
2009	158	1867	118	82	150	111

续表

年份	文化（艺术）馆（个）	文化站（个）	艺术表演团体（个）	剧场（个）	图书馆（个）	博物馆数（个）
2010	158	1855	119	91	149	114
2011	160	1828	116	93	150	120
2012	158	1821	104	93	150	178
2013	159	1807	103	93	153	194

数据来源：2000～2013年《山东省统计年鉴》。

表5.4　　2013年山东省各地市公共文化设施

地区	公共图书馆数（个）	公共图书馆藏书量（万册）	艺术表演团体（个）	艺术表演场所（个）	群众艺术馆（个）	文化馆（个）	文化站（个）	文物、文化事业费（万元）	博物馆（个）
全省总计	153	4422	103	93	18	141	1807	509668	194
济南市	11	352	8	9	1	10	141	40951	17
青岛市	13	546	8	10	1	12	136	50192	30
淄博市	9	224	3	8	1	8	88	21706	16
枣庄市	7	127	3	4	1	6	62	9050	12
东营市	6	156	4	1	1	6	40	16485	7
烟台市	14	548	10	8	1	13	155	49053	14
潍坊市	12	349	6	2	1	12	118	26837	11
济宁市	11	173	11	9	1	12	152	80910	14
泰安市	7	150	3	4	1	6	87	20943	6
威海市	4	138	4	2	1	5	73	13544	6
日照市	5	51	1	2	1	4	53	7481	3
莱芜市	2	49	1	1	1	1	20	3761	2
临沂市	13	308	4	5	1	12	161	16399	18
德州市	12	140	6	8	1	11	133	15574	5
聊城市	8	110	6	7	1	8	131	22597	11
滨州市	8	139	7	1	1	7	89	11870	7
菏泽市	10	123	11	9	1	9	168	17229	13

数据来源：2013年《山东省统计年鉴》及山东省各地市相关统计年鉴。

（二）公共文化队伍建设得到加强

人才是公共文化发展的关键所在。近年来，山东省通过落实编制，大力实施公共文化辅导工程，加强城乡公共文化服务队伍配备，强化培育文化志愿者服务队伍，同时通过政府购买服务等政策措施使得山东省公共文化队伍建设取得长足发展，公共文化队伍不断壮大。

山东省文化站业务人员从2000年的3304人增加到2013年的4915人，平均每年增加124人。山东省博物馆业务人员数2000年以来增加也非常明显，从2000年的1633人增加到2013年的4748人，平均每年增加240人。山东省文化艺术馆业务人员数一直保持在2900人以上，最多年份达到3136人。山东艺术表演团体业务人员数是各文化单位中业务人员最多的一个，最多年份可达6268人，2013年山东省艺术表演团体业务人员有5557人，虽然较最多年份人数有些减少，但是业务人员的文化艺术水平及学历都在提高。山东省剧场业务人员数也保持在1700人以上，最多年份达2473人。山东图书馆业务人员数则保持在2500人以上，近几年来人数有些增加，2013年山东省图书馆业务人员数有2760人，比2012年增加113人。这些文化业务人员为山东省共文化建设活动提供了可靠的人才保障，极大地促进了山东省文化事业的繁荣发展（表5.5）。

表5.5　　2000~2013山东省公共文化业务人员数

年份	文化（艺术）馆业务人员数（人）	文化站业务人员数（人）	艺术表演团体业务人员数（人）	剧场业务人员数（人）	图书馆业务人员数（人）	博物馆业务人员数（人）
2000	3055	3304	5943	2473	2506	1633
2001	2975	2943	5990	2444	2503	1611
2002	2935	3019	6030	2434	2559	1566
2003	2968	3022	5988	2353	2573	1634
2004	3136	3190	5995	2088	2633	1684
2005	2982	3166	6066	1881	2690	1723
2006	3058	3330	6250	2098	2624	1770
2007	3012	3715	6163	1937	2640	1915
2008	3025	3754	6254	1827	2606	2064
2009	3115	4593	6279	1640	2669	2307
2010	3055	4543	6268	1904	2680	2456
2011	3086	4643	6163	2134	2697	2787
2012	3033	4987	5722	2083	2647	4353
2013	3062	4915	5557	1719	2760	4748

数据来源：2000~2013年《山东省统计年鉴》。

（三）城乡公共文化服务协调发展

改革开放以来，山东省经济社会得到较快发展，国民生产总值仅次于广东省，位居全国第二位，随着政府公共财政的迅速增加，山东率先于全国，逐渐地对原先收费的博物馆、文化馆、美术馆、纪念馆等市、县两级公共文化机构实施免费开放，充分展现了公共文化机构的“公益性”“公平性”等特征。全省各地积极完善公共文化服务体系、增加服务方式、创新服务机制；通过举办画展、文物展、社区艺术节、歌唱比赛、儒学文化进村等丰富精彩的文化艺术服务活动，有效的丰富了全省各地文化服务活动形势；全省各地通过文明创建活动以及建设校园文化、企业文化、社区文化、乡村文化等多种渠道，有效地丰富了全省各地人民群众的文化生活。

长期以来山东城乡文化资源分布不均，农村文化服务体系的覆盖率低。要想推进山东现代文化体系建设，建设文化强省，必须将农村文化建设纳入到建设文化强省的战略布局当中，逐步加强山东农村的文化建设。近年以来，山东省通过广播电视村村通、农村电影放映、图书下乡等活动极大的丰富了山东省广大农村的文化生活。除了这种从上至下的输送文化资源以外，山东省为了突出农民的自主权和主体性，通过加大对当地文化团体、文化机构等的财政投入，积极组织各种文化培训，鼓励文化志愿服务等各种方式，让优秀文化在山东省广大农村地区得到传播，极大地促进了山东省广大农村地区的文化建设，缩小了城乡文化发展的差距。

（四）文化体制改革逐步深化

近年来山东着力探索面向社会的新型管理体制，以改革创新为动力，文化体制改革稳步推进。山东省文化系统以改革创新推动文化发展，着力探索面向社会的新型管理体制。按照中央文化体制改革的基本要求，省直事业单位整合力度加大，组建了山东艺术研究院和省非物质文化遗产保护中心。全省各级图书馆、文化馆和博物馆全面推进内部管理体制、运行体制和劳动人事制度改革，公共文化服务能力不断提高。增强文化事业单位活力，促进非政府组织的发展，将原有的文化事业单位区分为公益性文化事业和经营性文化企业，分别采取不同的改革方式，经营性的文化事业单位转企改制，逐步建立现代企业制度。公益性文化事业单位深化劳动人事、收入分配和社会保障制度改革，加大政府投入，增强活力。文化事业单位的目标取向在于公共利益，但同样可以引入企业化管理模式，将顾客至上、注重效率和激励竞争的企业精神和理念注入文化事业单位之中，将企业管理理念与公共文化服务取向相融合。政府在加大对博物馆、图书馆、文化馆等公益性非营利文化部门的资金投入的同时，鼓励社会兴办和支持公共文化事业，建构“国民文化经济共同体”，实现“公共文化事业主体多元化”“公共文化事业社会化共建”“公共文化事业专业化管理”“公共文化事业大众化运作”的新模式，形成公共文化事业政府投入与社会投入相结合的多渠道、多元化的投入机制，提高文化事业建设效率。

三、山东省现代公共文化事业发展问题

（一）公共文化投入不足

与全国其他省市相比，山东省的博物馆数、公共图书馆数和艺术表演团体数落后于江苏、河南、浙江、广东等地（图5.64~5.66），山东省文化投人占国民生产总值的比重仍然偏少，东西部地区、城乡之间公共文化投入也存在较大差距。改革开放以来，尽管全省各级财政对公共文化的投人在总量、占GDP比例和增长速度方面与改革开放之前相比都有明显改善，对农村以及欠发达地区的财政扶持力度也不断在加强。但实现公共文化服务均等化的财政投入比较少，与满足城乡居民文化生活的需求相比，文化事业发展财政投人仍然存在着较大差距，仅仅停留于低水平的保障与全国一些发达省份相比，也有差距。山东省公共文化多渠道资金投入政策还不完善，一些公共文化资金投入政策未能得到有效落实。虽然山东省财政转移支付力度逐年增加，但对鲁西、鲁南、鲁

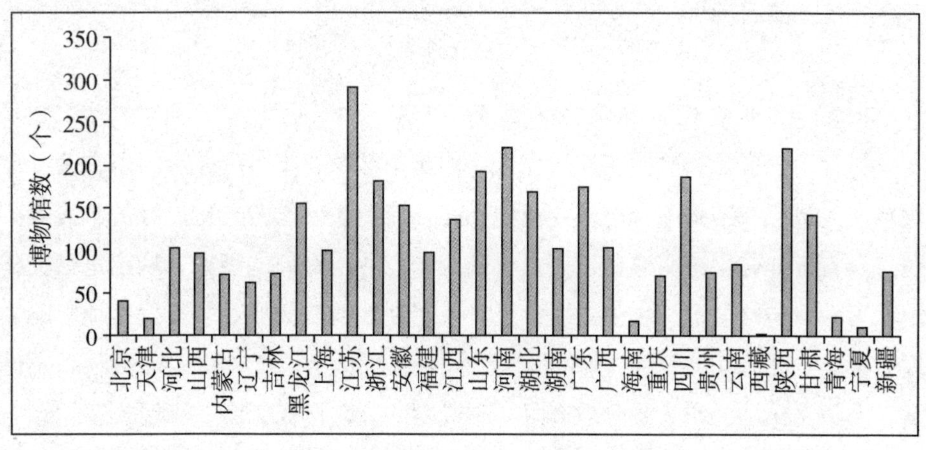

图5.64　2013全国各省市博物馆数

北等欠发达地区仍显不足，财政投入的地区间、城乡间差异依然明显。

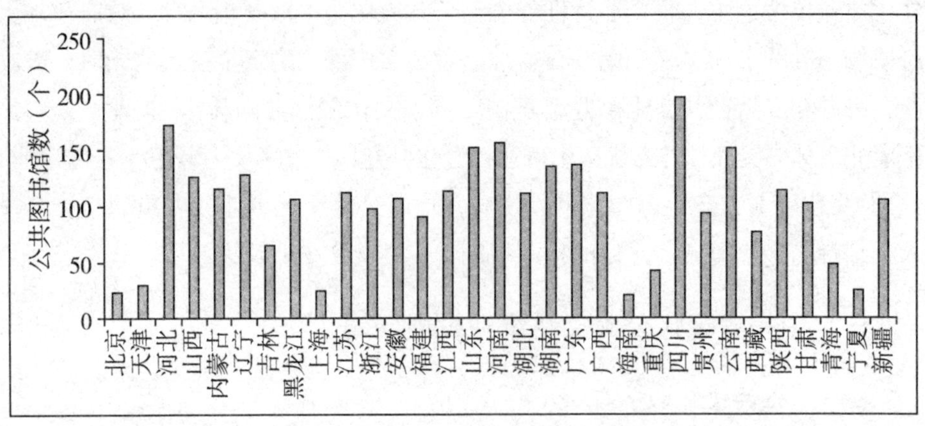

图 5.65　2013 年全国各省市公共图书馆数

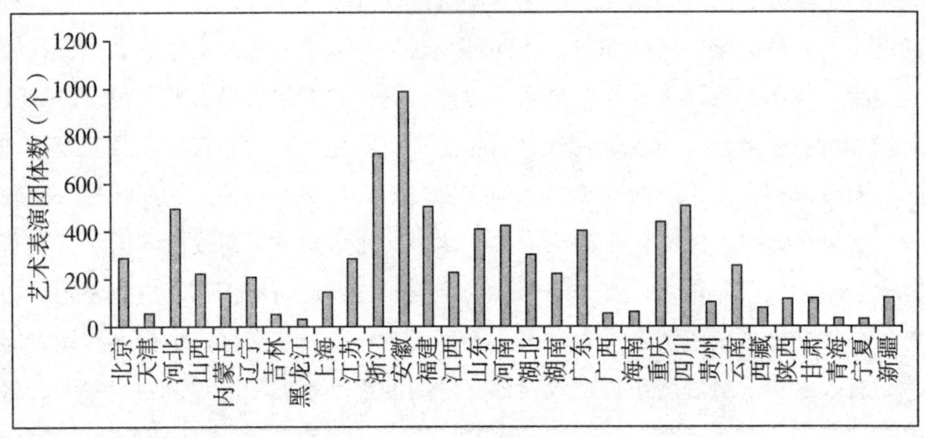

图 5.66　2013 年全国各省市艺术表演团体数

（二）公共文化服务队伍不健全

尽管山东省公共文化在逐渐完善，但是依然存在不少问题。山东省公共文化单位人员存在结构不合理，专业性不强，专业人才年龄老化、青黄不接等问题。全省各地文化馆普遍存在人员不到位、专业不对口的现象，特别是县文化馆职工教育与岗位培训较为欠缺，工作人员往往身兼数职，较大程度地影响着现有设施及部分功能科室的同时正常开放。文化管理体制和运行机制尚不健全，乡镇文化站工作人员“在编不在岗”和“专干不专职”等现象普遍，农村文化管理人员缺乏、待遇偏低或者没有任何待遇，基层文化阵地作用发挥不够。培训机构不健全，培训经费缺乏，难以保证队伍素质的提高。当前，除威海、淄博等几个市将国家和省有关部门制定的基层文化队伍配备要求落到实处之外，全省大部分市、县在公共文化服务队伍配备方面仍有欠缺。

（三）公共文化供给能力不强

随着经济社会的发展进步，群众精神文化需求呈现出多样性、多层次的特点，给文化供给的内容、风格、样式、品种等各方面提出了更高要求。自开展建设文化强省以来，山东省公共文化建设的投人不断加大、服务网络不断完善、服务手段不断增加，但依然无法满足公共需求。当前全省各级所能提供的公共文化服务存在精致度不够、适应性不强、吸引力不足等问题，难以较好满足群众日益多样化的文化需求。送书下乡、农村免费电影放映等文化惠民工程的部分书籍、剧目对群众的吸引力不够，造成文化服务趋多同群众文化生活单调并存的局面。乡镇（街道）文化服务中心和村（社区）文化活动中心设施简陋、设备不全、图书陈旧、活动单调，不能吸引群众参与，有的对社会宣传不够，不能按规定时间开放，作用没有充分发挥。

（四）公共文化区域发展不平衡

由于山东省东西部经济社会发展水平差距较大，城乡经济社会发展水平差距也较为明显，再加上各地对公共文化服务建设重视程度有较大的差异，导致山东省公共文化建设的区域差距和城乡差距较大，公共文化区域发展不平衡等问题。东部经济社会较为发达的地区公共文化体系较为完善，公共文化服务内容丰富，形势多样，而西部经济社会落后地区图书馆、文化馆、博物馆、文艺表演场馆等公共文化设施落后，公共文化体系有待进一步完善，公共文化经费投入也需要加大。山东省城乡公共文化建设差距也较为明显，城市地区集中了全省大部分公共文化资源，公共文化服务体系也较为完善，经费投入也大于农村地区，公共文化服务方式多样，而农村地区公共文化资源较为匮乏，公共文化服务方式单一，不能满足广大农村地区人民的文化需求。

四、完善现代公共文化服务体系的对策

（一）建立健全公共文化经费保障体系

完善各级财政投入结构，加大对现代公共文化的投入。加大对省级重点公共文化基础设施建设项目和省、市、县、镇和农村公共文化服务网络基础设

施、配套设备、现代技术条件、文化艺术创作、文化遗产保护的投入力度，争取全省人均文化事业经费超过北京、上海、江苏、广东等其他经济发达省市的经费投入水平。在中央对地方财政转移支付中单列一定资金用于公共文化建设。省市两级设立农村文化建设专项资金，确保农村重点文化建设资金需求。省、市、县三级要为已经和正在准备实施的一批文化工程落实配套政策和经费。省、市、县三级财政设立公共文化服务人才队伍培养专项资金。完善对博物馆、文化馆、公共图书馆等公共文化服务机构开展公共文化服务的财政投入制度。提高公共文化服务体系建设的投入产出效率，完善公共文化重点项目立项、申报及评估制度。建立对政府公共文化服务体系建设投入的绩效考评机制。推行公共文化活动项目公开招标和政府文化采购。鼓励社会各界捐赠和资助公共文化事业，形成多渠道投入公共文化建设的机制。社会力量通过国家机关、社会团体和公益性事业单位和公共文化事业的捐赠可按照规定，在当年度应纳所得税前扣除；完善相关政策，设立公共文化服务专项基金。

（二）建立健全公共文化人才队伍保障体系

建设文化强省的关键点在于文化人才，文化人才是发展现代公共文化事业的着力点。山东省建立健全公共文化人才队伍保障体系需要从以下几个方面着手：一要夯实基层文化服务队伍，科学核定公共文化单位人员编制、乡镇文化站人员编制和行政村或者社区文化管理员编制，多元方式解决各公共文化事业单位急需人才，保证公共文化单位基本队伍数量与质量。二要加强文化队伍培训，将公共文化服务内容纳入干部培训计划和省、市、县三级党校教学体系。建立公共文化单位从业人员继续教育制度，提高文化人才的业务能力和文化创造力。三要创新文化管理机制，以实施乡镇和街道文化服务中心管理体制改革为突破，打破条块分割，探索实现乡镇文化服务中心由县级文化部门统管的发展模式，充分发挥其基层文化主阵地作用，更好地服务广大人民群众。四要深入开展文化志愿服务建立省、市、县、镇、村五级文化志愿者服务队，广泛开展文化志愿服务活动。建立文化骨干下基层服务制度，加强对优秀志愿者的表彰与鼓励。

（三）丰富完善公共文化服务供给体系

增强山东省公共文化产品和服务的供给能力，一要在公共文化服务效能方面实现新提升，建立群众文化需求反馈机制，及时准确了解和掌握群众文化需求，根据人民群众的需求来开展公共文化服务活动。二要在公共文化服务创新方面实现新提升，建立覆盖全省均等便捷、实用高效的公共图书馆服务体系和文化馆网络化服务体系，促进优质资源共建共享。整合文化信息资源共享工程、数字图书馆建设工程、党员远程教育工程，搭建山东数字公共文化信息资源服务平台，建立网上图书馆、网上博物馆、网上文化馆、网上美术馆。在利用互联网有线传播的基础上，扩大无线网络覆盖范围，利用互联网终端、手机等传播手段，增强数字公共文化资源传播能力。搭建公共文化产品和服务平台，引入竞争机制，对具备一定市场竞争基础的演出、电影放映、文艺培训等项目，采取项目招标、政府补贴等方式，面向社会购买服务，推动公共文化服务社会化发展。三要在公共文化服务品牌建设方面实现新提升，加大特色文化活动的打造力度，组织和引导更多群众参加健康向上的文化活动。

（四）加强完善公共文化服务均等化体系

均等化是现代公共文化服务的基本要求，十八届三中全会《决定》要求，“促进基本公共文化服务标准化、均等化”。这是构建社会主义和谐社会、维护社会公平正义的迫切需要，也是全面建设服务型政府的内在要求，对于丰富人民精神文化生活，提高全民族科学文化素养，具有十分重要的意义。山东省要以建立城乡一体化的基本公共文化服务体系为目标，严格落实《山东省现代公共文化服务体系建设目标责任书》确定的各项任务为重点，按照“全覆盖、保基本”的思路，补齐短板，兜住底线，以群众需求为导向，实现文化服务的均衡发展，让公共文化服务惠及每一位居民。促进公共文化资源在城乡之间、区域之间均衡配置，缩小地区之间、城乡之间和社会群体之间基本公共文化服务水平的差距，确保所有社会成员都能够平等享有水平大致相当的基本公共文化服务的权利，特别是农村的基本公共文化服务水平，要大力促进最基本公共文化服务的均等化。

第六章　山东省公共安全体系建设与社会治理创新

第一节　山东省公共安全体系建设

进一步加强和完善山东省公共安全体系，对解决当前山东省存在的公共安全问题、顺利实施可持续发展战略具有重大现实意义。近年来，山东省委、政府积极打造山东省公共安全管理宏观架构、完善公共安全体系，把全省面临的公共安全问题处理至最小化，积极把“平安山东”建设落实到位，以全新姿态进入“十三五”阶段。

一、公共安全体系基本概念

（一）公共安全

所谓公共安全，是相对于私人安全的一个概念，有广义和狭义之分。对于公共安全的界定，国内外学者做出了众多解释。例如，郭济认为广义公共安全是指不特定多数人的生命、健康、重大财产以及社会生产、工作生活安全；狭义的公共安全则主要包括来自自然灾害、治安事故和犯罪侵害等三个部分。林雄弟认为广义的公共安全是指避免自然灾害事故、人为事故和社会对抗引发的社会冲突行为所造成的损害、损失，它与狭义的公共安全问题的界限在于警察的参与，这是一种主要从公共安全管理部门的角度出发进行的论定。

值得注意的是，公共安全在不同学科中也有着不同的涵义。从法学角度看，公共安全是通过法律手段阻止危害公共安全行为的发生；从政治学角度看，公共安全是一种新的安全观，即非传统安全，例如恐怖主义、传染病、金融危机等都属于此范围；从公共管理学角度看，公共安全与公共管理密切相关，是公共管理的重要内容。根据我国国务院2005年1月26日通过的《国家突发公共事件总体应急预案》，我国的公共安全事件主要分为四类：自然灾害、事故灾难、公共卫生事件、社会安全事件（见表6.1）；按照性质、严重程度、可控性和影响范围等因素可以分为：Ⅰ级、Ⅱ级、Ⅲ级和Ⅳ级，分别表示特别重大、重大、较大和一般。

表6.1　　国务院对公共安全事件的分类

公共安全类型	具体内容
自然灾害	水旱灾害、气象灾害、地震灾害、地质灾害、海洋灾害、生物灾害和森林草原火灾等
事故灾难	工矿商贸等企业的各类安全事故、交通运输事故、公共设施和设备事故、环境污染和生态破坏事件等
公共卫生事件	传染病疫情、群体性不明原因疾病、食品安全和职业危害、动物疫情以及其他严重影响公众健康和生命安全的事件
社会安全事件	恐怖袭击事件、经济安全事件、涉外突发事件等

（二）公共安全管理

传统上认为的公共安全管理，主要指的是对各种灾难的处理，以及部分准备和预防工作，例如为防灾害和战争而储备的各种资源、修建排洪工事等。而发展到现在，公共安全管理主要指：国家有全方位及完善的立法，政府组织中成立专门处理机构，并且有一套完整的标准作业流程，及成型的指导性理论体系，其主要目标是建设一个相对安全的社会。

公共安全管理是行政权力在公共安全领域中的适用过程，加之涉及到公共安全的事件均具有规模大、风险高、后果重等特点，因此，进行公共安全管理是政府的责任所在，需集合社会整体的力量。然而政府作为全体社会力量的组织者、管理者与协调者，有充足的资源和能力动员各方的人力、物力与财力，甚至寻求国际帮助，以此来妥善处理突发性灾难，最大化降低影响与损失。政府可以通过制定相关的法律法规，设立专门进行公共安全管理、处理各种灾难事故的组织机构与制度体系来实施公共管理。此外，民间组织也应适当参与到公共安全管理中来，如各类慈善基金会、红十字会以及志愿者组织等。这些组织在各种救助活动中起到了一定的积极作用，但由于其实力有限，远不及政府，只能在能力范围内对灾民提供紧急救援与临时食宿等，抗灾的主要工作仍需要政府进行统筹规划。

（三）公共安全体系

公共安全体系，是指国家行政机关为了维护社会的公共安全和秩序，保障公民的合法权益，以及社会各项活动的正常进行，针对不同的威胁如自然灾害、事故灾难、公共卫生事件、社会安全事件等，做出各种行政活动，进而建立的安全体系。公共安全体系建设就是在公共安全体系的基础上，进行资源的整合和共享，构成一个统一的平台，提供一个基础环境，既保证统一协调、调度和指挥，又充分体现各部门的特殊性和专业的要求。

2015 年 5 月 29 日，中共中央政治局就健全公共安全体系学习时强调，公共安全连着千家万户，确保公共安全事关人民群众生命财产安全，事关改革发展稳定大局。要牢固树立安全发展理念，自觉把维护公共安全放在维护最广大人民根本利益中来认识，扎实做好公共安全工作，努力为人民安居乐业、社会安定有序、国家长治久安编织全方位、立体化的公共安全网。党的十八大提出要加强公共安全体系建设，党的十八届三中全会围绕健全公共安全体系提出食品药品安全、安全生产、防灾减灾救灾、社会治安防控等方面体制机制改革任务，党的十八届四中全会提出了加强公共安全立法、推进公共安全法治化的要求。党和国家把维护公共安全摆在更加突出的位置，作出一系列部署。山东省按照这些决策部署和工作要求，做了大量工作，取得了积极成效。

二、山东省公共安全面临严峻形势

（一）自然灾害类型多样，区域差异显著

山东省区域间自然条件差异较大，根据地形、地貌及地质构造的不同，将山东省划分为胶东半岛、鲁东南沿海、鲁中南山地丘陵区、鲁西—鲁西北平原及黄河三角洲等自然环境地理分区（图 6.1）。

胶东半岛主要包括烟台市、威海市及青岛市北部，半岛以低山丘陵为主，三面环海，气候湿润，区内构造以北东向断裂构造为主。区内地层发育，基岩裸露，河流众多，流向各异，全区地势以东北部及南部较高，西部、西北部主要为盆地和平原，如胶莱平原等。该区东、北两面邻海，受海洋性气候影响较大。因此，本区既有大陆性的气象灾害、地质灾害、生物灾害，同时也具有该区特有的海洋灾害，如海水入侵、风暴潮等。

鲁东南沿海主要包括青岛市南部及日照市，以低山丘陵和滨海平原为主。

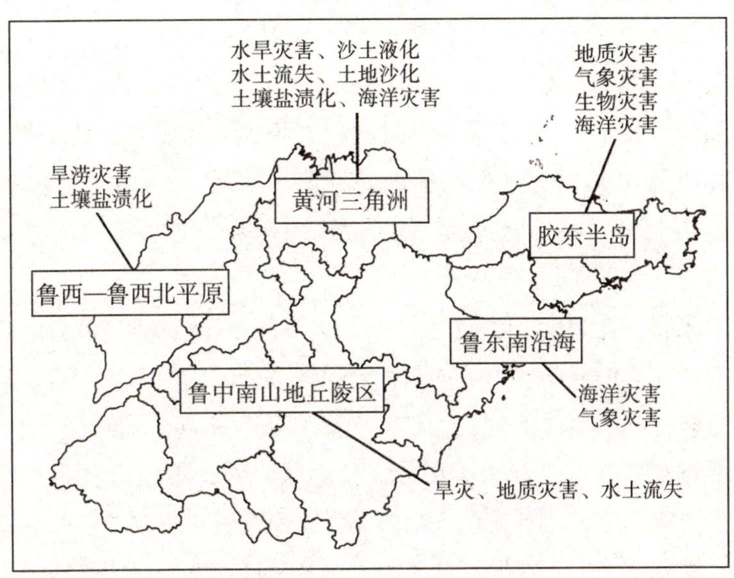

图 6.1　山东省不同区域主要自然灾害

由于位于黄海之滨，受海洋性气候影响明显，灾害常以海洋灾害为主，大陆性的农作物灾害、气象灾害等也常有发生。此外，该地区西部还受到沂沭断裂带地震活动的影响。

鲁中南山地丘陵区东部为沂沭断裂带，地形则以山区及丘陵为主，是山东省地势最高、山地面积最大的地区，泰山、鲁山、沂山、蒙山等海拔均在千米以上，群山之间常有盆地发育，第四系松散沉积物广泛分布于本区的山间盆地及河谷地带。因此，旱灾、地质灾害、水土流失及地震灾害在本区广泛分布，频繁发生。

鲁西—鲁西北平原区以农业为主，第四纪地层广泛分布于此地区，覆盖层厚度大，具含沙层，易遭受旱、涝灾害和农业病虫害侵袭。此外，土壤盐渍化、沙化及地面沉降在本区比较严重。山东省第二大断裂带——聊考断裂带经过本区，因此，还受到地震及沙土液化等灾害的威胁。历史上黄河决溢改道均在本区造成较严重的水灾。

黄河三角洲主要包括滨州、东营两市，此地区基本以黄河冲积的粉砂土为主。由于受黄河和渤海的共同影响，易遭受水旱、砂土液化、水土流失、土地沙化、土壤盐渍化及各种海洋灾害的侵袭，是山东省灾害发生较频繁的地区之一。

（二）事故灾难问题凸显，管理强度有待提高

根据2015年11月13日召开的山东省安全工作会议通报，2015年以来山东省共发生较大安全事故43起，事故数量、死亡人数分别同比上升43.3%、64.9%。2015年山东省安全生产事故总起数和死亡总人数，总体呈现持续“双下降”的趋势。但是，安全生产较大及以上事故“易发多发”并在“高位波动”。

分行业来看，在2015年以来发生的较大事故中，道路交通事故28起；水上交通事故1起；渔业船舶事故1起；金属与非金属矿山事故1起；建筑业事故3起；危险化学品事故5起；工矿商贸其它事故4起。道路交通、建筑业、危险化学品领域各发生1起重大事故。分地区来看，聊城市发生6起较大事故，济南、青岛、临沂市各发生5起较大事故，东营市发生3起较大事故，淄博、烟台、潍坊、济宁、泰安、威海、日照、菏泽市各发生2起较大事故，莱芜、德州、滨州市各发生1起较大事故；东营、烟台、临沂市各发生1起重大事故。同时，山东省是环境污染重灾区。其中，水污染的主要污染物是有机耗氧物质、挥发酚、氨氮、磷和石油类；近岸海域主要污染物为化学需氧量、活性磷酸盐、石油类、无机氮、铅；主要城市空气污染以煤烟型污染为主，主要污染物为总悬浮颗粒物、二氧化硫；城市噪声污染以生活噪声和交通噪声为主。

造成山东省事故发生的原因有：首先是安全发展理念不深入，安全与发展关系处理不够好。有些地方招商引资、新上项目把关不严，安全生产源头控制不力，安全风险较大。受经济下行压力影响，一些地方和企业推动安全生产时考虑GDP、财政收入等过多，实施整顿关闭、执行停产措施态度不坚决、不彻底。其次是企业安全生产意识淡薄，主体责任不落实的问题突出。不少高危企业经营者是跨行转业经营，安全认知度和管理水平较低，专业人才短缺。安全生产法律法规在有些企业尚未得到有效落实，非法违法行为大量存在。三是安全监管科学实效程度亟待提高，安全生产执法不规范、不严格、不到位的问题比较突出。不少地方监管方式落后、装备不足，缺乏信息化、智能化的科学监管手段；有些安全生产检查不深入，执法不严格，没有及时发现和消除隐患；有些行业和属地监管责任不落实，基层安全监管力量严重不足，监管触角难以全覆盖。最后是对安全生产事故的调查处理，个别地方和部门存有“失之于

宽、失之于软”的现象，没有起到应有的警示教育作用。

（三）公共卫生事业人力和财力局限，食品安全问题凸显

公共卫生是关系到一国或一个地区人民大众健康的公共事业，改革开放之后，山东省公共卫生事业取得较大进步，但是和其他沿海发达地区相比，仍然存在一定不足。

1. 公共卫生事业长期投入不足

公共卫生是国家重要的公益事业，山东省各县区卫生防疫站属于差额拨款的事业单位，经费投入严重不足，财政拨款达不到必需经费开支的30%，所需业务经费和人员开支基本上靠开展有偿服务自我创收来维持。特别是近年来由于受政策影响，疾病预防控制服务和卫生监督监测收费有些项目被取消，减少了创收的基础和条件，各项收费减少，致使一些以社会效益为主的疾病预防控制工作得不到深入开展，公共卫生职能逐渐萎缩，应对重大复杂的突发公共卫生事件难度大。

2. 从事公共卫生人员数量、精力与水平有限

山东省社区卫生服务中心或乡镇卫生院多数是差额单位，从事公共卫生工作的只有1~2人，专门从事健康教育的人员更少。1~2人最少要完成11项服务规范规定的所有内容，难以长时间、高质量地完成所承担的各项工作任务，包括健康教育服务任务。公共卫生人员技术水平有限，多数公共卫生人员的学历水平普遍低于临床一线医生，许多信息和材料从互联网下载，导致健康教育宣传资料存在错误或不准确。

3. 公共卫生事业中食品安全问题凸显

近年来，食品安全在公共卫生事业中得到社会普遍关注。山东省食品安全存在如下问题：第一，源头生产环境的安全问题。个别地方在种粮、种菜和养殖畜禽、水产品时，存在违法使用剧毒农药或超量使用剧毒、高毒、高残留农药、兽药、鱼药以及有害饲料添加剂等情况，导致农产品药物残留超标。第二，食品生产经营秩序问题。2014年，山东省有生产加工企业1万多家，规模以上食品生产加工企业4748家，但仅有1693家企业的1939种食品获得食品生产许可证证书，相当大比例的生产企业规模较小，大多数食品生产单位为10人以下的家庭小作坊。第三，农村食品安全整治工作和食品市场秩序需要加强。由于农村食品销售点面多、分布广，工商、卫生、质检等基层部门监管

资金缺乏，监管力量薄弱，加之农村消费者经济水平所限，食品安全知识缺乏，辨别能力较低，造成了农村食品安全的隐患。第四，食品安全监管综合协调机制需进一步完善。由于部门分工过细，职能出现重叠，难以形成协调配合、运转高效的机制，最终表现为国家公权力、行政规制力未能落实到食品经营者身上。

（四）社会治安状况良好，但基层工作相对薄弱

山东省自2004年以来，大力开展了“平安山东”建设，全省各级政府始终把社会安全服务作为贯彻落实科学发展观、构建小康社会的一项重要措施，实现了“五降三低两升”的阶段性成果：全省刑事案件、治安案件、群体性事件、非正常到省上访、安全事故等衡量社会稳定的主要指标连年下降；人民群众对社会治安的满意率逐年上升，在全国综治工作考评中山东省的位次逐年上升。实践证明，“平安山东”建设为人民群众创造了和谐的人际关系、安全的社会环境、向上进步的社会风气，促进了经济社会又好又快发展，是新形势下维护社会稳定的有效载体，是构建社会主义和谐社会的重大举措。但是，部分地方政府在社会安全服务方面也存在一些问题。从山东社会治安情况看，基层基础工作还相对薄弱，防范措施还不够严密，有些方面还存在管理漏洞，例如社会保险覆盖范围较窄，部分非公有制经济组织和灵活就业人员还没有纳入覆盖范围，一些困难企业和职工因缴不起费而不能享受社会保障。

三、山东省公共安全体系存在问题

深入观察当前山东省公共安全体系建设现状可发现，虽然近年建设成效显著，但仍然存在很多问题，例如各类灾害、重大生产事故、重大违法犯罪、食品药品安全事故、社会治安状况频发、疫病疫情的发生等等，阻碍了山东省经济社会的可持续发展，使得人民生活安全与社会稳定受到威胁，部分问题成为山东省未来发展路径上的隐患。具体来说，当前山东省公共安全体系主要存在以下方面的问题。

（一）管理体制不健全

目前，山东省的社会公共安全体系主要以国家体制为主导，保障社会公共安全工作大多是依靠政府组织或政府附属组织来进行的，然而这种工作模式与我国市场经济体制逐步建立，社会正处在重大转型期的现状相脱节。当前社会

公共生活空间和内容已有了极大的拓展，而公共安全体系却没有相适应地转型，这使得近来山东省公共安全生产事故时有发生：2014 年，山东省七个行业（领域）发生各类生产安全事故 3115 起，亿元 GDP 生产安全事故死亡约 0.069 人。这些事故的背后暗示着现有的行政管理手段的滞后和不足。由此可见，山东省公共安全体系还没有形成一个统一的整体，协调能力较弱。

群众最为关心的食品药品安全监管缺乏一个统一的、具有权威性的、常设性公共安全处理协调机构，各部门各自为战，信息共享程度低。保障食品药品安全是一个非常复杂的问题，作为一个系统工程（图 6.2），具有长期性和艰巨性，其中往往涉及到多个层面、多个部门之间的分工协作，各监管部门之间协调难度大，利益关系复杂，如餐饮服务、保健食品、化妆品等方面的监管基础还比较薄弱，监管事权划分不够科学，监管效率有待提高。

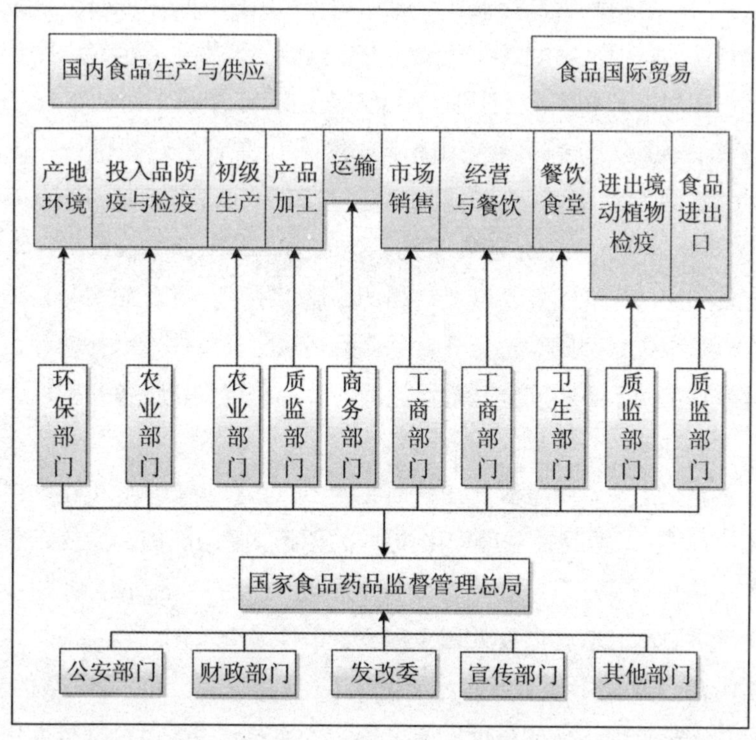

图 6.2　食品药品安全监管体制

（二）公共安全体系缺乏整合

政府上下级部门间协调性比较强，但同级部门之间的协调相对比较薄弱，尚未形成网络型的公共安全管理系统。由于涉及到“权责利”等诸多因素，大多数情况下仍然采用分部门、分灾种、分灾情的单一灾害的防灾救援体制和安全管理模式。但各种安全事件大多具有群发性和链状性的特点，如火灾事故引发的高处坠落、坍塌、灼伤事故等复合型安全问题发生，资源和信息在短时间难以实现有效整合，降低政府工作效率，贻误救灾的黄金时间。目前山东省城市各种突发性事件发生的频率加快：2014 年，山东省发生火灾事故 29512 起，造成直接经济损失达 30029 万元；同年发生交通事故 13570 起，直接财产损失约 4928 万元。这迫切需要我省政府组建城市应急联动反应系统。

（三）资金投入不足

公共安全危机管理机制的建立与完善在很大程度上依赖于资金投入的保证程度。从目前政府财政支付能力和财政体制看，山东省集中应对少数突发事件的力量是具备的；但从常规性防范、全方位防范、现代化防范的广度和深度的要求看，资金的来源和资金利用效率等方面还有待加强。例如在食品安全方面，2015 年，为深入推进“食安山东”建设，山东省财政拨付食品安全监督抽检和风险监测资金 1. 85 亿元，同比增加 1750 万元，增长 10. 4%，其中投入专项资金 2800 万元，用于完善食品药品监管 12331 投诉举报系统，支持公安系统查处食品违法犯罪案件，以及食品药品监管系统开展食品安全整顿、对食品药品打假举报进行奖励、对查处食品药品违法犯罪案件予以补助等，这虽然取得了成效，但由于各种安全基础设施薄弱，缺乏现代化设备和手段，资金投入产出比并不高。

从一定意义上说，资金制约是当前完善山东省公共安全危机管理机制的一个最大的“瓶颈”，尤其是对现代化技术要求比较高的部门，如信息管理、环境检测和疾病控制等部门，如果资金投入不能跟上，得不到相关硬件的支持，就必然导致其预防、监控以及处理大型危机事件能力较弱。

（四）评价机制缺失

从公共安全管理工作的长远发展来看，公共安全服务运行状况如何，资源配置是否合理，组织机构设置是否合理，社区安全行动计划和行动方案的实施效果如何，在发展过程中存在着哪些制约因素等等，都需要建立一个完善的指标评价体系。对公共安全体系的评价可以动态地衡量公共安全建设的进展和进展程度的优劣；同时，评价工作具有预测性和反馈调整性，通过反馈调整性可以根据公共安全体系的评价进行不断地修正。山东省大部分城市公共安全体系还处于初步酝酿、构建阶段，受现有绩效考核体系的影响，大多数公共安全部门没有建立自身的评价体系。没有公共安全评价机制，政府对公共安全部门的运行效果、存在问题和差距以及如何加以改进等不能做出系统的、全面的、客观的评估，宏观上也不能为公共安全部门建设提供有力的指导。

（五）资源分散不能实现有效共享

就目前山东省行政体制而言，各部门与各区域之间属于行政隶属关系，因此，公共安全资源尚处于条块分割、资源分散的状态，部门与部门之间、社区与社区之间、以及区域与区域之间整体联系都不够，部门之间缺乏协调合作，在信息、基础设施、安全检测等公共资源上都不能实现全面共享。当有重大公共安全事件发生时，没有形成整体的应对合力，政府在统一调配整体资源上容易陷于被动。这既不能完全保证人力、物力、财力、信息和其它公共安全资源的有效供给，又使得资源整体运行效率不高。

（六）公共安全意识不强

长期以来，政府和民众对城市快速发展带来的高频率危机事件认识不足。目前，山东省责任追究机制还不完善，人民政府及有关部门负责人、要害信息系统运营单位负责人的安全责任意识不强，对新的危机形式与根源认识不足，缺乏对城市安全全方位的思考，公共安全体系规划、建设、管理、维护等各环节工作人员的风险意识、责任意识、工作技能和管理水平有待加强，社会公共安全的教育和宣传尚未形成体系。政府和民众在应对重大突发性危机事件时，仍然是被动挨打、事后补救和恐慌无着的状态，不能积极主动去面对，缺乏主动、科学的防范策略。

四、山东省公共安全体系重构

（一）山东省公共安全体系改革目标

十八届三中全会关于全面深化改革若干重大问题的决定提出了健全公共安全体系的要求，近年来，山东省深化“平安山东”建设，以食品安全、药品安全、社会治安、交通管理、消防安全、校园安全、安全生产等为重点，构建城乡居民安全保障体系，提高人民群众的安全感和满意度。

1. 生产安全

牢固树立安全发展理念，全面建立党政同责、一岗双责、齐抓共管、失职追责的安全生产责任制度，推进实现省、市、县、乡和行政村安全生产责任“五级覆盖”。按照管行业、管业务、管生产都必须管安全的要求，严格落实部门安全监管责任。严格依法治理，创新监管方式，加强监管执法能力建设，提升监管信息化水平。全面落实企业安全生产主体责任。健全预警应急机制，强化科技支撑，建立隐患排查治理和风险预控体系，提升事前预警、事中救援、事后恢复的综合应急处置能力和防灾减灾救灾能力。

2. 社会治安

加强社会治安综合治理基层基础建设，完善综治工作体制和经费保障体系，推进县（市、区）、乡镇（街道）综治中心和村（社区）综治办实体化建设，深化城乡社区网格化管理。完善利益表达、协调、保护机制，加强和改进信访和调解工作，搭建矛盾纠纷多元化解平台，完善多元化解机制。深入推进社会治安综合治理，健全落实领导责任制。创新立体化社会治安防控体系，建立健全协调联动机制，加强基层综合服务管理平台建设，严格防范、依法惩治违法犯罪活动，依托现代信息技术实施立体监控和严厉精准打击。贯彻落实总体国家安全观，深入开展反恐怖、反邪教、反渗透斗争，坚决维护国家安全和社会政治稳定。依法加强对互联网、新媒体的监管，强化舆情监测和应对，提升社会心理服务、疏导和危机干预能力。

3. 食品安全

深入实施国家食品安全战略，实行最严格的标准、最严格的监管、最严格的处罚、最严肃的问责，构建全程追溯制度，形成严密高效、社会共治的治理体系，以零容忍举措依法严惩食品安全违法犯罪，建成农产品质量安全示范省，让人民群众吃得好吃得安全。统筹病死畜禽、废弃物无害化处理。深入推进农业标准化，开展农产品质量安全县创建。持续推进“三品一标”农产品产地认定，加强展示和推介，塑造“齐鲁灵秀地，品牌农产品”的形象。

4. 药品安全

完善药物监督管理政策，出台新的药物使用管理法规，实施药品分类管理制度；不定期开展药品及医疗器械的专项治理整顿；完善和落实药品不良反应的监测通报；研究并建立药品不良反应损害求助机制，探索设立向受到药品不

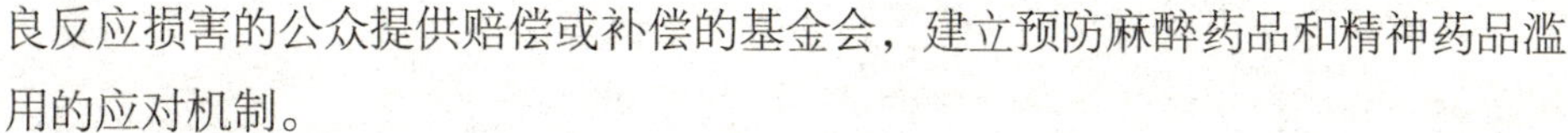

良反应损害的公众提供赔偿或补偿的基金会，建立预防麻醉药品和精神药品滥用的应对机制。

5. 交通安全

加强道路安全宣传教育，提高路面行车秩序的管理和监控能力。遏制重大道路交通事故，保障人民群众出行安全。依托公安交通管理综合应用平台，建立全省公安交通管理业务信息查询发布系统。充分利用广播、电视、网络、手机等手段，构建全方位的交通诱导发布体系，及时向交通参与者发布流量信息、路况信息、交通管控、道路施工、气象等信息。积极推进网上车管所应用，扩大业务办理范围。

6. 消防安全

落实消防安全责任制，推行乡镇、街道消防安全网格化管理，健全城乡消防安全管理体系。开展重点场所或薄弱环节的消防安全治理，及时整改消除重大火灾隐患。实施国民消防宣传教育培训计划，提高群众消防安全意识和灭火逃生能力。强化公共消防基础设施建设和维护管理，加强消防队伍建设和消防器材装备配备，不断提高灭火和应急救援能力。

（二）未来公共安全体系的重构

公共安全体系的建设，不仅是全力营造安全城市、从更高层次整合公共安全资源、提高资源配置效率的需要，也是扩大对外开放、应对全球化国际竞争、加快城市现代化建设和全面建设小康社会的需要。因此，广泛借鉴吸收国内外有关经验和教训，从全面建成小康社会的战略高度出发，根据城市经济社会发展的全局和现实需要，建立城市公共安全的应急管理构架，通过城市公共安全资源的优化配置，逐步建立起系统高效的公共安全体系对山东省社会经济发展具有重要意义。

1. 健全公共安全体制机制

安全体系要有相应的法律、法规体系作为保障和支持，公共安全体系的建设也必须在法制的环境下进行。公共安全体系的运行、特别是应急系统启动时，许多活动会超越平常的规则，如果没有相应的法律、法规支持，其行动的有效性和效率就会受到限制。因此，要加强应对各种危机的战略、政策的研究，并制定相应的法律、法规，使安全走上法制化的道路，使安全体系的运行更为有效。

目前我国和山东省在防治灾害方面颁布了诸多法律与规定，各地政府依据国家安全的各种法律法规，也制定了一些工作规程和应急办法。统观这些体制法规，大多缺乏宏观上的统一性、协调性和关联性，缺少综合性公共安全法规政策，因此，应尽快在立法权限范围内加强公共安全管理立法体系的研究，强化公共安全工程建设的程序化和规范化，建立有序的城市公共安全管理秩序，通过法制部门的联动，快速调度和高效配置公共安全资源，实现对紧急状况的应急处理。具体而言，应结合山东省各地市的实际情况，尽快制订系统的、完善的规章与制度。另外，还要强化行政责任制度、引咎辞职制度和信息公开制度等。

2. 构建公共安全管理组织体系

依据公共管理体系的一般要求，结合山东省各地市的实际情况，成立一个统一的、具有权威性的公共安全领导小组，组长由省委或市委领导担任，成员主要由公共安全专业部门的主要领导组成，组建城市应急指挥中心。明确各专业部门的权力、责任和义务，同时建立和完善沟通和协商协调制度，尽量做到分工明确又协同作战，克服各自为政、各自作战的状态。在各区县组建二级应急指挥系统，与应急指挥中心紧密联系，并在其指导下负责本区县内公共安全管理。此外，社会救助组织也是一支不可忽视的力量。它主要由非政府组织、企业单位、各种志愿者组织组成。负责政策制定参与、信息提供和后勤保障服务等，起到协助政府行动的作用。总之，最终要形成一个多部门整合、结构严密、层次分明、职责明确、横纵向紧密联系、多层次、多序列的网络型组织体系。

3. 设立公共安全专项资金

在保证常规投入的同时，建立以政府投入为主、社会投入为辅的公共安全应急防范基金，对基金的管理和使用进行严格的监控，确保省财政和市财政内安排的公共安全专项资金专款专用，并对资金使用产生绩效进行监控评估，条件成熟时可以通过人大立法纳入政府议程加以规范。另外，将公共安全专项资金列入政府财政预算，主要用于公共安全体系的信息系统、基础设施、研究开发、宣传教育、人才培训和重大危机事件应急处理等。另外，社会公共安全部门除依靠政府财政拨款维持，也应积极寻找社会团体、个人赞助和部分收费服务项目等多方面筹集渠道。

4. 完善预警机制与评价机制

频发的食品药品安全问题、生产问题、自然灾害以及社会治安问题等警示人们，仅仅在重大突发公共安全事件发生后才研究采取措施、被动应对，是远远不够的。针对有可能发生的公共安全突发性事件，必须事先制定预警机制和评价机制，才能在重大事件发生时，及时主动地采取有效措施。

一方面，应努力健全完善包含预防体系和应急反应体系在内的公共安全预警系统，以建立起通畅的信息采集渠道、科学的处理、分析模型和权威的决策机制，并确立信息发布机制，包括风险等级的表述、预测的准确性、有效性，向公众发布的形式等。另一方面，应加强安全技术、安全管理、安全服务等各方面标准的研究和制定工作，以健全公共安全评价系统，对风险、灾害程度的评估与技术、系统、效果、价值等进行客观有效地评价，保证公共安全体系建设的科学化、规范化、制度化、常态化。

5. 优化配置公共安全资源

政府在积极利用市场机制对资源配置的同时，应本着集中指挥、统一调度、信息集成、资源共享、快速高效的原则，充分发挥自身的主导作用，对公共安全资源进行整合、统一规划、优化配置，以促成实现区域公共安全体系的整体联动。例如，在医疗卫生资源的调配上，要打破资源的部门条块分割状况，改变长期以来“重城市、轻农村，重医疗、轻防保”的不合理做法，加大卫生资源结构调整力度，推进公共卫生机构人才和设备资源共享，促进卫生资源配置结构的战略性调整。在公共安全信息资源共享上，可以充分利用当代最新科学技术手段，学习借鉴国内外的成功经验和做法，构建公共安全管理信息平台，将各种分离的信息与通信资源进行全面的系统集成，建立区域公共安全管理统一信息系统，实现部门之间与社区之间互连互通，提高应急保障通信能力。

6. 强化公共安全宣传与教育

通过媒体的宣传与公益教育，进一步加强应急知识和相关法规的全民宣传教育，将公共安全纳入国民教育体系，提高信息的透明度和可信度；广泛利用各种新闻媒体、微博、微信平台介绍普及应急知识，提高各级干部对突发事件的应对处置能力，提高公民的防灾意识，增加公民公共安全知识，使公众能处乱不惊、处险不惊，具有足够的公德精神和自救、救人的能力；通过展开公益广告、公益活动，倡导以人为本、保护环境、与自然和谐的发展观和健康文明的生活方式，提高公共安全系统的效率、减小灾害损失；在学校基本教育教学体系中，增加各种防灾知识、自救方法等常识、理论知识的宣传普及，促进当代青少年养成良好的公共安全素养。通过强化公共安全宣传与教育，有助于进一步完善山东省公共安全预防体系。

7. “智慧城市”建设与公共安全体系融合

智慧城市是以物联网、云计算等新一代信息技术为依托而形成的一种新的城市形态，它主要利用各种社交网络、购物网络、互联网金融等综合集成工具和方法，对生产、生活和城市管理实现全面透彻的感知、宽带泛在的互联、智能融合的应用以及全方位、全体系、全过程的创新。2013 年，山东省济南市和青岛市被选为“智慧城市”双试点，这将大幅增强其聚集和辐射带动作用，提高山东省综合竞争优势，在保障和改善民生服务、创新社会管理、维护网络安全等方面具有重要意义。积极推动智慧城市与山东省公共安全体系建设有效融合，将大大促进公共体系的完善，使公共服务便捷化、网络安全长效化，推动政府部门将企业信用、产品质量、食品药品安全、综合交通、公用设施、环境质量等信息资源向社会开放，建立和谐有序的外部环境。

第二节 山东省社会治理创新

改革开放 30 余年来，山东省开始了长时期的经济持续快速增长，出现了全面性的结构变迁和社会进步，空前的社会经济变革给区域发展带来活力的同时，也引起了严峻的社会问题，由这些问题所引发的社会风险和负效应也逐步积累。在社会转型的加速时期，加强社会治理、创新社会治理成为当务之急，也是全面建设小康社会的重要保障。党的十八届三中全会将“推进国家治理体系和治理能力现代化”作为全面深化改革的总目标，在此基础上提出社会治理的概念，并从改进社会治理方式、激发社会组织活力、创新有效预防和化解社会矛盾体制、健全体系等方面予以阐释。创新社会治理体制与机制，实现山东省治理体系和治理能力的现代化，是加强当前山东省社会建设的当务之急。

一、社会治理创新的内涵及变迁

（一）社会治理创新内涵

社会治理创新是指政府和社会组织依据社会运行和发展规律，把握政治、经济和社会新的发展态势，研究运用新的社会治理理论、知识、技术和方法等，创新社会治理理念、体制机制、方式方法，以实现社会善治的活动和过程。“创新”主要强调社会治理工作要与时俱进，对落后的、不适宜的部分进行创造性改变；对社会治理系统的整体性重构，在合理分工的基础上“重构”国家与社会之间的关系；从管制型社会管理向服务型社会治理的根本转变，从单纯政府管理向多元社会主体协同治理的根本转变；社会治理创新本质是实现社会管理的现代化，包括管理理念的现代化、管理法制的现代化和管理体制机制的现代化。

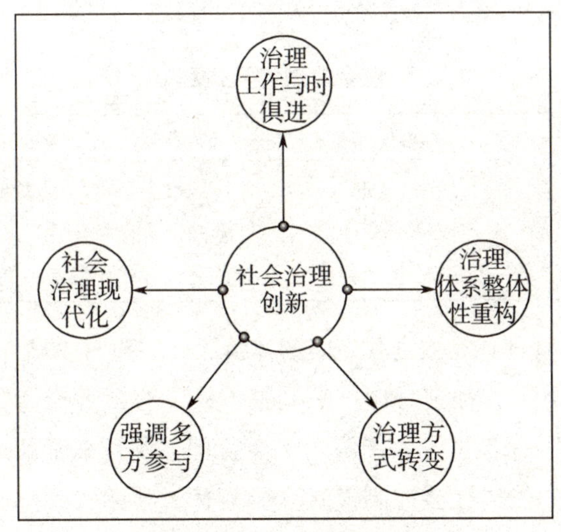

图 6.3　社会治理创新的内涵

社会治理创新，首先要遵循法治本意，在依法行政、依法治理的大背景下进行创新。党的十八届四中全会提出提高社会治理的法制化水平成为“推进国家治理体系和治理能力现代化”的应有之义和重要途径；其次，在强调政府主导力量的同时要充分调动社会参与，依靠社会的力量来进行社会治理创新；再次，社会治理要以社会需求为重要指向，其行为和过程也必须被社会所认可和接受；最后，在社会治理的过程中，要容许、支持和鼓励社会参与。

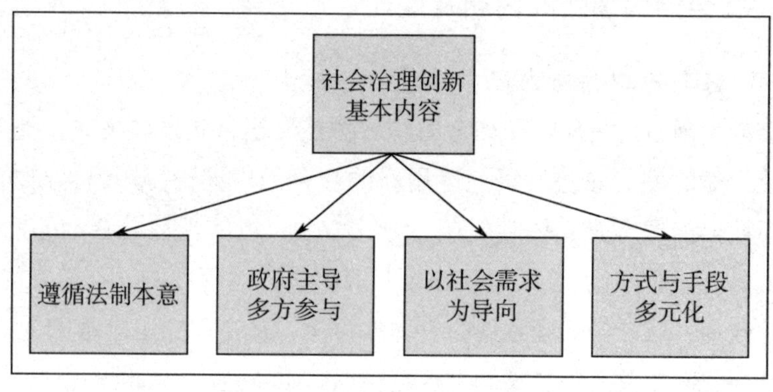

图 6.4 社会治理创新的基本内容

（二）山东省社会治理的历史变迁

山东省高度重视社会治理工作，加强和创新社会治理，改革开放以来山东省的社会治理发展过程，大致分为三个发展阶段（表 6.2）。

表 6.2 社会治理发展过程

阶段	年份	特征
第一阶段	1978～1992	传统社会管理体制演进并走向解体
第二阶段	1992～2003	全面引进市场化管理
第三阶段	2004 年至今	社会管理逐步完善，向社会治理转变

1. 传统社会管理体制演进并走向解体阶段（1978～1992 年）

为适应改革开放，社会管理不断调整，从“有计划的商品经济”向“社会主义商品经济”逐步过渡，传统的社会管理体制逐渐瓦解。以单位制和人民公社制为代表的传统社会控制模式开始解体，开始实行全面的适度放权管制。但私人部门和企业的力量仍然比较薄弱，同时，社会问题不断累积加剧，“三农问题”开始显现，社会不规范问题突出，贫富差距拉大、社会矛盾加剧，市场化社会管理体制有待进一步确立。

2. 社会市场化管理阶段（1992～2003 年）

1992 年开始启动医疗和教育产业化改革，提高公共事业效益和活力；1994 年实施城镇住房市场化改革，摒弃住房实物福利分配方式，稳步推进公有住房出售；1998 年基本完成住房私有化，商品房的主体地位被确立。2001

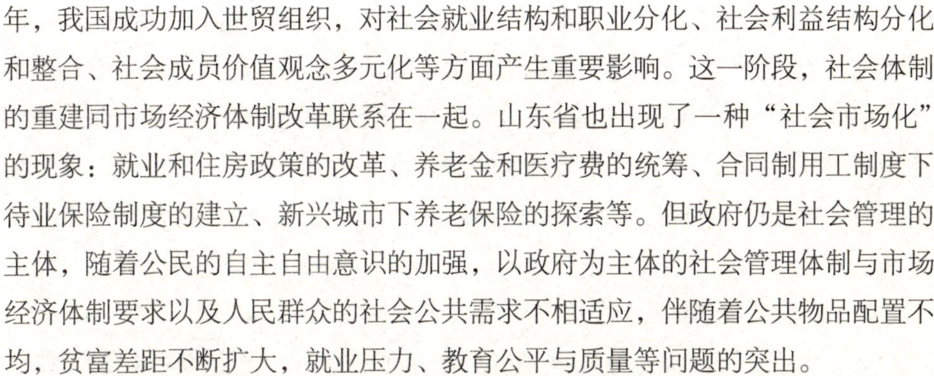

年，我国成功加入世贸组织，对社会就业结构和职业分化、社会利益结构分化和整合、社会成员价值观念多元化等方面产生重要影响。这一阶段，社会体制的重建同市场经济体制改革联系在一起。山东省也出现了一种“社会市场化”的现象：就业和住房政策的改革、养老金和医疗费的统筹、合同制用工制度下待业保险制度的建立、新兴城市下养老保险的探索等。但政府仍是社会管理的主体，随着公民的自主自由意识的加强，以政府为主体的社会管理体制与市场经济体制要求以及人民群众的社会公共需求不相适应，伴随着公共物品配置不均，贫富差距不断扩大，就业压力、教育公平与质量等问题的突出。

3. 社会管理逐步完善并向社会治理过度阶段（2004 年至今）

山东省根据经济社会发展面临的新形势、新变化和新特征，把加强和创新社会管理作为战略任务，社会管理逐步完善。2012 年以来，将创新社会管理纳入山东省“十二五”规划，在全省普遍实行社会管理创新重点工作目标管理责任制，采取项目化管理，整体推进，重点突破。特殊群体的服务管理也得到了明显改善，相继出台了对社会闲散青少年、留守儿童和流浪乞讨人员的管理服务制度；基层组织的建设更加牢靠，全省 98.7% 的乡镇（街道）、88.3% 的村（社区）综治基层基础建设达到规范化标准；化解社会矛盾机制也不断增强，深入排查化解矛盾纠纷，建立完善重大事项社会稳定风险评估机制；在流动人口服务管理、重点人群帮教管理、社会防控建设、构建大调解格局、做大群防群治网络、创新“两新”组织管理、基层民主法治建设等方面都取得了明显得进展。

2015 年发布的“十三五”规划中，我国进一步强调加强和创新社会治理，提出“建设平安中国，完善党委领导、政府主导、社会协同、公众参与、法治保障的社会治理体制，推进社会治理精细化，构建全民共建共享的社会治理格局。健全利益表达、利益协调、利益保护机制，引导群众依法行使权利、表达诉求、解决纠纷”，为山东省接下来在社会治理创新工作中提供行动指南。

二、山东省社会治理体制存在问题

近年来，山东把加强和创新社会治理作为战略任务，在全省普遍实行社会治理创新重点工作目标管理责任制，并将各项任务逐一分解细化，采取项目化管理，整体推进，重点突破。山东省各级政府普遍重视并采取多种措施加强社会治理，取得了明显成效。例如，各级政府将社会治理作为自己的重要职能，不断完善和健全相关法律法规，加强社会保障体系的建设，缩小城乡差距，各地方积极发展社会组织，调节社会公众参与社会管理的积极性，使得基层组织建设更加牢固。但是，必须清醒地认识到，目前社会治理还存在不少问题，概括起来主要存在于治理理念、治理主体、治理对象、治理体制和治理方式等方面。

（一）社会治理理念滞后

促进社会发展，首先要发展观念。理念创新是加强和创新社会治理的关键。正确把握社会治理的要义，科学确立社会治理体制和改革的方向，持续推进社会治理创新的进程离不开先进的社会治理理念的引导。鉴于目前山东省发展的现实，社会治理的理念不够先进，观念相对滞后的现象也普遍存在。治理理念方面，“重经济建设，轻社会治理；重强势群体权利，轻弱势群体权利；强调管控思想，淡薄服务意识”等现象还比较突出。这种社会治理理念的滞后性体现在违背了从社会治理到善治、从以人为本到执政为民的管理宗旨。社会治理的目的是增强社会活力；社会治理不仅仅需要管控，更重要的是不断增加和谐因素，为城乡居民提供必要的公共服务，只有这样社会和谐进程才能够稳步进行。在社会治理中服务、在社会服务中治理、寓服务于治理之中，既是当前建设服务型政府的基本要求，也是实现社会治理理念创新的根本价值取向。

（二）社会治理主体单一

目前山东省社会组织参与社会治理程度和力度明显不够，社会治理的主体主要是政府，政府参与决策社会治理的各个方面，以单一主体自居。由此导致一些弊端，主要可以总结为几个方面：政府作为单一主体，不可能面面俱到，难免造成行政效率不高，服务水平下降，引发社会群众不满和怨声；政府压力过大，行政成本过高，容易产生资金和资源浪费；政府在社会治理方面存在空缺和错位问题，在社会治理创新方面难以做出成绩。

为适应经济的高速发展，社会治理主体应由单一主体向多元治理过渡，政府社会治理方式由直接治理向间接治理方向转变，提高社会组织的存在感，使社会组织发挥更大作用。山东省社会组织起步较晚，对经济社会发展的贡献率还较低。在资金要素方面，社会组织的资金来源比较单一，经费短缺严重制约了社会组织的发展规模和发展水平。社会组织活动空间大大缩小，在与政府的合作中缺乏应有的独立性。面对这种情形，社会组织应该摆正自己的位置，强化自身内部结构，健全内部治理机制，提高能力建设，扩大自身参与社会管理力度，充分发挥自身应该发挥的作用。加快政府转型，创新社会治理制度，建立政府主导，社会组织参与的多元主体的社会管理体系。

（三）社会治理对象繁杂

城乡二元结构下城镇化的发展带来的人口流动现象给社会治理带来问题。首先，人口流动会导致流入地（城镇）人口密度过大，造成住房、教育、医疗、交通等社会资源配置方面的压力和环境质量的恶化；同时会导致流出地（乡村）人口稀少化，使得当地主要劳动力大量缺失，影响与制约当地经济发展；其次，这些流动人员大多是户籍所在地管不了、流入地管不住，处于“两不管”的“真空”状态，对社会和政治稳定产生冲击；最后，弱势群体的政策权利保障缺失，以农民工为例，农民工作为城市中的流动人口，他们的管理和福利制度安排并未得到相应解决，集中表现在农民工的社会保障问题、子女教育问题、住房与社会服务问题、融入城市社区生活问题等方面。

（四）社会治理机制不健全

随着社会转型的推进、社会结构的不断变化和社会民主程度的日益提高，山东省需要全面建立并逐步完善社会治理机制。但目前由于多种原因，山东省社会治理制度并不完善，甚至缺失部分应有的法律制度与规定。新的机制如社会治理综合决策与执行、城乡一体化机制、社会利益整合、收入分配体制、社会保障、危机应急管理等机制，有的虽已建立但并不健全，需要进一步完善，有的尚处于探索构建阶段，导致社会治理力度不足，甚至存在一定“治理空白”，使社会矛盾难以化解甚至会导致新的社会矛盾产生，不利于小康社会的构建。因此要实现社会治理的优化管理，充分激发和释放社会活力，必须加快全面改革社会组织管理制度，健全社会治理相关法律制度，完善社会治理体制机制。

（五）社会治理方式落后

传统的管制型行政手段，是建立在政府作为唯一的公共事务管理主体，拥有绝对行政权威的基础之上的。它突出了政府与社会公众之间关系的不对等性，强调政府的主体作用，忽视社会公众的需求对政府管理行为所具有的导向性作用；强调政府的管理作用，忽视社会公众对公共事务管理的参与性，和对政府管理的制约和监督。

具体表现在以下三个方面：一是社会治理模式过于行政化、程序化、一统化，使社会治理难以有效应对各种突发事件，影响管理效率的提高；二是社会治理方法过于强调指令化、管控化、事后化，影响社会活力的增强；三是社会治理手段过于职能化、部门化、单一化，难以调动各类社会组织和社会公众积极参与社会治理的积极性、主动性和创造性。所以，加强和创新社会治理必须加快社会治理方式的创新。

加强和创新社会治理，要加快社会治理体制改革和创新，即以快速的经济发展和相对滞后的社会发展为主的社会转型模式不断冲击传统的社会治理模式，推进政府转型，不断创新社会治理方式。达到维护社会秩序，促进社会和谐，保障人民安居乐业的根本目的。

三、山东省社会治理创新的主要对策

（一）完善社会治理体系

1. 完善工作体制

从山东省的省情出发，不能把权力都集中到各级政府、政府包管一切社会事务，要按照党委总揽全局、政府负责实施、社会各方协同、公众广泛参与的要求，完善山东社会建设与治理工作格局。坚持和完善负责社会建设的有关部门统筹协调、各负其责的工作运行机制，进一步整合资源、形成合力、统筹协调、整体推进。

2. 完善工作体系

进一步发挥基层党组织的作用，加快事业单位的分类改革，建立一批承担更多社会责任的“社会企业”，发展壮大承接政府购买社会服务的社会组织，通过加强社区建设把社区改造成新的社会治理基础。要特别注重发挥工、青、妇等人民团体和行业协会在社会治理和公共服务方面的重要作用。

3. 完善政策法规体系

在社会治理方面山东省存在无法可依、有法不依和以行政决定代替依法治理的情况。社会治理的法律法规要适应构建社会主义和谐社会以及把社会建设摆在突出位置的需要，加快完善社会治理法律法规体系的步伐，特别是完善劳

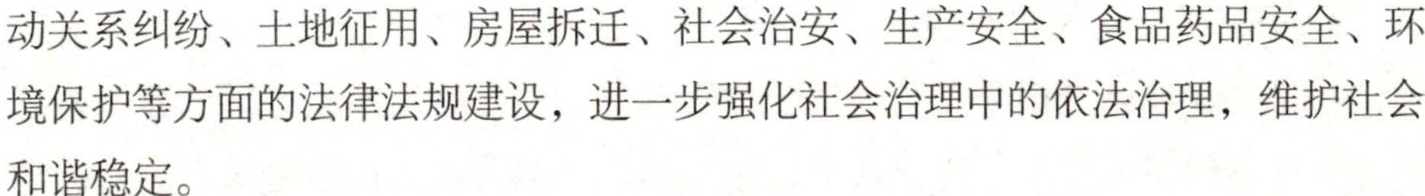

动关系纠纷、土地征用、房屋拆迁、社会治安、生产安全、食品药品安全、环境保护等方面的法律法规建设，进一步强化社会治理中的依法治理，维护社会和谐稳定。

4. 创新社会治理机制

抓住社会领域党组织建设这个要点，夯实社区建设、社会组织建设两个基础，建设社会工作者、志愿者两支队伍，增强政府治理、社会治理、市场治理三维正向交互机制，实现社会领域党的建设和社会服务治理全面覆盖，不断完善党的领导、政府管理、社会自治相结合的社会治理体制，加快推进社会治理体系现代化建设。

5. 创新基层社会治理模式

在新的社会治理格局中，要特别注意发挥社区在基层社会治理中的作用。随着社会主义市场经济的发展，人们维护自身权益的意识不断增强，这也会带来围绕权益保护而产生的一些权益纠纷，所以需要从社区的基层开始，使社区工作逐步专门化和专业化，建立起“把问题解决在基层”的新机制。要妥善规范社区委员会、业主委员会和物业委员会之间的关系，形成我国基层组织建设的合力。

（二）构建现代社会组织体制

1. 推动政府简政放权

进一步明确政府、市场和社会三者交互作用机制，厘清边界、给予市场和社会发挥作用的空间，培育并增强社会依法自治功能。进一步简政放权，凡是社会主体能够自主解决、市场机制能够自行调节、行业组织能够自律解决的事项，都应转移或委托出去；凡是政府继续承担但适合社会组织承办的事项，都应通过政府购买服务等形式委托社会组织办理。

2. 推进社会组织登记制度改革

一是积极推进社会组织直接登记制度，深化社会组织登记管理体制改革可以鼓励社会组织迅速发展，重点培育、优先发展行业协会商会类、科技类、公益慈善类、城乡社区服务类社会组织，成立这些社会组织，直接向民政部门依法申请登记，不再需要业务主管单位审查同意。二是积极推行社会组织登记备案制度，大力培育发展城乡社区社会组织，降低登记门槛，简化登记程序。

3. 提升社会组织自身服务效能

一是加快建设专门的社会组织服务平台，加强社会组织服务平台建设，推进建立社会组织创业园、孵化基地、服务中心，培育壮大社会组织力量。二是积极开展社会组织评估活动，按照政府指导、社会参与、独立运作、第三方评估的要求，建立科学合理的评估指标体系和公开、公平、公正的评估机制，发挥评估机制的导向和激励作用，在全省范围内开展社会组织评估工作，引导社会组织的健康发展，不断提高社会组织建设水平和服务能力，努力打造一批服务水平高、自身能力强、社会影响力大的精品社会组织。

4. 加强社会组织规范管理

健全完善监督管理制度，扩大社会监督力度，落实社会组织信息公开、换届报批、重大事项积极报告等制度，规范社会组织的评比表彰、举办研讨会庆典论坛和开展合作项目等活动；加强年度检查，实行年度财务审计制度，严格审查标准，督导社会组织认真履行章程和落实《民间非营利组织会计制度》，促进社会组织提高规范运作水平和社会公信力。

（三）创新社会运行机制

1. 完善互联网新媒体服务管理

加强和完善互联网等新媒体服务管理，进一步整合资源，积极推动互联网新媒体发展和“三网融合”。积极为中央媒体网站做好服务工作，加强省属媒体网站建设。加强网上正面宣传引导，坚持依法管网，落实谁经营谁负责、谁接入谁负责、谁主管谁负责、谁审批谁监管责任制。研究制订试行办法，逐步推进网站实名制、手机实名制，维护网络信息安全流动。

2. 加强社会诚信体系建设

进一步完善社会信用法律体系。政府应该广泛征询社会各方面的意见，也可以参考西方社会信用较为成熟的国家的法规，尽快完善相应法律法规。信息公开是社会信用体系建设的重要基础，加强信用信息基础建设，实现信用信息资源的整合预约共享。积极倡导各信用主体特别是企业建立内部信用管理机制。建立严格的失信惩戒机制，定期发布在经济事务中相关企业和个人遵守信约和违背社会公德的重要信息。

3. 加强社会治理网格化体系建设

建立各级服务网格，划分网格工作区域，建立网格组织体系，按照“党政领导、部门参与、条块结合、以块为主，资源共享、综合治理”的原则，建立三级网格化社会服务治理组织机构。确定网格服务职能，实行网格化社会服务治理，社会服务治理重心下移，将各类服务治理事项、便民利民措施集中到网格办理，及时收集、处理群众生活中的困难和问题，开展综合服务管理，变被动应对为主动发现和服务。创新方式方法，网格化治理是社会治理创新的趋势，不能一蹴而就，需要在实践中不断摸索和完善。

（四）壮大社会治理人才队伍

1. 推进社会工作者职业化进程

随着政府逐渐简政放权，在城市的发展进程中，政府购买服务力度不断加大，社会工作已逐渐成为社会治理的重要推手。但是，山东省的社工机构跟广东、上海等地相比起步较晚，职业规范、专业体系建设也相对滞后。山东省应加快社工职业化建设的进程，对社工人才队伍进行规范化培养，并建立健全社工评价、使用和激励机制，保障这一行业可持续发展。

2. 拓宽社会工作者发展空间

重点在社会福利、社会救助、精神卫生、残障康复、矫治帮扶等领域积极引入社会组织服务，培育一批专业社工机构。民政、人力社保、卫生、教育、信访、工会、共青团、妇联、残联等有关单位，探索开发设置符合单位业务需求的专业社工岗位，并向社工事务所或专业社工机构购买社工服务。

3. 健全社区工作者管理使用机制

随着和谐社会建设的深入发展，城市社会工作的重心和社会矛盾不断向社区“下沉”，对社区工作者的思想素质和工作能力也提出了更高的要求。要高度重视社区工作者队伍建设，以打造一支政治强、业务精、情况熟、服务优、威望高的社区工作者队伍为目标，严格选聘任用程序、加强培训管理、提升福利待遇。

（五）形成社会动员机制

1. 健全应急社会动员机制

加强应急管理体制，提高预防和处置突发事件的能力，是关系经济社会发展全局和人民群众生命财产安全的大事，是构建社会主义和谐社会的重要内容，通过加强应急管理体制，建立健全社会预警机制、突发事件应急机制和社会动员机制，可以最大程度地预防和减少突发事件及其造成的损害，保障公众的生命财产安全，维护国家安全和社会稳定，促进经济社会全面、协调、可持续发展。

2. 推进志愿服务常态化专业化

加强志愿服务法制建设，为志愿服务制度化提供保障。抓好记录制度建设，建立志愿服务长效工作机制。抓好两个平台建设，建立志愿服务供需有效对接机制。抓好“社工 + 志愿者”互动服务，优化志愿服务活动运行机制。进一步完善全市社会领域志愿服务体系，加快实现社会领域志愿服务组织全覆盖。

3. 引导企业积极履行社会责任

建立企业社会责任领导协调机制，引导企业积极构建和谐劳动关系，维护消费者合法权益，支持公益事业，参与驻区建设。分类制定企业社会责任标准体系，健全企业社会诚信监督机制，适时公布企业履行社会责任情况。加大宣传表彰力度，营造企业积极履行社会责任的良好氛围。

（六）健全基本公共服务体系

1. 加快推进社会服务体系全覆盖

公共服务及其均等化是社会治理的重要内容，发展教育、科技、文化、卫生等公共事业，为社会公众参与社会经济、政治、文化活动等提供保障。提高公共服务水平是保障和改善民生的重要基石，保障和改善民生是提高公共服务水平的最终目的，因此要坚持以需求为导向，加快完善社会服务体系。

2. 加快推进社会服务方式转变

在教育、就业、医疗卫生、住房保障、文化体育、养老助残服务等基本公共服务领域，不断扩大购买服务的范围。在非基本公共服务领域，更多更好地发挥社会力量的作用，凡适合社会力量承担的，可以通过委托、承包、采购等方式交给社会力量承担。

3. 加快推进政府向社会力量购买服务

创新政府基本公共服务投资体制，加大引进社会资本参与基本公共服务设施建设和运营管理的力度。推进经营性公共服务产业化，建立政府主导、社会参与、多元供给的公共服务模式。深化事业单位体制改革，扶持社会企业发展，促进社会组织发展，有序引导社会力量参与公共服务。

第七章　山东省全面小康社会建设与展望

1979年12月邓小平同志提出要在20世纪末使人民生活达到小康水平，这是我国对小康社会最早的构想，此后小康社会成为我国社会建设的一个重要目标，同时也成为学术界的研究热点，政治学、社会学、地理学、经济学等不同学科的学者对其进行了丰富的研究。2002年江泽民同志在十六大上提出21世纪前20年是实现现代化建设第三步战略目标必经的发展阶段，任务是全面建设小康社会，首次把“小康社会”理念提升到“全面小康”层次。2007年胡锦持同志在十七大报告中对全面建设小康社会内容进行了补充完善，对经济建设、政治建设、文化建设、社会建设提出了新的更高要求，要求通过实现全面建设小康社会目标，全面实现物质文明、精神文明、政治文明和生态文明的协调可持续发展。《中共中央关于制定国民经济和社会发展第十三个五年规划的建议》提出“十三五”时期是全面建成小康社会的决胜阶段，未来五年，我国全面建成小康社会的任务主要包括经济适度增长、人民生活质量普遍改善、国民素质和社会文明程度显著提高、生态环境质量总体改善、各方面制度更加成熟等几个方面。

第一节　全面建设小康社会的背景与特征

一、全面建设小康社会提出的背景

全面小康社会是指社会的各种要素和关系处于一种相互融洽的状态，不仅涉及人与人、人与社会、公民与政府、人与自然等多重关系，而且涵盖了人们的经济生活、政治生活、文化生活和日常生活。它的内涵包括了城乡之间、经济社会发展之间、人与自然之间、区域之间、国内发展与对外开放之间各种关系的良性互动，无论是从理论层面还是实践层面来看，我国全面建设小康社会的提出都具有十分重要的依据和阶段背景。

（一）全面建设小康社会提出的理论背景

1. 关键阶段论

改革开放以来，中国国民经济获得了长时期的高速和超高速增长，取得了辉煌的成就，2014 年国内生产总值达 63 万亿人民币，不变价 GDP 是 1978 年的 28 倍，同期名义 GDP 是 1978 年的 174.6 倍，成为世界上第二大经济体，目前中国的发展已进入人均 GDP1000 美元至 3000 美元的转型关键期，从西方发达国家发展经验来看，对于一个经济起飞的国家，这个时期往往是产业结构快速转型、社会利益格局剧烈变化、政治体制不断应对新的挑战的时期，是既充满新的机遇、又面临着各种社会风险的时期。同时，全面建设小康社会是改革开放进入关键阶段的客观要求，这个阶段既是加快发展的重要战略机遇期，又是社会矛盾的凸显期。外部环境来看，必须迎接经济全球化的挑战；从我国自身来看，随着工业化、城镇化进程的加快，社会结构分化更加明显，社会利益关系更为复杂，社会整合更为困难，新情况新问题层出不穷，全面建设小康社会正是面对新世纪、新阶段、新趋势、新要求重大战略举措。

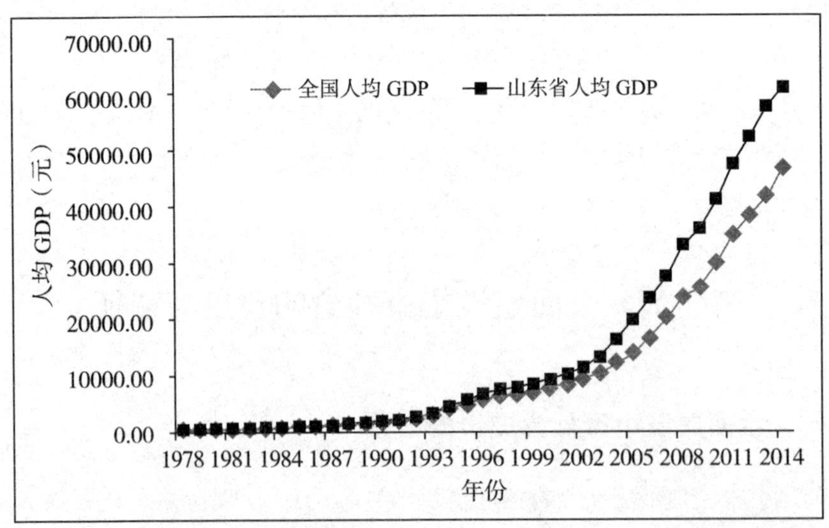

图 7.1　改革开放以来中国和山东省人均 GDP 增长态势

2. 社会转型论

在长期以经济增长为主要考核目标的发展观引领下，我国城乡关系、区际关系、人地关系以及人与人之间的关系等多方面出现了严重的不和谐，环境和自然资源已经不能支撑如此发展的国民经济，当前国家经济发展面临突出的结构性转型难题。虽然我国经济实现了快速发展，但社会问题越聚越多，社会矛盾出现越来越尖锐化的趋势。可以说我国正处在一个经济转型和社会转型迫在眉睫的时期，以提升人民幸福感为目标，注重经济发展、社会进步和环境友好协同增进，促进经济发展方式向以资源节约和环境友好为特征的可持续发展方式转变应是题中之义的事。

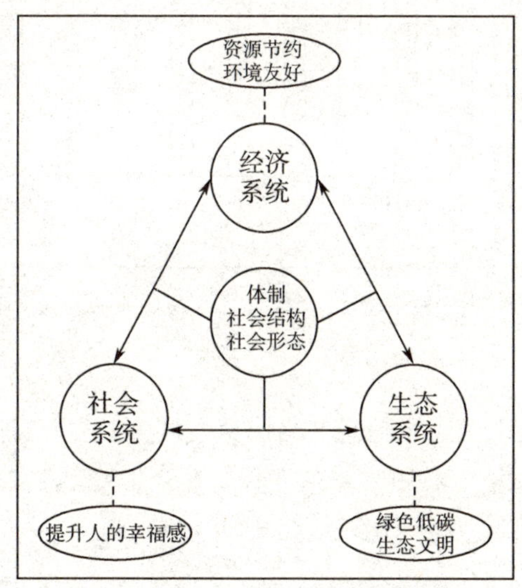

图 7.2　新型社会框架

3. 问题依据论

依照国内大部分学者的观点归纳，21 世纪中国的发展将不可避免以下六项基本问题的挑战：庞大的人口数量所带来的压力；能源和资源超常规利用所带来的问题；快速城市化所带来的问题；收入差距过大带来的社会公平问题；生态环境问题；国家可持续发展能力建设水平问题。这些宏观层面上的表达，具体涉及到经济、社会和生态的方方面面，目前已进入严重凸显期，如不能合理解决将严重制约中国未来的发展。以社会公平为例，按照国家统计局公布的数据，1981 年改革开放之初，我国基尼系数为 0. 281，到 2008 年，达到历史峰值0.491，2014年有所回落，为0.469；而据有些学者们的调查，我国基尼系数已经接近甚至达到0.5，国际上通常把0.4作为贫富差距的警戒线，大于这一数值容易出现社会动荡，应该引起高度警惕，显然中国近些年都远高于这一警戒值。

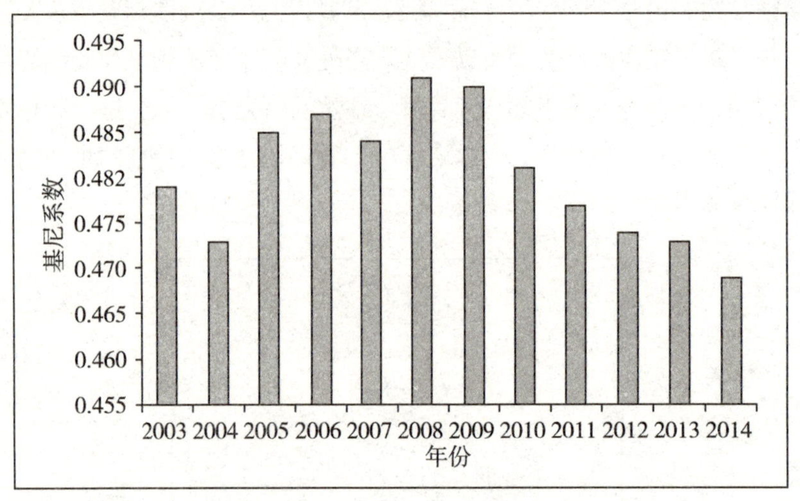

图7.3　2003～2014年国家统计局公布的基尼系数

4. 内外依据论

20世纪90年代以来，以信息技术快速发展为特征的高新技术革命迅速缩小了各国和各地的距离，使世界经济出现一体化的趋势，但毫无疑问，经济全球化对我国来讲是一把“双刃剑”，它推动了我国经济的迅速发展，为追赶发达国家提供了一个难得的历史机遇。与此同时，也为我国发展带来了巨大压力：第一，经济全球化加强了对效率的要求，导致我国面临着效率追求的新形势，加重了对效率与公平问题处理的两难困境；第二，经济全球化使国际关系更加复杂化，加大了我国统筹国际和国内两个大局的难度；第三，经济全球化意味着风险的全球化，使我国不得不面对诸如经济危机、全球环境污染等各类风险；最后，经济全球化导致的不同价值观的传播对我国意识形态领域的冲击也需要妥善处理。这些压力又加剧了国内的诸多问题，诸如经济发展失衡，政治上统筹各方面利益的难度加大，文化面临着若干新的重大挑战等。基于此，现阶段我国必须充分正视经济全球化对我国社会建设的不利影响，理性评估经济全球化利弊，谋求从被动融入全球化向主动融入的转变。

5. 阶段性特征论

不同历史时期，国家建设有不同的任务，目前我国正处于由初步小康社会向全面小康社会转变的关键阶段，经济建设取得了一些成就，但社会、文化、精神等方面相对落后，近些年生态环境问题凸显，生态文明建设也成为关键性问题。2012 年中国人均国内生产总值达到 6100 美元，进入中等收入偏上国家的行列，许多学者开始担心中国面临的“中等收入陷阱”问题，而事实上导致“中等收入陷阱”的原因，诸如经济发展模式不可持续、技术创新瓶颈、社会公平缺失、体制变革滞后等恰恰都是我国的突出问题。如何摆脱“中等收入陷阱”，保持经济又好又快的发展，促进社会主义经济、政治、社会、生态协调发展也是全面建设小康社会的现实背景。

表 7.1　　中国与国际不同收入国家产业结构比较

类型	农业	工业	服务业
中国（2010 年）	10.2	46.9	43.0
低收入国家	25.0	29.0	46.0
下中等收入国家	14.0	41.0	45.0
中等收入国家	10.0	37.0	53.0
上中等收入国家	6.0	33.0	61.0
高收入国家	1.0	26.0	73.0

资料来源：世界数据来自世界银行《2008 年世界银行发展报告》，中国数据来自《2011 年中国统计年鉴》。

（二）我国从小康社会提出到全面建成小康社会的实践

1. 邓小平现代化建设理论和“三步走”战略构想

1978 年 3 月 18 日，邓小平同志在全国科学大会开幕式上的讲话中提出，要在 20 世纪内全面实现农业、工业、国防和科学技术的现代化，把我国建设成为社会主义的现代化强国，这是对实现四个现代化战略目标的较早构想。1979 年 12 月，邓小平会见日本前首相太平正芳时，首次把小康社会与四个现代化联系起来，并提出要在 20 世纪末使人民生活达到小康水平。

1982 年党的十二大正式提出小康目标和“两步走”战略。第一步，从 1980 年到 1990 年，用 10 年使国民生产总值按不变价翻一番，解决人民温饱问题；第二步，到 20 世纪末国民生产总值按不变价相对于 1980 年翻两番，人民生活水平达到小康。1987年4月，邓小平同志把“两步走”战略构想扩展为“三步走”战略，把我国社会经济发展远景目标锁定在21世纪中叶。第一步在80年代翻一番，以1980年基数，当时国民生产总值人均只有二百五十美元，翻一番，达到五百美元；第二步是到20世纪末，再翻一番，人均达到一千美元，实现这个目标意味着我国初步进入了小康社会；第三步，在21世纪用三十年到五十年再翻两番，大体上达到人均四千美元，达到中等发达国家的水平。按照邓小平这一思想，“三步走”发展战略正式纳入了党的十三大报告。

2. 十六大提出全面建设小康社会战略

20世纪末我国按照既定的“三步走”战略，顺利地走过了第一步和第二步，人民生活总体上达到小康水平，但由于落后的生产力与人民群众对物质文化需求日益增长、经济发展与环境资源保护的矛盾仍然突出，城乡二元经济结构还没有改变，人口继续增长、就业和社会保障压力增大，市场经济体制仍不健全等问题，我国实现的小康还是低水平、不全面的、不平衡的小康。

基于对新形势的判断，2002年江泽民同志在十六大报告中指出，21世纪头20年是全面建设惠及十几亿人口、水平更高的小康社会的重要战略机遇期，同时提出了一条强国富民的经济发展路线，要求在优化结构和提高效益的基础上，国内生产总值到2020年力争比2000年翻两番，综合国力和国际竞争力明显增强；基本实现工业化，建成完善的社会主义市场经济体制和更具活力、更加开放的经济体系；城镇人口比重较大幅度提高，工农差别、城乡差别和地区差别扩大的趋势逐步扭转；社会保障体系比较健全，社会就业比较充分，家庭财产普遍增加，人民过上更加富足的生活；可持续发展能力不断增强，生态环境得到改善，资源利用效率显著提高，促进人与自然的和谐，推动整个社会走上生产发展、生活富裕、生态良好的文明发展道路；在物质文明和精神文明基础上增加了政治文明，把政治文明惠及全体人民作为一种制度安排，要求使人民的政治、经济和文化权益得到切实尊重和保障，把社会文明推进到形成全民学习、终身学习的学习型社会的高度。

概括来说十六大把“三步走”战略的第三步分为了前后两个阶段，并把21世纪头20年作为实现第三步战略目标必经的承上启下的发展阶段；全面建设小康社会的近期目标，是到2020年要使我国全面建设成为惠及十几亿人口的更高水平的小康社会，远期目标是使我国在21世纪中叶基本实现现代化，成为富强民主文明的社会主义国家。

3. 十七大对全面建设小康社会战略的补充

基于对经济社会发展趋势和国内外形势新变化的考虑，在十六大确立的全面建设小康社会目标标基础上，十七大对全面建设小康社会战略目标进行了补充完善，对经济建设、政治建设、文化建设、社会建设提出了新的更高要求。

对于经济发展，在突出发展协调性的基础上，将十六大提出的经济总量翻两番的目标提升到人均量翻两番，要求把提高居民消费水平放在形成三大需求协调拉动经济增长的关键位置上，把新农村建设和推进城镇化作为改变城乡二元经济结构的重要途径。对于政治建设，十七大更强调从人民群众实际获得的政治民主权利和政治参与权利方面考察社会主义民主的发展，要求更好地保障人民权益和社会公平正义，公民政治参与有序扩大，基层民主制度更加完善；显著增强政府提供基本公共服务能力，完善制约和监督机制，保证人民赋予的权利始终用来为人民谋福利。对于文化建设，要求把文化建设放在增强全民族文明素质的高度，通过文化建设使社会主义核心价值体系深入人心，基本建立覆盖全社会的公共文化服务体系，把增加文化产业比重放在提高国际竞争力的明显位置，从而使文化产业发展进入增强综合国力的行业。对于社会发展，十七大提出要把全面改善民生放在社会主义社会发展的突出位置。

十七大还提出了“生态文明”的概念，虽然十六大报告已经涉及到生态保护和可持续发展的内容，但“生态文明”作为一个正式提法，最先出自于十七大报告。十七大报告提出建设生态文明的目标，并对生态文明建设做了具体规划，把节约能源资源、环境保护与产业结构调整和需求结构调整，以及与转变增长方式结合起来，放在整个生态文明建设的框架范围内，是对全面建设小康社会战略认识的又一次深化。

4. 十八大报告提出全面建成小康社会

在十六大、十七大确立的全面建设小康社会目标的基础上，十八大报告首次提出了确保到2020年实现全面建成小康社会的说法，将“全面建设”换成“全面建成”，既体现了对我国过去三十年小康社会建设成效的肯定，又从经济持续发展、人民生活质量提高、文化软实力增强、人民民主扩大和生态环境改善等几个方面对小康社会建设提出了更高要求。

对于经济发展，要求注重增强发展的平衡性、协调性和可持续性，在实现国内生产总值比2010年翻一番的基础上，首次提出了城乡居民人均收入也要比2010年翻一番的目标。对于人民生活水平提高，要求总体实现基本公共服务均等化，并且对教育、就业、收入差距、扶贫、社会保障、基本医疗卫生服务、住房保障体系等提出了更高的要求。对于不断扩大人民民主，要求完善民主制度，丰富民主形式；全面落实依法治国基本方略，基本建成法治政府，不断提高司法公信力，人权得到切实尊重和保障。对于增强文化软实力，要求全面落实社会主义核心价值，提高公民文明素质和社会文明程度明显；丰富文化产品，基本建成公共文化服务体系，促使文化产业成为国民经济支柱性产业，中华文化走出去迈出更大步伐等。

对于生态环境改善，再次确认了十七大“生态文明”的观念，进一步提出资源节约型和环境友好型社会建设，提出建设主体功能区的战略架构，要求提高森林覆盖率，增强生态系统稳定性，将生态环境改善作为提升居民居住环境的重要举措，体现了国家对小康社会建设和生态文明建设认识的再次深化。

5.“十三五”规划关于全面建成小康社会的阐述

2015年10月党的十八届五中全会审议通过了《中共中央关于制定国民经济和社会发展第十三个五年规划的建议》，规划指出“十三五”时期是全面建成小康社会的决胜阶段，在十八大报告的基础上近一步提升了全面建成小康社会的目标要求，提出“四个全面”和“五个发展”作为全面建设小康社会的新理念，就经济发展、民生、扶贫、教育、收入、就业、社会保障、医疗、城乡发展一体化等工作做了详细要求。

“四个全面”是指全面建设小康社会不仅包括经济的发展，还包括了法制建设、生态文明以及文化发展等，在此指导思想下，“十三五”规划提出一系列操作性较强的制度建设和战略布局，例如在依法治国方面提出加强法治政府建设，实现政府活动全面纳入法治轨道；在加强社会治理方面，提出建立国家人口基础信息库、统一社会信用代码制度、完善社会信用体系等相关制度建设。“五个发展”新理念是指创新、协调、绿色、开放和共享的发展理念。创新不仅标志着我国经济发展方式在“新常态”条件下的变化，还包了制度制度创新、理论创新以及文化创新等；协调要求在战略高度布局一些重大关系，例如城乡的协调发展、物质文明与精神文明的协调发展；绿色体现出生态文明建设的重要性；更加高水平的开放将为我国经济发展提供更多的空间，例如现在正在推进的"一带一路"建设和亚投行；共享体现了我国的发展理念，消除贫困，全体人民集体迈入共同富裕的生活正是我国全面建设小康社会的发展目标。

二、全面建设小康社会的目标和特征

（一）全面建设小康社会的目标

1. 经济保持中高速增长

在提高发展平衡性、包容性、可持续性的基础上，到 2020 年国内生产总值和城乡居民人均收入比 2010 年翻一番。主要经济指标平衡协调，发展空间格局得到优化，投资效率和企业效率明显上升，工业化和信息化融合发展水平进一步提高，产业迈向中高端水平，先进制造业加快发展，新产业新业态不断成长，服务业比重进一步上升，消费对经济增长贡献明显加大。户籍人口城镇化率加快提高，农业现代化取得明显进展，迈进创新型国家和人才强国行列。

2. 人民生活水平和质量普遍提高

就业比较充分，就业、教育、文化、社保、医疗、住房等公共服务体系更加健全，基本公共服务均等化水平稳步提高。教育现代化取得重要进展，劳动年龄人口受教育年限明显增加。城乡、区域收入差距缩小，中等收入人口比重上升。现行标准下农村贫困人口实现脱贫，贫困县全部摘帽，解决区域性整体贫困。

3. 国民素质和社会文明程度显著提高

中国梦和社会主义核心价值观更加深入人心，爱国主义、集体主义、社会主义思想广泛弘扬，向上向善、诚信互助的社会风尚更加浓厚，人民思想道德素质、科学文化素质、健康素质明显提高，全社会法治意识不断增强。公共文化服务体系基本建成，文化产业成为国民经济支柱性产业，中华文化在世界范围内的影响持续扩大。

4. 生态环境质量总体改善

生态文明观念深入人心，生产方式和生活方式绿色、低碳水平上升，能源资源开发利用效率大幅提高，能源和水资源消耗、建设用地、碳排放总量得到有效控制，主要污染物排放总量大幅减少，主体功能区布局和生态安全屏障基本形成。

5. 各方面制度更加成熟稳定

国家治理体系和治理能力现代化取得重大进展，各领域基础性制度体系基本形成。人民民主更加健全，法治政府基本建成，司法公信力明显提高，人权得到切实保障，产权得到有效保护。开放型社会主义市场经济新体制基本形成。党的建设制度化水平显著提高，中国特色现代军事体系更加完善。

（二）全面建设小康社会的特征

1. 公共服务均等

从19世纪末期开始，实现公共服务均等化成为现代型政府追求的目标，公共服务均等化是指政府要为社会成员提供基本的、与经济社会发展水平相适应的、能够体现公平正义原则的大致均等的公共产品和服务，是人们生存和发展最基本的条件的均等。实现公共服务均等化是促进公平分配，实现公平和效率相统一的重要手段，是使全体社会成员共同享受改革开放和社会发展成果的基本要求，是全面建设小康社会的基本标准，在推进公共服务均等化的过程中，各级政府充当着核心主体，承担着义不容辞的主要责任。

从我国的基本国情出发，公共服务均等化主要涵盖四个内容：一是基本民生性服务均等，如就业服务、社会救助、养老保障等；二是公共事业性服务均等，如公共教育、公共卫生、公共文化、科学技术、人口控制等；三是公益基础性服务均等，如公共设施、生态维护、环境保护等；四是公共安全性服务均等，如社会治安、生产安全、消费安全、国防安全等。落实到具体实践上，要以促进城乡、区域基本公共服务均等化为目标，按照推进基本公共服务均等化和实施主体功能区规划、重点区域发展战略的要求，完善城乡一体、区域协调的基本公共服务制度，促进公共服务资源在城乡、区域之间均衡配置，缩小基本公共服务水平差距。促进城乡基本公共服务均等化方面，要实现城乡基本公共服务规划一体化，推进城乡基本公共服务制度衔接，实施公共资源向农村倾斜战略，加大农村基本公共服务支持力度，建立流动人口基本公共服务制度。促进区域基本公共服务均等化方面，要全面落实主体功能区基本公共服务政策，建立区域基本公共服务均等化协调机制，着力提升欠发达地区基本公共服务水平。

2. 生活质量改善

无论是经济发展还是社会发展，从本质上说应该是人类自身的发展，最终目的必须是以人为本，发展不仅要保证人类的基本生活，还必须注重生活质量的提高。关注全面建设小康社会背景下生活质量的提升问题是以人为本科学发展观的重要体现，也是经济与社会全方位发展的最终目标与现实着眼点。

改革开放以来，中国经济飞速发展，但长期以来以 GDP 增速为主要考核目标，导致人民群众生活质量的改善远没有 GDP 指标提高表现的那么明显，一系列环境问题、社会公平问题、食品安全问题、民生保障问题等严重制约着人民生活质量的提高，房价过高、物价过高、上学难、看病难、就业难等问题成为激发社会矛盾的主要源头。生活质量是对一个社会中民众总体生活水平的综合描述，涵盖了民众生活领域里的各个方面，总体上可由客观生活质量和主观生活质量两部分来衡量。客观生活质量是指国家和社会为民众提供的客观福利，在我国主要包括健康与基本生存质量、经济生活质量、社会生活质量、生态环境质量、文化生活质量等几个方面，每个具体领域里又包含若干具体的指标对该领域进行全面而具体地反映。主观生活质量即人们因所享有的客观福利状况而体验到的主观福利水平，它的核心指标是主观幸福感，即人们对自身生存与发展条件的主观体验，是满意感、快乐感和价值感的有机统一。

3. 人居环境良好

人居环境是与人类生存活动密切相关的地表空间，也是人类借以生存和发展的物质基础、生产资料和劳动对象，面对快速工业化、城市化带来的诸多问题，人居环境质量日益成为社会各界高度关注的问题。从 1989 年开始，联合国人居署设立“联合国人居奖”，以鼓励和表彰世界各国为改善人类住区而做出杰出贡献的政府、组织、个人和项目，1992 年里约热内卢联合国环境与发展大会通过《21 世纪议程》，把改善和重视人类聚居环境列为其重要内容。受此影响，国家建设部于 2000 年设立中国人居环境奖奖，以表彰在城乡建设和管理中坚持科学发展观，切实改善人居环境，为实现全面建设小康社会做出突出贡献的城市。

良好的人居环境是我国社会经济发展的重要目标和衡量指标，是全面小康社会的组成要素，也是实现人与人、人与自然、人与社会和谐的重要前提。建设人居环境友好型社会需要以人与自然和谐为目标，统筹环境与发展规划，以环境承载能力为基础，遵循自然、环境与生态规律，积极建设环境文化和生态文明，建立经济社会环境协调发展的社会体系。有效防治环境污染和生态破坏对经济社会发展的不利影响，缓解人类与自然界的矛盾，维护好人类社会经济与自然、环境利益，转变粗放型经济增长方式，搭建友好的生产、生活方式，主动改善与自然界的关系，实现由“居者有其屋”向“居者优其屋”的转变。

4. 文化氛围浓厚

文化是区域发展水平的反映，又反作用于社会、经济和生态环境的发展，全面小康社会的实现，需要良好文化氛围的烘托。改革开放以来，与日益提高的经济水平相比，我国的精神文明建设相对落后，国民素质、社会文明程度与文化软实力均有待提高，离建设文化氛围浓厚的学习型、创新型社会的目标还有较大距离，严重制约了小康社会的实现。

具体来说，建设文化氛围浓厚的小康社会，要培育高尚的社会文化，大力加强社会公德、职业道德、家庭美德教育，努力形成积极向上、融洽和谐的文化氛围。促进学习型社会的建设，完善相应机制和手段，保障全民有学习和终身学习的社会，形成全民学习、终身学习、积极向上的社会风气，根据实践发展的要求，努力建设学习型家庭、学习型组织、学习型企业、学习型社区和学习型城市等等。健全完善公共文化服务体系、文化产业体系和文化市场体系，促使文学艺术、新闻出版、广播影视等文化事业发展繁荣，哲学社会科学创新工程有效实施，建成一批高水平的新型智库。促进基本公共文化服务发展标准化、均等化，协调文化资源在城乡间、区域间的布局，有效保障人民基本文化权益。推动文化产业结构优化升级，发展新型文化业态，扩大和引导文化消费，形成一批具有较强竞争力的文化产业集聚区、骨干文化企业和文化品牌。

第二节　山东省小康社会建设的成效

一、经济硬指标顺利实现

目前山东省全面建设小康社会达到了什么样的程度？进程是快还是慢？取得了什么样的成效？这是学术界和公众关心的问题。梳理国内学者对小康社会的研究可以看出，生产总值、人均生产总值和城乡居民收入翻番目标的实现程度是考察全面建设小康社会战略是否顺利实现的最基本、最直接指标。

表 7.2　　　1980～2014 年山东省小康社会建设主要经济指标

年份	GDP（亿元）	人均 GDP（元/人）	人均财政收入（元/人）	城镇居民人均可支配收入（元）	农村居民人均纯收入（元）
1980	292.1	400.4	65.9	448.2	210.2
1985	680.5	884.3	87.8	747.6	408.1
1990	1511.2	1793.9	129.5	1466.2	680.2
1995	4953.4	5692.9	205.7	4264.1	1715.1
2000	8337.5	9289.7	516.6	6490.0	2659.2
2005	18366.9	19938.0	1164.9	10744.8	3930.5
2010	39169.9	41075.8	2883.2	19945.8	6990.3
2014	59426.6	60969.1	5157.3	29221.9	11809.4
1980～1990 年均递增（%）	17.86	16.18	6.99	12.58	12.46
1990～2000 年均递增（%）	18.62	17.87	14.84	16.04	14.61
2000～2010 年均递增（%）	16.73	16.03	18.76	11.88	10.15
2010～2014 年均递增（%）	10.98	10.38	15.65	10.02	14.01

资料来源：2015 年山东统计年鉴。

从表 7.2 可以看出，1980～2014 年间，山东省 GDP 总量、人均 GDP、人均财政收入、城镇居民人均可支配收入、农村居民人均纯收入等反映小康社会建设的指标基本以 10% 以上的速度保持增长。1980 年，全省 GDP 总量为 292.1 亿元，1990 年达到 1511.2 亿元，2000 年达到 8337.5 亿元，2010 年达到 39169.9 亿元，每十年间都顺利完成了翻一番的目标；2014 年，山东省 GDP 总量为 59426.6 亿元，2010～2014 年间 GDP 年均增速为 10.98%，若以这个速度继续保持增长，那么 2020 年 GDP 总量将达到 111051.3 亿元，约为 2010 年的 2.83 倍。

1980 年，山东省城镇居民人均可支配收入为 448.2 元，1990 年达到

1466.2元，2000年达到6490.0元，2010年达到19945.8元，从1990年开始，保持在15%左右的速度增长；2014年，山东省城镇居民人均可支配收入为29221.9元，2010～2014年间年均增速为10.02%，若以这个速度保持增长，则2020年城镇居民人均可支配收入将达到51819.6元，约为2010年的2.60倍。1980年山东省农村居民人均纯收入为210.2元，1990年达到680.2元，2000年达到2659.2元，2010年达到6990.3元，每十年间能以10%的增速增长；2014年，山东省农村居民人均纯收入为11809.4元，2010～2014年间年均增速为14.01%，若继续按这个速度保持增长，那么2020年，农村居民人均纯收入将达到25931.4元，约为2010年的2.20倍。比较城镇居民人均可支配收入和农村居民人均纯收入可以看出，1980～2010年间，城镇居民人均可支配收入的增速均高于农村居民人均纯收入的增速，但是2010～2014年，农村居民人均纯收入的增速超过了城镇居民人均可支配收入的增速，说明国家一系列惠农措施取得了较为显著的成效。

二、社会软实力显著提升

社会建设与人民幸福安康息息相关，是构建社会主义小康社会的重要组成部分。进入21世纪以来，山东省在推动经济快速发展的基础上，更加注重社会建设，不断加大社会发展的改革、调整和投入力度，努力缓解经济社会发展“一条腿长、一条腿短”的问题。目前，山东省社会事业发展步伐明显加快，社会事业建设水平显着提高，在教育、医疗、就业、住房、社会保障等领域取得了很大成绩，人民群众基本实现了学有所教、劳有所得、病有所医、老有所养和住有所居。

（一）教育事业健康发展

“十二五”以来，山东省大力实施“科教兴鲁”和人才强省战略，不断深化改革，推进教育创新，加强素质教育，培养了大批适应现代化建设的人才，有效推动了全省教育事业保持持续稳定健康发展。目前，山东省高等教育规模持续扩大，教师队伍素质不断提升，专任教师中具有高级专业技术职务和研究生学历的比例均有提高，办学条件继续改善，办学水平不断提高。职业教育初步形成了相对完整的教育体系，服务经济建设和社会发展的能力进一步提高，职业院校数量位居全国第一。2014年，山东省共有幼儿园18512所，义务教育阶段学校13687所（普通小学10770所，普通初中2917所），普通高中544所，中等职业学校（不含技工学校）460所，特殊学校145所，高等学校153所（普通高校142所，成人高校11所）。幼儿园在园幼儿262.83万人，小学教育在校生648.47万人，初中教育在校生314.80万人，高中教育在校生171.27万人，中等职业学校（不含技工学校）在校生94.82万人，普通本专科在校生179.67万人。

（二）卫生服务扎实有效

“十二五”期间，山东省继续深入推进医药卫生体制改革，巩固完善基本药物制度和基层医疗卫生机构运行新机制，扎实推动县级公立医院改革，做好重大疾病防控和医疗卫生服务工作，强化食品安全和卫生监督，落实计划生育基本国策，卫生和计划生育事业保持平稳较快发展。积极推进公共卫生、农村卫生、社区卫生服务体系和新型农村合作医疗制度建设，不断深化改革，强化管理，努力提高医疗卫生服务质量和水平，公共卫生疾病预防控制体系、医疗救治体系“两个体系”建设实现新的突破，公共卫生服务水平和应急能力得到较大提高，新型农村合作医疗覆盖全省，农村医疗卫生状况有了很大改善，城市社区卫生工作进展顺利，医疗质量管理效益显着。2014年底，山东省卫生人员总数达83.84万人，全省医疗卫生机构床位50.03万张，全省社区卫生服务中心（站）2308个，均位居全国前列。

（三）社会就业稳步增长

就业是民生之本、安国之策。山东省始终把扩大就业作为“民心工程”和推进小康社会建设的重要内容，采取了一系列重大政策措施，有力地促进了城乡就业全面增长。自2002年山东实施积极就业政策以来，全省城乡就业规模呈逐年增长态势，就业人数逐步扩大。2004年5月，山东省实施了全国第一部省级促进就业的地方性法规《山东省就业促进条例》，就业被纳入了法制化建设轨道，为政策落实提供了法律依据，目前山东已基本形成了与经济社会发展相适应的就业政策法规体系，积极就业政策得到全面落实。先后组织实施了“再就业伙伴计划”“再就业扬帆行动”“零就业家庭援助活动”等多项专题活动，在继续做好城镇“零就业家庭”就业援助活动的同时，统筹考虑农村贫困家庭的实际，把农村“零转移”贫困家庭也纳入到就业援助范围之中，大力实施城乡“双零”家庭就业援助工程，进一步完善了覆盖城乡的就业援助体系。近年来，按照就业服务“制度化、专业化、社会化”的要求，实施人力资源市场建设工程，先后投入专款开展了省、市、县、街道（乡镇）四级公共就业服务体系建设。

（四）社会保障体系更加健全

山东省以社会保险、社会救助、社会福利为基础，以基本养老、基本医疗、最低生活保障制度为重点，以慈善事业为补充，加快完善社会保障体系建设。经过几年的发展，社会保障事业取得了长足发展，社会保障已经从国有企业改革的配套措施上升为社会主义市场经济的重要支柱，成为一项重要的社会制度，较好地发挥了社会“安全网”的作用。山东新型农村社会养老保险和城镇居民社会养老保险基本实现制度全覆盖，医疗、失业等保险参保人数明显提升，基本实现人人享有社会保险。充分尊重城乡居民意愿，由参保人员根据自身经济条件自主选择缴费档次，享受相应的医疗保险待遇，提高基金统筹层次，增强基金共济能力和抗风险能力。完善失业保险金标准与物价上涨挂钩联动机制，及时发放价格临时补贴，加快构建失业保险保障基本生活、预防失业、促进就业的功能框架，建立健全失业动态监测、失业预测预警、失业预防调控“三位一体”的失业预防调控机制。“十二五”期间全省连续五年提前完成保障性安居工程开工任务，累计改造农村危房20.3万户，建成入住农村新型社区3714个，受益群众达820万人。

（五）社会稳定局面更加巩固

社会稳定是人民群众的共同心愿，是改革发展的重要前提。山东省以“平安山东”建设为载体，积极凝聚各方力量，认真排查化解各类矛盾纠纷，全面落实维护稳定的各项措施，推动全省社会大局保持平稳，为经济社会又好又快发展创造了和谐稳定的社会环境。自2004年1月开展“平安山东”建设以来，全省始终把“平安山东”建设作为新形势下维护社会稳定的有效载体，纳入总体布局，摆上突出位置，及时解决影响制约平安建设的重大问题。过加强社会宣传，建立治安部门和新闻媒体联动机制，采取各种行之有效的形式，有力调动了社会各界和广大群众参与平安建设的积极性；通过加强分类指导，总结推广典型经验，解决基层实际问题，推进了“平安山东”建设整体向前发展；通过坚持齐抓共管，广泛开展区域平安建设、行业平安建设、单位平安建设和家庭平安建设，不断深化企地共建、军地共建活动，形成了强大合力。

（六）城乡居民生活得到改善

1978年以来，伴随着山东省经济规模的快速增长，经济转型的不断推进，社会事业发展也较为迅速，城乡居民收入增长较快，与我国东部沿海发达省份相比较也走在前列，其中2014年城镇人均可支配收入、农民人均纯收入分别是1978年的74.65倍、103.05倍，居民生活水平显著提高，居民生活质量的提高是社会进步的重要内容。目前城乡居民生活水平的差异呈现缩小状态，城乡收入比从2010年的2.85，下降到2014年的2.46，表明农村居民的纯收入增长幅度超过城镇居民增长幅度，收入稳步增加，公众开始更加注意对生活品质的追求和提升。安居方能乐业，“十二五”期间，山东省通过大力实施安康居住工程，完善廉租住房制度，规范经济适用房建设，不断加快住房建设步伐等措施，促使城乡居民居住条件和居住环境得到较大改善。

第三节 山东省全面小康社会建设展望

一、山东省全面小康社会建设的机遇与挑战

科学分析小康社会建设面临的环境是指导山东省全面建设小康社会的重要保障。“十三五”期间，国际环境更趋复杂，我国经济发展进入新常态，山东省全面建成小康社会既面临重大战略机遇，也面临诸多风险挑战。总体上，有基础有条件在全面建设小康社会的进程中走在全国前列。

从全球看，和平与发展的时代主题没有变，世界多极化、经济全球化、文化多样化、社会信息化深入发展。世界经济在深度调整中曲折复苏，新一轮科技革命和产业变革蓄势待发。同时，国际金融危机深层次影响在相当长的时间内依然存在，外部环境不稳定、不确定因素增多。全球产业结构深度调整，劳动密集型产业特别是低端制造环节加速向低收入国家转移，一些中高端制造业向发达国家回流，对我国发展形成双重挤压。围绕贸易、投资和服务的博弈更加激烈，经贸摩擦政治化倾向抬头，为深度融入全球经济带来新的压力。

从全国看，经济发展进入新常态，物质基础雄厚，人力资源丰富，市场空间广阔，发展潜力巨大。改革红利加速释放，区域合作发展深入推进，经济发

展方式加快转变，新的增长动力正在孕育形成，新型工业化、信息化、城镇化、农业现代化同步发展，促进经济保持中高速增长、迈向中高端水平，经济长期发展向好的基本面没有变。同时，多年积累的结构性和体制机制性矛盾需要调整，发展不平衡、不协调、不可持续问题仍然突出。

从山东省本身看，山东省进入了经济、社会、文化强省建设的关键时期，现阶段具备了实现由大到强战略性转变的有利条件。国务院以及省政府在经济建设、政治建设、文化建设、社会建设、生态文明建设等各方面作出了一系列战略部署，为未来发展提供了良好的政策保障和体制机制保障。山东省经济体量大，要素资源丰富，产业体系完备，支撑能力不断增强，为提质增效升级提供了坚实的经济基础和物质条件。未来五年，山东省面临完成全面建成小康社会的历史性任务，发展呈现新的阶段特征，产业升级提速、城乡区域一体、陆海统筹联动、生产力发展的多层次将为我省经济发展提供更大潜力、韧性和回旋空间。

同时，山东省发展也面临一些深层次矛盾和问题，经过几十年的快速发展，原有的粗放型发展模式已难以为继，资源环境承载力接近饱和；传统优势正在减弱，发展新兴产业、形成新的发展模式、加快新旧动力转换需要一定过程；科研成果转化和激励机制不完善，人才特别是高端人才不能满足转型发展的需要，创新驱动的引擎作用尚未得到充分发挥；重点领域改革攻坚难度加大，对外开放的广度和深度有待于进一步拓展；人口老龄化趋势明显，劳动适龄人口数量下降，潜在劳动生产率逐步降低；基本公共服务还不够均衡，消除贫困任务艰巨；社会治理难度加大，安全生产形势依然严峻；群众利益诉求更加复杂多元，人们文明素质和社会文明程度有待提高。对此，山东省必须理清全面小康社会的建设方向，坚持目标导向和问题导向，准确把握战略机遇期内涵的深刻变化，更加有效地应对各种风险和挑战，不断开拓发展新境界，加快实现由大到强的战略性转变，推动综合实力和竞争力再上一个新台阶，为全面建成小康社会做好基础。

二、山东省全面小康社会建设的目标

根据山东省发展环境的分析，结合山东省省情，综合考虑未来发展趋势和优势条件，围绕提前实现“两个翻番”的战略方向，“十三五”期间，山东省经济社会发展目标主要包含以下几个方面：

综合实力迈上新台阶。经济保持中高速增长，在提高发展平衡性、包容性、可持续性的基础上，提前实现经济总量和城乡居民人均收入比2010年翻一番，保障城乡居民收入增幅超过地区生产总值增幅，农村居民收入增幅超过城镇居民收入增幅。地区生产总值年均增长7.5%左右，人均达到1.5万美元。产业迈向中高端水平，发展质量效益明显提高，以现代农业为基础、先进制造业为支柱、战略性新兴产业为引领、服务业为主导的现代产业新体系基本形成，创新型省份建设达到更高水平。

人民生活水平和质量普遍提高。基本公共服务均等化水平稳步提高，教育现代化加快推进，劳动年龄人口受教育年限明显增加，就业比较充分，中等收入人口比重上升，脱贫攻坚任务顺利完成，社会保障体系更加健全完善，人民健康水平不断提升，平安山东建设取得重大进展，群众幸福感获得感明显增强，改革发展成果更多更公平地惠及全省人民。

国民素质和社会文明程度显著提高。中国梦和社会主义核心价值观更加深入人心，爱国主义、集体主义、社会主义思想广泛弘扬，文明山东、诚信山东、美德山东建设深入推进，向上向善、诚信互助的社会风尚更加浓厚，人民思想道德素质、科学文化素质、健康素质明显提高，全社会法治意识不断增强。

文化软实力持续提升。齐鲁优秀传统文化创造性转化、创新性发展取得积极进展；覆盖城乡的公共文化服务体系基本建成，人民群众精神文化需求得到更好满足；文化产业成为国民经济支柱性产业，文化发展主要指标达到全国先进水平。

生态环境质量显著改善。生态文明理念深入人心，生产方式和生活方式绿色、低碳水平上升，能源资源利用效率大幅提高，水和大气质量持续提升；以人为核心的新型城镇化加快推进，户籍人口城镇化率明显提高，新农村建设成效显著，城乡、地区差距进一步缩小；主体功能区布局和生态安全屏障基本形成，城乡环境优美宜居，展现绿色、生态、美丽山东新形象。

体制机制创新取得新突破。省域内国家治理体系和治理能力现代化水平不断提高，重点领域和关键环节改革取得决定性成果；法治山东建设成效显著，人民民主更加健全，法治政府基本建成，司法公信力明显提高；人权得到切实保障，产权得到有效保护，促使社会发展充满活力。

三、山东省全面建设小康社会的任务

（一）持续提高居民收入

1. 提前完成脱贫任务

截止2014年年底，山东省共有省定标准以下贫困人口394万人，国定标准以下贫困人口231万人。十三五期间，山东省要把增加贫困人口收入作为提高城乡居民收入的核心，提高扶贫效率，切实做到扶贫对象、项目安排、资金使用、措施到户、因村派人、脱贫成效的有效落实。建立攻坚脱贫一把手负责制和精准到村到户的扶贫工作机制，积极构建政府、市场、社会协同推进的扶贫开发大格局，统筹财政金融土地等各种资源，鼓励各类市场主体参与扶贫，形成强大合力。争取至2018年底，7005个省定扶贫工作重点村全部脱贫摘帽，181.6万户贫困户、394万贫困人口全部越过省定扶贫县，比全国提前两年完成脱贫任务，2019～2020年两年间巩固提高扶贫成果，建立长效机制。

2. 提高居民收入平衡性与可持续性

通过全面实施创新驱动发展战略，加快现代农业发展步伐，大力发展先进制造业，壮大发展现代服务业，推进智慧山东建设等措施，尽快形成产业迈向中高端水平，发展质量效益明显提高，以现代农业为基础、先进制造业为支柱、战略性新兴产业为引领、服务业为主导的现代产业新体系，以促进作为居民收入提高动力的经济水平保持中高速增长，稳步提高居民收入的平衡性、包容性和可持续性。通过建设市场稳、投资少、见效快的生态产业和乡村旅游等特色产业，发展集体经济，科技推广、就业培训扶持，实施库区、湖区、滩区、山区等贫困村易地搬迁以及医保救助、社会保障等措施，大幅度提高农村居民收入，确保农村居民收入增幅超过城镇居民收入增幅。

（二）推进教育现代化

1. 推动基础教育均衡提升

以落实《关于推进基础教育综合改革的意见》为主线，全面深化基础教育综合改革，推动义务教育均衡发展。普及高中阶段教育，缩小城乡、区域、校际教育差距，改善农村薄弱学校办学条件，解决城镇普通中小学“大班额”

问题；保障进城务工人员随迁子女平等接受义务教育，实现家庭经济困难学生资助全覆盖。实施学前教育三年行动计划，普惠性学前教育资源基本覆盖。到2020年，争取学前三年毛入园率达到85%以上，义务教育适龄儿童入学率保持在99%以上，九年义务教育巩固率达到98%，高中阶段毛入学率达到98%，公民具备基本科学素质的比例达到10.5%。

2. 完善现代职业教育体系

实施职业教育质量提升计划，提高学生综合素养和职业能力，增强职业教育人才培养与经济社会发展适应性，培育一批管理规范、特色鲜明、在全国范围内有影响力的示范性或优质职业院校。深化职业教育课程改革，落实完善现代职业教育体系建设政策措施，深化校企合作、产教融合，拓宽技能型人才培养路径。加快继续教育、特殊教育、民族教育改革发展，推动职业教育向中西部地区和农村地区发展；支持潍坊、临沂、德州、菏泽等市深入推进职业教育创新发展试验区和科教创新区建设。争取到2020年，中、高等职业教育在校生分别达到160万人、92万人。

3. 促进高等教育优质特色发展

加快省属高等院校分类改革，突出特色发展，推动一批地方本科高校向应用技术类转型。深化高等教育内涵式发展，支持省部共建高水平大学。加强教师队伍建设，实施“双师型”素质提升工程，启动高校特色学科人才团队培育计划。稳定增加教育投入，鼓励社会力量兴办教育。贯彻落实国家《统筹推进世界一流大学和一流学科建设总体方案》，积极支持驻鲁部属高校建设世界一流和国际知名高水平大学；重点扶持6所左右省属高校和20个左右优势学科进入国内一流；重点建设10所左右应用型特色高校进入国内先进行列，到2020年，高等教育毛入学率达到50%以上。

4. 提升教育信息化和终身教育水平

实施教育信息化建设行动计划，推进“三通工程”和数字化校园建设，建立教育信息化体系，实现优质教育资源共建共享。完善教育云服务平台建设，推进信息技术与教育教学的深度融合，积极探索“互联网+”环境下的教学模式创新和数字教育资源服务供给模式，提高教育信息化服务教育管理和教育教学能力。构建灵活开放的终身教育体系，实施继续教育示范基地建设工程，建立覆盖全省城乡的四级社区教育网络，加强现代远程教育和继续教育公共服务平台建设。建立个人学习账号和学分累计制度，畅通全民终身学习通道，建立“人人皆学、处处能学、时时能学”的学习型社会。

（三）促进充分就业

就业是民生之本，是人民改善生活的基本前提和基本途径，山东省作为人口大省，完善公共就业创业服务体系是促进经济发展、保持社会稳定的客观要求，“十三五”期间山东省应力争形成就业战略优先，创业就业环境优化，大众创业万众创新推进，各类群体创业就业统筹发展的良好局面。

1. 发挥中小企业和服务业就业主渠道作用

随着市场经济的发展，中小企业成为推动山东省国民经济发展的重要力量，在加快城镇化建设、促进经济结构调整和经济改革等方面发挥着越来越重要的作用，同时成为吸纳剩余劳动力、扩大就业的主渠道，对缓解就业矛盾，维护社会稳定起到了不可忽视的作用。“十三五”期间，山东省应继续通过采取降低企业准入门槛，简化新创建企业手续，降低行政管理收费等措施，减少企业因增加雇工而支付的费用，消除现存的社会保障制度中不利于创建小企业的障碍，对中小企业提供信贷支持等措施努力扶持中小企业的发展。

2. 提升农业转移人口就业层次

深入实施农民工职业技能提升、权益保障、公共服务行动计划，促进农民工更好地融入城市；加强对灵活就业创业形态的支持，提高技术工人待遇。继续高度重视农村剩余劳动力的就业问题，积极统筹城乡经济社会协调发展，调整农业和农村经济结构，扩大农村就业容量的有效途径。采取多种措施推动农村富余劳动力向非农产业转移，并逐步消除不利于农业转移人口市民化的体制和政策障碍，引导农村劳动力合理有序流动。

3. 促进劳动关系和谐

加强失业动态监测、预测预警和预防调控，确保就业形势持续稳定。促进高校毕业生、复退转业军人等重点群体就业，加强对困难人员就业援助，加强人力资源建设，注重劳动成本控制。加大普及义务教育的力度，鼓励发展中等普通教育和职业教育，积极引导高等普通教育和职业教育，不断提升劳动者素质，妥善解决城市失业问题。

（四）完善社会保障体系

社会保障被称为一个国家的安全阀和稳定器，体现了政府对公民的责任。当前山东省处于社会转型期，人口老龄化、就业方式多样化、城镇化进程加快以及失地农民增多等问题不断增加社会保障压力。“十三五”期间，山东省必须积极完善社会保障体系，力争形成全民参保，制度有效衔接，保险费率合理，政府、企业、个人责任明确，以基本养老、基本医疗、最低生活保障制度为重点，以慈善事业、商业保险为补充的覆盖全民、整合城乡、均衡协调的社会保障格局。

1. 健全养老保险制度

完善职工养老保险个人账户制度，健全多缴多得、长缴多得激励机制。推进居民基本养老保险与职工基本养老保险制度衔接，规范落实被征地农民养老保险政策。深入推进机关事业单位养老保险制度改革，完善机关事业单位养老保险制度改革相关政策措施。拓展社会保险基金投资渠道，推进基金市场化、多元化投资运营，加强风险管理，提高投资回报率。落实渐进式延迟退休年龄政策。加快发展企业年金、职业年金和商业保险。

2. 完善医疗保险体系

健全医疗保险稳定可持续筹资和报销比例调整机制，继续提高城乡居民基本医疗保险筹资水平，探索退休人员缴费，健全完善居民大病保险制度、医疗救助制度和疾病应急救助制度，增强疾病应急救助和重特大疾病保障能力，大力减少因病致贫、因病返贫。改革医保支付方式，改进个人账户。鼓励发展补充医疗保险和商业健康保险。将生育保险和基本医疗保险合并实施，推进失业保险、工伤保险逐步实现应保尽保。

3. 统筹社会救助体系建设

推进社会救助制度城乡统筹发展，巩固最低生活保障和特困人员供养制度的基础地位，强化政策衔接、推进制度整合、优化救助资源，构建综合型救助平台，保障困难群众基本生活。完善低保标准动态调整机制和临时救助制度，以扶老、助残、救孤、济困为重点，拓展社会福利的保障范围，推动由补缺型向适度普惠型转变。支持发展慈善事业，大力发展福利彩票事业，积极引导社会力量开展社会救济和社会互助、志愿服务活动。

4. 强化保障性住房建设

统筹城乡居民住房多样化需求，加快以公租房、廉租房为重点的保障性住房建设，构建多层次的住房保障体系。加强棚户区、老旧区和城中村改造，着力解决城镇基本住房问题，逐步实现住房保障制度城镇常住人口全覆盖。坚持政府主导、政策扶持，引导社会参与，通过新建、改建、配建、长期租赁等方式，增强公共租赁住房供应，使其成为保障性住房的主体。完善保障性住房建设、分配、运营、管理制度，强化土地、财税、金融政策支持，严格质量监管。

（五）提升人口健康素质

以全民健康发展为目标，基本建成覆盖城乡的基本医疗卫生制度，统筹推进医疗卫生、体育等健康产业发展，完善“生育—预防—康复—护理—养老—临终关怀”生命全周期健康服务链。坚持全面性、长期性和战略性导向，合理控制人口规模，改善人口结构，促进人口均衡发展。

1. 推进健康山东建设

统筹推进公共卫生、医疗服务、医疗保障、药品供应、监督体制综合改革，完善医药卫生管理、运行、投入、价格机制，实现医疗、医保、医药联动，推进医药分开，建立覆盖城乡的基本医疗卫生制度。全面推进公立医院综合改革，建立现代医院管理制度和运行新机制。优化医疗资源配置，加快推进和规范医师多点执业，促进优质医疗资源合理有序流动，推动医疗卫生工作重心下移。健全公共卫生服务体系，深入开展爱国卫生运动，强化传染病、慢性病等重大疾病综合防治和突发事件卫生应急机制建设。建立基于个人全生命周期的医疗健康大数据系统，推进电子处方、电子病历应用，提高健康管理和服务质量。倡导“乐活”理念，推进“健康+”保险、医疗、旅游、养老等，加强心理健康服务。开展省级健康服务创新发展试验区建设。争取到2020年，基本建立覆盖城乡居民的基本医疗卫生制度，力争人均期望寿命超过78岁，每千人口医疗卫生机构床位数达到6.2张，每千人口注册护士数达到3.37人。

2. 落实人口发展战略

坚持计划生育基本国策，落实一对夫妇可生育两个孩子政策，将人口自然增长率控制在8‰以内。做好相关公共服务和预期引导，合理疏导生育时机，实现政策预期目标。加强妇幼健康服务体系和能力建设，提高生殖健康、妇幼保健、托幼等公共服务水平。改善出生人口性别结构，依法打击非法鉴定胎儿性别和终止妊娠行为，倡导社会性别平等，提高出生人口素质，促进人口长期均衡发展。坚持男女平等基本理念，切实保障妇女儿童合法权益，促进妇女全面发展，保障分别平等享有接受教育、获得经济资源、参与经济发展和社会事务管理等权利和机会。创建儿童友好型社会环境，保障儿童享有更高质量的教育，扩大儿童福利范围，关爱青少年健康成长。

3. 加快发展养老服务

积极应对人口老龄化，弘扬尊老养老助老社会风尚，构建老年人友好型社会。建设以居家养老为基础、社区为依托、机构为补充的多层次养老服务体系。全面放开养老市场，鼓励引导社会力量参与。支持发展各类养老服务设施，推动公办养老设施市场化运营，逐步实现从基本生活护理向精神慰藉、心理支持、康复护理、法律服务、紧急救援、临终关怀等方面延伸。大力发展老年教育，支持各类老年大学等教育机构发展，加强老年人力资源开发。推动医疗卫生和养老机构内设医务室、护理院、护理站等医疗机构，符合条件的纳入医保定点报销范围。探索建立长期护理保险制度，支持开发适合老年人的康复辅具、食品药品、服装服饰、文化娱乐等用品用具和服务产品。重视多形式、多途径解决好农村养老问题，到2020年，每千名老年人拥有养老床位数40张以上。

（六）完善社会服务体系

完善社会服务体系建设，促进社会关系和谐融洽，是全面建设小康社会的必然要求。社会服务体系体现了国家和社会对弱势群体的关爱，完善的社会服务制度是对困难群众尤其是老人、残疾人、孤儿等特殊群体基本生活提供的帮助，也是促进其有尊严的生活和平等参加社会发展的重要保障。

1. 完善社会组织体系

坚持培育发展与监督管理并重的方针，按照控制总量、提高质量、突出重点、协调发展的要求，科学规划、积极培育、合理布局农村经济协会、行业协会、公益类民间组织和社区民间组织，有效地促进全省民间组织健康持续发展。不断健全民间组织的社会管理和服务职能，拓展深化活动领域，逐渐规范活动行为，提高整体质量。促使其认真履行社会管理与公共服务的职能，充分发挥自身优势，在经济建设、政治建设、文化建设、社会建设等各领域中发挥积极的作用，成为山东全面建设小康社会的生力军。

2. 健全社会救助体系

完善最低生活保障标准与经济社会发展水平相适应、与居民基本生活费用价格指数相关联的增长机制，实现动态管理下的应保尽保。规范分类施保措施，将专项救助逐步延伸至低保边缘家庭，重点解决其医疗、教育、住房等方面的困难。加大医疗救助力度，做好与基本医疗保险制度的衔接，逐步实行诊疗费用即时救助，取消医疗救助起付线。加强城市流浪乞讨人员救助管理，加大流浪未成年人救助保护力度。健全自然灾害监测预警、评估调查、信息发布制度，完善减灾备灾、应急救灾、灾后生活救助和恢复重建、社会应急动员等工作体系，对因突发事件造成临时生活困难的群众给予及时救助。

3. 扩大社会福利体系

完善孤儿基本生活保障制度，合理确定孤儿养育标准，建立自然增长机制，落实孤儿教育、医疗、就业、住房等保障政策。拓展孤儿安置渠道，鼓励家庭养育，实行集中养育、家庭寄养、社会助养等多元化的孤儿养育方式。提高社会福利机构收养能力，加强贫困和重度精神疾病患者收养和治疗服务。推动婚姻登记标准化和信息联网，推行婚姻免费登记。完善殡葬惠民政策，低收入群体基本殡葬服务由政府承担，有条件的地方可逐步覆盖所有居民，加强城乡公益性公墓规划建设。依托社区综合服务平台，为社区居民提供公益便民利民社区服务。

4. 健全优抚安置体系

全面落实优抚对象各项优待抚恤政策，做好荣军休养和退伍军人精神病患者康复防治工作。健全孤老优抚对象和重残退役军人集中供养制度和优抚对象轮养制度。稳步推进退役士兵安置改革，落实自主就业退役士兵一次性经济补助政策，加强退役士兵职业教育和技能培训。

四、山东省全面建设小康社会的制度保障

（一）完善社会治理体制

1. 完善社会治理格局

积极建立政府负责、社会协同、公众参与的社会管理新格局。政府负责是社会管理的前提，实行政府负责，是国家履行社会管理职能的必然要求，在山东省全面小康社会建设的战略任务中，应更加注重发挥政府在社会管理和公共服务中的职能作用。一方面，不能越位，凡是公民、法人和其他组织能够自主解决的，政府不再过多作行政干预；另一方面，不能缺位，政府要切实担负起

应尽的责任，包括健全社会建设和管理的政策法规，依法管理和规范各类社会组织、社会事务、社会事业等。社会协同是社会管理的依托，实现社会协同，是整合社会管理资源的必由之路，要充分发挥各类社会组织的作用，加强政府与社会组织之间的分工、协作以及不同社会组织之间的相互配合。公众参与是社会管理的基础，要大力培育公众的参与意识，不断拓宽公众参与的渠道，规范公众参与的行为，形成公众真正参与到全面小康社会建设中的良好局面。

2. 加强服务型政府建设

按照“经济调节、市场监管、社会管理、公共服务”的要求，大力推进行政管理体制改革，加快政企分开、政事分开、政资分开、政社分开、政府与中介机构分开，合理界定政府职能，培育市场主体，更多地运用经济手段、法律手段调节经济活动，增强经济社会发展活力。政府职能、管理和服务方式切实转变，以政府工作提速为抓手，全面提高行政效率，积极落实政务公开，打造“阳光政府”，积极实施民心工程，事关群众切身利益的就业、社会保障、教育医疗、健康和生产安全、环境保护、社会治安稳定等实际问题得到有效解决。

3. 健全基层社会管理体制

尽快增强基层社会管理和服务能力，通过加强城乡基层自治组织建设，发挥其协调利益、化解矛盾、排忧解难的作用，在基层形成一个横向到边、纵向到底的社会管理体系。农村居民自治方面，继续完善民主选举、民主决策、民主管理、民主监督和村务公开制度，健全以村委会、村民会议、村民代表会议、村务公开监督小组、村民理财小组为主体的村民自治组织体系，正确处理好村委会与村党组织、乡镇政府以及农村其它各方面工作关系。城市居民自治方面，力争建成管理有序、文明祥和的新型社区局面，改变计划经济时代居委会只是充当“单位”体制之外拾遗补缺的角色，理顺基层政府与居委会的关系，属于政府和有关部门行政性任务，不应硬性摊派到社区。继续完善社区居民的自治功能，健全社区党组织和社区群众自治组织、居民会议、社区协商议事会等制度，吸纳社区内各方面人士参与社区管理，培育各类社区民间组织、志愿者组织，形成社区管理的合力。

4. 加强社会组织监管体系建设

加强和改进对社会组织的管理和监督，社会组织通常指政府和企业之外的民间组织，其特点是不以营利为目的，目前山东省登记注册的社会组织达4.57万个，遍布经济社会各个领域，初步形成了门类齐全、覆盖广泛、与经济社会协调发展的社会组织体系，是联系政府和人民的桥梁纽带，已成为推进经济发展和社会进步的重要力量。今后一段时期，要继续以民间组织服务经济社会发展为核心，以提高民间组织能力建设为重点，推进管理体制创新，建立与山东省经济社会发展水平相适应，布局合理、结构优化、功能到位、作用明显的民间组织发展体系；建立法制健全、管理规范、分类管理、分级负责的民间组织管理体系。

(二) 深化教育体制改革

百年大计，教育为本。随着社会文明不断进步，教育对经济发展、社会进步和民生改善的贡献越来越大，尤其是进入21世纪以来，科技和人才因素逐渐成绝对决定一个国家综合强弱的关键因素，而教育水平则是科技进步和人才培养的基础和保障。未来山东省要实现科技强省战略，完成从人口大省向人力资源大省的转变，就必须继续深化教育体制改革。根据《国家中长期教育改革和发展规划纲要（2010～2020年）》，结合山东省省情，山东省教育体制改革主要从办学体制、管理体制、人才培养体制、招生考试制度等几个方面进行。

1. 办学体制改革

坚持教育公益性原则，从维护教育公益性出发，强化政府在基本教育公共服务中的责任，有效利用公共资源和社会力量发展非义务教育，构建完善以政府办学为主，社会力量办学、中外合作办学等多种办学形式并存的多元化办学体制。继续推进公办学校多元化办学体制改革，鼓励行业、企业等社会力量通过委托管理、合作办学等方式参与举办现有公办学校。促进并规范民办学校发展，鼓励出资、捐资办学，促进社会力量独立举办、共同举办等多种形式的民办教育。制定相应的管理办法和各项政策措施，落实民办学校、学生、教师与公办学校、学生、教师平等的法律地位，清理并纠正歧视民办教育政策。推进中外合作办学，积极引进优质教育资源，构建全方位、多层次、宽领域的教育国际合作与交流平台，鼓励高等学校与国外高水平大学合作开发专业、课程，探索建立校际教师互派、学生互换、学分互认和学位互授的有效途径，鼓励有条件的学校赴境外办学，开发海外教育市场。

2. 管理体制改革

明确各级政府发展区域内各类教育的责任，完善政府、学校、社会共同参与的管理机制，促进“管、办、评”分离，形成政事分开、责权明确、统筹协调、规范有序的教育管理体制。改变政府管理教育方式，建立健全政府重大教育决策调研论证、公众参与、合法性审查、社会听证、质询等程序和制度，探索建立社会各方面建言教育的正式渠道。明晰省、市、县（市、区）教育事权和财权，形成省政府统筹、地方政府分级负责的教育宏观管理体制，建立教育行政部门统筹、部门协调合作、职能互补、责任到位的教育综合管理机制。支持和培育教育中介组织，制定完善相关政策措施，加快培育专业化的教育社会中介组织和教育协作组织发展，逐步把教育政策咨询、教育考试和鉴定、教育质量评估等专业服务交给中介机构，建立教育类社会中介组织的资格审查、准入、资助制度，以及外部评估审计制度和行业自律制度。

3. 人才培养体制改革

坚持育人为本，树立人人成才观念，面向全体学生，尊重个人选择，鼓励个性发展，适应社会需求，形成体系开放、机制灵活、渠道互通、选择多样的人才培养体制。加强各级各类教育之间的沟通衔接，建立大中小学之间人才培养沟通机制，探索研究教学内容的衔接，推动大学教师参与中小学教学活动，探索高中阶段多样化特色发展，支持普通高中根据需要适当增加职业教育的教学内容。改革人才培养模式，完善各级各类教育的培养目标和教学要求，强化实践教学环节，实施启发式、讨论式教学和探究式学习，探索超越传统班级的灵活多样的教学、学习、研究组织形式，推动运用现代教育技术实施个别教学、互动式教学和自主学习。改革学生评价制度，建立多元标准、多种形式的学生评价体系，考查和激励学生多方面协调发展和个性发展。

4. 考试招生制度改革

充分发挥考试招生在保证教育质量、维护教育公平、公正选拔人才方面的积极作用，建立完善适应素质教育要求的分类考试、综合评价、双向选择、多元录取的考试招生制度。有序推进高等学校考试招生制度改革，逐步推行本科与专科（高职）入学分类考试，普通本科入学考试继续执行全国招生政策，统一组织考试，结合学业水平考试和综合素质评价择优录取。逐步建立有利于人才选拔的多元录取机制，建立择优录取、自主录取、推荐录取、破格录取、定向录取的规范程序，扩大高等学校招生录取自主权。改进普通高中学校考试招生方式，完善多元录取体制，规范优秀特长生录取程序与办法，普通高中录取要以学生初中学业考试成绩和综合素质评价结果为重要依据，按照学生的学业考试成绩，基础性发展目标评价等级录取学生。加速推进中等职业学校招生制度改革，确保职业教育的规模、结构与经济社会发展需求相适应，改变以普通文化课考试成绩为录取标准的单一模式，实行中等职业学校自主招生，免试注册入学制度。

（三）完善公共文化体制

1. 推动经营性文化事业单位转企改制

按照国家关于公益性文化事业单位和经营性文化事业单位的划分，积极稳妥、科学规范地推进经营性文化事业单位转企改制。省直一般艺术院团，按照现代企业组织形式，以大型演艺项目为平台，组建山东演艺集团。推进山东出版集团、大众报业集团和山东广播电视总台改革，除山东人民出版社等少数承担政治性、公益性出版任务的出版单位保留事业体制外，其他图书出版社、电子音像出版社、期刊社，逐步转制为企业；所属媒体中的经营业务部分，已在全国文化体制改革试点中转制为企业的，坚持国有绝对控股，在政策允许的范围内吸收社会资本，明确产权关系，建立健全资产经营责任制，加强企业监管；山东电影电视剧制作中心整体转企改制，由山东广播电视总台独资或绝对控股，组建山东影视剧制作发行有限公司。

2. 公益性文化事业单位改革

公益性文化事业单位改革的重点是转换内部机制，深化内部人事、收入分配和社会保障制度改革，全面推行全员聘用制度和岗位管理制度，健全岗位目标责任制。建立健全财务管理制度，加强经济核算，降低运行成本；制定服务规范，改善服务方式，提高服务水平。对政府兴办的图书馆、博物馆、文化馆、科技馆、群众艺术馆、美术馆等公益性文化事业单位，以政府投入为主，以项目投入为手段，采用政府招标、集中采购等方法，提高资金使用效益，这些单位不得企业化或变相企业化，不得以拍卖、租赁等任何形式，改变其文化设施的用途。

3. 文化宏观管理体制改革

进一步转变政府职能，理顺省文化厅与省直艺术院团、省演出公司等单位的关系，推进政企分开、管办分离。逐步建立完善山东广播电视总台管理体制和运行机制，整合全省有线电视网络，组建全省性广播电视总台；省新闻出版局与泰山出版社实行政事分开、管办分离，泰山出版社转制为企业；文化行政管理部门采取下放、取消、合并、转移等措施，依法核减行政审批权限，提高行政效率。尽快建立文化产业统计指标体系，全面加强文化事业及文化产业综合统计和部门统计，发挥相关部门的行政管理优势，建立健全全社会、全行业的文化产业统计制度，不断完善文化产业统计监测指标体系，定期发布年度统计资料。

4. 文化市场体系改革

完善现代流通体制，以济南、青岛等大中城市为重点，建立辐射全省城乡的图书报刊、影视产品、音像制品、电子出版物、艺术品、演出剧目的营销网络，大力发展连锁经营、物流配送、电子商务。对省新华书店进行股份制改造，组建山东省新华书店集团股份有限公司，建设山东出版物流中心、信息中心，实现全省连锁经营和统一物流配送。以城乡电影院线建设推动电影发行放映改革，在全省创建1～2条适合中低收入人群的低票价电影院线，推动农村电影数字化放映，发展农村数字电影院线。大力发展文化资本、产权、信息、管理、技术、人才等生产要素市场，培育和规范网上阅读、在线娱乐、互动游戏、手机短信、数字广播电视、流媒体等新兴文化市场。推进行业组织和中介机构建设，制定行业规范，依法履行市场协调、监督、服务、维权等职责，发挥连接政府与文化企事业单位的桥梁和纽带作用。

（四）健全医疗卫生体制

1. 完善全民医保制度

充分发挥全民基本医保的基础性作用，重点由扩大范围转向提升质量，在继续扩大医保保障范围的基础上，着力提高医保管理服务水平。通过支付制度改革，增强医保对医疗费用增长的约束作用。逐步建立重特大疾病保障制度，从制度上切实解决重特大疾病患者医疗费用保障问题。鼓励商业保险机构发展基本医保之外的健康保险产品，落实相关优惠政策，积极引导商业保险机构开发长期护理保险、特殊大病保险等险种，满足多样化的健康需求。

2. 完善基本药物制度

扩大基本药物制度实施范围，全面落实基本药物全部配备使用和医保支付政策，有序推进村卫生室实施基本药物制度，在省统一规划设置的村卫生室全面推行基本药物制度的基础上，逐步将其他符合省规划要求的村卫生室纳入基本药物制度实施范围。完善省增补药物目录，根据各地基本药物使用情况，结合调整后的国家基本药物目录，调整完善省增补药物目录，优化基本药物品种、类别。规范基本药物采购机制，坚持基本药物以省为单位网上集中采购，落实招采合一、量价挂钩、双信封制、集中支付、全程监控等采购政策。

3. 深化公立医院改革

落实政府办医责任，坚持公立医院面向城乡居民提供基本医疗卫生服务的主导地位，进一步明确政府举办公立医院的目的和应履行的职责，扭转公立医院逐利行为，体现公立医院公益性质。推进医药分开和补偿机制改革，逐步取消药品加成政策，将公立医院补偿由服务收费、药品加成收入和财政补助三个渠道改为服务收费和财政补助两个渠道。健全医疗费用增长约束控制机制，医保经办机构和卫生监管部门要加强对开大处方、重复检查、滥用药品等行为的监管。推进政事分开、管办公开，建立现代医院管理制度，各级卫生行政部门负责人不再兼任公立医院领导职务，探索建立理事会、董事会、管委会等多种形式的公立医院法人治理结构，明确理事会与院长职责，构建决策、执行、监督相互分工、相互制衡的权力运行机制。

4. 健全基层医疗卫生机构运行机制

持续扩大基层医药卫生体制改革成效，深化基层医疗卫生机构管理体制、补偿机制、药品供应和人事管理、收入分配等方面的综合改革，继续加强基层服务网络建设，加快建立全科医生制度，促进基层医疗卫生机构全面发展。省财政建立基层医疗卫生机构补助机制并纳入预算，市、县政府要将对基层医疗卫生机构专项补助以及经常性收支差额补助纳入财政预算并及时、足额落实到位，健全基层医疗卫生机构稳定长效的多渠道补偿机制，以巩固基层改革成效。

（五）健全社会事业体制

社会事业作为改善民生的重要手段和途径，具有维系社会公正、体现社会公益性的作用。山东省 2014 年用于教育、卫生、科技、文化和体育事业的财政支出达 2342 亿元，同比增长 8.29%，社会事业在取得重大成就的同时，面对社会转型期的新形势，在体制上也表现出一些弊端，山东省应继续深化社会

事业体制改革，努力形成代表最广大人民群众切身利益的社会事业新格局。

1. 推动政府职责合理明确

政府职责明确需要做到两个明确，一是职责范围合理，有些事业如基础教育、公共卫生以及基础和公益性科学研究等，在任何情况下都必须确保；有些则可在保证了基本需要之后再量力而行或逐步发展。也就说在社会事业发展的领域选择问题上，必须考虑到山东省经济和社会发展要求，有所为，有所不为。二是要形成不同层级政府间的合理职责分工，对于那些涉及国家或省级层面目标，且在发展中需要不同机构间充分协调的社会事业，比如基础科学研究、具有较强社会公益性的重要技术研究、卫生防疫等等，要由省政府直接管理；对于体现局部区域公众利益的社会事业，则主要由地方政府承担，并根据不同地区的实际情况给予必要援助。

2. 基本组织方式改革

在未来社会事业体制改革中，对不同社会事业依据其职能和特点差异实施分类组织和管理，形成政府直接组织、间接组织和营利性市场主体组织并存的良好格局。合理划分政府直接组织与间接组织的事业边界，对具有很强公益性、有关产品和服务涉及国家长期利益或大多数公众基本利益的社会事业，采取政府直接组织方式；对公益程度相对较弱或因其自身特点不宜由政府直接组织的社会事业，采取政府间接组织方式，即将这些社会事业交给独立于政府的非营利机构承担，政府通过直接或间接资助方式以及相关规制手段鼓励、引导其发展。此外，部分社会事业还可采取政府出资购买营利性市场主体服务的方式，以动员民间和社会力量共同参与社会事业。

3. 健全绩效评估与问责机制

山东省社会事业下一阶段的发展目标应当以提高社会事业的服务质量为中心，要实现这一目标，必须建立起有效的绩效评估和问责机制。首先，通过评估体系测量社会事业发展的整体效果，合理地调整公共服务与公共产品的供给范围、标准等，做到社会事业发展与经济社会的发展阶段和水平相适应。其次，通过评估体系对社会事业发展进行有效监督。一方面通过评估体系对具体的社会事业供给单位进行绩效考核，以此激发社会事业供给单位的活力，调动其发展社会事业的主动性与积极性；另一方面通过具有量化标准的考核体系对各级政府发展社会事业的工作进行有效测评，从而对其不当行为进行问责。

（六）强化法制保障

健全依法治理体系，推进多层次多领域依法治理，提高小康社会法治化水平，形成办事依法、遇事找法、解决问题用法、化解矛盾靠法的法治环境。

1. 改革行政执法体制

按照减少层次、整合队伍、提高效率的原则，合理配置执法力量。推进执法重心向市县两级政府下移，重点在食品药品安全、工商质检、公共卫生、安全生产、文化旅游、商务、交通运输等领域内推行综合执法，支持有条件的领域推行跨部门综合执法。加强城市管理综合执法机构和队伍建设，提高执法和服务水平。完善行政执法程序，重点规范行政许可、行政处罚、行政强制、行政征收、行政收费、行政监察等执法行为。推行行政执法公式制度，健全公民和组织守法信用记录。

2. 严格规范公正文明执法

深入推进执法司法规范化建设，加强执法司法监督，积极稳妥推进司法体制改革。全面实行行政执法人员持证上岗和资格管理制度，加强执法监督，全面落实行政执法责任制。依法惩处各类违法行为，加大食品药品、安全生产、社会治安、征地拆迁、劳动保障、医疗卫生等关系群众切身利益的重点领域执法力度，维护群众合法权益和法律尊严。弘扬社会主义法治精神，健全普法和依法治理体系，进一步增强全民法治观念，严格尊法、学法、守法、用法。

参考文献

[1] 安红昌,颜辉. 中美公共安全管理比较[J]. 中国安全科学学报,2007,17(10):81-85.

[2] 敖荣军. 中国地区经济差距及其演化的产业变动因素[J]. 长江流域资源与环境,2007,16(4):420-424.

[3] 蔡昉,王美艳. 人口与劳动绿皮书[M]. 社会科学文献出版社.

[4] 蔡昉. 科学发展观与增长的可持续性[M]. 北京:社会科学文献出版社,2006.

[5] 蔡燕. 人口老龄化背景下山东省养老保障问题研究[D]. 吉林大学,2015.

[6] 曾狄. 和谐社会论纲[M]. 成都:西南财经大学出版社,2009.

[7] 曾国安,张倩. 论发展公共租赁住房的必要性,当前定位及未来方向[J]. 山东社会科学,2011(2):79-80.

[8] 陈丰. 流动人口社会管理与公共服务一体化研究[J]. 人口与经济,2012(6):59-64.

[9] 陈建军. 要素流动、产业转移和区域经济一体化[M]. 杭州:浙江大学出版社,2011.

[10] 陈小英,刘大海. 黄河三角洲生态环境分析与评估[M]. 北京:海洋出版社,2012.

[11] 褚宏启. 教育现代化的本质与评价——我们需要什么样的教育现代化[J]. 教育研究,2013(11):4-10.

[12] 褚宏启. 教育制度改革与城乡教育一体化——打破城乡教育二元结构的制度瓶颈[J]. 教育研究,2010(11):3-11.

[13] 邓桂兰,周云华. 社会管理的问题成因与对策研究[J]. 湖北第二师范

学院学报,2010,27(6):45-47.

[14] 丁元竹. 当前我国社会管理面临的主要问题及其政策选择[N]. 学习时报,2007-05-14(004).

[15] 杜姗姗,蔡建明,刘彦随. 河南省县域农民纯收入增长差异及其演进格局分析[J]. 经济地理,2010,30(12):2091-2096.

[16] 杜栩. 中国行业工资收入差距的成因与经济效应分析[D]. 暨南大学,2014.

[17] 樊华,周德群. 中国省域科技创新效率演化及其影响因素研究[J]. 科研管理,2012,33(1):10-26.

[18] 范斐,杜德斌,李恒. 区域科技资源配置效率及比较优势分析[J]. 科学学研究,2012,30(8):1198-1205.

[19] 方新,樊春良,高世楫,等. 中国科技创新与可持续发展[M]. 北京:科学出版社,2007.

[20] 高建华. 基于第五次全国人口普查的河南省人口与可持续发展研究[J]. 经济地理,2006,25(6):856-859.

[21] 高文武,关胜侠. 消费主义与消费生态化[M]. 武汉:武汉大学出版社,2011.

[22] 宫关. 我国公共安全管理存在的问题及其对策研究[D]. 长春:东北师范大学,2013.

[23] 辜胜阻,杨建武,刘江日. 当前我国智慧城市建设中的问题与对策[J]. 中国软科学,2013(1):6-12.

[24] 顾海波. 基于可持续发展观的环境技术政策创新[M]. 沈阳:东北大学出版社,2004.

[25] 顾明远. 试论教育现代化的基本特征[J]. 教育研究,2012(9):4-10.

[26] 郭济主编. 政府应急管理实务[M]. 北京:中共中央党校出版社,2004.

[27] 郭士征,张腾. 中国住房保障体系构建研究——基于"三元到四维"的视角[J]. 广东社会科学,2010(6):5-11.

[28] 郭叶波,魏后凯. 中国农村居民收入地区差异研究述评[J]. 经济学动态,2012(6):68-76.

[29] 海娜仁. 我国政府公共安全管理存在的问题及对策研究[D]. 呼和浩

特:内蒙古大学,2009.

[30] 韩佳佳.我国现代中等城市的城市管理体制研究——以慈溪市为例[D].杭州:浙江大学,2012.

[31] 韩清林,秦俊巧.中国城乡教育一体化现代化研究[J].教育研究,2012(8):4-12.

[32] 郝宇婧.大同市城镇保障性住房供需研究[D].山西财经大学,2015.

[33] 侯伟丽,钟水映.中国经济发展中的人口资源环境问题[M].济南:山东人民出版社,2009.

[34] 胡税根,李倩.我国公共文化服务政策发展研究[J].华中师范大学学报(人文社会科学版),2015,54(2):43-53.

[35] 胡智锋,杨乘虎.免费开放:国家公共文化服务体系的发展与创新[J].清华大学学报(哲学社会科学版),2013,28(1):139-146.

[36] 黄福伟.山东省人口空间分布及合理性研究[D].山东师范大学,2013.

[37] 黄胜.山东省人口和计划生育大事记(1949~2009)[M].山东人民出版社,2009.

[38] 纪德尚,黄海啸.我国创新社会管理面临的问题与路径选择[J].黄河科技大学学报,2011,13(6):65-69.

[39] 季斌,沈红军.城市发展的可持续性——经济·环境·协调机理研究[M].南京:东南大学出版社,2008.

[40] 季菲菲,陈雯,袁丰,孙伟.高新区科技金融发展过程及其空间效应——以无锡新区为例[J].地理研究,2013,32(10):1899-1911.

[41] 简新华,余江.中国工业化与新型工业化道路[M].济南:山东人民出版社,2009.

[42] 江逐浪.中国公共文化服务事业发展中的几个内在问题[J].现代传播,2010(5):11-18.

[43] 姜大源.现代职业教育体系构建的理性追问[J].教育研究,2011(11):70-75.

[44] 姜东杰.山东省加强和创新社会管理的政策建议[J].宏观经济管理,2013(2):69-70.

[45] 姜海英,佟阿伟. 农村基层公共文化服务体系建设情况调查[J]. 图书馆学研究,2009(11):64-66.

[46] 蒋俊杰. 我国重大事项社会稳定风险评估机制:现状、难点与对策[J]. 上海行政学院学报,2014,15(2):90-96.

[47] 蒋卫平,陈佳鹏. 关注人口均衡促进可持续发展[M]. 中国人口出版社,2010.

[48] 蒋正华,米红. 人口安全[M]. 浙江大学出版社,2008.

[49] 景跃军,王胜今. 21 世纪中国可持续发展面临的人口困境与对策[J]. 人口学刊,2001,1(125):3-7.

[50] 鞠正江. 我国社会管理体制的历史变迁与改革[J]. 攀登,2009,28(1):27-32.

[51] 孔进. 我国政府公共文化服务提供能力研究[J]. 山东社会科学,2010(3):122-128.

[52] 雷仲敏. 我国城市公共安全管理模式构想[J]. 上海市经济管理干部学院学报,2004(1):11-18.

[53] 李保华,曹坤梓,姜毅. 系统理论指导下的城市公共安全体系优化策略[J]. 现代城市研究,2012(2):88-95.

[54] 李成威. 公共产品的需求与供给评价与激励[M]. 北京:中国财政经济出版社,2005.

[55] 李国锋. 山东人口发展与经济文化强省建设研究[J]. 中国人口·资源与环境,2014,24(3):222-225.

[56] 李国杰,程学旗. 大数据研究:未来科技及经济社会发展的重大战略领域——大数据的研究现状与科学思考[J]. 中国科学院院刊,2012,27(6):647-657.

[57] 李国新. 现代公共文化服务体系建设与公共图书馆发展——《关于加快构建现代公共文化服务体系的意见》解析[J]. 中国图书馆学报,2015,41(3):4-12.

[58] 李贺颖,王艳慧. 贫困县村级居民点空间分布离散度与农村居民纯收入关联格局分析[J]. 地理研究,2014,33(9):1617-1628.

[59] 李建新. 中国人口结构问题[M]. 社会科学文献出版社,2009.

[60] 李军. 人口老龄化与经济可持续发展研究[M]. 华龄出版社,2014.

[61] 李立国. 改革社会组织管理制度激发和释放社会发展活力[J]. 求是,2014(10):48-50.

[62] 李玲,宋乃庆,龚春燕等. 城乡教育一体化:理论、指标与测算[J]. 教育研究,2012(2):41-48.

[63] 李凌,任维哲. 金融发展对农村居民收入水平的影响研究——基于VAR模型展开[J]. 经济问题探索,2014(3):135-141.

[64] 李璐. 我国基层政府社会管理的问题与对策研究[J]. 中国经贸导刊,2011(17):29-30.

[65] 李琼. 政府社会管理改革面临的问题及其阶段性策略[J]. 科学·经济·社会,2008,26(3):57-61.

[66] 李通屏. 人口经济学[M]. 清华大学出版社,2014.

[67] 李婉. 我国行业收入差距的实证分析及对策研究[D]. 华中师范大学,2009.

[68] 李文婧. 人口老龄化背景下的养老保障制度研究[D]. 河南大学,2013.

[69] 李学举. 加强社会建设和管理,促进社会和谐与发展[J]. 求实,2005(7):16-19.

[70] 李政涛. 中国社会发展的"教育尺度"与教育基础[J]. 教育研究,2012,3(4):12-18.

[71] 梁济民. 论中国人口素质[J]. 人口研究,2004,28(1):91-96.

[72] 廖卫东,何笑. 我国食品公共安全规制体系的政策取向[J]. 中国行政管理,2011(10):20-24.

[73] 廖卫东,肖可生,时洪洋. 论我国食品公共安全规制的制度建设[J]. 当代财经,2009(11):93-98.

[74] 林淼锋. 我国社会管理创新的重点及对策研究[D]. 北京:中国社会科学院研究生院,2011.

[75] 林雄弟. 公共安全问题界定、影响发展趋势和应对策略[J]. 中国公共安全(学术版),2008(3):18-22.

[76] 林瑜胜,唐洲雁,王希军. 山东社会形势分析与预测(2014)[R]. 北京:

社会科学文献出版,2014.
[77] 刘德龙,周忠高,高璞,等.建设经济文化强省挑战:挑战—机遇—对策[C].北京:人民日报出版社,2009.
[78] 刘华军,何礼伟,杨骞.中国人口老龄化的空间非均衡及分布动态演进:1989~2011[J].人口研究,2014,38(2):71-82.
[79] 刘慧.中国农村居民收入区域差异变化的因子解析[J].地理学报,2008,63(8):799-806.
[80] 刘生龙,周绍杰.基础设施的可获得性与中国农村居民收入增长——基于静态和动态非平衡面板的回归结果[J].中国农村经济,2011(1):27-36.
[81] 刘旺洪.社会管理创新:概念界定、总体思路和体系构建[J].江海学刊,2011(5):137-146.
[82] 刘颖春,段春云.我国城镇保障性住房覆盖率研究[J].合作经济与科技,2014(17):39-40.
[83] 刘渝琳,赵钰.我国人口素质衡量的指数改进及因素分析[J].探索,2007(1):101-105.
[84] 刘玉,刘彦随,郭丽英.环渤海地区农村居民纯收入空间分异研究[J].经济地理,2010,30(6):992-997.
[85] 刘月平.完善我国社会矛盾调处工作机制的对策思考[J].理论界,2008(9):176-178.
[86] 刘悦.我国行业收入差距的影响因素分析[D].北京交通大学,2014.
[87] 陆大道.中速增长:中国经济的可持续发展[J].地理科学,2015,35(10):1207-1219.
[88] 路江.构建群众利益诉求表达机制的思考[N].安徽日报,2012-3(B03).
[89] 罗文东.自主、公平、和谐——中国特色社会主义核心价值论纲[J].山东社会科学,2011(9):39-43.
[90] 罗云川,张彦博,阮平南.“十二五”时期我国公共文化服务体系建设研究[J].图书馆建设,2011(12):6-11.
[91] 马瑞婧.中国城市消费者绿色消费行为的影响因素研究[M].北京:中

国社会科学出版社,2011.

[92] 马晓河. “中等收入陷阱”的国际观照和中国策略[J]. 改革,2011(11):5-16.

[93] 孟德友,陆玉麒. 基于基尼系数的河南县域经济差异产业分解[J]. 经济地理,2011,31(5):799-804.

[94] 孟德友,陆玉麒. 基于县域单元的江苏省农民收入区域格局时空演变[J]. 经济地理,2012,32(11):105-112.

[95] 孟慧君. 论人口科学文化素质对生态环境的影响[J]. 内蒙古大学学报(哲学社会科学版),1995(4):90-97.

[96] 倪永康,薛克,李永健,等. 山东省“十一五”经济社会发展战略研究[M]. 济南:山东大学出版社,2006.

[97] 聂华林,赵超. 区域空间结构概论[M]. 北京:中国社会科学出版社,2008.

[98] 潘加军,张晓丹. 转型期我国城市公共安全体系的缺陷与重构[J]. 社会科学家,2004(6):44-47.

[99] 彭争艳. 论我国事业单位人事制度改革[D]. 长沙:湖南师范大学,2009.

[100] 齐勇锋,李平凡. 完善公共文化服务体系提高国家文化软实力[J]. 中国特色社会主义研究,2012(1):64-72.

[101] 钱力,曹凌燕. 中国农村居民收入区域类型的划分——基于聚类分析法的应用[J]. 经济问题探索,2013(8):43-48.

[102] 钱力,李泉,聂华林. 基于聚类分析法对甘肃农村居民收入区域类型划分[J]. 干旱区资源与环境,2013,27(5):20-26.

[103] 钱力. 农村居民收入区域差异发展趋势预测——基于二次指数平滑法和 ARMA 模型分析[J]. 中央财经大学学报,2014(7):78-82.

[104] 钱力. 农村居民收入区域差异适度性分析——基于隶属函数协调度模型测度方法[J]. 经济问题探索,2014(8):129-135.

[105] 乔晓春. 对中国人口与可持续发展的几点认识[J]. 人口研究,1997,21(6):1-6.

[106] 屈晓远,尹爱田. 基本医疗卫生制度建设的政府责任研究[J]. 中国卫

生济,2015,34(7):12-14.

[107] 曲夏夏. 和谐社会构建中的生活质量问题研究[D]. 济南:山东大学,2014.

[108] 任建兰. 区域可持续发展导论[M]. 背景:科学出版社,2014.

[109] 任苒. 城乡经济社会发展一体化与城乡医疗保险一体化内涵解析[J]. 中国卫生经济,2011,30(11):48-48.

[110] 荣跃动,徐之顺,谢利根. 转方式 · 调结构 · 促增长[M]. 上海:上海人民出版社,2010.

[111] 尚金艳. 中国行业收入差距的影响因素及对策研究[D]. 天津理工大学,2012.

[112] 沈正平,欧阳军. 改革开发 30 年的苏北发展[M]. 南京:江苏人民出版社,2009.

[113] 宋丽萍. 江苏省居民收入差距及其影响因素研究[D]. 江苏大学,2007.

[114] 宋晓梧. 社会发展转型战略[M]. 海南:学习出版社,2012.

[115] 宋艺湘,赵帮宏. 发展经济学[M]. 北京:清华大学出版社,2012.

[116] 宋玉兰,陈彤. 农业产业集群的形成机制探析[J]. 新疆农业科学,2005(6):36-40.

[117] 孙建娥,梁志峰,唐宇文. 2014 年湖南社会发展报告[R]. 北京,社会科学文献出版社,2014.

[118] 孙敬水,于思源. 农村居民收入差距适度性影响因素实证研究——基于全国 31 个省份 2852 份农村居民家庭问卷调查数据分析[J]. 经济学家,2014(8):90-102.

[119] 孙平军,丁四保,修春亮,等. 东北地区“人口—经济—空间”城市化协调性研究[J]. 地理科学,2012,32(4):450-457.

[120] 陶应虎. 农村居民收入区域差异的走势和影响因素的实证分析——以江苏省为例[J]. 经济问题,2010(6):71-74.

[121] 佟新. 人口社会学(第四版)[M]. 北京大学出版社,2010.

[122] 童玉芬. 首都人口与环境关系——理论与实证研究[M]. 北京:中国劳动社会保障出版社,2012.

[123] 童玉芬. 西北地区人口—资源—环境协调发展研究[M]. 北京:中国人口出版社,2009.

[124] 涂可国,张伟,徐建勇,等. 山东文化发展报告[R]. 北京:社会科学文献出版社,2015.

[125] 涂可国,张伟,张进,等. 山东文化蓝皮书[R]. 济南:山东人民出版社,2012.

[126] 王桂玲,鞠永强. 适应经济与社会发展的教育结构优化改革研究[M]. 济南:山东人民出版社,2015.

[127] 王宏艳,李玉江. 山东省人力资本区域差异及形成机制研究[J]. 地域研究与开发,2008,27(2):38-42.

[128] 王建华. 什么是高等教育[J]. 高等教育研究,2012,33(9):1-6.

[129] 王静,杨小唤,石瑞香. 山东省人口空间分布格局的多尺度分析[J]. 地理科学进展,2012,31(2):176-182.

[130] 王珏,陈雯. 全球化视角的区域主义与区域一体化理论阐释[J]. 地理科学进展,2013(7):1082-1091.

[131] 王立成,牛勇平. 科技投入与经济增长:基于我国沿海三大经济区域的实证分析[J]. 中国软科学,2010(8):169-177.

[132] 王萍,曲锐,王苧萱,等. 区域经济协调发展视角下的科技创新路径探讨——以蓝黄两区为例[J]. 中国渔业经济,2014,32(6):45-50.

[133] 王茜. 山东"蓝黄"国家区域发展战略区融合发展研究[D]. 山东师范大学,2013.

[134] 王倩. 中国行业垄断与收入分配差距问题研究[D]. 山东大学,2014.

[135] 王世巍. 城市人口均衡发展研究[M]. 社会科学文献出版社,2008.

[136] 王晓锋,王连军,戚湧. 创新产学研合作服务经济社会发展[J]. 中国高校科技,2011(12):8-10.

[137] 王雪丽. 城市公共安全体系存在的问题及其解决方略[J]. 城市问题,2012(7):79-83.

[138] 王延中,蔡昉,郑功成. 中国社会保障发展报告(2015)[R]. 北京,社会科学文献出版,2015.

[139] 王永. 我国国有垄断行业收入分配机制研究[D]. 山东大学,2013.

[140] 王瑜,汪三贵.基于夏普里值过程的农村居民收入差距分解[J].中国人口·资源与环境,2011,21(8):15-21.

[141] 王志宝,孙铁山,李国平.近20年来中国人口老龄化的区域差异及其演化[J].人口研究,2013,37(1):66-77.

[142] 文琦,丁金梅,纳静涛.宁夏农民人均纯收入时空演进格局分析[J].干旱区地理,2014,37(3):596-600.

[143] 文献良,文峰.人口社会学概论[M].四川教育出版社,2010.

[144] 文玉钊,钟业喜,熊文平.江西省农村居民收入时空差异及其影响因素[J].经济地理,2012,32(5):133-139.

[145] 吴春.社会治理体制创新中的社会组织建设——以山东省实证调查为例[J].理论学习,2015(4):39-43.

[146] 吴春.完善山东省社会养老保险制度的研究[J].理论学习,2011(3):30-33.

[147] 吴玉麟等.山东省可持续发展研究[M].济南:山东人民出版社,2011.

[148] 吴愈晓.中国城乡居民的教育机会不平等及其演变(1978~2008)[J].中国社会科学,2013(3):4-21.

[149] 吴芸.政府科技投入对科技创新的影响研究——基于40个国家1982~2010年面板数据的实证检验[J].科学学与科学技术管理,2014,35(1):16-22.

[150] 伍先江.论流动人口服务管理创新[J].中国人民公安大学学报(社会科学版),2011(2):119-124.

[151] 武珊珊,任建兰,刘树峰.快速城市化时期山东省城镇化与生态环境协调发展时空比较研究[J].鲁东大学学报:自然科学版,2014,30(1):58-63.

[152] 肖金明.社会管理创新:意义、特征与重心所在[J].山东大学学报:哲学社会科学版,2012(4):1-10.

[153] 肖烨.山东省人口红利的时空变化及对经济发展的影响研究[D].山东师范大学,2010.

[154] 邢春冰.教育扩展、迁移与城乡教育差距——以大学扩招为例[J].经

济学,2014,13(1):207-232.
[155] 邢占军,刘相,等. 城市幸福感——来自六个省会城市的幸福指数报告[M]. 北京:社会科学文献出版社,2008.
[156] 徐宏伟. 中国养老保障制度改革研究[D]. 中共中央党校,2009.
[157] 徐延辉,兰林火. 社会质量视域下城市居民创新意识研究[J]. 山东社会科学,2014(2):14-19.
[158] 徐颖君."民工荒"与劳动力就业难—我国产业结构与就业结构的偏差分析[J]. 经济问题探索,2008(9):51-56.
[159] 许宝泉,施为群. 基于 3S 技术的祖厉河流域农民人均纯收入空间相关性分析[J]. 生态学报,2011,31(9):2585-2592.
[160] 许庆瑞,吴志岩,陈力田. 智慧城市的愿景与架构[J]. 管理工程学报,2012(4):1-7.
[161] 许正中. 加快推进社会融合应成为治国理政的重要议程[J]. 中国发展观察,2012(5):47-48.
[162] 严黎钧. 科学发展阶段论[M]. 上海:上海社会科学院出版社,2008.
[163] 杨承训,张新宁. 科学运用"两期论"把握阶段性特征——兼析"中等收入陷阱"论的非科学性[J]. 政治经济学评论,2012,3(1):93-104.
[164] 杨现民. 信息时代智慧教育的内涵与特征[J]. 中国电化教育,2014(1):29-34.
[165] 杨银付. 深化教育领域综合改革的若干思考[J]. 教育研究,2014(1):4-19.
[166] 叶裕民. 中国城市化之路——经济支持与制度创新[M]. 北京:商务印书馆,2001.
[167] 叶长盛,黄建军. 江西省县域农村居民纯收入空间差异研究[J]. 水土保持研究,2011,18(3):153-157.
[168] 殷林森,胡文伟,李湛. 我国科技投入与产业经济增长的关联性研究[J]. 中国软科学,2007(11):57-63.
[169] 尹清忠. 济南市第六次全国人口普查研究报告[R]. 中国统计出版社,2014.
[170] 于汉征. 山东省人口素质对经济发展影响研究[D]. 济南:山东师范

大学硕士学位论文,2012.

[171] 余海清,陈阿林,杨军.基于基尼系数分解的山东省区域经济差异实证分析[J].鲁东大学学报(自然科学版),2010,26(1):70-74.

[172] 翟博,孙百才.中国基础教育均衡发展实证研究报告[J].教育研究,2012(5):22-30.

[173] 翟海燕,董静,汪江平.政府科技资助对企业研发投入的影响——基于Heckman样本选择模型的研究[J].研究与发展管理,2015,27(5):34-43.

[174] 张爱萍.我国居民收入分配差距分析和财税调节政策研究[D].财政部财政科学研究所,2010.

[175] 张传平,高伟.低碳经济背景下山东省"十二五"期间经济社会发展情景研究[J].中外能源,2014(4):24-29.

[176] 张海东,从玉飞.社会质量与社会公正——社会发展研究的重要议题[J].吉林大学社会科学学报,2011,51(4):132-137.

[177] 张海燕.基于多元线性回归模型的四川农村居民收入增长分析[J].统计与决策,2010(13):88-90.

[178] 张洪才,张威,魏开惠,等."基本医疗卫生制度"的产生与发展[J].卫生经济研究,2009(8):15-18.

[179] 张瑾.科技信息资源共建共享平台构建研究[J].图书馆学研究,2012(13):41-46.

[180] 张来武.科技创新驱动经济发展方式转变[J].中国软科学,2011(12):1-5.

[181] 张龙,葛晶.人力资本、行业特征与行业收入差距——基于中国家庭追踪调查数据的研[J].山西财经大学学报,2015(11):65-76.

[182] 张启春,李淑芳.公共文化服务的财政保障:范围、标准和方式[J].江汉论坛,2014(4):123-130.

[183] 张秋惠,刘金星.中国农村居民收入结构对其消费支出行为的影响——基于1997~2007年的面板数据分析[J].中国农村经济,2010(4):48-54.

[184] 张容瑜,尹爱田,安健.基本医疗卫生制度作用下的城乡居民就医行

为[J]. 中国卫生事业管理,2012(5):324-326.

[185] 张瑞. 中国流动人口管理与服务问题研究综述[J]. 当代经济管理,2013,35(2):32-38.

[186] 张旺. 城乡教育一体化:教育公平的时代诉求[J]. 教育研究,2012(8):13-18.

[187] 张晓. 社会保障水平、保障能力监测评价体系研究[D]. 济南大学,2014

[188] 张晓青,李玉江[J]. 山东省人口老龄化空间分异及其形成机制研究. 西北人口,2006(6):30-33.

[189] 张效莉,黄硕琳. 人口、经济发展与生态环境系统协调型测度原理及应用[M]. 北京:中国环境科学出版社,2013.

[190] 张兴杰,谢小蓉. 农村教育:缩小农村居民收入差距的关键[J]. 东岳论丛,2009,30(4):167-171.

[191] 张岩. 区域一体化背景下的长江三角洲地区城镇化发展机制与路径研究[D]. 华东师范大学,2012.

[192] 张原,陈建奇. 人力资本还是行业特征:中国行业间工资回报差异的成因分析[J]. 世界经济,2008(5):68-80.

[193] 张臻. 山东省区域政策实施及对区域协调发展的影响研究[D]. 山东师范大学,2012.

[194] 赵汗青. 中国现代城市公共安全管理研究[D]. 长春:东北师范大学,2012.

[195] 赵满华,王尚义. 收入差距与两极分化问题研究[M]. 北京:中国经济出版社,2002.

[196] 赵满华. 改革以来农村居民收入结构变化分析[J]. 经济问题,2009(5):96-98.

[197] 赵文亮,王春涛,陈文峰,孟德友,范况生. 基于县域单元的河南农民收入区域分异时空格局[J]. 地域研究与开发,2012,31(4):56-60.

[198] 赵峥,倪鹏飞. 当前我国城镇化发展的特征,问题及政策建议[J]. 中国国情国力,2012(2):10-13.

[199] 郑贵斌. 蓝色战略与蓝色经济区[M]. 北京:经济管理出版社,2011.

[200] 郑贵斌.新常态下山东经济发展的新趋势与新机遇[J].理论学习,2015(5):7.

[201] 郑红娥.社会转型与消费革命——中国城市消费观念的变迁[M].北京:北京大学出版社,2006.

[202] 郑州大学课题组.2010年河南社会形势分析与预测[R].北京,社会科学文献出版社,2014.

[203] 中国科学院区域发展领域战略研究组.中国至2050年区域科技发展路线图[M].背景:科学出版社,2009.

[204] 周德禄.人力资本配置效益研究[M].济南:山东人民出版社,2012.

[205] 周晓丽,毛寿龙.论我国公共文化服务及其模式选择[J].江苏社会科学,2008(1):90-95.

[206] 朱正威,张莹.发达国家公共安全理念述论[J].深圳大学学报(人文社会科学版),2006(1):21-25.

[207] 朱志萍.城乡二元结构的制度变迁与城乡一体化[J].软科学,2008,22(6):104-108.

图书在版编目（CIP）数据

山东省社会进步与可持续发展/程钰编著．-- 济南：山东人民出版社，2016.12

（山东省经济、社会与生态环境协调发展系列丛书/任建兰主编）

ISBN 978-7-209-05699-1

Ⅰ．①山… Ⅱ．①程… Ⅲ．①社会进步－研究－山东省②社会发展－可持续性发展－研究－山东省 Ⅳ．①D675.2

中国版本图书馆CIP数据核字(2014)第020081号

山东省社会进步与可持续发展

程 钰 编著

主管部门 山东出版传媒股份有限公司
出版发行 山东人民出版社
社　　址 济南市胜利大街39号
邮　　编 250001
电　　话 总编室（0531）82098914
　　　　 市场部（0531）82098027
网　　址 http://www.sd-book.com.cn
印　　装 山东华立印务有限公司
经　　销 新华书店

规　　格 16开（169mm×239mm）
印　　张 20.75
字　　数 320千字
版　　次 2016年12月第1版
印　　次 2016年12月第1次
印　　数 1-1000
ISBN 978-7-209-05699-1
定　　价 42.00元